婦女的另一種生存

商業性性服務
婦女口述實錄分析

U0148033

——
著

巨流

國家圖書館出版品預行編目（CIP）資料

婦女的另一種生存：商業性性服務婦女口述
　實錄分析 / 王金玲著 . -- 初版 . -- 高雄市：
　巨流，2016.12
　　面；　公分
ISBN 978-957-732-529-7（平裝）

1. 特種營業 2. 娼妓 3. 訪談

544.76　　　　　　　　　　　105019789

婦女的另一種生存
商業性性服務婦女口述實錄分析

著　　　者　王金玲
責 任 編 輯　沈志翰、張如芷
封 面 設 計　Lucas

發 行 人　楊曉華
總 編 輯　蔡國彬

出　　　版　巨流圖書股份有限公司
　　　　　　80252 高雄市苓雅區五福一路 57 號 2 樓之 2
　　　　　　電話：07-2265267
　　　　　　傳真：07-2233073
　　　　　　e-mail: chuliu@liwen.com.tw

編 輯 部　23445 新北市永和區秀朗路一段 41 號
　　　　　　電話：02-29229075
　　　　　　傳真：02-29220464

劃 撥 帳 號　01002323 巨流圖書股份有限公司
購 書 專 線　07-2265267 轉 236

法 律 顧 問　林廷隆律師
　　　　　　電話：02-29658212

出版登記證　局版台業字第 1045 號

ISBN ／ 978-957-732-529-7（平裝）
初版一刷 · 2016 年 12 月　　　　　　　　　　定價：500 元

目錄

前言

　　本書關注的是女性性服務者的生存狀態。自1950年代消滅娼妓制度以來，中國大陸的政策一直禁止商業性性交易，包括服務者和消費者在內的商業性性交易者，都會受到法律的懲處和道德的譴責。進一步看，由於中國大陸仍是一個男性主流社會，性道德的性別雙重標準，以及社會資源配置和社會財富分配的性別差異，使中國的商業性交易，仍處於男子為消費者、女子為服務者的「男買女賣」性別格局中。較之男性消費者，女性服務者更多處於被迫和無奈，承擔著風險甚至生命危險，受到更多傷害，包括心理傷害。只有走近她們，走進她們，我們才能知曉、瞭解她們從事性服務的原因、過程、心情以及後果；只有以社會性別為視角，閱讀和理解她們的人生歷程，我們才能理解包括社會性別在內的整個社會機制，以及包括家庭環境、社區環境與學校環境在內的社會環境，對她們人生的決定性作用。在這個基礎上，我們會發現，改善各種不良的社會機制與社會環境，促進社會平等和公正──包括性別間的平等與公正，保障婦女的有利生存與發展，才能對遏制中國大陸商業性性交易的蔓延，有效地釜底抽薪。

　　有多種方法可以走近、走進女性性服務者，知曉、瞭解直至理解她們的人生，並以社會性別的視角加以分析與解釋。本書作者採用的方法，是和女性性服務者進行面對面的訪談，並對訪談錄音進行解讀。當然，這只是一種方法、一種解讀。

　　對以性服務交換金錢財物的女子，今天的人們往往稱為「賣淫婦

女」。那麼，賣淫婦女又是什麼？較為主流和統一的回答是：壞女人。即使是剛在賣淫婦女那裡盡興的嫖客們，也往往如此回答。不久前，在一次有關救助賣淫婦女專案的培訓班上，發生過這麼一回事：協調人拿出一大疊從各種報刊上剪下的女子照片，問誰最有可能是賣淫婦女，參與培訓者指認了十來位，理由是：「穿著暴露」、「眼睛勾人」、「抽煙」、「頹廢相」、「妖冶相」、「坐無坐相、站無站相」等。但實際上，其中真正的賣淫婦女只有兩位，其餘為模特兒、影星、時髦女郎，甚至還有一位是達官貴人家頗守閨訓的嬌小姐。參與那次培訓班活動的全是女大學生（包括博士生和碩士生），她們是思想先鋒、行為開放，對人生、對社會有自己獨立的看法，甚至對違法的非婚性行為，如婚前性行為或婚外性行為，也持有與傳統觀念不盡相同的價值取向，但她們對賣淫婦女的觀念，卻仍在傳統的框架中。由此可見，「賣淫婦女＝壞女人」的理念有多麼根深蒂固。

商業性性服務婦女，或者按照主流的命名稱為：「賣淫婦女」，就本質而言首先是人，與同類生物相同，她們也有人的需求、人的情感、人的尊嚴、人的長處與短處，輕忽甚至無視這一點，無疑是不人道的。既然是人，她們也擁有人的權利，輕忽、無視甚至有意剝奪她們的權利，當然也屬不人道之列，嚴重的當為違法犯罪的行為。

其次，賣淫婦女也是女人，與同性屬的生物相同，她們也有女人的需求、女人的情感、女人的尊嚴，生理和社會化造就的女人的長處與短處，輕忽甚至無視這一點，無疑是不公正的。既然是女人，她們也同樣承擔某種或多種角色，包括從業者、母親、妻子、媳婦、妯娌、戀人、姐妹、女兒等等；在承擔角色過程中，她們也同樣有奉獻、有獲得、有艱辛、有歡愉。事實上，不少商業性性服務婦女就是

為了家中建房；為了孩子的學習和生活；為了給丈夫支付賭債；為了讓戀人享樂；為了給兄弟娶妻，而出售自己的性服務，有的人甚至受到法律處罰後還是無怨無悔。輕忽甚至無視她們所承擔的角色的影響和作用，當然也是不公正的。既然是女人，她們也擁有女人的權利，輕忽、無視甚至有意剝奪這個權利，當然也屬不道德之舉，嚴重的也是違法犯罪的行為。

一個女人之所以成為「賣淫婦女」，當然有自己的因素，不少人在服務過程中也幹了不少壞事。但是，我們不能不看女人身為女人的苦難，這一更為本質的原因與過程。由於以男高女低、男重女輕、男強女弱、男優女劣、男尊女卑、男富女窮為標誌的性別不平等結構依然存在；由於男性中心／主流依然存在；由於夫權及男性世系傳承，以及男性家長制依然存在，不少女子不得不出售自己的性服務，直接換取包括金錢財物在內的資源，或在換取「門路」後獲得資源。而深究上述的所謂「自身因素」，也往往與社會性別的不平等、男權中心等有關。例如，重男輕女使不少農村女童讀書難、受培訓難。在一缺知識、二少技術的情況下，一些農村女童成人後，只能以出售性服務來擺脫貧困或致富求樂；其中也有一定比例是被丈夫或父親逼迫，從事性服務。輕忽甚至無視這一女人本質性的苦難，以及社會結構因素對婦女走上性服務之路所起的決定作用，實在有失偏頗。

從人、女人和性服務婦女的多維角度來考察、分析，成為有關女性性服務者研究的一大起點和基礎。

進一步看，作為被嚴禁、被防範與被研究的客體；作為被批判、被責難和被輕視的對象，商業性性服務婦女處於社會底層，聲音微弱，更多時候是「失聲」的。作為人／女人，她們有說話的權利；作

為性服務者，她們是社會的一個構件，其經驗／經歷是人類經驗／經歷的一部分。傾聽她們的聲音是我們的義務——社會成員間有相互傾聽的義務，以豐富人類的經驗。而傾聽她們的聲音，不僅能豐富人類的經驗，也是健全社會控制機制的一種途徑，是改善社會環境的需要，更是社會公正的體現和踐行。「沉默的聲音」不該再繼續沉默。

「西部歌王」王洛賓先生在論及他改編或傳唱並廣為傳播、膾炙人口的西部民間歌曲時曾說，他只是一個傳歌人，而不是創作者。借用這說法，本書的文字也只是種傳聲——本書不是商業性性服務婦女的代言之作，作者也難以成為商業性性服務婦女的代言人。這是因為，本書與作者均無資格也無能力為商業性性服務婦女代言，所做的只是讓社會較清晰地聽到她們的聲音。

當然，恰如後現代主義所認為的，聲音不等於話語，發聲主體不等於話語主體。在我們的記錄中，商業性性服務婦女也許只是發聲者，她／她們說的只是別人的話語。但是，在存在商業性性服務婦女只是發聲者這種可能的同時，也存在商業性性服務婦女就是話語者的另一種可能。而即使是前一種可能，我們也可從中分析或發現其為什麼自覺地／下意識地只是發聲或自覺地／有意識地只願充當「他者」性的複述者的原因。而此原因是更為深層和深刻地控制和支配商業性性服務婦女的觀念和行為。其次要說明的是，恰如任何閱讀其實都是閱讀者在自己經歷、經驗、視角與立場上，對文本的解讀、分析、理解、取捨與解釋，是閱讀者在閱讀過程中進行的應然之舉，本書的記錄和書寫實際上也都是記錄者和作者以自己的經驗、經歷、視角和立場，詢問商業性性服務婦女，並傾聽、記錄、整理、理解、取捨、解析商業性性服務婦女的回答結果。因此，本書只是一種基於記錄者和

作者背景運作上的傳聲，絕不是高保真式的錄音。好在絕對完全的真實與全面是不存在的，即使是商業性性服務婦女真正的自我話語，也只是某個或某幾個商業性性服務婦女的自我話語，只是某個或某幾個商業性性服務婦女的經歷、經驗、心理歷程、視角和立場的顯現，難以涵蓋具有多樣化特徵的整個商業性性服務婦女群體的生活，也難以說其就是這一群體的自我話語。只要作者說明自己的傳聲者的身分，閱讀者明白記錄者和作者在聲音複製和再現過程中的作用，則傳聲應該是擁有自己的合法地位。

今天，中國的老百姓愛說一句話：每個人都有自己的活法。確實，相對於自己，別人的「活法」就是「另一種生存」，另一種自己不太熟悉甚至是不曾知曉的「生存」。由於不太熟悉甚至不曾知曉，人們對於「另一種生存」就有許多想像，其中最常見的想像，莫過於浪漫化和醜惡化兩種。雖然「另一種生存」確實非常多元和多樣化，但這些想像往往偏離實際。

今天，史學界人士愛說的一句話是：任何歷史都是當代史。事實上，任何當代史也是歷史——任何日子一旦成了昨天便是歷史。基於這一立場，商業性性服務婦女屬於「沉默的一群」，對於她們的研究與傳聲便類似於「鉤沉」的工作了：將沉沒於過去和他者話語中的商業性性服務婦女的聲音呈現出來。於是，即使是當今商業性性服務婦女的研究也就具有了歷史意義，成為一種歷史學的研究。

進一步看，中國的史學家們中不少人認為歷史如一座山，歷史研究如同「畫山」。甲在東邊畫，乙在西邊畫，丙在南邊畫，丁在北邊畫，雖然畫的角度不同，畫的圖像也會有所不同，但畫的人多了，畫

的角度多了，畫的圖多了，那真實的山也就顯形了。[1]也有人提出，歷史這座「山」也許是不存在的，而是歷史研究者你一篇論文我一部著作地「壘」起了歷史這座「山」，使之成形。因此，歷史研究更像是在「壘山」。[2]我想，與歷史研究相比，現實的研究也許更像是在「挖山」：在「挖」的過程中，知曉、瞭解和理解「山」的分層與結構、組成與內蘊、走向與分佈、關係與功能等等。在「挖」的過程中，人們更自覺和習慣「挖」「大石頭」，關注「大石頭」，並以此對「山」進行論證和斷言，而作者在此更願意把目光投射和聚焦在「砂礫泥土」上，關注「下屬群體」／底邊人群中的一分子：女性性服務者的生存與發展，並努力從女性性服務者的角度考察和分析社會的結構與運行。對一整座「山」來說，「大石頭」固然重要，但「砂礫泥土」又何嘗是可或缺的？我們必須認識芸芸眾生是社會的主體，芸芸眾生的生活構成了歷史的主體。在今天，當人們越來越認識到「個人的即是社會的」、「個人的即是歷史的」時，發掘和呈現芸芸眾生中被遮掩、被扭曲、被壓抑的聲音，使自己發聲應該是非常重要和必要的。

1　在「婦女史學科建設讀書研討班」（1999 年 8 月，天津）上，時為北京大學歷史系副教授的臧健介紹了這一觀點。

2　在上述讀書研討班上，有人論及了這一觀點，並由此展開了爭論。詳情可見蔡一平、王政、杜芳琴主編，《賦歷史研究以社會性別》，2000，內陸版一書中相關內容。

第一章
定義與重新命名

關於定義，《漢語大詞典》的解釋是：「對一種事物的本質特徵或一個概念的內涵和外延所作的簡要說明」。[1]《辭海》的解釋是：「揭示概念的內涵或者語詞的意義的方法。」[2]前者認為定義是一種說明，說明的客體是事物的本質特徵或概念的內涵與外延；後者認為定義是一種方法，涉及的客體是概念的內涵或語詞的意義。相較而言，我認為《漢語大詞典》對「定義」的把握更為恰當和準確。不過，《漢語大詞典》有關「定義」的解釋也有不足之處。作為一種彌補，此間將「定義」解釋為：「對一種事物的本質特徵或概念的內涵和外延的界定」——我更傾向於「定義」是一種「界定」，它既可以是一種方法；可以是這種方法的實施，即作為動詞的「說明」；也可以是這種方法實施的結果，即作為名詞的「說明」，這是一。這一「界定」應該是具有較高概括性的、全面和整體的，當然也該是簡明扼要的，這是二。「界定」有三層含義：一是「界說」，即對事物的本質特徵、概念（包括單個和／或概念群）的內涵和外延的界線的劃分和解釋說明；二是「確定」，對劃分和說明的適用性和有用性的定位。界說和確定的呈現，這是三。

1　羅竹風主編，《漢語大詞典》（縮印本），漢語大辭典出版社，1997，第 202 頁。
2　《辭海》編輯委員會，《辭海》，上海辭書出版社，1989，第 642 頁。

關於命名，《漢語大詞典》的解釋是「給予名稱、定名」。[3]而《辭海》中無此詞條。我基本上同意《漢語大詞典》的解釋，但有必要加以說明的是：命名的實質是對被命名的客體進行價值評判的過程及結果的顯現，這是一。命名主體的背景、立場、視角的不同，在同一時期，同一命名客體可能被給予不同的名稱，這是二。由於命名主體的背景、立場、視角的不同，同一命名客體，在不同時期可能會被給予不同的名稱，這是三。通俗一點說，命名實際上是命名者給被命名者定名，由於社會歷史階段、文化類型、群體立場、個人經驗／經歷、觀察視角等不同，命名者對被命名者的價值定位不同，被命名者所獲得的名稱也就會有所不同，甚至大不相同。

將定義與命名兩者加以比較，一個最大的不同之處就在於定義是對一個已有名稱的事物或／和概念進行範疇或範型的劃定與解說；而命名是對一個尚未有名稱的事物或／和概念進行名稱的給予，即賦名，從而確立其在社會上或某一領域中的地位。兩者的作用不同，對客體的意義也不同。

自1989年從事有關賣淫及賣淫婦女的研究以來，在已閱讀過的較多論文和專著中，我發現對賣淫及／或賣淫婦女的定義比比皆是，但涉及賣淫及／或賣淫婦女的有關名稱，如娼妓、嫖客、婊子、妓院等等是如何被命名的卻極罕見。而正由於命名實質上是對被命名客體進行價值評判的過程及結果的顯現，當「名分」已在並早已被確定時，定義的作用就只是將被命名的客體，在被賦予的價值地位上進行類型化和／或範式化的界定罷了。進一步看，正因命名實質上是對被命名

3　羅竹風主編，《漢語大詞典》（縮印本），漢語大辭典出版社，1997，第 1562 頁。

客體進行價值評判的過程及結果的顯現，今天，當女性主義者及社會性別研究者在新的和／或不同的歷史發展階段、文化類型、群體立場、個人經驗／經歷、觀察視角等的背景下向固有的定義發起挑戰，爭論原名稱的準確性、適用性及公正性，要求重新命名原先被稱之為「賣淫」的行為和原先被稱之為「賣淫婦女」的群體時，對「賣淫」和「賣淫婦女」重新進行價值評判並加以顯現的主張及要求，也就內蘊於其中了——重新命名的基礎就是重新進行價值定位。

第一節　關於行為

性服務與金錢或財物之間的交易行為，人們以「賣淫」二字命名。當然，這是指零售交易。對於批發交易，世人有較為中立的命名，如「做妾」／納妾、「做外室」／娶外室，甚至美其名曰：結婚。我必須承認有眾多毫無交易性質的做妾／納妾、做外室／娶外室以及一夫一妻制的結婚，但誰又能否認其中帶有交易性質、甚至完全是交易者並非罕見？但在現有的主流話語體系裡，零售性性交易與批發性性交易被區別對待，後者甚至得到較大的肯定，認為是一種當然之至之舉。「嫁漢嫁漢，穿衣吃飯」、「幹得好不如嫁得好」之類民諺的流行和普遍認可便是一證。

進一步看，性服務與金錢或財物之間的交易行為，包含出售和購買。出售與購買是同時存在、互為存在的，即無出售就無購買，無購買也就無出售。但在主流的命名中，命名者是以出售行為為命名對象，對性服務與金錢財物之間的交易，命名為「賣淫」而不是「買淫」，儘管「買淫」必然是與「賣淫」相對應而存在。直至今天，雖

然已有人意識到現有命名的不準確，開始以「買淫」稱呼購買性服務的行為，但社會仍極不熟悉「買淫」為何事，也不清楚「買淫者」這一命名。舉一個簡單的例子，本人有一篇對性服務出售和購買雙方進行性別分析的論文，依照習慣將出售性服務的女子稱為賣淫婦女，但較有新意地將購買性服務的男子稱為「買淫男子」，在被某權威文摘刊物選中進行觀點摘登時，「買淫男子」一概被修改成「賣淫男子」。這不僅將原文的分析對象完全搞錯，原文的結論也成為一團謬論。因為事實上，「買淫男子」指的是購買性服務的男子，即現有主流話語體系中所稱的「嫖客」；「賣淫男子」指的是性服務出售者，即現在民間稱呼的「男妓」、「牛郎」、「鴨子」。「買淫男子」與「賣淫男子」在性交易行為中完全不同，絕不能混為一談。

　　將性服務與金錢或財物之間的交易稱為「賣淫」，無疑有道德批判的前提，因此，「賣淫」顯然是一個貶義詞。有許多為批判賣淫辯護的理由，證明批判的合理性。但極少有人問及為什麼性服務與金錢或財物之間的交易就是「賣淫」？「淫」究竟是什麼？

　　查《說文解字》，「淫」字下的解釋全文為：「侵淫隨理也，從水聲，一曰久雨為淫」。[4]

　　查羅竹風主編、漢語大辭典出版社於1997年出版的《漢語大辭典》（縮印本），第3322頁至3323頁列有「淫」的23個本義：（1）浸淫，浸漬；（2）潤澤；（3）過度、無節制、濫；（4）猶大；（5）久雨；（6）奢華、浮華；（7）放縱、恣肆；（8）貪欲、貪心；（9）沉湎、沉浸；（10）謂運行失其常度；（11）僭越；

4　許慎，《說文解字》，中華書局，1963，第231頁。

（12）浸淫、侵犯；（13）長久；（14）貪色、淫蕩；（15）特指通姦、姦淫；（16）邪惡、奸邪；（17）惑亂、迷惑；（18）雜亂、邪亂；（19）游離、遊散；（20）渙散、浮蕩；（21）滋蔓；（22）陶土燒制的涵管；（23）塗染。

《辭海》編輯委員會編輯、上海辭書出版社1989年出版的《辭海》在2518頁上對「淫」的本義解為：（1）浸淫；（2）長久；（3）沉湎；（4）邪惡；（5）惑亂；（6）姦淫、淫蕩。

《說文解字》的「淫」字沒有性的之色彩。而從後兩部權威辭書的解釋看，令「淫」直接具有性色彩的，前者為第14和15解，後者為第6解。但就真正的性質而言，通姦是不帶交易性質、兩廂情願的性交往行為，不存在買方或賣方，在絕大多數國家不屬違法／犯罪行為；上流社會浪漫地稱呼行為雙方為「情婦」和「情夫」，民間也以「軋姘頭」的命名，將其與具有交易性的「賣淫」區別得一清二楚。而姦淫是一種強迫的性行為，當然也不存在買方和賣方，並且絕大多數是與強暴相伴，或是暴力的結果。比如，日軍在侵華過程中，燒殺搶姦是並行的。許多老人至今對日本鬼子的「要花姑娘的幹活」、對日本鬼子姦殺婦女的罪行記憶猶新。從某種角度看，日軍侵華史也可以說是一部中國婦女被姦淫和反抗姦淫的歷史。因此，無論通姦還是姦淫，都不是「淫」的買賣。

《漢語大辭典》對「淫」的第14解為「貪色、淫蕩」。而對「貪色」的解釋，該辭典引《左傳成公二年》曰：「貪色為淫，淫為大罰」。所謂「色」，可為女色，也可為男色，即女人或男人的美貌；所謂「貪色」之「貪」字，可用該辭典對「淫」的第7、9、10和17解，即放縱、恣肆；沉湎、沉浸；失其常度；迷惑。由此，「貪色」

可解釋為超於常態地放縱自己迷戀於某一類性別人的美貌，而這一迷戀又是以情或性的欲望為基礎，以情欲或性欲的滿足為目的。只是，首先，如果將「貪色」一詞替代「淫」字，我們就發現障礙：「賣淫」成了「賣貪色」，這是一個無論如何都讓人解釋不通的詞；其次，即使將「貪色」為「淫」這個較為準確的解釋，修改為「色為淫」這個不準確的解釋，「賣淫」仍不能作「賣色」解，因為「色」是女人或男人的美貌，但許多賣淫者不是出售自己的貌，而是出售自己的性服務；許多買淫者出資時不在乎對方是否美貌，只要能「打炮」（性交）就行。就總體而言，儘管「色」的擁有是賣淫者的一大資本，「色」的享受是買淫者的一大目的，但「色」的買賣只是組成性服務買賣的一個部分，所以「賣淫」絕不是「賣色」便可涵蓋。其三，貪色是一種心理狀態，作為其狀態實現的結果，買淫只是其中的一種。除此之外，成婚、通姦、姦淫也包括在內——也是貪色的實踐。反過來看，大量調查顯示，幾乎沒有「賣淫」者是貪圖對方的「色」。如果是「貪色」，她／他們應該會「白給」（性服務），甚至「倒貼」（錢財）。可見，在解釋「賣淫」時不能簡單代入「貪色」一詞。

剩下的便是「淫蕩」一解。再查《漢語大辭典》，第3326頁「淫蕩」一詞的解釋有三：（1）放蕩；（2）縱欲淫亂；（3）動盪。而《辭海》無此詞之解。與「賣淫」有較大相關的只能是第二解：縱欲淫亂，因為「賣淫」屬於一種性行為。只是以「縱欲淫亂」替代「淫」字，「賣縱欲淫亂」也是讓人不知所云的解釋；而縱欲淫亂指的是性行為頻率較高和對象眾多，性服務與錢財的交易雙方，卻不一定是高頻率交易和／或多對象交易，「一夜性」、「一次性」及「固

定性」在交易中並不是少數。此外，賣淫者在賣淫過程中出售的也不是自己的性欲或情欲。欲者，在此間當作願望、需求、希望解，而賣淫婦女出售的是願望、需求、希望嗎？事實上，無論過去還是現在，賣淫婦女極少是為了自己的性欲或情欲而去賣淫。1950年代初，北京市對1,287名妓女的調查發現，她們當妓女的九大原因中，無一涉及性欲或情欲。[5]我在1998年對浙江省婦女勞教學校166名因賣淫而被勞教者的集群調查資料顯示，因「滿足性欲」而賣淫的僅1人，占0.06%。反過來，我在對賣淫婦女和買淫男子的比較分析中發現，滿足性欲倒是買淫男子的一大原因與目的，在這裡將錢財與性服務的交易稱為「買淫」倒是更為恰當。[6]問題是，社會主流話語對性服務與錢財的交易命名是「賣淫」而不是「買淫」；更何況，縱欲和淫亂指的是頻率和對象而不是手段，有可能發生在性服務者與資源擁有者之間，也有可能發生在配偶、情人、性伴侶、朋友、同儕或上下代以及其他交易者之間，如，夫妻性生活也可能縱欲過度；兄妹或父女之間的亂倫性行為、上級對諸多下級的性強迫等就是一種淫亂；諸多異性或同性間的性交往，被司法部門判定為「流氓行為」，實際上也是一種淫亂行為。此種淫亂不以營利為目的，甚至沒有錢財物的支付或獲取。「賣淫」婦女們對此間的區別一清二楚：「玩朋友」就是「玩朋友」，「玩男人」就是「玩男人」。因此，縱欲淫亂不是交易，賣淫也不能作「縱欲淫亂」解。

5　北京市公安局編，《北京市封閉妓院紀實》，北京和平出版社，1988，第 323 頁。
6　王金玲、高雪玉、蔣明，〈商業性性交易者的性別分析〉，《浙江學刊》，1998 年第 3 期。

在上述對字義的追根尋源中，我們發現了「賣淫」這一習以為常、眾以為是的命名的邏輯性錯誤。且將這謬誤置於一旁，讓我們再深究一下「賣淫」一詞的含義。

在今天的中國大陸社會，無論是官方還是民間，無論是法律條文還是規章制度，「賣淫」一詞指的就是性服務與金錢財物之間的交易。但在馬克思主義經典作家那裡，「賣淫」一詞具有更廣泛的理解和解釋。

馬克思主義認為，不僅出賣個人的性服務是一種賣淫，一個婦女為了獲得經濟資助而結婚，或一個已婚婦女為了獲得經濟資助而向丈夫提供所有有形或無形的服務，也是一種賣淫，甚至一個男子為了經濟需求而與一個女子的結婚也包括在內。恩格斯說：「這種權衡利害的婚姻（指由雙方的階級地位來決定的婚姻──引者注），在兩種場合都往往變成最粗鄙的賣淫──有時是雙方的，而以妻子最常見。妻子和普通的娼妓的不同之處只在於，她不是像雇傭女工計件出賣勞動那樣出租自己的肉體，而是一次性永遠出賣為奴隸」。[7]列寧認為：「那種為了金錢而把自己賣給合法丈夫的女人很像自由結婚的妻子一樣，實際上，這種『女人』，⋯⋯只不過是冠冕堂皇和完全合法的賣身的不同形式而已。」[8]

而在《1844年經濟學哲學手稿》中，馬克思更斷言，所有工資勞動都是一種形式的賣淫。他寫道：「賣淫不過是工人普遍賣淫的一個特殊表現而已，因為這種賣淫是一種不僅包括賣淫者，也包括逼人賣

7　恩格斯，〈家庭、私有制和國家的起源〉，《馬恩選集》第4卷，人民出版社，1974，第67頁。
8　列寧著，中央編譯局編譯，《杜馬的俄國自由派》，人民出版社，1959，第2頁。

淫者的關係，並且，後者的下流無恥更為嚴重。所以，資本家等等，也包括在賣淫這一範疇中。」[9]列寧則指出：「對於賣淫現象任何『道義上的憤慨』（99%都是假的），都無助於取消這種婦女肉體買賣的事情：只要雇傭奴役制存在，賣淫現象也就必然存在。在人類社會的歷史上，一切被壓迫和被剝削的階級，從來都是被迫（對她們的剝削也就在這裡）第一向壓迫者提供無償的勞動，第二把他們的妻女送給『老爺們』當妍婦」。[10]

更為廣泛的理解和解釋也出現在其他學者，以及女性主義者的論述中。

如，《韋伯斯特詞典》對於「賣淫」的第2條解釋是：「婊子。一個人，例如一個作家、藝術家等等，為了卑下和卑劣的目的出賣他的服務。」[11]

傑克・D・道格拉斯認為，一般日常生活中對於「賣淫」一詞的理解是，「其補償既非屬於性欲方面又非屬於感情方面的任何性行動。隱含在上述定義中的假設條件是，為了性欲或感情方面的報償或樂趣而從事的性行為才是『正常的』，而這種性欲或感情方面的報償、樂趣必須源於該性行為本身。因而任何其他動因導致的性行為均屬越軌性行為，或妓女賣淫。這種觀點賦予『正常的』性行為以非常有限的內涵，而賦予妓女賣淫以非常廣泛的內涵。」[12]

9　馬克思，〈1844 年經濟學哲學手稿〉，中央編譯局《馬恩全集》第 1 卷，人民出版社，1972，第 62 頁。

10　列寧，〈資本主義與婦女勞動〉，中華全國婦女聯合會編《馬恩列斯論婦女》，人民出版社，1978，第 215 頁。

11　轉引自邱仁宗主編，《愛滋病、性與倫理學》，首都師範大學出版社，1999，第 273 頁。

12　[美] 傑克・D・道格拉斯等，張甯、朱欣民譯，《越軌社會學概論》，河北人民出版社，1987，第 205 頁。

　　在一次大戰前，著名的女性主義者萊德・艾瑪（Red Emma）就指出：任何一個地方都是根據婦女的生物性別來對待婦女，而不是她的工作價值。所以，婦女幾乎不可避免地要為生存權利、為保持某種地位而付出性愛。由此，她是否在婚內或婚外將自己賣給某個男人或許多男人，只不過是程度的問題。不論我們的改革者是否承認，婦女經濟和社會地位的低下是其賣淫的根源。[13]

　　在1970年代，自由主義女性主義提出，賣淫就是另外一種工作，一種「價格公平，清清白白」的工作；馬克思主義女性主義認為，資本家榨取了我們的一切，所以，賣淫婦女就是工人，工人就是賣淫婦女；激進女性主義則聲稱，對婦女來說，並不是賣淫類似於其他任何事，而是反過來，是其他任何事都類似賣淫，因為這是婦女狀況的一種模式。[14]

　　從1980年代以來，在西方，隨著賣淫婦女自我意識的覺醒、強化和主體權利意識的上升，賣淫被界定為一種「性的自我選擇行為」，一種與「拒絕進入性活動的權利、生育（包括人工流產）的權利、女同性性行為的權利以及與不同膚色和不同階級者進行性活動的權利聯繫在一起的行為。對此，後現代女性主義的簡要概括便是：賣淫是一種政治反抗形態。[15]

---

13 轉引自 Alison M. Jaggar,"Western Feminist Perspectives on Prostitution"，在「愛滋病與賣淫的社會倫理與法律專家研討會」上的發言稿，北京，1996。

14 Alison M. Jaggar, "Western Feminist Perspectives on Prostitution"，在「愛滋病與賣淫的社會倫理與法律專家研討會」上的發言稿，北京，1996。

15 Alison M. Jaggar, "Western Feminist Perspectives on Prostitution"，在「愛滋病與賣淫的社會倫理與法律專家研討會」上的發言稿，北京，1996。

　　從上述對賣淫的論述、批評、界定中可以發現，「賣淫」不再只是性服務與金錢財物之間的交易，而是擴展為婚姻、工薪勞動的一種存在方式；或是一種社會制度，或是一種政治抗爭的表現形態。在這樣的語境中，當我們論及性服務與金錢財物之間的交易時，顯然不能簡單地使用「賣淫」一詞；而正因為「賣淫」超越了「性服務與金錢財物之間的交易」的解釋與含義，有了這些眾多解釋之外的解釋、含義之外的含義，當我們在別的語境中使用「賣淫」一詞時，其針對性和準確性也就大大弱化了。

　　更準確地說，「賣淫」原本指的是為了達到某種目的而提供性服務。這種目的可能是宗教性的，如在古巴比倫，不論尊卑貴賤貧富，凡女子都要到神廟當一段時間的廟妓，只有在與男子性交後，女子才算完成了廟妓的義務，可以自由回家。[16] 這種出於宗教目的的賣淫也許是在於透過上帝的恩賜而得到女人的生育，或是用巫術得到莊稼的豐收；[17] 可能是政治性的，如古代常見的以女人換和平的「和親」，好萊塢影片中常見的色情間諜，以及透過「色權交易」獲得的社會地位提升；可能是軍事性的，如中國古代的「營妓」，以及二戰期間日軍軍營中的「慰安婦」。當然，也有可能是商業性的──為了金錢財物。因此，「賣淫」的類型可分為宗教性賣淫、政治性賣淫、軍事性賣淫，以及商業性賣淫等等，不一而足。如果「賣淫」是個大概念，則宗教性賣淫、政治性賣淫、軍事性賣淫、商業性賣淫等便是其子概念，層次相當分明。所以，如果用「賣淫」的大概念指稱商業性賣淫

---

16 朱雲影，《人類性生活史》（影印版），正中書局，1942，第 8 頁。
17 [英] 羅素著，靳建國譯，《婚姻革命》，東方出版社，1988，第 25 頁。

這個概念，結果必然是意義混亂、內涵混亂，進而導致人們理解混亂、認識混亂。例如，我們在進行賣淫婦女議題調查時，就不只一次遇到這樣的發問：以陪有權男人睡覺而獲得出版作品、出演角色、欄目製作、地位上升的女人算不算賣淫婦女？如果是，「打擊賣淫嫖娼」為什麼從來不去打擊她們？如果不是，她們不也是「出賣色相」、「出賣肉體」以換取好處？為什麼出賣同樣的東西，對方付錢的，就是賣淫婦女，就是違法或犯罪行為，就要受到嚴厲打擊；對方給予其他好處或實惠的，就不是賣淫婦女，就不是違法行為，就不用擔心被捕？這種困惑或質疑無疑是今天「賣淫」概念的界定不明引起的，而這種困惑或質疑也影響了當今中國對「賣淫嫖娼」活動的有效預防與控制。

進一步看，性服務與金錢財物之間的交易被稱為「賣淫」，或有時候被稱為「賣淫嫖娼」，是有一個道德批判的前提，即性服務與金錢財物間的交易，是在被認為不道德的行為理論前提下，被稱為「賣淫」或「賣淫嫖娼」。而道德批判至少存在以下兩種歧視。

其一是行為歧視。在中國傳統文化中，以營利為目的、交換為手段的商業一直被視為「末業」，直到今天，作為一種文化傳統，「商」仍始終與「奸滑」、「唯利是圖」糾纏在一起，得不到社會普遍肯定。而將性服務與金錢財物之間的交易赤裸裸地冠以一個「賣」字，實際上就是將其明確定位在「商業」位置上，即「末等的」、「奸滑的」、「唯利是圖的」位置上。又因為此等生意一方以滿足另一方的性需求來獲利，而性的滿足又免不了包括貪色、縱欲、淫亂在內的起因與過程，所以此交易被命名為「賣淫」。「萬惡淫為首」一直是中國文化傳統的宣導，是中國主流的意識形態，性服務與金錢財

物之間的交易一旦被定為「淫」的買賣，那麼其「末業的末業」、「下流」、「低俗」、「不道德」的地位也就是命定的了。沒有一種行為像「賣淫」一樣，是從雙重道德譴責的角度被賦名的：即使是會傷害更多人的生命、給社會安定造成更大破壞的毒品販賣，人們也只是冠之以「販毒」，甚至不以「賣」字稱呼之；即使是更加傷害自身的賣血、賣器官，人們也只是不加褒貶地直呼所賣物品的原名，而不是賦原名以貶義或另造一貶義字（詞）替代之。這種雙重道德譴責是建立在對商業歧視和對性的汙名化的基礎之上，而從事實和社會公正出發，歧視與汙名化必須接受質疑與挑戰。

其二是性別歧視。當性服務與金錢財物之間的交易被命名為「賣淫」時，「淫」的出賣而不是「淫」的買賣被確立為命名對象，並涵蓋了「淫」的買入。由於「萬惡淫為首」，「賣淫」一詞就意味著賣淫者是首惡者，買淫者的罪惡則被隱匿甚至被消解，甚至還可能被無辜化。而由於在絕大多數的文化背景和文明進程中，絕大多數的性服務提供者是女性，絕大多數的性服務購買／獲得者是男性，「賣淫」之名也就意味著女性是首惡者，男性是脅從者、無辜者，甚至是受害者、犧牲者。至今某些學術專論，下至地攤小報，「賣淫女」或「娼妓」勾引男人、誘惑男人上當受騙字眼比比皆是就是一種表現。反過來看，有賣淫的，就有買淫的。在今天中國大陸，與婦女賣淫相對應，買淫者更多的是男子。然而，從法律條文到民間俚語，男子的買淫行為更多被稱為「嫖娼」而不是「買淫」。如前所述，將性服務與金錢財物的交易稱之為「淫」有道德批判的前提，順理成章地將男子購買性服務稱為「買淫」，無疑也就具有道德批判的意義。但就「嫖娼」的命名而言，嫖者，玩弄也；娼者，據劉元卿所考：「古優女曰

娼，後稱娼之老婦曰保。考之鯧魚，為眾魚所淫；鴇鳥，為眾鳥所淫。相傳老娼為鴇，意出於此。」[18]既然娼者為眾之所玩、眾之所淫，那麼，任何一個男子的「嫖娼」就都是大眾行為或從眾行為了：一個小小的命名變化，使男子成功進入非罪行列，逃脫了道德批判，只剩下「娼」們，獨自承受道德甚至法律的鞭撻與懲處。甚至權威機關，最高權威機關常設機構全國人民代表大會常務委員會頒佈的法令《關於嚴禁賣淫嫖娼的決定》（1991年4月通過）、最高國家機關國務院頒佈的《賣淫嫖娼人員收容教育辦法》（1993年4月頒佈，2010年12月對部分條款進行了修正）、最高公共安全保衛機關公安部制定的《治安管理處罰條例》（1986年9月通過，2006年3月1日廢止。2005年8月頒佈《中華人民共和國處罰法》，並於2006年3月1日開始實施）中有關對賣淫嫖娼的處罰之類打擊「淫」的買賣的權威性法律規定中，不僅買淫與賣淫行為有嫖娼與賣淫此類區別性的稱呼，賣淫也始終是置於嫖娼之前的。這表示至少是暗喻，甚至這些權威性法律規定及其代表著更高權威的法律制定者、審定者認為賣淫是首惡的、更惡的；而嫖娼則是次惡的、較惡的。從社會公正的角度看，「淫」的買賣是雙方互為存在、互為對象的買賣，如果說賣淫是罪惡的，那麼，買淫也是罪惡的，兩者不應區別對待，更何況婦女更多是被迫、出於無奈、源於苦難而進入賣淫的行列。[19]因此，對「賣淫」的命名中深藏的社會性別不公提出質疑和挑戰，也是必須的。

---

18 轉引自高邁，〈中國娼妓制度之歷史研究〉，鮑家麟編著《中國婦女史論》，臺灣牧童出版社，1980，第 118-127 頁。

19 對此，本書在以下章節中將有較詳細的論述與分析。此外，亦可參見王金玲，《誤入歧途的女人——中國大陸賣淫女透視》，江蘇人民出版社，1998。

也許，人們或多或少已意識到，用「賣淫」稱呼性服務與金錢財物之間的交易，難免有謬誤或漏洞，於是「賣淫」一詞又演化成「出賣肉體」、「出賣色相」、「出賣性」、「出賣性器官」、「出租性器官」等詞。然而，即使說出來世人大都知其所指，但就語言的規範而言，尤其是講究用詞規範和準確的學術用語、法律用語，這些命名仍不準確，甚至謬誤百出。首先，「出賣」作為一種交易行為，包含貨物所有權的轉移，一旦買賣成交，原為賣方所有的貨物所有權就轉讓給了買方，賣方不再擁有貨物的所有權。而賣淫者在賣淫過程中，並未出讓自己身體或身體上任何「貨物」的所有權。無論是「肉體」、「色相」還是「性」，「賣淫」前歸其所有，「賣淫」中歸其所有，「賣淫」後仍舊其所有，所有權從未發生轉移。

其次，賣淫者在賣淫中不交易「肉體」、「色相」或「性」，儘管「肉體」、「色相」或「性」在「賣淫」中是不可或缺的，至少是不可全缺的。事實上，「肉體」、「色相」、「性」只是「淫」的載體，賣淫者透過這些載體的運作，滿足買淫者的需求，達到獲利的目的。更深一層看，如果說「肉體」、「色相」還是較為容易理解和解釋的話，那麼「性」──「出賣性」就頗難理解和解釋了。「性」在此間作何解？性別？性情？性命？當然都不是。那麼，是「性行為」？「性器官」？將一種「行為」作為一種「貨物」出賣，這顯然使人難以理解；如前所述，賣淫者在賣淫過程中是不出售自己的身體的或身體上的任何「零件」：如果出售「性器官」──儘管是「性器官」，也是器官，當屬器官買賣一類，而不是「賣淫」。

更令人感到似是而非的是「出租性器官」這一指稱：因為使用了「出租」──使用權的有償出讓一詞，較之「出賣」離事實近了一

步，令人感到「似是」。但是，這仍是「非」的。將「賣淫」指稱為「出租性器官」，一個最基本的內在邏輯定義是「賣淫」是一種性器官使用權的有償出讓，買淫是購買性器官的使用權，並且出租者在租用者的租用過程中也缺乏主體能動性。然而，買淫者在買淫過程中並不一定承租／使用買淫者的性器官，花錢讓賣淫婦女把他自己捆起來，加以揍打，或遍舔賣淫婦女全身就獲得性滿足的買淫男子在國外不乏其人，在國內也不少見，這是一。賣淫者在賣淫過程中並不一定出租／使用自己的性器官。對一些髮廊而言，「打飛機」──用手撫弄買淫男子的性器官，使之射精，就是其提供的唯一性服務。而更有不少賣淫婦女是用口、乳房、肛門等器官，而不是用性器官為買淫男子進行性服務，這是二。即使買淫者進行的是性器官接觸式的活動，也必須依靠賣淫者的手、自己的口等非性器官的器官協作，以及語言、表情、姿態等非純器官性的行為運作，才能獲得性滿足。在此，不僅手、口、語言、表情、姿態等與性器官一樣是不可或缺的，賣淫者也有較大的主體能動性，這是三。所以，整個性服務與金錢財物交易的過程事實是：首先，服務購買者想獲得的和所獲得的不是性器官的使用權，而是在使用過程中的服務；其次，服務提供者出售／提供的是整體性的服務：整個人都從事服務，而不僅僅是性器官的運作；其三，如果使用器官，則整個的交易過程是服務者用自己的器官為他人服務的過程，而不是被服務者用服務者的器官為自己服務的過程。這是一種「我用我的器官為你服務」，而不是「你用我的器官為你服務」。而既然「賣淫」不一定會使用性器官，也不是「出租」性器官，那麼將「賣淫」稱為「出租性器官」無疑是錯誤的了。

進一步看，在性器官接觸式的賣淫中，賣淫者提供的只是外部的性器官：如果是女性，則再加上陰道。性器官就總體而言，包括在外面看不到、摸不著的內部性器官。如果指稱賣淫是「出租性器官」，按照詞的本義，出租應是外部和內部性器官的出租，可是賣淫者的某些性器官是無論如何也出租不了的，即使我們將此處的出租劃定為細胞可到達的地方：如賣淫婦女的卵巢，買淫男子即使射精也射不到那裡。可見，即使從詞義上看，將「賣淫」指稱為「出租性器官」也是不準確的。反過來看，如果我們將「賣淫」定義為婦女出租性器官，那麼不管出租什麼性器官，不管在什麼場合下出租性器官都該一視同仁地定為「賣淫」。可事實卻是，我們只將出租某些性器官（如外陰和／或陰道），以及在某種場合出租性器官（如在性服務和錢財的交易中）貶稱為「賣淫」，而用其他至少是不帶褒貶含義的詞命名其他性器官的出租和／或其他場合下性器官的出租，像是「出租子宮」、「拉幫套」、「情婦包養」、「美女／男計」、「代孕」。這顯然是屬於一種對同等事物給予不同對待的不公平現象。從社會公平角度出發，修正「賣淫」以「出租性器官」的指稱也是必須的。

第二節　關於行為者

對於性服務的有償提供者與獲得者，國人歷來有許多稱呼，由於前者大多為女性，後者大多為男性，命名的性別區別對待十分明顯——前者大多數與女人相關，較多且帶有歧視；後者大多與男人相關，較少而不帶歧視。這些命名流傳至今仍在全國通用的，就女性性

服務者而言，有妓女、[20]娼妓、[21]暗娼、[22]婊子、[23]野雞，到直白無遺的「賣屄貨」等稱呼；就男性性服務獲得者而言，僅有嫖客一詞。從稱呼的多寡褒貶看，命名者的性別價值傾向就已暴露無遺。這種對同等事物的不同等對待、對同等行為者的不同等對待本身就是一種不公正的行為，亦是不公正的社會性別制度的結果。

從命名本身看，「賣屄貨」無疑是市井之詈言，是不登大雅之堂的稱呼。更重要的是，如前所言，在進行性服務與金錢財物的交易時，商業性性服務婦女並不出賣自己的身體或任一器官，性服務消費者也未購買或得到性服務提供者的身體或任何器官，這是一。「屄」是女性性器官的全稱，而被商業性性服務婦女用來為消費者服務的只是女性性器官的一部分而不是全部，性服務消費者所能利用的也只是性服務者性器官的一部分而不是全部：屄從未全部被性服務者使用，也從未全部被性服務消費者利用，所以它實際上從未完全進入女性性服務者的交易過程中，這是二。商業性性服務婦女在性服務的過程中，不僅要使用性器官，也要使用非性器官：如果說這就是「賣」的

---

20 如，南京大學歷史系教授李良玉在《南京大學學報》（哲社版）1998 年第 2 期上發表的文章即題為：「當前妓女問題研究」，以性服務交換金錢財物的女子被稱呼為「妓女」。

21 如，單光鼐研究員在《中國娼妓：過去與現在》（法律出版社，1995）一書的前言中說：「對中國大陸近 10 餘年來重現娼妓的原因，筆者認為，娼妓既然是私有制的產物，社會主義從本質上講是反對剝削的，社會主義制度本身不會產生娼妓。……」以性服務交換金錢財物女子被稱呼為「娼妓」。

22 如，《公安部治安管理處罰條例》第 30 條即為：「嚴屬禁止賣淫、嫖宿暗娼以及介紹或者容留賣淫、嫖宿暗娼……」以性服務交換金錢財物女子被稱呼為「暗娼」。

23 婊子以及以下的野雞、賣屄貨等，非官方檔／文書和學者論著之命名，但在民間常聞。以性服務交換金錢財物的女子常被賦予這些稱呼。

話，那麼她就不僅是在「賣」性器官，並且也在賣非性器官，也就是說，儘管她有「屄」的特賣，但不是專賣，這是三。所以，以「賣屄貨」來命名以性服務交換金錢財物的女子是不準確的。甚至誰又能否認，也許正是將女性性器官隆重推出，這一命名也難免有為商業性性服務大作廣告，「誘淫」、「誨淫」之嫌？

「野雞」也是屬於俚語，也是不能登大雅之堂，作為正式稱呼的。更何況，「野雞」主要指的是在街上拉客、接客、待客的女性商業性性服務提供者。她們在以性服務交換金錢財物的婦女群體中所處的地位較低，所獲的收入較少，所擔心的包括被抓、被感染性病在內的風險較大，所遭受的譴責和歧視較多，所受到的如被老鴇、「雞頭」之類的剝削、欺壓和控制較多和較重，身心狀況更為不良。事實上，以性服務交換金錢財物的婦女一直是分層的，所處的層次不同，收入、地位、處境也就大不相同。在近代上海，妓女大致分為女校書、長三、么二、野雞、釘棚幾大類。[24]其地位、收入、處境為女校書最高，然後逐級而下，至釘棚最低。

自1980年代以來，據潘綏銘教授的考察，最晚到1996年，中國大陸的賣淫婦女已形成七個層次。他認為，在這七個層次中，處於頂端的是「二奶」階層。她們雖然表面上常常以小老婆的身分而存在，但是與妾、「傍大款」者或事實婚姻的本質區別在於：1.「二奶」是計時收費的；2. 她們所提供的主要是性服務而不是情感生活、生兒育女、居家過日子等等。只不過她們計算時間所用的單位比一般暗娼更長，往往是按月收錢。第二層是「包婆」（公安部門叫作「包娼」或

---

24 徐君、楊海，《妓女史》，上海文藝出版社，1995，第 23-24 頁。

者「包嫖」）。她們雖然也像「二奶」按照服務時間的長短收取固定的「包身費」，但是她們往往不長時間跟嫖客一起同居生活，只是在一次出差期間或者一段業務活動時間內被「包下來」。第三層是活躍於「三廳」（歌廳、舞廳、餐廳）裡的「陪女」。她們處於「三陪」與賣淫之間，收費也處於計時和計次之間，她們提供的服務是以「坐臺」（僅僅當場陪伴）為基礎，以此「保底」，再力爭「出臺」（跟嫖客出去）。出臺後，她們提供的往往是「包夜」（陪睡）多於「打炮」（性交一次就完事）。第四層是某地一些人所說的「叮咚小姐」（在其他地方沒有統一的稱呼，偶爾叫作「住店的」）。她們自己租房間，相對固定住在一個賓館裡，透過電話拉客。如果男人有意願，她們就會按門鈴，「叮咚」一聲，進來當場成交，她們的服務往往是「打炮」多於「包夜」。第五層是「髮廊妹」或「按摩女」。她們以洗頭、按摩或者「洗腳」為名，在多種髮廊、桑拿浴室或者「洗腳屋」之類的地方營業，而且是「當場解決」，「出臺」和「包夜」的機會往往更少一些。第六層是「街女」或「街妹」。她們經常在賓館門前、電影院或者娛樂場所的大門外拉客，然後在別的地方「打炮」，有些則是從陪人看電影開始，其實是出售撫摸，常常有「上半場」（撫摸嫖客上半身或被嫖客撫摸上半身）和「下半場」（撫摸嫖客下半身甚至性器官或被嫖客撫摸下半身甚至性器官）之分。第七層是「下工棚」或「住工棚」的女人。她們主要與外來民工交易。有些是偶爾為之或「兼營副業」，有些則是跟一夥民工住在一起，類似於收費的公妻。她們是賣淫女裡的「貧下中農」，有些人僅僅是為了找一口飯吃。[25]

---

25 潘綏銘，《生存與體驗》，中國社會科學出版社，2000，第 23-25 頁。

　　以上七個層次的婦女的地位、收入、處境，是逐級而下的。其中，「街女」或「街妹」便是「野雞」的一種。

　　而據我在1990年代初的調查，當時浙江的賣淫婦女已形成五個層次。按賣淫婦女自己的說法，這五個層次為：以在涉外賓館接「老外」為主的「國家隊」；以在大酒店大飯店接廠長、經理、大廠採購／供銷員為主的「省隊」；在一般飯店旅館接一般採購／供銷員、鄉鎮企業廠長經理和個體業主為主的「市隊」；在路邊店等小旅社接長途汽車駕駛員為主的「區隊」，以及在路邊、公園、娛樂場所接農民工和進城辦事的農民為主的「街道辦事處」。而這五個「隊」的婦女的地位、收入、處境也是逐級而下的。其中，被稱為「街道辦事處」者便是「野雞」。

　　可見，「野雞」只是處於較底層甚至最底層的一部分人，從命名所需的準確性和針對性出發，「野雞」一詞是不能用來作為以性服務交換金錢財物的婦女的整體名稱。

　　據明代陸噓雲所著的《世事通考》卷一《人物》對「婊子」一詞的解釋：「表子。表，外衣也，言倡非內室妻子，乃外邊苟合者。」[26]之中所說的外邊苟合者，是指男人與之有非婚性行為的婦女。而這些婦女中有「賣」的，如「賣淫」的，也有「不賣」的，如情人、外室、性夥伴等等。即使在「賣」者中，也有各種類型的區分，如宗教性的、政治性的、軍事性的等等，商業性的只是其中一種。事實上，在民間「婊子」一詞使用的範圍是極廣泛的，從真正的以性服務交換金錢財物到陪當官的睡覺，到拋媚眼、拍馬溜須，女性

---

26 轉引自徐君、楊海，《妓女史》，上海文藝出版社，1995，第 6 頁。

行為人都會被指認為「娼子」。故而，以「娼子」專指以性服務交換金錢財物的女子，其概念是過於寬泛，缺乏準確性的。

關於「暗娼」，潘綏銘教授的解釋如下：

> 暗娼是高度商業化的結果，是一種「一分錢一分貨」式的純粹的交易，所以按照目前世界上幾乎所有國家的法律規定，暗娼必須具備這樣幾個特徵：首先，她們是以現金進行交易的，而且非現金不可，不能以其他東西或者利益來代替。儘管她們可能賒帳、收支票或信用卡，但是其中的「現金」的含義並沒有改變。其次，暗娼是以性交次數和持續時間的長短來計算價格的，只有一次性交叫作「打炮」，這是一種價格；整天陪伴叫作「包夜」，是另一種價格，長期租用叫作「包養」，又有其他價格。第三，暗娼就像一般商店裡的賣主一樣，只認價格，不挑客人，不管賣主是什麼人，都賣。第四，暗娼雖然也會與嫖客產生感情，甚至嫁給嫖客，但是在這之前，在她們在「做生意」的時候，則必須「公事公辦」。尤其是她們不可能與嫖客結成像一般婚姻那樣的、沒有金錢往來的、雙方共同經濟核算的關係。即使在大多數「包二奶」裡，表面上雙方在共同生活，但是只有價格才是最根本的，一不付錢，馬上散夥，而且雙方完全是獨立核算，沒有一個嫖客會像丈夫那樣把自己的錢「交櫃」。[27]

上述的解釋文字有值得推敲之處，如「暗娼」是一種身分，而不是一種行為，即她本身不是一分錢一分貨式的「交易」，而是她在進

---

[27] 潘綏銘，《存在與荒謬》，群言出版社，1999，第 222 頁。

行一種「一分錢一分貨」式的交易。此外，這一段解釋本身也有需質疑之處。如，在與嫖客有了感情後，暗娼也會做「一分錢兩分貨」、甚至「幾分貨」式的「傻瓜」交易。有的明知道是「落花有意，流水無情」，還會照做不誤；暗娼在做生意時並非來者不拒，她們也挑客人。從最底層的「街道辦事處」到最高層的「二奶」，她們都會對客人挑挑撿撿，只是挑選的標準、程度不同。更重要的是，解釋中概括「暗娼」的特徵，實際上也是許多「明妓」的特徵。那為什麼要將以性服務交換金錢財物的女子稱為「暗娼」而不是「明妓」？

對此，能想到的一個最大理由是由於中國大陸禁娼，而以性服務交換金錢財物的女子「交貨」，是一種暗地裡進行的「地下工作」，故而稱為「暗娼」。但隨之而來的問題是，為什麼不可稱為「暗妓」，而是「暗娼」？賦名的依據是什麼？這兩種命名之間的差別又是什麼？在沒找到令人信服的答案之前，「暗娼」也難以冠於全體以性服務交換金錢財物的婦女。

娼、妓二字為何會併為「娼妓」，查了一些書，不得其考。但古時，「倡」「娼」通用，自六朝開始，「妓」「伎」亦通用了。而「倡」的原意為音樂，後衍義為從事音樂的藝人；「伎」為樂舞和百戲雜耍之意，[28]看來，「娼」與「妓」原本是分離的，後來也許隨著「歌」、「舞」的合二為一成「歌舞」，「娼」、「妓」也就合為「娼妓」了，此乃一種猜測，確實與否還有待考證。不過，即使已成

---

28 《說文解字》上無「娼」字，而「妓」的解釋為：「妓，婦人小物也。」（第262頁）與後世的「妓女」或「娼妓」一詞毫不相干。對「倡」一字，《說文解字》釋：「樂也。」（第166頁）並說「優，饒也，一曰倡也。」（第165頁）對「伎」的解釋為：「伎，巧也。」（第256頁）而《切韻》說：「妓，女樂也。」（引自王書奴，《中國娼妓史》，上海三聯書店，1988年，第2頁）；《康熙字典》也釋「妓」為「女樂」。（引自徐君、楊海，《妓女史》，上海文藝出版社，1995年，第1頁）

「娼妓」，「娼」、「妓」之間還是大有區別：「妓」是「體制內」的，有組織、被管理，甚至是由官方組織或管理；「娼」則是「體制外」的，是無組織者、「散兵游勇」，逃離官方控制之外。兩者相比，也許由於是在體制內，「妓」的處境較「娼」優，社會地位也較「娼」高。如，漢時的「營妓」、唐時的「官妓」、南北朝時的「家妓」、近代上海的「名妓」，均為「妓」而非「娼」；而「暗娼」、「土娼」、「流娼」皆為「娼」而非「妓」；娼者所居之地為「娼寮」，妓者所居之地為「妓院」甚至「青樓」；「逼良為娼」——強逼良家女子從「娼」，而非從「妓」，被認為是最可惡的行為之一；禁娼與廢娼，禁與廢的皆為「娼」，而非「妓」。甚至稱呼也極其不同：妓女、娼婦。而在中國人的辭典裡，凡稱女人為「婦」的名詞中，諸多為貶義，屬「壞女人」一類。比如，惡婦、蕩婦、淫婦、潑婦、妖婦、長舌婦……；凡稱女人為「女」的名詞中，諸多為褒義，屬「好女人」一類：比如，貞女、烈女、孝女、才女、美女、織女、嬌嬌女……。人們習慣將妓女分為高級妓女與低級妓女，但尚不見有人作高級娼婦與低級娼婦之分，這種「上可相容下（貴可相容賤）」而「下不可相容上（賤不可相容貴）」的劃分，恰恰表示「娼妓」雖為一詞，其中卻有極大差距的事實。

　　進一步看，即使在學術界，對於「娼妓」概念內涵的界定也是眾說紛紜。如，據孫國群的研究，與清代取消教坊官妓制度之前，民間所開設的妓院被稱為私妓院、妓女被稱為私妓不同，在近代半殖民地的上海，妓院只要每月繳納營業稅，定期接受檢查，就可以公開營業，稱為公娼。而不納稅、祕密賣淫的妓女，則稱為私娼。[29]

---

29 孫國群，《舊上海娼妓祕史》，河南人民出版社，1988，第 22 頁。

　　吳雨等人則說：「娼妓，從辭義來講，娼，專指經營賣淫行業的人，即俗語所謂『龜公』、『龜婆』之類；妓，原指『女樂』，後專指被迫出賣肉體的婦女」。[30]照此看來，「娼」是「妓」的管理者，雖然是「娼妓」都在同一行業中，但兩者屬於不同職業類型。只有「妓」才是直接以性服務交換金錢財物者，而「娼」是「妓」所在場所的經營者、管理者。這與一般視「娼」「妓」同為以性服務交換錢財者的論點，顯然大相徑庭。

　　此外，徐君等人在《妓女史》中有一段文字如下：「如，1919年10月以前漢口妓女約有一萬零五百餘人（其中公娼二千五百三十人，私娼約八千人）。」[31]這表示，他們是將「妓」作為一個總稱，而「公娼」、「私娼」則構成「妓」的子概念。

　　《漢語大辭典》對「妓」字解釋則為：（1）歌舞女藝人；（2）娼妓，賣淫女子。對「娼」的解釋為：「指從事歌舞的女藝人，後亦稱被迫賣淫女子。」[32]兩者略有不同，如「娼」有「被迫」之意而「妓」無，但總體而言，該詞條解釋認為「娼」與「妓」同屬一類。

　　而楊潔曾等編著《上海娼妓改造史話》中說：「舊上海的娼妓，總的分公娼、私娼兩大類，向統治者納稅，被核准營業的叫公娼，不納稅、未登記的叫私娼、暗娼。」[33]與徐君等的命名不同，他們將「公娼」、「私娼」合併命名為「娼妓」，而不是「妓女」。

---

30 吳雨、梁立成、王通智，〈民國時代的娼妓〉，《文史精華》編輯部編《近代中國娼妓史料》，河北人民出版社，1998，第 1 頁。

31 徐君、楊海，《妓女史》，上海文藝出版社，1995，第 87 頁。

32 羅竹風主編，《漢語大詞典》（縮印本），漢語大辭典出版社，1997，第 2271、2303 頁。

33 楊潔曾、賀宛男編著，《上海娼妓改造史話》，上海三聯書店，1988，第 8 頁。

　　單光鼐在《中國娼妓——過去與現在》中對「公娼制」作如下評述：「在鴉片戰爭後的百餘年時間裡，中國各地實行的均是『管理、節制』的『公娼制』，即『娼妓檢驗制度』。歷屆政府只禁私娼，不禁公娼；把向公娼館徵收花捐作為各級政府主要的財政收入之一；妓女只要註冊登記，按時接受性病檢查，妓院只要領取營業執照便可公開營業。」[34]這裡出現了兩組各自相對應的名詞：私娼／公娼／妓女；公娼館／妓院，註冊登記、接受性病檢查後公開營業的便為公娼，反之則為私娼；領取營業執照的妓院便為公娼館？作者未解釋。這個疑惑也只能存疑了。

　　王書奴在《中國娼妓史》中引諸家對「娼妓」的定義及自己相關的定義如下：

> 《社會問題辭典》引路易定義說「以淫行為目的的婦人，獲得代價，將自己的身體提供於男子的意思」。

> 《韋伯斯特大字典》說：「賣淫是婦女公然淫蕩。尤其是公然出賣的。」

> 伊凡布羅和博士說：「娼妓是一個男的或女的，把他或她賣給許多人，以滿足他們的性欲，並不加選擇。」

> 日本性學專家青柳有美氏說：「賣淫婦者，因為性的亂交，而得到自己或他人生活費之全部或一部分之女子。」

---

34 單光鼐，《中國娼妓：過去與現在》，法律出版社，1995，第 191 頁。

Bebel氏在其所著《婦人與社會主義》中說：「婚姻是市民世界性生活的一面，其他一面就是賣淫。婚姻是質的表面……賣淫是質的裡面……賣淫是市民社會的一個必要的社會制度，和員警、常備軍、教會、雇傭制度同樣。」

愚乃綜合諸家立論，假設一全書定義曰：「因要得到他人相當報酬的，乃實行性的亂交，以滿足對方性欲的，是為娼妓——男子賣淫，事同一例。」[35]

綜上所述，對「娼妓」一詞的內涵的理解，似乎處於某種混亂之中。而用這一內涵雜亂的詞對以性服務交換錢物的女子進行命名，難以準確和適宜。

對於「妓女」的定義頗多。如，美國的道格拉斯認為，下列行為者均可稱為妓女（面首）：

為某一特定數目的金錢而發生一次性行為的男、女；為非金錢報償，或為禮品、或為其他照顧，而發生一次性行為的男、女；為貨物或勞務補償，如允許一夜外出放蕩而發生一次性行為的男、女；從作為配偶的責任出發而多次發生性行為的夫婦；為獲得家庭經濟來源而多次發生性行為的夫婦。

不過，他也說：「根據一般人的常識，妓女這個詞指的是一個狹窄的概念，即將與己性交的權利出售給男人們，以便為這種行動本身

---

35 王書奴，《中國娼妓史》，上海三聯書店，1988，第4-5頁。

獲取金錢報償的婦女。」[36]

　　《漢語大辭典》釋「妓女」為：（1）女歌舞藝人；（2）以賣淫為業的女子。（羅竹風，1997年，第2271頁）；《辭海》釋「妓」為：「妓女，賣淫的女子。」[37]

　　李良玉在《當前妓女問題研究》一文中引諸家定義如下：

> 林晚秀先生綜合了中外學者的看法，認為妓女就是「從事收費的性服務的女人」；德國學者漢斯・約・阿希姆・施奈德認為，妓女就是『為了謀生一般不動感情地、有報酬──錢或其他物質利益──而無選擇地與許多嫖客──大多是不相識的男人，性交或發生其他性行為的人。」而其本人提出「妓女的主要特徵有三點：（1）不分對象地賣淫（與嫖客的性交或其他色情活動）；（2）賣淫活動收取報酬；（3）有不良女子特有的生活態度和習慣，例如，漠視家庭倫理、善於性挑逗、承受男人的性宣洩的能力、便於賣淫的作息規律、日常消費的揮霍性等等。[38]

　　徐君等認為：「現代意義上的『妓女』一詞，主要是指以出賣自己的肉體為換取嫖客錢財的市妓。」[39]

　　上述定義均有不足甚至謬誤之處。如，道格拉斯定義的「妓女」（面首）實際上包括直接以性服務交換錢物者、間接地以性服務交換

---

36 [美] 傑克・D・道格拉斯等著，張寧、朱欣民譯，《越軌社會學概論》，河北人民出版社，1987，第 205 頁。

37 《辭海》編輯委員會，《辭海》，上海辭書出版社，1989，第 2879 頁。

38 李良玉，〈當前妓女問題研究〉，《南京大學學報》（哲社版），1998 年第 2 期。

39 徐君、楊海，《妓女史》，上海文藝出版社，1995，第 2 頁。

錢物或其他好處者，以及為了非情感和性欲的目的或出於非情感和性欲的原因與配偶性交者。這定義顯而易見的一個特點是，將凡為了和／或出於某種經濟或功利目的／原因而進行性交者，均歸為「妓女」（面首）之列。作為學術觀點，這無疑是有探討的價值，但若進入操作層面，作為制定政策、法律的一大基礎，只能出現截然不同的兩種結果：「打擊面擴大」或「賣淫普遍化」。就前者而言，這是一種違背基本社會運作秩序的「罪犯擴大化」；就後者而言，是對社會道德認知的極大衝擊與挑戰，社會會因此落入道德的「無所適從」中，進而產生一系列的矛盾衝突和社會問題，這都是上至政府下至百姓都不願見到的結果。這個定義還有一個明顯的邏輯漏洞：為什麼有償性服務提供者就是妓女（面首），而有償非性服務提供者就不是妓女（面首）？是不是只要與性相涉，有償服務提供者就是妓女（面首）？當問題缺乏明確的答案，或相關答案不能被普遍接受時，定義只能存疑於一旁。

　　《漢語大辭典》的釋（2）為「以賣淫為業的女子」。如前所述，「賣淫」一詞本身存在謬誤與漏洞，以此進行另一詞的解釋，只能謬上加謬、漏中更漏。即使退一步，所謂以「賣淫為業」當是包括以賣淫為主業或以賣淫為兼業、副業。如果說「賣淫」是對一種行為的命名，那麼「妓女」則是對一種身分，尤其是社會身分的命名。在以「賣淫」為主業者，當然可以用「妓女」命名時，以「賣淫」為兼業或副業者，是否仍以「妓女」命名？比如，一位公司職員兼業餘「賣淫」者，她的主業是公司職員，她的兼業是「賣淫」，這兩者都是「業」，她都在「為業」，如此，應對她的社會身分作何種認定？《漢語大辭典》的解釋由於內在的矛盾性，在此失去效用。而《辭

海》將「妓」僅解釋為「妓女」時，其內含的性別偏見——至少性別盲點也就暴露無遺了。妓作為一種歷史事實和現實，不僅有妓女——為妓的女人，也有妓男——為妓的男人，這只是一種基本常識，而《辭海》的撰寫、編纂者對此即使是無意識的遺忘，用佛洛伊德的理論來講，就是潛意識的有意為之。

李良玉所引施奈德的定義有許多不符事實之處。如，妓女中有的願服務於生客，即不相識者，有的卻願服務於熟客；在與客人的交往中，她們也會產生感情；即使最低級的妓女，她們對於客人也要挑挑揀揀，並不是不加選擇的，除非是在迫不得已的時候，如毒癮發作而手頭又無貨無錢時。相比之下，林晚秀的定義較為準確。但「收費」的界定又太狹窄了。照此定義，以性服務交換財物，尤其是高價財物，如金鍊鑽戒之類的女人又該稱為什麼？

李良玉所述妓女的主要特徵也有諸多不準確之處，如前面已多次提及而在後面會以事例證實的，妓女「賣淫」並非「不分對象」；又如，何謂「不良女子特有的生活態度和生活習慣」？比如，有這麼一個女子，她不悉心照料丈夫和孩子的起居（漠視家庭倫理），她喜歡與丈夫過性生活，丈夫也喜歡與她過性生活（善於性挑逗，承受男人性宣洩的能力），她習慣於而她的工作也允許她晚睡晚起（與該文想像的賣淫婦女的作息規律相似），貨款買房買物旅遊，吃穿用非名牌不可（日常消費的揮霍性），所做所為符合李良玉文中所列「不良女子」諸條件，但她沒有任何越軌行為：與丈夫一起，甚至比丈夫還努力為家庭掙錢；助人為樂；鄰里和睦；服從領導；關心集體；團結共事；堅持四項基本原則，與黨中央保持一致，她難道不是一個道道地地的「良女子」？而這種「良女子」在今天中國的城市，尤其是大中

城市的白領階層中已普遍存在。反過來看，許多對賣淫婦女的調查證實，其中為了家中蓋房、子女讀書（不漠視家庭倫理）而走上賣淫之路的不在少數；許多人，尤其是自視高身價者並不主動挑逗男人，反之，在許多時候，是男人更善於挑逗她們；而她們大多數對與嫖客的性交往不感興趣，對賣淫生涯深感身心疲憊（不善於挑逗男人，缺乏承受男人性宣洩的能力）；許多人還省吃儉用，一心只想存些錢給家中或為日後做「乾淨事」積累資本（日常消費並不揮霍）。但是，她們卻被公認為「不良女子」。可見，生活態度或行為方式、習慣，不應該成為衡量女子良或不良的標準。何況，在今天這樣一個多元化的社會中，良或不良實在很難再用一個剛硬的模子硬套。對於以「收取報酬」作為「妓女」的特徵，與無償性服務提供者或「流氓淫亂」者相比，這確為妓女的一大特徵。但與其他有償勞動，如工薪勞動相比，這又很難說就是妓女勞動的特徵：對於「收取報酬是賣淫妓女的一大特徵」的界定，缺乏對為什麼收取報酬就是「妓女」的一大特徵，而不是其他有償勞動的問題應有的解釋。由此，此特徵的適用性也是大可商榷的。

　　徐君等人的定義失誤之處主要在於：將妓女「出賣」性服務說成是「出賣自己的肉體」，「出賣自己的肉體」對「性服務」的置換至少存在兩大錯誤：一是「出賣」，一是「肉體」。對此，前面對「賣淫」是否即為「出賣肉體」的分析已經論及，在此不再贅言。

　　上述定義／描述對「妓女」的把握是有漏洞甚至錯誤的，何況「妓女」命名的本身就帶有性別偏見。無論過去還是現在，「妓」實際上包括女妓和男妓。當然，在男權中心／男性主流社會中，女妓遠遠多於男妓。「妓」的稱呼的女性化和性服務化無疑是有一個過程，

命名帶來的直接後果之一是：在「妓」逐漸成為「妓女」的同時，妓男被隱匿化了——人們更多稱「妓女」為「妓女」，而不是「女妓」；稱「男妓」為「男妓」，而不是「妓男」。這意味著人們更認為從事有償性服務的女子為性別群體：妓女——以「妓」為業的女人，而不是職業群體：女妓——以「妓」為業者中的女人；反之，從事有償性服務的男子則是職業群體：男妓——以「妓」為業者中的男人，而不是性別群體：妓男——以「妓」為業的男人。命名上的不同對待體現和實踐了男性中心／主流文化有關「男尊女卑」的價值取向。而又因為「妓」的轉變為帶有一種汙名的職業，「妓」的女性化和性服務化更是將女性整個性別群體汙名化的過程和踐行。因此，「妓女」應是一個必須加以深入分析和挑戰，直至全面修正的名稱。

更進一步看，無論是「娼」、「暗娼」還是「娼妓」、「妓」、「妓女」都是娼妓制度的制度性建構的結果，都是帶有管理體制特徵的命名，是制度規範性的顯現。因此，只有在娼妓制度下，在娼妓制度管理體制中，名稱才具有效用性。而在中華人民共和國，自1950年代以來，儘管「賣淫」作為現象或多或少仍存在，並從1980年代起迅速蔓延，但作為一種社會制度而言，娼妓制度至今仍是不復存在的。即使在「性服務與金錢財物的交換」已市場化、產業化的今天，這一交換仍更只是一種自發的、自為的，最多是集團經營性的並且是非法的活動，而不是一種社會性的制度，打擊「賣淫嫖娼」是公安部門的一項重要工作。在這背景下，使用帶有制度性和體制性特徵的名稱來命名從事以性服務交換金錢財物的女子，不僅會對群體的構成、特徵等產生歧義，也會使群體的傳統刻板印象得以傳承，原有評判中的偏見、缺陷、失誤、謬誤等得不到應有的挑戰、彌補與修正——相關的

法律政策弱化了應有的針對性和適用性。

　　也許已認識到上述命名／定義的不足與／或錯誤，近十幾年來，人們，更多的是學者，開始用新的名稱來稱呼從事以性服務交換錢物的女子，如「賣淫婦女／賣淫女性」、[40]「賣淫嫖娼人員」、[41]「小姐、客人」[42]等。但這些新命名仍有許多漏洞甚至失誤。

　　對「賣淫婦女／賣淫女性」、「賣淫嫖娼人員」的命名而言，首先，在無法回答什麼是「淫」時，對什麼是「賣淫」實際上也是無法把握甚至是無解的；其次，此命名是道德評判先行、道德批判蘊於其中的，而這個判斷／批判又往往是在男性中心文化／男性主流文化標準的規範下進行，這個道德實際上只是男性中心／男性主流的道德。

　　其三，如前所述，在將男女兩性行為作道德化不同對待時，命名本身就是性別不公正對待的實踐與反映。而命名不公正的繼續便成了行為的不公正──在打擊「賣淫嫖娼」的行動中，「賣淫婦女」往往比男嫖客受到更強硬的打擊：被抓的嫖客（當然以男子為主）經常以罰款了事，被抓的賣淫婦女則被處以拘役、勞動教養，而且常常並處罰款的「關女罰男」措施普遍存在，成為一種慣習，以及全國每一省市自治區均設有以收容賣淫婦女，對其進行教育改造為主的婦女收容

---

40 在 1991 年召開的首屆全國性病防治與對策學術研討會上，論及從事以性服務交換金錢財物的女性時，所用的名稱有：賣淫婦女（如，葉幹運、陳美明等，林昭春等）；賣淫女性（如，王金玲）、女性性罪錯者（如，莊希泉等）；娼妓、暗娼（如，夏國美、常紹彥等）（中國科學技術協會學會工作部編，《性傳播疾病綜合防治──全國性病防治對策學術研討會論文集》，中國科學技術出版社，1991）。

41 中華人民共和國國務院 1993 年 9 月發佈的第 12 號令就是《賣淫嫖娼人員收容教育辦法》。

42 潘綏銘在《存在與荒謬──中國地下「性產業」考察》一書中，就有稱「暗娼」和「嫖客」為「小姐」和「客人」，並解釋為什麼要如此稱呼。

所（由公安局主管）和以關押賣淫婦女，對其進行教育改造為主的婦女教養所（亦稱婦女教養學校，由勞教局主管），反觀以收容、教育、改造買淫男子為主的男子收容所、男子教養所卻寥寥無幾。

就「小姐」、「客人」的稱呼而言，「小姐」一詞在中國大陸更普遍被認為是對年輕未婚女子的一種禮節性稱呼，而又因為「年輕」往往與「美麗」連在一起的傳統文化累積，「小姐」在今天也就成為一種蘊「美麗」含義於內的美稱；儘管在較多的娛樂場所、服務場所，「小姐」與色情服務甚至性服務聯繫在一起，如「三陪」小姐、「坐臺小姐」等；在性行業中，也有了與小姐相關的行話，如「叮咚小姐」、「招小姐」，但在今天，由於「同志」、「師傅」等稱呼時過境遷，不少人不得以沿用舊習，以「小姐」一詞稱呼年輕女子，尤其是年輕的女服務員。事實上，「三陪」小姐、「叮咚小姐」、「坐／出臺小姐」等稱呼，也是在「小姐」一詞被普遍應用的廣闊背景下才出現的，並且人們也更在一般意義上使用「小姐」一詞。在目前的社會語境中，若將以性服務交換金錢財物的女子稱為「小姐」，會出現兩大危險：一是將從事商業性性服務的女子「美麗化」。而這無疑有以挑逗性幻想，勾引、引誘人「買淫」之嫌；[43] 二是將小姐「賣淫婦女」化（或者叫作妓女化、娼妓化、暗娼化……），這會導致某種

---

43 儘管「賣淫婦女」的「美麗」原本與常人相差無幾，但事實上，許多人——包括男人和女人，尤其是男人確實都認為「賣淫婦女」是美麗的或應該是美麗的。因此，對於一個不美麗的「賣淫婦女」，甚至只是姿色平平而已的「賣淫婦女」，他們都會發出「這麼難看還要去賣」的驚歎，而許多人在懷著想看看賣淫婦女到底有多美麗的好奇心，以各種理由參觀婦女教養所後，也會發出「怎麼都這麼難看」的疑問。更有甚者會追問：「她們原來在外面的時候就這麼難看嗎？」

失語狀態，造成大眾的心理不適。[44]

　　與「小姐」的新命名相對應的是將「嫖客」新命名為「客人」。雖然在清代的性文化語境中，「客人」也有「嫖客」的特別含義，但在今天的一般語境中，「客人」便是來訪的賓客，不帶任何「性」的色彩。如果將「客人」一詞「嫖客化」，成為一般意義上「嫖客」的特指詞，那麼，社會也會陷入某種詞語的困境，造成人們心理的不適。在今天的一般語境中，「小姐」與「客人」兩詞原本各有含義，並且是帶有褒揚的含義，因此，消除原義，賦予新義──使之成為兩個新詞是極富挑戰性、艱鉅性和危險性的。當此消解和賦予持續時，只有未來能告訴我們是弊大於利，還是利大於弊。

第三節　一種新的命名

　　為了更準確掌握今天中國大陸以性服務交換金錢財物這一行為及行為者的特徵、行為規律及發展趨勢，以及有效減少行為的惡果，對此行為及行為者的命名進行更新已勢在必行：命名實際上是對事物的一種界定和把握。當整個社會大背景及行為和行為者本身都發生質變時，對事物的重新命名也就是必然和必須的了。

　　重新命名可用三種方法進行：一是對原命名的含義進行修正或消

---

44 如《中國婦女報》1999 年 11 月 25 日報導說：在南京，姑娘們討厭「小姐」的稱呼。這種拒絕「小姐」之稱的現象首先發生在娛樂場所，繼而蔓延到商場等服務，現在甚至就連社交場合，一些女子在應酬時也不願被人稱為「小姐」。有人曾專門在幾家大商場做過試驗，稱女營業員為「小姐」時，很少有人搭理，在娛樂場所更是如此。當稱女服務員為「小姐」時，她馬上會正色更正道：「我是服務員，不是小姐。」時常有顧客為此而尷尬。而這種情況在其他城市也已出現並日漸普遍。

解，並賦予新的含義，這類似於「舊瓶裝新酒」；一是以原命名為核心，結構新名稱，類似於「新瓶裝舊酒」；一是造一個新詞，以新的含義，結構成一個全新的名稱，這類似於「新瓶裝新酒」。

　　對以性服務交換金錢財物此行為及行為者的重新命名而言，目前在中國大陸，較多是用「舊瓶裝新酒」的方法。其中包括兩大途徑：一是對此行為及行為者已有的命名進行意義上的修正。例如，以「賣淫嫖娼人員」替代「娼妓」、「嫖客」的稱呼；二是賦予另外的名稱新的含義，例如，以「小姐」、「客人」替代「娼妓」、「嫖客」的稱呼。用「舊瓶裝新酒」的方法進行重新命名的好處在於比較簡單易行，其缺陷在於，就前者而言，它傳承了原命名固有的道德批判──以男性中心／主流道德為標準的道德批判以及性別偏見的模式，因此，它仍是不公正和不公平的，也難以準確和正確；就後者而言，對於原命名不公正和不公平的拋棄，是一大優點，但對於另外現成名稱的消除原義、賦予新義，並使人們普遍接受，實是一項極艱巨的工作，也會使人們陷入失語的危險，要付出的成本也較大。

　　以原命名的含義為核心，在原有的界定和把握的基礎上，進行重新命名，即「新瓶裝舊酒」的命名方式，目前在中國大陸也日漸增多：[45] 如，以「出賣性」、「出賣性器官」替代「賣淫」的稱呼，以「賣淫婦女／女性」替代「娼妓」、「暗娼」、「妓女」的稱呼，以「買賣淫者」替代「娼妓」、「嫖客」的稱呼等均是。重新命名的出現表示人們，至少是新命名的提出者已意識到原名稱的不準確和不合

---

45 1996 年 10 月在北京召開的「愛滋病和賣淫：社會、倫理和法律問題專家研討會」提出的「關於愛滋病和賣淫問題的共識和建議」中，就提出了「買賣淫活動」、「買淫者」、「賣淫者」等名詞。

理，但重新命名的基礎仍是原名稱的基礎，重新命名仍以原名稱的意義為核心，原名稱的不準確和不合理並未得到應有的挑戰與修正、解構，新命名就必然仍是不準確和不合理的。[46]

相較而言，目前在中國大陸，真正以新的意義和新的名詞，即「新瓶裝新酒」的方式進行重新命名的，是極少的，大多是借用西方的一些概念，如使用「性工作者」一詞。我認為，用「新瓶裝新酒」的方法進行重新命名的最大的好處，是能突破原命名的桎梏，在新的基礎上進行新的構建；其次，由於是一個新的名詞／概念，引起歧義的可能性較小，造成的社會心理不適度較低，實現普及的成本也就不會太高。因此，這是一個比較好的方法。在具體實施過程中，由於西方對於以性服務交換金錢財物這一行為及行為者的原命名解構和重新命名是比我們先行一步的，也已提出了一系列的新概念，其經驗值得我們借鑒，而適用的概念我們也可借用。但西方畢竟不是中國，建於西方社會／文化背景和基礎之上的新概念對今天的中國大陸而言，不會具備完全的合適性和有效性。因此，創建更具適合性和適用性——更能滿足今天中國大陸之需求的新名稱／概念是必然和必須的。

重新命名包括兩個層面：一是對行為的重新命名，一對行為者的重新命名。

---

46 我在 1998 年出版了《誤入歧途的女人——中國大陸賣淫女透視》一書。國外的一些女性主義者年後認為，就內容而言，這是中國大陸第一部站在女性主義立場上分析研究「賣淫婦女」這一群體的著作。但他們同時指出，這一著作的名稱有立場（！）問題，並且，與封底頁上的「這是一個特殊的群體，讓我們走近她們，走進她們，用一種新的視角來觀察和思考」的自題相矛盾。因此，這裡對「新瓶裝舊酒」的挑戰不僅是針對他人，更是針對我自己。實際上，重新命名的過程對我來說，不僅是一個理論上重新梳理、修正和改建的過程，也是一個自我挑戰和清理、批判的過程。

就對行為的重新命名而言，在國外，尤其在西方，自1989年世界衛生組織（WHO）建議娼妓合法化以來，已有了較大的進展。目前在正式場合中，「商業性性交易」（Commercial sex trade）正逐漸替代「賣淫」（Prostitution），成為對性服務與金錢財物相互交換這一行為的稱呼。

我認為，所謂「商業性性交易」至少包含如下三層意義：（1）商業性──以錢物和性服務為兩大交換物；（2）性──以性活動或消費者能獲得性滿足的活動為手段／方式；（3）交易──涵蓋買賣行為、買賣雙方及與買賣相關方和相關行為。這一命名分割與其他性質的性交易，如政治性性交易、軍事性性交易、宗教性性交易等糾纏，劃清與非性交易之間的界線，拉開與功利性婚姻的距離，明確行為／行為者的特徵，這是一。此命名是描述性的而不是評判性的，較大程度避免在不同社會制度／文化類型中運用時，可能會遇到的不適用性，更擺脫道德主義，尤其是男性中心／主流道德主義的規範，這是二。此命名涵蓋交易的雙方及相關方和相關行為及其行為，修正了性別偏見，使交易雙方得到平等的對待，這是三。因此，這是一個比較好的命名。

而就中國大陸目前的性服務與金錢財物相互交換行為而言，至少也包括以下三個內容：（1）商業性──性服務的消費是需支付錢物的，而供方是以營利為目的；（2）性──以性服務，包括直接以性器官為工具的服務或／和以被服務者能獲得性滿足的其他服務手段／方式；（3）交易──有買賣雙方、買賣行為及與買賣相關方和相關行為的。可見，「商業性性交易」一詞可以完整用來重新命名目前中國大陸性服務與錢物相互交換的行為。

　　將「商業性性交易」作為此行為的新概念，其定義為：性服務的商業性買賣。包括透過金錢財物購買性服務和透過性服務獲得金錢財物，以及與之相關的各方和相關的行為：在大多數情況下，在成交之前，買賣雙方要進行討價還價，有些還有中間商／仲介人（皮條、媽咪、雞頭、老鴇等）介入；不少性服務者受到管控，有相應的組織者、管理者、監控者。

　　與功利性的婚姻相比，商業性性交易中的服務者和被服務者並不會結成「經濟共同體」，更不會形成「生育合作社」，雙方只是交易者，只構成交易關係；[47]與其他性交易相比，商業性性交易是以錢物交換性服務／性服務交換錢物，供方以營利為目的，需方以性滿足為目的，並且在許多時候是「一手交錢一手交貨」式的零購與零售；[48]與其他性伴侶間的性行為相比，商業性性交易是以性服務消費方的性

---

47 我們的調查發現，以性服務交換金錢財物的女子對此的界線十分清楚。儘管都是性行為，「做生意」就是「做生意」，「玩」就是「玩」，「談朋友」就是「談朋友」。涉及以性服務交換金錢財物的行為，當然就是「做生意」；朋友之間、熟人之間的不計酬價的性交往就是「玩」，她們之中不少人不乏這種「玩」。而「談朋友」作為明確的非營利的「找對象」，她們是不會與「做」或「玩」相提並論的，並且會認為這是乾淨甚至純潔的。

48 非商業性性交易往往不直接與錢物相涉，而性服務提供者也不是為了／出於賺錢的目的／原因，這是一。被包下來的「二奶」、「包婆」之類的提供的性服務是以批發價出售／購買。但在今天中國大陸整個性交易者群體中，這一類型只占了小部分。絕大部分以性服務交換錢物／錢物交換性服務的雙方是零售／零購類型的，這是二。遇到「熟客」或對「客人」產生了一定的感情，以性服務交換錢物的女子也會「讓利」。但這只是「讓利」──少收些服務費，或多一些服務內容／時間、服務更周到而不加費，錢仍是要收的。用她們的話來說就是：「蝕本生意是不做的。」而她們將因感情深、願意不收錢甚至倒貼者，稱為「朋友」、「男朋友」或「情人」，與他們的性交往是「談朋友」（與情人）或「玩」（與朋友）。

滿足為基礎，而又必須以消費方是否支付錢物為前提；[49]與其他交易相比，商業性性交易是以性服務的出售和購買為載體，性服務是最主要的交易物。[50]因此，「商業性性交易」這個概念具有較高的明確性和特指性，定義也是明晰準確的。

與既有對以性服務換取錢物行為的命名和定義相比，「商業性性交易」及其定義較準確地把握行為的特徵，突破道德先行／道德化的局限，克服性別的差異性對待，較少詞義上的歧義，因此在今天的中國大陸，這也是一個較好的命名。

從這裡開始，我也將以此新命名來取代相關的舊命名。

就行為者的重新命名而言，對以性服務交換錢物者來說，國外，尤其是西方，目前較為流行的命名是：「性工作者」（sex worker），針對女性的就是「女性性工作者」（women/female sex worker）。而在一些娼妓合法化的國家裡，性服務或多或少也被默許為一種工作（job）。在中國大陸，近幾年也有一些學者在研討或交

---

49 並不是說，性服務消費者付了錢就一定能得到性滿足，但不付錢卻是一定得不到性滿足的。所以，交易的一般規矩是「先講定價錢，後交貨」，有的有經驗者更是必須「先付錢，後交貨」。當然，也有一些人「違規經營」，而「客人」在滿足後不付錢逃走的。但這畢竟只是少數。並且，這些「客人」往往會遭到嚴厲的報復，這是一。作為性服務者，提供性服務，使客人感到性滿足是其應盡的義務。性服務者無權，事實上也很少／很難能在性服務中獲得性滿足——性滿足只是／更多是客人的收穫，這是二。

50 不否認在商業性性交易中也有良知、善待、情感、道德等等的交易——出售與購買、提供與獲得。但是，在其他交易，甚至在社會的整個交換行為中，又何嘗少了良知、善待、情感、道德等等的出售與購買、提供與獲得？作為交易／交換行為中的一種，商業性性交易難以「背道而馳」。所以，與其說良知、善待、情感、道德等等的交易／交換是商業性性交易的一種特徵，還不如說是包含商業性性交易於其中的整個商業性性交易／交換，甚至社會交易／交換的一大特徵。對此，商業性性交易不具有專有／特有性。

談中開始以「女性性工作者」或「WSW」（Women Sex Worker的縮寫，意為婦女性工作者）指稱中國大陸以性服務交換錢物的女子。而我認為，在目前的情況下，中國大陸不宜將以性服務交換錢物的女子命名為「女性性工作者」。其理由是：

1.　中國大陸至今是實行「禁娼」法律的，政府從未認可性服務是一種職業（occupation, Profession），或一種工作（job）。

2.　中國大陸至今仍認為工作是一種在國家認可的職業／行業中進行的工薪勞動，甚至不等於勞動：勞動往往與無薪相連，如家務勞動、農業勞動，或是一種自我雇傭式的（也可以說是無薪的——無人發工資的勞動），如個體勞動。所以在中國大陸，或在次文化圈中，即使是「賣淫婦女」自己，也從來沒將「性服務」認同為「工作」，將「性服務提供者」認同為「工作者」。

3.　在「禁娼」的社會大背景中，以性服務交換錢物的女子向來是遭「嚴打」、被歧視、受批判指責的「娼妓」、「妓女」、「暗娼」，而絕不是「工作者」；她們的行為屬違法行為甚至犯罪行為（明知自己有性病還「賣淫」，屬傳播性病罪），而絕不是「工作」。

因此，在今天，將中國大陸的以性服務交換金錢財物的女子稱為「女性性工作者」是不恰當的，也是極不準確的。

與將以性服務交換錢物的女子命名為「女性性工作者」相對應，國外，尤其在西方，目前已更多將以錢物交換性服務者稱為「顧客」

（client）。當這個名稱局限在商業性性交易領域中運用時，無疑是清楚的、不帶偏見的、描述性的，因此是較好的。但事實上，「顧客」這個名詞是對整個商業交易中的買方的命名，因此，這個新命名很容易溢出商業性性交易的領域，進而導致歧義，引起社會心理不適。所以，需要另外創建一個新詞來特指以錢物交換性服務者。

實際上，直接從事商業性性交易的並不止「服務者」和「客人」。相對於其他群體，直接從事商業性性交易的人已形成一個獨特的群體。但這個群體至今尚無一個整體性的名稱，只是被零星地稱為「賣淫者」（「性工作者」）、「嫖客」（客人）、「皮條」、「媽咪」、「雞頭」等等。因此，從把握商業性性交易者的特徵、構成、活動規律出發，我們首先有必要對這個群體進行整群性的命名。

就對交易者的整體命名而言，所謂交易者是包括買方、賣方和參與交易的其他方，所以對群體整群性的命名，也應是包括了買賣雙方和其他參與交易的相關方在內的命名。由於「商業性性交易」這一新名稱的提出，我認為能將直接參與交易者都包括在內的較準確的命名為「商業性性交易者」。其定義：商業性性服務的賣方、買方和其他參與交易的相關方。包括商業性性服務的出售／提供者和直接服務者，也包括商業性性服務的購買者和直接消費者：在自我雇傭的情況下，商業性性服務的賣方是集出售、提供服務於一體的。而在有中間商／仲介人介入的情況下，賣方就由組織者、銷售（如媽咪、雞頭）、牽線提供者（如皮條）和直接服務者三方構成。從另一方面看，如果是自我消費，買方是集購買者和消費者於一身的。而在不是自我消費的情況下，購買者就不是消費者，或者反過來說，消費者不

是購買者。[51]此外，性服務／消費招募者（包括服務者和消費者）、
窩藏者、場地出租者、監控者（包括打手）等是參與性交易的其他相
關方。在2000年以後，有組織、集團化、購買與消費分離類型的比例
不斷上升，甚至成為主體，自我雇傭和自我消費者的占比大幅縮減。
中國大陸的商業性性交易中，2000年以前，自我雇傭者占了絕大多
數；自我消費者也是占有多數。

　　從圖一可以發現，就總體而言，「商業性性交易者」這一整體至
少包括六個子群：

1. 組織管理者，[52]這是賣方人群中的領導層。
2. 銷售者，交易成功的關鍵之一。
3. 牽線提供者，[53]這是買賣雙方的橋樑與紐帶。
4. 其他條件提供者，促使買賣成功（其他人員，包括場地出租
   者、窩藏者、招募者等）。

---

51 在一些地方的生意場上，「請嫖」已成為常規性的「招待」內容之一，而不少時候，
　被招待方自己也會提出「請嫖」的要求；在權錢交易中，「請嫖」也已成為一大內容；
　而在公款消費中，也不乏用公款報銷的「嫖費」。1989年我在溫州的調查中，還遇到
　自費「招妓」給失戀的朋友，為其排憂者。這些都是屬於購買者不是消費者，或消費
　者不是購買者的類型，但均屬於交易者，共同構成了交易的買方亦是無疑的。

52 在今天的中國大陸，商業性性交易的組織領導者是多樣化的。有的只承擔管理「性服
　務者」之責；有的兼負責向客人「收錢」；有的則管理與銷售皆承擔。而在一些集團
　的公司化管理中，分工則較單一和明確。其中，女性「領導」多被稱為「媽咪」，男
　性「領導」一般被稱為「雞頭」。據「賣淫婦女」們反映，「雞頭」較「媽咪」更惡毒、
　剝削更重、監控更緊，被「雞頭」強姦或先姦後逼賣淫者在「賣淫婦女」中屢見不鮮。

53 牽線提供者包括為「服務者」牽線拉「客人」和向「客人」提供「服務者」，其較普
　遍的稱呼為「皮條」或「皮條客」。在許多城市中，一些三輪車車夫、計程車司機和
　導遊兼任這個角色。也有「媽咪」或「雞頭」兼做牽線提供者。

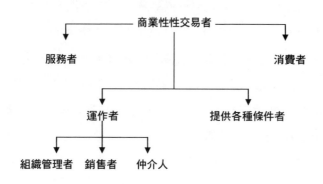

圖一　商業性性交易者結構圖

5. 直接服務者，[54]賣方人群中的「工作人員」，處於最底層。

6. 購買者，買方中的出資者，有的／有時是自購他用，有的／有時是自購自用。

7. 消費者，買方中的直接被服務者，有的／有時是自己出資，有的／有時是他人出資。

　　當然，在服務者即是出售和提供者，消費者即是購買者的情況下，整體主要由服務者和消費者兩部分組成。

　　進一步看，出於準確性和特指性的需要，為了能在商業性性交易領域內外都能明確使用，使人一目了然，上述商業性性交易者整體群中的「直接服務者」（現在一般稱為「娼妓」、「妓女」、「暗娼」）和「消費者」（現在一般被稱為「嫖客」）可以被分別命名為「商業性性服務者」和「商業性性服務消費者」：前者包括被雇傭者

---

54 就直接服務者而言，如前所述又分為若干層次。

和自我雇傭者；後者包括他人出資者和自我出資者。「商業性性服務者」是對「賣淫者」的重新命名，而今天的「賣淫者」絕大多數為女性，因此這個命名更多的是對「妓女」、「暗娼」、「娼妓」、「賣淫婦女／賣淫女性」等名稱的重新命名；而「商業性性服務消費者」則是對「嫖客」、「買淫者」這類名稱的重新命名。

「商業性性服務者」的定義如下：

1. 商業性性服務者提供的是有償的性服務，有償又須是錢或物的支付，並且在大多數情況下是當場支付。

2. 商業性性服務可能是專職，也可能是兼職的；可能是長期的，也可能是臨時的；可能是多次性的，也可能是一次性的；可能是經常的，也可能是初次的。

3. 商業性性服務者提供的是性服務，而不是出售／出租性器官，不是出售／出租身體。

4. 性服務可能是以性器官為工具或載體，也可能是非性接觸性的，但均是以滿足消費者的性欲為出發點或目的。

5. 商業性性服務者的性服務行為是以營利為目的，雖有人也兼有「找配偶」、「找朋友」、「找刺激」之類的指向，但總體而言，營利是這個群體從事性服務的首要目標或原因。

6. 商業性性服務者與消費者之間有時也會產生感情，隨著感情的深化，雙方間的關係也會發生變化，其頂點是從「交易雙方」轉變成為不帶交換特性的「情人」，甚至配偶。

7. 商業性性服務者在有償性服務中具有一定能動作用，並非完全任消費者擺佈。

　　必須指出的是，以上的定義只是對商業性性服務者存在狀況的一種指認，而不是對其社會身分的認定。因為事實上，商業性性服務者的社會身分是多重的，而不是單一的。

　　將「賣淫者」重新命名為「商業性性服務者」，將「嫖客」重新命名為「商業性性服務消費者」有以下好處：

　　第一，能更準確掌握這兩大人群的特徵和性質，進而能更準確掌握商業性性交易的特徵和性質，形成更具適宜性和有效性的研究思路和行動思路。

　　第二，此命名是描述性的，而不具道德批判性，且非雙重道德標準，因而具有更廣闊的容納空間，以及較大的適用性。[55]

　　第三，命名消除了男女性別的差異性對待，實際上也可以包括所有性別間的交易，即涵蓋：

1.　以原生態單性別男性為消費者，以原生態單性別女性為服務者的商業性性服務與消費。

2.　以原生態單性別女性為消費者，以原生態單性別男性為服務者的商業性性服務與消費。

3.　以原生態單性別男性為消費者，以原生態單性別男性為服務者的商業性性服務與消費。

4.　以原生態單性別女性為消費者，以原生態單性別女性為服務者的商業性性服務與消費。

5.　以原生態單性別男性或女性為消費者，以原生態雙性別者

---

55 描述不等於不要批判，而是先「敘述」，後「議論」，以使具有不同社會／文化／經驗背景的人能獲得一個共同理解的「通用詞」。

（包括假男真女、真女假男、半男半女）為服務者的商業性性服務與消費。

6. 以原生態雙性別者為消費者，以原生態單性別男性或女性為服務者的商業性性服務與消費。

7. 以原生態雙性別者為消費者，以原生態雙性別者為服務者的商業性性服務與消費。

8. 以變性者（包括變為異性、雙性變另一雙性、雙性變單性和單性變雙性，下同）為消費者，以非變性者（包括原生態單性別者和原生態雙性別者，下同）為服務者的商業性性服務與消費。

9. 以非變性者為消費者，以變性者為服務者的商業性性服務與消費。

10. 以變性者為消費者，以變性者為服務者的商業性性服務與消費。

首先，性別的劃分是以生物／生理性別為標準。性別包括五個層面：基因性別、生物性別、生理性別、心理性別、社會性別。因此，性別不僅是基因的／生物的／生理的認定，也是一種自我心理認定和社會認定。如果從社會性別或心理性別的認定為標準加以劃分，上述多性別間的交易將出現更為複雜的局面。[56]

---

56 如，在 1999 年召開的「中國女性主義者與女同性戀者的對話會」（北京）上，中國社會科院社會學所的李銀河博士提出一個個案：一位原生物學意義上的女性，在心理性別上認同自己為男性，因此，她／他認為自己與男性的性交往是同性性交往──她／他是同性戀者。在《性的問題》（北京：中國青年出版社，1999 年）一書中，李銀河博士對這一個案解釋所體現的「酷兒理論」有更多的介紹。

其次，中國大陸（包括全世界）直至今天，還是以「以原生態單性別男性為消費者，以原生態單性別女性為服務者」的商業性性服務與消費為商業性性交易的主體。但這並不意味著其他性別類型的商業性性服務與消費不存在。事實上，即使在中國大陸的商業性性服務與消費群體在性別上，亦越來越呈現多樣化的特徵。[57]

其三，按生理／生物性別劃分，我們可以以將服務者和消費者分別稱為女商業性性服務者，男商業性性服務消費者；男商業性性服務者，女商業性性服務消費者；雙性人商業性性服務者，雙性人商業性性服務消費者；變性人商業性性服務者，變性人商業性性服務消費者等。而從中國大陸（包括全世界）的歷史和現狀看，如果以新的命名稱呼，在商業性性交易中，以女商業性性服務者和男商業性性服務消費者占絕大多數。

其四，以社會性別劃分，我們可以以將服務者和消費者分別稱為商業性性服務婦女、商業性性服務消費男子；商業性性服務男子、商業性性服務消費婦女；商業性性服務雙性人、商業性性服務消費雙性人；商業性性服務變性人、商業性性服務消費變性人等。而從中國大陸（包括全世界）的歷史和現狀看，在商業性性交易中，以商業性性服務婦女（本書簡稱性服務婦女）和商業性性服務消費男子（本書簡稱性消費男子）占絕大多數。

---

57 如，潘綏銘教授在〈當前中國性存在〉（《社會學研究》1993 年第 2 期）一文中，論及 1990 年其諮詢個案及隨訪調查中有二例「女向女賣淫」；《浙江日報》（1999 年 5 月 14 日）報導了一則成都查獲「紅蝙蝠」茶室為男子提供男性性服務者的案件。我於 1999 年 5 月在北京考察一家被外界稱為「男同性戀酒吧」的酒吧時，一些顧客指著沿樓梯邊坐著的一群男人告訴我說，這些人都是「鴨」（男妓），為男人服務，也為女人服務。其中一位顧客說，他的朋友就曾找過他們其中一個人「散散心」。

　　其實，這兩種人群也可以說是一組人群：向來被稱為「賣淫嫖娼者」或「嫖娼賣淫者」。而與對行為和行為者的重新命名相對應，這組人群也可重新命名為「商業性性服務者和消費者」。直到今天，這個群體仍是中國大陸商業性性交易者的主體，而其中在2000年前，自我雇傭者和自我消費者在主體中占多數，2000年以後，被雇傭者和由他人付費者的比例大幅增長，成為多數。

　　對主體的把握無疑是把握整個事物的關鍵，而「把握」的前提條件或者說是基礎，則是認識。從對現象和當事人的重新命名為出發點，開始對商業性性交易中的一大主體——商業性性服務婦女的認識之旅。當然，這只是一種認識，並且只是作者本人的一種認識。

第二章
特徵與緣起

　　在進入商業性性服務婦女口述實錄前，也許，我們需要對今天中國大陸商業性性交易的格局有所瞭解和掌握。當然，對任何事物的瞭解和掌握都是建立在特定的視角和／或認識基礎上，本書難以例外。在經濟─社會分層的視角中，我們不難發現，今天中國大陸商業性性交易的經濟─社會格局是：富買窮賣／強買弱賣，即富人／強勢群體為消費者，窮人／弱勢群體為服務者。進一步引入本書強調的社會性別視角，我們發現，今天中國大陸的商業性性交易的基本性別格局是男買女賣，即男子為消費者，婦女為服務者。[1]將這兩種視角所見相加，今天中國大陸商業性性交易的基本格局就是：富男人／強男人買，窮女人／弱女人賣──富男人／強男人是消費者，窮女人／弱女人是服務者。而這個格局也是自男性中心社會以來，商業性性交易跨歷史、跨社會制度、跨文化類型的一種主流格局，存在於各個歷史時期、絕大多數的社會制度和文化類型中。

　　當然，在不同歷史時期、社會制度和文化類型中，商業性性交易者的構成及特徵不盡相同。當我們將社會看作是一個相互依存的現實整體，認識到整體是一個存在著各種作用力、會產生整體效應的「力

1　如前所述，今天中國大陸存在同性間的商業性性交易和單雙性間的商業性性交易。但就其占比而言，與異性間的商業性性交易相比，是較低甚至極低的。

場」時，對商業性性交易者產生和存在的社會─文化大背景進行深入的分析也是必不可少的──本書聚焦於商業性性服務婦女，力圖從對她們口述實錄的解讀入手，對今天中國大陸文化、階級／階層、社會性別大背景在商業性性服務婦女的產生和存在中的推／拉／阻力，進行多層面分析。

第一節　當代中國大陸商業性性服務婦女特徵

據前人考察，中國婦女從事商業性性服務作為一種社會行為，最早發生在殷代（西元前16世紀～西元前1066年），即所謂的「宗教賣淫」，其行為者被後世稱為「巫娼」。至春秋（西元前770～西元前476年）中葉，齊國的管仲設「女閭」，中國正式有了在官方機構中從事商業性性服務的婦女──官妓。與官奴隸成為官妓相對應，私奴隸亦成了家庭中的性服務者──私娼。清朝成立（西元1644年）以後，妓由官營轉為私營，娼妓成為一種以婦女為主體的社會職業。到了民國（在中國大陸的持續時間為西元1912年～1949年），娼妓間有了一種新的區分：有正式執照、公開營業、照章納稅的稱為妓，無經營執照、私下拉客、逃稅偷稅的稱為娼──從中國封建社會晚期開始，娼妓制度已成為一種較完善的社會制度。

中國大陸娼妓制度被清掃始於1949年中華人民共和國成立之後。至1950年代中期，作為一種社會制度的娼妓制度在中國大陸不再存在，儘管婦女以性服務交換男人金錢財物的商業性性交易現象從未絕跡，但這僅是社會現象而非一種制度性的存在。而商業性性交易在中國大陸的重新蔓延，則始於1970年代末、1970年代初，並在之後擴展

為帶有某種普遍性的社會現象，成為嚴重的社會問題。僅從公安部門公佈的資料看，中國大陸抓獲的「嫖娼賣淫」者1984年為12,281人，1989年為115,289人，1994年為287,995人，[2]1996年為418,000人（《中國婦女報》1997年9月1日），1998年為189,452人（中國統計出版社，2000）。據估算，查處的人數僅占從事活動者的25-30%，即在中國大陸每年至少有百萬人從事商業性性交易。[3]

可從我在1989年和1998年兩次對浙江省婦女勞動教養學校關押的商業性性服務婦女的群體調查，[4]大致理解今天商業性性服務婦女的構成，相關資料見表一至表五（1989年）和表六至表十（1998年）。

表一　性服務婦女年齡構成表[*]　　　　　　　　　　　（N=389）　％

11-15歲	16-20歲	21-25歲	26-30歲	31-35歲	35歲以上	總計
0.30	35.20	29.30	12.10	5.10	19.00	100.00

*其中年齡最小者為12歲，最大者為46歲。

表二　性服務婦女戶口所在地構成表　　　　　　　　　（N=389）　％

農村	城鎮	總計
60.30	39.70	100.00

2　張萍，《中國社會病理》，日本亞紀書房，1977，第150頁。

3　張萍，《中國社會病》，燕山出版社，1993，第4頁。

4　1989年的調查由「賣淫婦女人格特徵及KABP調查」專案組進行。該項目組組長為時任浙江省精神病研究所所長的徐嗣蓀先生，我為組員，負責社會學部分的調查和研究；1998-1999年的調查由美國福特基金會資助的「社會─心理─醫學新模式賦權性服務婦女」專案（1998-2008年）進行，我為項目組組長。

表三　性服務婦女婚姻狀況構成表

(N=389)　%

未婚	未婚同居	離婚同居	已婚	分居	離婚	再婚	重婚	未填	總計
40.60	19.60	0.05	18.30	4.60	5.70	2.10	0.03	9.02	100.00

表四　性服務婦女職業構成表

(N=389)　%

農民	待業*	個體經營者	學生	工人	其他**	未填	總計
28.50	26.80	7.00	4.90	4.90	23.90	4.00	100.00

*在1989年，絕大多數城鎮戶口者的就業由國家分配，故城鎮人口的無業被稱為「待業」——等待被分配就業，而與之相對應，城鎮的無業者被稱為「待業者」。當時最具普遍性的名詞為「待業青年」。

**包括服務員、護士、教師，以服務員占絕大多數。

表五　性服務婦女文化程度構成

(N=166)　%

文盲	小學	初中	高中	中專	大學	未填	總計
17.70	38.00	33.20	4.60	0.80	0.50	7.20	100.00

表六　性服務婦女年齡構成表*

(N=166)　%

11-15歲	16-20歲	21-25歲	26-30歲	31-35歲	35-40歲	41歲及以上	總計
0	18.10	34.90	21.10	10.20	9.70	6.00	100.00

*其中年齡最小者為17歲，最大者為49歲。

表七　性服務婦女戶口所在地構成表

(N=389)　%

農村	城鎮	總計
75.20	24.80	100.00

表八　性服務婦女婚姻狀況構成表

(N=166)　%

未婚	同居	已婚	離婚	喪偶	總計
48.80	12.70	26.50	8.40	3.60	100.00

表九　性服務婦女職業構成表　　　　　　　　　　　　（N=166）　%

無業	在職職工	農民	個體經營者	服務員	在職職員	下崗職工	離職職工	其他*	總計
33.10	10.80	16.30	17.50	5.40	4.20	1.20	4.80	6.70	100.00

*包括教師、學生、計程車司機、美容美髮業從業者，以美容美髮業從業者（如洗髮工、美容美髮師等）為多數。

表十　性服務婦女文化程度構成　　　　　　　　　　　（N=166）　%

文盲半文盲	小學	初中	高中及中專	大學及以上	總計
27.70	26.50	38.00	7.80	0.00	100.00

　　與其他研究者對中國大陸其他地區同類型人群的調查資料相比，上述資料無太大差異。因此，中國大陸商業性性服務婦女的構成特徵為：（1）16-25歲的青少年為主體；（2）無配偶者為多數，而無配偶者中，又以未婚者為主；（3）農村人口占了絕大多數；（4）職業構成呈無業（待業）及農民為主；（5）文化程度以初中、小學、文盲半文盲為主。

　　而就中國大陸商業性性服務婦女的行為特徵而言，將中國大陸古代娼妓與今天的商業性性服務婦女相比，可以發現其異同在於：

1. 基本上都是服務於男人，獲利於男人。

2. 都具有卑賤、優裕的二重性，即社會地位低下，但有較高的經濟收入，與自己的過去或一般人比，一些人還達到了較高的享樂水準。

3. 與一般的婦女相比，古代娼妓無疑具有較高文化水準和藝術修養。而今天的商業性性服務婦女雖平均受教育水準不低於

婦女總體的平均水準，但文化程度較低者為數不少，[5]總體藝術修養亦較差。

4. 相對於技藝，從顧客（性服務消費男子）的需求出發，外貌（包括容貌與形體）更被今天的商業性性服務婦女看重。當然，這不是說她們個個漂亮美麗，而是她們更關注自己外貌的修飾打扮，而不是技藝的習得。

5. 相較古代娼妓與文人學士交往的不同，今天的商業性性服務婦女多是與從事經濟活動者——從企業界人士、商務活動者到長途汽車駕駛員、城市農民工等等——交往。因此，如果說古代娼妓與文人學士交往的副產品是古代詩詞歌賦的發展的話，那麼經濟的某種繁榮，便是今天商業性性服務婦女與從事經濟活動者交往的互為因果的副產品。

6. 與古代隨著重藝輕色向輕藝重色的轉變，南妓逐漸代替北妓不同，今天中國大陸商業性性服務婦女的區域性流動基本特徵為：由山區向平原、由農村向城市、由內地向沿海、由邊遠城市向中心城市、由北方向南方，即由經濟較欠發達地區向經濟較發達地區流動。

---

5 上述對浙江省婦女勞教學校的調查可以證實這一點：被押的女商業性性服務者的平均受教育水準並不低於一般婦女的平均受教育水準。而實際上，被押的女商業性性服務者絕大多數是處於女商業性性服務者的中下層，受教育水準較低者的比例原本就較高。如果將較少被抓獲的上層者計算在內，那麼，女商業性性服務者的實際平均受教育水準會上升。有關流動率與文化程度成正比的人口流動理論，則可以從另一方面為絕大多數是流動人口、絕大多數是在流動過程中從事性服務的女商業性性服務者的受教育水準不會太低的論點提供佐證。對這一問題的詳細研究，亦可參見王金玲、徐嗣蓀〈新生賣淫女性的構成、身心特徵及行為緣起——389名新生賣淫女性分析〉一文（《社會學研究》1993年第3期）。

7. 與古代娼妓多為非自由身，與嫖客的交往中如遇中意者也很難自定婚配不同，今天中國大陸商業性性服務婦女大多數是自由身，可以在嫖客中自行擇偶，在雙方情投意合後結成夫妻。

　　將中國大陸近現代娼妓的構成與今天的商業性性服務婦女相比，其異同在於：

1. 就絕大多數而言，今天商業性性服務婦女人數遠遠多於近現代的娼妓，其類別有所增加：如就服務時間而言，有一次性的，亦有較固定的「包婆」（包括包月、包年、包長年等形式）；就服務形式而言，有「全套服務」，也有僅限於擁抱、撫摸、親吻的「有限服務」；就服務場所而言，有賓館、旅社、出租房等較專門的，也有按摩院、美容院、洗足屋、舞廳、卡拉OK廳等半專門的，更有計程車這類流動及公園等野外的；就服務者而言，有專職的，也有洗髮女、按摩女、洗足女、三陪小姐（陪吃、陪唱、陪喝）、新三陪小姐（陪旅遊、陪跳舞、陪桑拿浴）、服務員等兼職的，如此等等，不一而足。

2. 如果說，與古代相比，近現代娼妓的性交易出現了全面由技藝向性服務的轉變，那麼與近現代相比，今天商業性性服務婦女則出現某種分化：就下層而言，多仍繼續性服務；而就上層而言，已開始注重技藝培訓，從英語、日語等外語，到舞蹈、唱歌、形象設計、美容、經濟知識、時事等都不乏認

真學習者。當然，這是與客源的變化、客人需求的變化相關的。商業性性服務婦女希望以此吸引更多客人，更長時間地留住客人，有更多回頭客，從而獲得更多利益。

3. 與近現代相比，在今天的大陸中國，商業性性交易亦是一種公開的、普遍的現象。但又有些不同：在近現代，這一公開和普遍是一種完全的公開和普遍，即不僅作為一種社會現象，被眾人所見所聞所說所傳，作為行為者的個人，包括娼妓與嫖客，是眾所周知，被其他人知曉；也成為某種社會性常規行為，成為某種令人們習以為常的社會習俗性行為。但在今天，公開和普遍只是一種半公開和半普遍。儘管對於商業性性交易，人們已有所聞有所見有所說有所傳，傳媒有曝光，政府也公開承認，但作為行為者的個人，包括服務者與消費者，更多是處在「地下活動」的狀態。由於一直處於被嚴禁和嚴打中，一直受到控制，一直是一種邊緣性社會現象，商業性性交易也就不可能擴展成為大多數人的活動或行動，擁有的普遍性也就被限定在一定範圍內。

4. 如果說，近現代娼妓的境遇是惡化的話，那麼今天商業性性服務婦女的境遇有較大的改善——至少她們絕大多數是自由身，可以自由決定是否接客，自由支配自己的錢財；許多人是自己直接拉客或接客，不透過中間人，與顧客面對面「一手交錢，一手交貨」，避免老鴇、皮條客的剝削和壓迫。但也與近現代娼妓一樣，今天商業性性服務婦女仍只是男人純粹的洩欲工具；就總體而言，無論是近現代娼妓還是今天的商業性性服務婦女，都受到男人的剝削與壓迫，是男性中心

／主流社會性別制度的犧牲品，是家長制的犧牲品，是男女不平等的產物。從這層面講，今天商業性性服務婦女的地位與境況，並未發生根本性的變化。

第二節 商業性性交易者的性別比較分析

不能不承認以上所述的商業性性服務婦女的構成和特徵，只是一種單性別的分析。事實上，對今天中國大陸商業性性交易的研究來說，只注重對商業性性服務婦女的研究難免是片面的，甚至是建立在某種性別偏見或歧視立場上。為此，與已有的、眾多的商業性性交易者一方──商業性性服務婦女的研究不同，本節關注的是商業性性交易的雙方──女性性服務者和男性性服務消費者，力圖透過對這兩者的比較分析，揭示今天中國大陸商業性性交易中的性別／階級差異性及特徵。

在1996年7到9月間，我們在杭州市一性保健門診部進行了有關性病愛滋病的調查，其中涉及商業性性交易的問題。本調查的問卷由專案者[6]設計，被調查者匿名自願填寫。被調查者均為前來就醫的性病患者，願接受調查者約占前來就醫的患者總數的1/3，回收的問卷共107份。其中，有效問卷為105份，無效問卷為2份。填寫問卷者中，經訪談，承認有商業性性交易行為者為91人：其中男39人，占

---

6 該專案名為國家社科基金青年課題：「中國大陸性病蔓延的社會學行為學研究」（1993-1996），對男女性病患者的調查是專案內容之一，作為專案組組長，筆者設計、組織、主持這一調查，並撰寫相關論文與研究報告。

42.8%，均為性服務消費者；女52人，占58.2%，均為性服務婦女。相較而言，性服務婦女多於性服務消費男子。對該91人的答卷與訪談的分析研究如下筆者所著，高雪玉協助調查和文字整理，蔣明協助資料統計。[7]

總體比例分佈與特徵[8]

被調查者的一般狀況如下：年齡分佈為：16-25歲者占64.83%，26-45歲者占34.10%，未答者1人，占1.09%，無16歲以下和45歲以上者；職業分佈為：無業占14.29%，農民占4.40%，工人占28.57%，個體經營者占26.37%，企業承包者占8.79%，機關工作人員占6.59%，科教文衛工作者占0.99%，企業單位及機關團體負責人占2.19%，其他占6.59%，未答1人，占0.99%；文化程度分佈為：文盲占1.09%，小學占5.49%，初中占45.05%，高中及中專占28.57%，大專及以上占19.78%；婚姻狀況為：無配偶占21.98%，有配偶占53.85%，同居占23.08%，未答者1人，占0.99%；個人年收入在1,000元以下的占8.79%，2,000元及以下的占9.89%，2,001-4,000元的占23.08%，4,001-8,000元的占8.79%，8,001-10,000元的占8.79%，10,000元以上的占38.46%，未答2人，占2.19%。

7　本文曾以〈商業性性交易者的性別比較分析〉為名，發表於《浙江學刊》1998年第3期，後被權威性文摘刊物《新華文摘》觀點摘登。從檢索看，直至2015年底，除本文外，對非關押的商業性性交易男女的調查及研究極少，本文仍具有學術理論權威性。故將資料重新核定後，將本文作為全書內容之一。

8　因四捨五入至小數點後第二位，一些資料的總數會略低或略高於100%。

婚姻家庭狀況為：對於現在的婚姻狀況感到滿意的占17.58%，一般的占37.36%，不滿意的占7.69%，不清楚的占28.57%，未答8人，占8.79%；與配偶或同居者的感情為深厚的占14.29%，一般的占48.35%，冷淡的占6.59%，經常吵鬧的占2.19%，不清楚的占14.29%，不理不睬者為0，未答13人，占14.29%；家庭年總收入在2,000元及以下的占4.40%，2,001-4,000元的占13.19%，4,001-8,000元的占15.39%，8,001-16,000元的占12.09%，16,001-20,000元的占13.19%，20,000元以上的占31.87%；未答9人，占9.89%；對於家庭生活滿意的占19.78%，一般的占51.64%，不滿意的占5.50%，不清楚的占20.89%，未答2人，占2.19%。

商業性性交易狀況如下：進入商業性性交易的原因為家庭經濟困難的占4.40%，自己經濟困難的占18.68%，家庭缺乏溫暖的占8.79%，婚姻缺乏溫暖的占12.09%，尋找靠山的占4.40%，報復異性的占0.99%，尋找刺激的占13.19%，滿足性欲的占12.09%，其他的占9.89%，被學校或單位排斥的為0，未答14人，占15.39%；進入商業性性交易的途徑為原本是同學同事的占25.27%，別人介紹的占39.56%，在舞廳、酒吧等處認識的占3.30%，外出旅遊時認識的占2.17%，外出住宿時認識的占6.60%，其他占10.99%，未答11人，占12.09%；商業性性交易對象人數為1人的占30.77%，2-3人的占30.77%，4-5人的占15.38%，5人以上的占12.09%，未答10人，占10.99%；商業性性交易為經常且固定對象的占32.98%，不經常但固定對象的占27.47%，經常但不固定對象的占12.08%，不經常且不固定對象的占12.08%，未答14人，占15.39%；認為在商業性性交易中最能得到的是物質滿足的占13.19%，情感滿足的占25.27%，性欲滿足的25.27%，自尊心滿足的

占2.19%，安全感滿足的占9.89%，什麼也沒得到的占4.4%，不清楚的占6.59%，未答12人，占13.19%；進行商業性性交易的場所為自己家中（住處）的占20.89%，對方家中（住處）的占15.39%，賓館旅社的占21.98%，酒吧、咖啡廳、餐廳的占0.99%，髮廊、按摩院、美容院等處的占7.69%，計程車內的占2.19%，公園等其他處的占16.48%，錄影廳、舞廳、卡拉OK廳為0，未答13人，占14.29%。

對於非婚性行為的觀念如下：對於婚前婚外性行為的看法，認為「只要雙方有感情就應該允許」的占39.56%，「只要最終能成婚也無妨」的占9.89%，「如果配偶不能滿足他／她的要求，就應該諒解」的占3.3%，「無所謂有害有利，純屬個人私事，個人有自主權」的占32.97%，「不利於社會和家庭，應堅決反對」的占6.59%，未答7人，占7.69%；對於嫖娼賣淫活動，認為是「一種正常的各取所需」的占25.28%，「一種個人愛好」的占0.99%，「一種社會經濟發展的必然」的占29.67%，「一種不道德行為」的占18.68%，「一種犯罪行為」的占19.78%，其他的占3.30%，未答2人，占2.19%；對於嫖娼賣淫行為的處置，認為最好是「一律嚴厲打擊，處以重刑」的占24.18%，「具體情況具體處理」的占56.04%，「索性開關紅燈區」的占13.19%，「把性病防治住就行了」的占0.99%，「個人管住自己」的為0，其他的占2.19%，「不清楚」的占2.19%，未答1人，占0.99%。

性傳播疾病狀況及有關觀念如下：知道商業性性交易對象有其他性伴的占8.79%，沒有其他性伴的占21.98%，不清楚的占67.03%，未答2人，占2.19%；在本次患性病前曾患過性病的占6.59%，未得過性病的占86.80%，未答6人，占6.59%；認為性病產生的原因為「患者自

己性生活混亂」的占10.99%，「配偶／同居者性生活混亂」的占5.49%，「患者自身免疫力不強」的占56.04%，「社會公共衛生不良」的占13.19%，「患者自己衛生工作未做好」的占8.79%，其他占4.40%，未答1人，占0.99%。

人生觀選擇如下：認為人生在世最重要的是「家庭幸福」的占21.98%，「幹一番事業出人頭地」的占14.29%，「及時行樂」的占14.29%，「多為社會幹點好事」的占9.89%，身體健康、孩子有出息等「其他」的占37.36%，未答2人，占2.19%。

將以上資料與其他對商業性性交易者的調查統計資料相比較，可以發現，本調查對象在人口學特徵上顯示如下較大的差異性：1. 年齡較輕，大多為青少年及青年前期者；2. 工人及個體經營者占了多數；3. 文化程度較高，將近一半者為高中及以上文化程度；4. 已婚者所占比例較高；5. 個人年收入較高，1/3以上在一萬元以上。[9]而這與被調查者全部為非監禁關押者、大多為城市市民有較大的關係。

從本調查對象的婚姻家庭特徵看，首先，家庭收入較低者和較高者分別都占到1/3以上，呈現出「兩頭大，中間小」的分佈；其次，對自己婚姻狀況感到滿意的只占少數，與配偶／同居者在情感上的互愛程度低於一般人群；其三，對家庭生活的滿意度低於一般人群；由此，近1/4的人因經濟困難（包括家庭和自己）、1/5的人因家庭婚姻缺乏溫暖而進入商業性性交易。

而從進入商業性性交易的途徑看，別人介紹占2/5，原本相識的占1/4，這從另一側面佐證了經濟困難和婚內情愛匱乏在商業性性交

9　在該調查所進行的1996年，年收入萬元以上為高收入者。

易實施中的推拉力作用。不過，在「商業性性交易中最能得到的」的排序中，比例最高的三個答案為情感滿足、性欲滿足和物質滿足，且情感滿足與性欲滿足比例相同，這說明婚內性交往的缺憾也是造成性行為越軌／商業性性交易的另一大原因。

商業性性交易者交易對象絕大多數超過1人，呈經常性傾向，但多數對象固定，這與嫖客中個體經營者、企業承包者、機關幹部占了絕大多數有很大關聯。正如其中的一位企業承包者在訪談中所說，要玩「雞」又不得性病，最好的辦法當然是自己養隻「雞」。但這樣鈔票花不起，退而求其次只好固定到一隻或兩隻「雞」那裡玩。鈔票多給她們一些，叫她們少接點客人，比亂搞要好得多。商業性性交易的場所為家中／住處（自己或對方家中／住處）的占1/3。從訪談中瞭解，這不僅因為「保險係數大」，也因為本調查的商業性性交易者中原本為同學同事者占到1/4，「家中更方便，別人不大會注意」。

在人生的價值取向上，本調查對象與一般人群的差異不大，但在對婚前／婚外性行為的評價上，認同度高於一般人群；在對「嫖娼賣淫」活動及處理的評價上，則出現了一種頗耐人尋味的現象：一是將「嫖娼賣淫」劃歸為「不道德行為」、「犯罪行為」的占38%，一是認為該對「嫖娼賣淫」行為進行打擊，嚴加懲處的占近1/4，而回答者自己就是「嫖娼賣淫」者。在訪談中我們發現持此類態度者中商業性性服務者（婦女）居多，她們不少人確有強烈的自責感；而持此類態度的商業性性服務消費者（男子）大多是以此應付調查，在敏感問題上作「正人君子」狀。

被調查者中的大多數人不清楚商業性性交易對象有無其他性交易者，絕大多數是首次感染性病；而絕大多數亦將患病的原因歸於自

已：這與正常人群中大多數人將感染性病的原因歸於配偶／同居者或社會有很大的不同。雖然，這其中有多數人將之歸於自身免疫力的原因是一種誤解。這表示，雖然商業性性交易者對於性病感染尚缺乏足夠的警覺，對性病感染的途徑缺乏足夠的瞭解，但已認識到商業性性交易及其中的防範措施不足，是性病感染的關鍵。

被調查者的性別差異比較分析

在中國大陸，商業性性交易是違法行為，從事商業性性交易者均屬於違法或犯罪者。但商業性性交易既然有買賣雙方，在具有相同性的同時，亦有差異性，從差異性入手對買賣雙方進行分析就有必要了。進一步看，在今天的中國大陸，商業性性交易者中差異最大的是性別差異──以女性為賣方，以男性為買方。對於性別差異及其導致產生、形成的社會及文化背景的分析，則更為重要。換句話說，今天的中國大陸，要更有效阻斷商業性性交易，控制商業性性交易的蔓延，對於商業性性交易雙方進行性別差異研究，當是先行的基礎工作。

為此，本節對商業性性交易者的性別差異作了重點分析。研究中假設被調查者無基於性別的差異（P＞0.01），顯著性差異分析結果如下：

個人基本特徵方面

1. 年齡呈顯著性差異（X^2=95.2，DF=4，P＜0.01）。從性別分層看，按百分比由多到少排序，女性中16-25歲者占94.23%，26-45歲者占5.77%；男性中26-45歲者占71.79%，16-25歲者占25.64%，即女性中絕對多數為16-25歲者，男性

中絕大多數為26-45歲者。這表示，本調查對象具有男性年齡大於女性年齡的傾向。

2. 職業呈顯著性差異（X^2=83.6，DF=8，P＜0.01）。從性別分層看，按百分比由多到少排序，女性中工人占40.38%，無職業者占23.08%，個體經營者占23.08%，農民占5.77%，企業單位負責人占1.92%；其他占5.77%。男性中個體經營者占30.77%，企業承包者占20.51%，機關工作人員占15.38%，工人占12.82%，無職業者占2.56%，科教文衛工作者占2.56%，農民占2.56%，企業單位負責人占2.56%；其他占7.69%——兩性相比，女性中占比超過10%為工人、無職業者和個體經營者，三者構成女性中的多數；男性中占比超過10%為個體經營者、企業承包者、機關工作人員、工人，四者構成男性中的多數，而女性無職業者大大多於男性無職業者。這表示，本調查對象具有男性的職業地位高於女性，在業率高於女性的傾向。

3. 文化程度呈顯著性差異（X^2=67.3，DF=4，P＜0.01）。從性別分層看，按百分比由多到少排序，女性中初中文化程度者占65.38%，高中（中專）文化程度者占21.15%，小學文化程度者占7.69%，大專及以上文化程度者占3.85%，文盲半文盲者占1.92%；男性中大專及以上文化程度者占41.03%，高中（中專）文化程度者占38.46%，初中文化程度者占17.95%，小學文化程度者占2.56%，無文盲半文盲者——兩性相比，初中和高中（中專）文化程度者構成女性中的壓倒多數，大專及以上、高中（中專）文化程度者構成男性中的壓倒多

數。這表示，本調查對象具有男性的文化程度大大高於女性的傾向。

4. 婚姻狀況呈顯著性差異（X^2=16.8，DF=2，P＜0.01）。從性別分層看，按百分比由多到少排序，女性中有配偶者占42.31%，無配偶者占28.85%，同居者占28.85%；男性中有配偶者占69.23%，同居者占15.38%，無配偶者占12.82%——兩性相比，男性中絕大多數為有配偶者，女性中有配偶者不到半數，女性中的同居者與無配偶者比例均大大高於男性。這表示，本調查對象具有男性已婚者多於女性，未婚與不穩定婚戀關係[10]者少於女性的傾向。

5. 個人年均收入呈顯著性差異（X^2=65.56，DF=5，P＜0.01）。從性別分層看，按百分比由多到少排序，女性中個人年均收入為2,001-4,000元者占30.77%，10,000元以上者占19.23%，2,000元以下者占17.31%，無收入者占13.46%，4,001-8,000元者占11.54%，8,001-10,000元者占3.85%；男性中個人年均收入為10,000元以上者占64.1%，8,001-10,000元者占15.38%，2001-4000元者占12.82%，4,001-8,000元者占5.13%，無收入者占2.56%，2,000元以下者為無——兩性相比，男性中中高收入者占絕對多數，女性中不僅中高收入者僅占1/4不到，絕大多數為低收入者，且無收入者大大多於男性。這表示，本調查對象具有男性個人平均收入大大高於女性的傾向。

---

10 與成婚的夫妻相比，同居者大多以戀愛者的身分共同生活，相互間的準婚姻關係缺乏法律保障，也較不穩定。

婚姻家庭狀況方面

6. 對婚姻狀況的滿意程度呈顯著性差異（X^2=23.1，DF=3，P＜
    0.01）。從性別分層看，按百分比由多到少排序，女性中認
    為不清楚的占32.69%，一般的占26.92%，滿意的占
    25.00%，不滿的占3.85%；男性中感到一般的占51.28%，不
    清楚的占23.08%，不滿的占12.82%，滿意的占7.69%——兩
    性相比，女性中對婚姻狀況感到滿意的占1/4，認為不清楚的
    占1/3，大大多於男性；男性中對婚姻狀況感到不滿的占1/8
    強，多於女性。這表示，本調查對象具有男性對婚姻的不滿
    率高於女性，女性對婚姻狀況的滿意率高於男性，但迷惘者
    亦從於男性的傾向。

7. 對配偶／同居者的情感呈顯著性差異（X^2=17.8，DF=5，P＜
    0.01）。從性別分層看，按百分比由多到少排序，女性中認
    為情感一般的占40.38%，深厚的占19.23%，不清楚的占
    17.31%，冷淡的占1.92%，經常吵鬧的占1.92%；男性中認
    為情感一般的占58.97%，冷淡的占12.82%，不清楚的占
    10.26%，深厚的占7.69%，經常吵鬧的占2.56%，男女兩性
    中均無對配偶／同居者不理不睬者——兩性相比，女性中與
    配偶／同居者感情深厚的近1/5，男性僅1/13，女性大大多於
    男性；女性中感到與配偶／同居者情感交往程度不清楚的占
    1/6多，男性為1/10，女性多於男性；女性中認為與配偶／同
    居者情感冷淡的僅近1/50，男性為1/8強，男性大大多於女
    性。這表示，本調查對象具有男性對配偶／同居者的情感弱
    於女性，女性對與配偶／同居者的情感更多處於迷惘之中的
    傾向。

8. 家庭年均收入呈顯著性差異（X^2＝51.56，DF＝5，P＜0.01）。從性別分層看，按百分比由多到少排序，女性中家庭年均收入為2,001-4,000元的占21.15%，4,001-8,000元的占21.15%，20,000元以上的占17.31%，8,001-16,000元的占13.46%，16,001-20,000元的占7.69%，2,000元以下的占7.69%；男性中家庭年均收入為20,000元以上者占51.28%，16,001-20,000元的占20.51%，8,001-16,000元的占10.26%，4,001-8,000元的占7.69%，2,001-4,000元的占2.56%，無2,000元以下者──兩性相比，男性中為中高收入家庭的占絕對多數，女性中不僅中高收入家庭僅占1/3不到，絕大多數為低收入家庭，且貧困家庭亦占一定比例。這表示，本調查對象具有男性的家庭收入大大高於女性的傾向。

9. 對家庭生活的滿意程度呈顯著性差異（X^2＝21，DF＝3，P＜0.01）。從性別分層看，按百分比由多到少排序，女性中對家庭生活感到一般的占40.38%，滿意的占28.85%，不清楚的占25.00%，不滿意的占5.77%；男性中對家庭生活感到一般的占66.67%，不清楚的占15.38%，滿意的占7.69%，不滿意的占5.13%──兩性相比，雖然男性中對家庭生活不滿者的比例微少於女性，但就總體而言，女性中對家庭生活滿意者更多，認為家庭生活一般者更少；當然，其認為不清楚者也大大多於男性。這表示，本調查對象具有男性對家庭生活滿意程度低於女性，女性對於家庭生活滿意度的判斷更多處於迷惘中的傾向。

商業性性交易方面

10. 進入商業性性交易的原因呈顯著性差異（X^2=83.9，DF=9，P
　　＜0.01）。從性別分層看，按百分比由多到少排序，除其他
　　外，女性中因自己經濟困難的占32.69%，尋找靠山的占
　　7.69%，家庭困難的占5.77%，婚姻缺少溫暖的占5.77%，滿
　　足性欲的占5.77%，尋找刺激的占3.85%，家庭缺乏溫暖的占
　　1.92%，報復異性的占1.92%；男性中尋找刺激的占
　　25.64%，婚姻缺乏溫暖的占20.51%，滿足性欲的占
　　20.51%，家中缺乏溫暖的占17.95%，家庭困難的占2.56%，
　　自己經濟困難、尋找靠山、報復異性者均為無；兩性中「被
　　學校或單位排斥」均為無──兩性相比，四成的女性是緣於
　　經濟困難（包括自己與家庭）而進入商業性性交易，四成以
　　上的男性是為了尋找刺激、滿足性欲進入商業性性交易，此
　　外，婚姻家庭的缺乏溫暖也更多是男性進入商業性性交易的
　　原因。這表示，本調查對象具有女性更多由於經濟動力，男
　　性更多由於心理／生理動力及婚姻家庭的缺憾而進入商業性
　　性交易的傾向。

11. 進入商業性性交易的途徑呈顯著性差異（X^2=28，DF=5，P
　　＜0.01）。從性別分層看，按百分比由多到少排序，除其他
　　外，女性中由別人介紹的占48.08%，原本為同學同事的占
　　17.31%，在舞廳、酒吧等處結識的占3.85%，在旅遊時結識
　　的占1.92%，無在外出住宿時結識的；男性中原本為同學同
　　事的占35.90%，由別人介紹的占28.21%，外出住宿時結識的
　　占15.38%，在舞廳、酒吧等處結識的占2.56%，外出旅遊時

結識的占2.56%——兩性相比，女性中由他人牽線者近半數，為原本相識者占近1/5；男性中由他人牽線者不到1/3，而原本為相識者占1/3，外出住宿時搭識的大大超過女性。這表示，本調查對象中女性進入商業性性交易的途徑以他人牽線為首，以原本相識者為次；男性以原本相識者為首，他人牽線與外出住宿搭識為次。

12. 商業性性交易對象人數呈顯著性差異（X^2=30.5，DF=3，P＜0.01）。從性別分層看，按百分比由多到少排序，女性中1人者占40.38%，2-3人者占17.31%，5人以上者占15.38%，4-5人者占9.62%；男性中2-3人者占48.72%，4-5人者占23.08%，1人者占17.95%，5人以上者占7.69%——兩性相比，女性中1人者和5人以上者超過男性，男性2-3人者和4-5人者超過女性，且構成絕大多數。這表示，本調查對象中的女性具有在商業性性交易對象人數的兩極處（單性伴與多性伴）超過男性，而男性的商業性性交易對象集中在2-5人數量上的傾向。

13. 在商業性性交易中的最大獲得呈顯著性差異（X^2=95.1，DF=6，P＜0.01）。從性別分層看，按百分比由多到少排序，女性中物質滿足占23.08%，情感滿足占23.08%，安全感滿足占15.38%，自尊心滿足占3.85%，性欲滿足占1.92%。此外，有7.69%的人認為什麼都沒得到，5.77%的人回答「不清楚」。男性中性欲滿足占56.41%，情感滿足占28.21%，安全感滿足占2.56%，物質滿足與自尊心滿足者無，什麼都沒得到者為無，「不清楚」者占7.69%——兩性相比，男性的

滿足集中在性欲與情感兩方面，其中更以性欲滿足為主；女性的滿足面較廣，其中，以物質滿足、情感滿足和安全感滿足構成大多數。這表示，本調查對象具有在商業性性交易中男性在性欲、情欲上的滿足率高於女性，女性在物質、安全感上的滿足率高於男性的傾向。

14. 商業性性交易的頻率與對象的固定性呈顯著性差異（X^2=34.6，DF=3，P＜0.01）。從性別分層看，按百分比由多到少排序，女性中經常且固定的占36.54%，經常但不固定的占17.31%，不經常但固定的占15.38%，不經常且不固定的占9.62%；男性中不經常但固定的占43.59%，經常且固定的占28.21%，不經常且不固定的占15.38%，經常但不固定的占5.13%──兩性相比，經常有商業性性交易的女性占半數以上，男性占1/3；商業性性交易對象較為固定的女性占半數強，男性占絕大多數。這表示，本調查對象具有男性商業性性交易頻率低於女性，商業性性交易對象較女性固定的傾向。

15. 商業性性交易場所無顯著性差異（X^2=18.9，DF=8，P＞0.01）。從性別分層看，按百分比由多到少排序，女性中商業性性交易場所為自己家中（住處）的占23.08%，對方家中（住處）的占15.38%，賓館旅社的占9.62%，髮廊、按摩院、美容院的占9.62%，酒吧、咖啡廳、餐廳的占1.92%，計程車內的占1.92%。此外，公園等其他處的占17.31%，錄影廳、舞廳、卡拉OK廳和浴室均為無；男性中為賓館旅社的占38.46%，自己家中的占17.95%，對方家中的占15.38%，

髮廊、按摩院、美容院的占5.13%，計程車內的占2.56%，公園等其他處的占15.38%，酒吧、咖啡廳、餐廳和錄影廳、舞廳、卡拉OK廳及浴室的均為無——兩性相比，自己家中和對方家中兩者比例相差不大，且均近1/3，因此總體差距不具顯著性，但賓館旅社的比例是男性大大高於女性。這表示，本調查對象在性交易場所總體上具有較大相同性的前提下，亦存在若干具體場所上的性別選擇差異。

對於非婚性行為的觀念方面

16. 對於婚前／婚外性行為的看法無顯著性差異（$X^2=12.3$，DF=5，$P>0.01$）。從性別分層看，認為「只要雙方有感情就應該允許」的女性占38.45%，男性占41.03%；「只要最終能成婚也無妨」的女性占13.46%，男性占5.13%；「如果配偶不能滿足他／她的要求，就應該諒解」的女性占1.92%，男性占5.13%；「無所謂有害有利，純屬於個人私事，個人有自主權」的女性占26.92%，男性占41.03%；「不利社會和家庭，應堅決反對」的女性占9.62%，男性占2.56%——兩性相比，在第二選項上女性較多於男性；在第四選項上，男性大大多於女性：這顯示出婚姻在女性婚前／婚外性行為中具有更強的控制作用，而男性則具有更強的自主意識，但就總體而言，本調查對象中的兩性男女對婚前／婚外性行為的看法無較大的差異，即無論男女均更多持寬容、認可態度。這表示，作為本調查對象的兩性男女，其對婚前／婚外性行為持相似的寬容、認可傾向。

17. 對於「嫖娼賣淫」活動的看法呈顯著性差異（X^2=37.2，DF=5，P＜0.01）。從性別分層看，除其他外，認為這是「一種正常的各取所需」的女性占21.15%，男性占30.77%；「一種個人愛好」的女性占1.92%，男性為0；「一種社會經濟發展的必然」的女性占17.31%，男性占46.15%；「一種不道德行為」的女性占28.85%，男性占5.13%；「一種犯罪行為」的女性占25%，男性占12.8%——兩性相比，女性持批判態度者超過半數，男性不到1/5，女性大大多於男性；男性持贊同態度者占絕大多數，女性占2/5，男性大大多於女性。這表示，本調查對象中的女性對於商業性性交易更具有否定傾向，男性對於商業性性交易則更具有肯定的傾向。

18. 對於「嫖娼賣淫」行為的處置看法無顯著性差異（X^2=7.96，DF=6，P＞0.01）。從性別分層看，除「不清楚」和「其他」外，認為對於「嫖娼賣淫」行為最好是「一律嚴重打擊，處以重刑」的女性占28.85%，男性占17.95%；「具體情況具體處理」的女性占55.77%，男性占56.41%；「個人管住自己」的女性與男性均為無；「索性開闢紅燈區」的女性占9.62%，男性占17.95%；「主要是防治性病」的女性為無，男性占2.56%——兩性相比，在第一項選擇上，女性較多於男性，在第四項選擇上，男性較多於女性，這與對商業性性交易女性更多持否定態度，男性更多持肯定態度成正向對應性。就總體而言，兩性間無較大的差異，無論男女均認為該寬鬆、寬容以待。這表示，本調查對象對於商業性性交易的處置持有相似的寬容、寬鬆傾向。

性病觀念方面

19. 對性交易對象有無其他性伴情況的瞭解狀況無顯著性差異
（X^2=9.1，DF=2，P＞0.01）。從性別分層看，按百分比由
多到少排序，女性中對於商業性性交易對象有無其他性伴侶
的情況「不清楚」的占57.69%，認為「無」的占26.92%，認
為「有」的占11.54%；男性中對於商業性性交易對象有無其
他性伴侶情況「不清楚」的占79.49%，認為「無」的占
15.38%，認為「有」的占5.13%——兩性相比，男性較女性
對於商業性性交易對象有無其他性伴侶的情況，更不清楚，
就總體而言，兩性間無顯著的差異性，不清楚者均占大多
數。這表示，本調查對象對於商業性性交易對象有無性伴侶
的情況，具為不清楚的傾向。

20. 在本次患病前有否患過性病的情況無顯著性差異（X^2=3，
DF=1，P＞0.01）。從性別分層看，曾患過性病的女性占
9.62%，男性占2.56%；不曾患過性病的，女性占84.62%，
男性占89.74%。兩性相比，其間無較大的差異性，即不曾患
過性病的均占壓倒多數。這表示，本調查對象中的男女兩性
具有相似的性病初患傾向。

21. 對性病產生的主要原因的看法呈顯著性差異（X^2=23.3，
DF=5，P＜0.01）。從性別分層看，除「其他」外，認為是
「患者自己性生活混亂」的，女性占9.62%，男性占
12.82%；「配偶／同居者性生活混亂」的，女性占7.69%，
男性占2.56%；「患者自己免疫力不強」的，女性占

44.23%，男性占71.79%；「社會公共衛生不良」的，女性占17.31%，男性占7.69%；「患者自己衛生工作沒做好」的，女性占11.54%，男性占5.13%——兩性相比，男性的選擇集中在第三選項和第一選項上，尤其是第三選項占絕對多數，且此兩項的比例均超過女性；女性的選擇則比較分散，雖然在第三選項上有2/5以上的占比，但其餘三項選擇的比例均超過男性。這表示，本調查對象中的男性較女性對於性病產生的看法更多具有自責的傾向，而女性的認知則較分散。

人生觀方面

22. 對於人生價值的取向呈顯著性差異（X^2=30.9，DF=4，P＜0.01）。從性別分層看，認為人生在世最重要的是「家庭幸福」的，女性占30.77%，男性占10.26%；「幹一番事業出人頭地」的，女性的占5.77%，男性占25.64%；「及時行樂」的，女性占9.62%，男性占20.51%；「多為社會幹好事」的，女性占13.46%，男性占5.13%；身體健康、孩子有出息等「其他」的，女性占38.46%，男性占35.90%——兩性相比，女性的第一選項為「家庭幸福」，第二選項為「多為社會做好事」，且比例均遠超過男性；男性的第一選項為「幹一番事業出人頭地」，第二選項為「及時行樂」，且比例均遠超過女性。這表示，本調查對象中的女性具有對個體群體價值的注重超過男性的傾向，男性具有對個體主體價值的注重超過女性的傾向。

　　以上分析表示，第一，本調查雖是小型調查，但亦揭示在商業性性交易群體中存在的性別差異性。如果不從社會性別的角度對此進行分析，差異性就會被掩蓋在總體群體特徵中——如同既有的大量調查分析研究結果一樣，以此為基礎的對策、措施、方法等制定與實施的有效性和針對性也是短缺的。

　　第二，本調查對象在商業性性交易中，女性均為賣方——服務者，男性均為買方——消費者。從兩者的一般特徵看，作為買方的男性的年齡、職業、文化程度、個人收入、家庭收入均高於作為賣方的女性：這表示男性的人生經驗較女性豐富；男性的社會地位較女性為高；男性掌握的文化知識較女性為多，財力也較女性豐厚。這提示我們，注重與提及作為賣方的女性在商業性性交易中對作為買方的男性的引誘（或稱為「勾引」）的同時，也不能忽視或輕視更有經驗和實力（包括地位、知識、財富）的男性作為買方在商業性性交易中，對於較缺乏經驗與實力（包括地位、知識、財富）的作為賣方的女性的引誘（也可稱為「勾引」），對於男性的引誘（勾引）在必要時也需進行重點分析研究。

　　第三，經濟與情感是本調查對象中的女性，從事商業性性服務的主要動力與所獲；性欲與情感是本調查對象中的男性，進行商業性性消費的主要動力與所獲——如果說情感缺憾是兩性共有的缺憾、構成兩性共有的動力的話，那麼，經濟與性欲則是兩性進入商業性性交易的關鍵差異。事實上，商業性性交易只是作為賣方的女性的一種賺錢手段，而對於作為買方的男性來說，卻是滿足性／感官需求的重要途徑。這提示我們，一旦有了安全、體面、收入豐厚的賺錢方式，女性便會不願意再充當賣方，進而脫離商業性性交易，而男性的本能衝動

則是很難削減的，且其經濟實力及社會實力等往往強於女性，因此，男性更需要以女性為賣方的商業性性交易，其進入市場更具有主動性和自覺性。

第四，較之男性，本調查對象中的女性對婚姻及家庭生活的滿意程度較高，對個體群體價值更為關注；或者反過來說，較之女性，本調查對象中的男性對婚姻及家庭生活的滿意程度較低，對個體主體價值更為關注。這提示我們「責任」在女性進入商業性性交易中的某種推力作用：我們在訪談也瞭解到，不少女性是為家中建房、兄弟娶妻籌款而進入商業性性交易；對於男性來說，則是「權利」在其進入商業性性交易過程中有較大的推力作用。

第五，正由於女性往往出自一種責任、一種被迫無奈而成為商業性性服務者，而社會也將更多譴責的矛頭指向作為賣方的女性，所以比起男性，女性對於商業性性交易也就必然較多持批判態度，也更下意識地將自己患性病的原因多方推託；而對男性來說，往往出於一種權利需求、一種自覺主動而成為商業性性服務消費者，社會也較允許和寬待其性行為的越軌，所以較之女性，男性對於商業性性交易也就必然更多地持肯定態度，也更明瞭患者自身在性病感染中應負的責任，儘管其對於性病知識有所誤解。兩性對婚前／婚外性行為的評判無顯著性差異佐證了這一觀點：相較商業性性交易而言，女性對於婚前／婚外性行為的進入是較自願和主動的，而正由於認為是出於一種權利需求或自覺行為，且社會對婚前／婚外性行為也日益寬容，因此女性對於婚前／婚外性行為的評判與男性一樣，也更多持寬容認可的態度。

可見，就其本質而言，商業性性交易中的性別格局及交易者的行

為、觀念差異，是社會財富分配和資源配置中的性別／階級不平等以及道德的性別雙重標準的深刻反應。由此，對於介入商業性性交易的婦女有更多的譴責與懲罰無疑是不公正的。這不僅由於作為買方的男子更具有主動性和自覺性，對於商業性性交易市場的存在更有一種自我權利性的需要，更由於不少婦女進入商業性性交易甚至就是男子（如「雞頭」）直接強迫的結果，男子是主要責任者。所以，必須界定男子在商業性性交易產生和蔓延中的首要責任，給予應有的譴責、懲罰與教育。只有當作為買方的男子也受到應有的譴責、懲罰、教育及改造，商業性性交易才有可能受到實質性的衝擊並被削減。

第三節　民族文化、階級和性別：一個個案的閱讀[11]

　　中國大陸的學者們對商業性性交易進行研究時，多民族的視角顯然是短缺的。[12]事實上，在中國大陸這塊多民族聚居的土地上，在近三十餘年來商業性性交易的擴展蔓延中，各民族文化背景的存在是必然的，各民族的文化傳統對於擴展和蔓延的影響和作用——包括正、負影響與作用。因此，從多樣性民族文化的視角來分析研究中國大陸的商業性性交易及其運行是必須的。

　　進一步看，商業性性服務婦女仍是今天中國大陸商業性性交易的一大主體。如前分析，仍以「男富人買女窮人賣」為主要性別／階級

---

11 該文曾以〈民族、文化、階級和性別的閱讀：中國大陸彞族女商業性性服務者個案研究〉為名，刊登於《中華女子學院學報》2002 年第 2 期。

12 經檢索，至 2015 年底，從民族視角對中國大陸商業性性交易及商業性性服務者進行專門研究的論文／著作僅此一篇，故在必要的文字校訂後，以此文作為本節內容。

格局的商業性性交易的存在與擴展，是社會資源配置中性別／階級不平等的產物。而當商業性性服務婦女實際上是來自不同的民族時，民族文化的推／拉／阻力在其進入／從事商業性性服務中的作用也各有異同：儘管我們尚未十分明瞭商業性性交易中民族文化是如何運行，但此運行機制必然存在。將多樣性民族文化的視角引入對商業性性服務婦女的研究，能使我們更全面深入地瞭解商業性性交易運作的複雜機制，以及不同文化背景下婦女生存與發展的複雜性與多樣性。

只是，由於多民族視角的短缺，有關少數民族商業性性服務者和消費者資料的收集極其不足，本節難以進行定量研究，只能對已有的個案訪談資料進行定性研究。好在，首先，定性研究與定量研究各具優勢，各有所長；其次，由於強調的是解釋事物的意義和人的經歷，擅長揭示人類行為的動機和文化意義，因此，定性研究更能應用於對婦女生活和經驗。由此，本節在此力圖透過對一位彝族女性的個案訪談資料的研究，探討一種民族文化制度、階級制度、社會性別制度是如何糾合在一起，結構成一種機制，進而一體化地對女性當事人產生強大的壓力，迫使其從事商業性性服務。

本訪談由時任四川省民族研究所副研究員馬林英女士（彝族）在西昌市被訪談者的家中進行，訪談時間為1999年2月21日。被訪談者名叫QMNW（簡稱），出身於涼山彝族農民家庭，時年29歲，為個體經營者，從未有過被抓獲的經歷。

涼山彝族自治州位於中國四川省西南部。在當時，總面積6,400平方公里，總人口378萬，其中彝族159萬，是中國大陸最大的彝族聚居區，1956年由奴隸社會直接進入社會主義社會。在當時，彝族社會仍是一個父系等級制的社會，性別等級和階級等級十分嚴格，並具有

一整套與之相應的生活方式、婚姻制度、家庭制度、風俗習慣等在內的社會運行制度。如，家族／家支制度、等級（黑彝／白彝）內婚制、婚姻對家族／家支關係的重大作用、同宗族的轉房婚制、家長對子女的絕對權威、生育／生子對婦女地位的決定意義、對失去性功能或無生育能力者的歧視和宗教禁忌[13]等等。

訪談者的個人經歷

QMNW出生在越西縣特困鄉的白彝世家，父母、兩個哥哥及一個妹妹都是文盲。自出世不久，她就由祖父母做主許配給了姑媽家的表哥。她的姑父是縣煤建公司的職工，出資供她上學。由於願意親上加親，彝族的女孩子以嫁給表哥為榮，加上她也喜歡表哥，更一心盼望早日與他成親。1985年，姑父退休，表哥頂職進了煤礦公司；1986年她升入高中，成為全鄉有史以來第一位女高中生。不久，表哥因不願意像父親一樣拖著一群農村的老婆孩子過日子，與之解除婚約。深受打擊的她，高中畢業後未考上大學，回家務農，繼而做起小生意。1989年春節，表哥因工傷被壓斷脊椎骨，成為臥床不起的肢障者。為使表哥保住男人的面子和繼承香火，家族和父母要她與表哥成婚——名義上嫁給表哥，再和表弟生育孩子組成家庭。她因不同意而離家出走到了西昌，在走投無路的情況下，開始從事商業性性服務。1994年，經歷了四次懷孕、四次流產的她被家人找回家中，並被父母許配到離家幾百里遠的農家中。1995年春，她「坐家」期滿，但未懷孕，由夫家送到縣醫院檢查後發現因子宮穿孔，她已喪失了生育能力。夫

---

13 引自馬林英在訪談資料中的注解。

家提出解除婚約，她再次逃離至西昌，並重操舊業。一個月後，父親在勸其回家不成後，召開家族大會，開除她的家族籍。從此，她只得在西昌生活。至訪談時，她開有一家民族服裝店，並較固定地為七位男子提供商業性性服務。

以下便是根據QMNW的敘述所進行的分析，小標題是在分析過程中添加的。

退親：少女之夢的破滅

如果說QMNW的人生至今為止是一齣悲劇的話，那麼，在出世不久就由祖父母訂下「娃娃親」之時，悲劇就拉開了帷幕。由於祖父母做主訂下了娃娃親，QMNW的愛情發展受到限制，且是早已有對象：QMNW對於表哥是「一心喜歡他，盼望能早些與他成親」。而由於是全鄉有史以來第一位女高中生，親友和鄉親們都希望她成為第一位透過升學到機關工作的女子。當她成為家庭／家族甚至全村人希望的寄託時，在她的人生道路上也就危機四伏了。

就其表哥而言，就他是在頂替父親成為工人後才提出退親之事看，在未成為城裡人／工人之前，至少他還是同意這門親事的。正是在身分發生了由農村人／農民到城裡人／工人的變化後，他才會對這門親事產生不滿，他與QMNW的婚事才會出現障礙：儘管此時QMNW已是全鄉第一位女高中生，並且也有成為城裡人的可能，但這畢竟只是可能，她是農村人仍是眼前的事實。現在，他已是城裡人／工人，他只願意與作為現實的城裡人成婚，而不是可能將來是城裡人但眼前還是農村人的QMNW，所以，在他成為城裡人／工人後的第二年托人捎給QMNW的條子裡這樣寫道：「你好好複習吧，倘若

能考上一所學校，我們即可成婚。考不上的話，就讓長輩為我們解除婚約吧，我可不願意像父親一樣，拖著一群農村的老婆孩子過日子。反正你人長得漂亮，又有文化，到哪兒打工也會找到出路的。」事實上，他並不是當了一段時間的工人，過了一段時間的城市生活後才萌發此念，而是如QMNW的父母在應答女兒的哭訴時所說：「你表哥不是現在才提出此事的。去年他一去頂班工作，就給我們雙方老人丟下這麼句話，只是我們沒告訴你罷了。」

且不論導致表哥這一行為產生的極深刻社會原因，如城鄉二元格局，以及其個人心理特徵和道德傾向，就這個行為對QMNW的打擊而言，無疑是極其重大的。因為在彝族社會中，訂了婚的女人休掉未婚夫是常有之事，被視為正常，而女人被未婚夫休了，尤其又是親表哥，是少有的，社會難免會有各種猜測與議論，[14]而猜測與議論又往往與被休者的貞操相涉。為此，QMNW深感羞愧，在被窩裡偷偷哭了一夜。這一打擊帶來的直接後果是：

> 臨近高中畢業的幾個月時間，因婚事問題茶不思飯不想，上課也老走神，加之鄉親和家人寄予的希望壓力太大，我總是六神無主，最終沒有考上一所學校而回鄉務農了。不久，表哥利用回家過彝年的時間，聘請雙方家族頭人解除了我與他的婚約。

回到家中，首先，村裡的農業勞動全靠人力，體力勞動強度大，對勞動者的體力要求很高，「我這麼一個自幼在外讀書既無體力又無技能的人在村中竟成了個廢物」；其次，「同齡的夥伴基本都有了婆

---

14 引自馬林英在訪談資料中的註解。

家，有的還舉行過婚禮，開始『坐家』，」QMNW是被表哥休了的，甚至母親也「免不了又會數落我一番，說我不讀書還對了，現在讀了書有啥用，連個文盲都不如。」因此，QMNW是「帶著高考的失落、婚姻的裂變和家人的責備」，滿懷心酸地開始農村生活。

QMNW在少女時代，有著兩大希望：嫁給表哥和透過學習成為國家機關工作者。其中，第一個希望是由民族文化傳統塑型而成。而作為實際上是階級歧視的產物，在彝族父系家長制的社會性別制度下，進一步演化成具有女子貞潔與否含義的表哥的退婚行為，在打擊她的自信和自尊、摧毀她的第一個希望之後，又使她的第二個希望成為泡影。她由一個充滿希望和被寄予極大希望的人跌落成為「無望者」：她雖然出身農家，現在又是農民，但從小讀書使她既無從事農業勞動的體力，也無從事相關能力和技術；她雖然到了訂婚的年齡，卻沒訂婚，甚至是被表哥休了；她雖然自幼讀書，並且讀了十二年，是鄉里罕見的女高中生，但她卻跳不出「農門」，甚至習得的知識對現在的勞作無多大用處，甚至被村人視為「廢物」。她的少女之夢破滅了。

由於彝族社會仍保留訂「娃娃親」的文化傳統，她從小就被訂親，並生長出對表哥的「愛情」；由於她是農村人／農民，表哥一旦成為城裡人／工人，與她的婚姻間就出現了「鴻溝」，導致她被退婚；因為她是女人，她的被退婚，尤其是被表哥退婚就使人產生了其貞潔與否的猜疑。藉由對QMNW這段經歷的閱讀，我們可以發現民族文化、階級制度和社會性別制度是如何合力構築人生重大事件，劃定QMNW以後的人生軌跡與趨勢。

逼婚：對家庭的逃離

　　學校十二年現代文明的學習經歷，給予QMNW的好處是讓她能認識自身的長處和短處，並且有外出做生意的知識和膽量。1989年秋收後，徵得父母同意，她往返於成都和縣城之間，開始做起服裝鞋帽的小本經營。而令人始料未及的是，這一小本經營的進行成為她以後為抗婚而逃離家庭作好了前期準備——包括心理準備、社會網路準備和物質準備。

　　這年的春節，表哥在下井挖煤時因煤窯坍塌壓斷了腰椎，半身癱瘓。「打這以後，長輩們就為表哥的未來商議著各種方法。說什麼表哥一輩子將無後代的事千萬不可外揚，得趕緊以給他結門親事為由，說個媳婦（單位答應，只要表哥有媳婦，就給她解決農轉非的問題，並且每月發給二百元的生活費），然後再內部商量讓表哥媳婦與表弟（表哥的弟弟，當時年僅16歲）同居，養個兒子給表哥組成家庭，以繼香火」。張羅幾個月後，父母與姑媽要QMNW嫁給表哥。

　　聽著這些，我怒火沖天，當即大叫「我不」，「我不」，便跑出家門。這一夜我沒回家，在屋後核桃樹下坐著想了許多。我內心很喜歡表哥的，可命運怎麼就非要到了這麼悲慘的地步才來安排我們的結合，這不太殘忍了嗎？！第二天我回家時，三位老人還苦苦求我救救表哥。我知道，爸和姑媽他們認為這會是兩全其美的。一來，表哥有了妻兒，日後無論在社會、家族、宗教上都會具有一個彝族男人擁有的地位和尊嚴；二來，我也既有吃公糧的資格，又不失一個彝族女人所需要的生養權力。可我不這麼認

為，我是個女人，為什麼就得處處聽人擺佈，不能過上自己平常人所需要的日子。我一句話也沒說，只帶上做生意賺的二千五百元錢，扔下所進貨物，離家出走去了縣城。這次我不打算進貨做生意，我想跟認識的一些盲流人員去長住西昌了。

1991年11月，QMNW跟越西盲流人員WZM等五人到了西昌。而WZM她們在西昌主要的「工作」之一，就是從事商業性性服務。

從QMNW的這段經歷中，我們可以發現，首先，作為父系家長制社會文化傳統的共性表現，男人的尊嚴和血緣的傳承在彝族社會中也被認為是至關重要的，這一重要性的實現，也是以婦女的犧牲作為保障。

其次，在城鄉二元格局下，社會資源的配置較大程度向城市傾斜，體制內的人獲得較多好處。於是，一方面，在「女攀高門」的婚姻傳統下，婚姻被認為是農村婦女實現個人「城市化」，進入體制內獲利的一大有效途徑；另一方面，農村人只有進入城市，進入體制內，才能獲得較多好處。

第三，在彝族文化中，生育是女人的義務和權利，而在家族的同意下，或遵從家族的意願，此義務／權利可以透過丈夫以外的血緣親屬加以實現。這可追溯到初民社會收繼婚制度中的兄弟婦婚制。[15]而當女人的生育與男人的尊嚴和血緣傳承聯繫在一起時，女人更多是承擔生育的義務，女人的生育是實現男人的尊嚴和保障父系家族血緣傳承的途徑，婚姻也只是保證女人合法生育的手段。

---

15 董家遵著，卞恩才整理，《中國古代婚姻史研究》，廣東人民出版社，1995。

　　第四，接受現代文明的彝族婦女，其觀念已發生了較大的變化，她們更關注婚姻中的自我權利，向傳統婚姻提出挑戰。而由經濟體制改革引發的整個社會變遷，為婦女實現自我權利進行賦權，並提供機會。由此，婦女與男性主流社會——文化制度之間的衝突加劇。

女人／窮人：從事性服務

　　QMNW是在到西昌後的一個多月，打了許多零工，但始終沒找到合適的工作，帶的錢快用完時，進入商業性性服務。事實上，在離家出走之後，QMNW就脫離了原來的生活環境，進入新的生存狀態和新的社會支援網路。在西昌，雖說QMNW是個高中生，但對西昌的街道、方向都不熟悉，無論去哪裡都得跟著夥伴們。而在新結識的夥伴們中，無疑有著一整套被約翰·歐文和唐納德·克雷西稱為「以一種使之能與他們作為其組成部分的主體文化相區別的方式集中在一起的行為規範。」[16]因此，在帶的錢快用完時，「我在她們的動員下，決定跟她們一塊兒『出勤』了。」

　　在敘述到西昌後至從事商業性性服務這段時間的經歷時，QMNW連用了兩次「跟」字，這表示與其他次文化群體一樣，女性邊緣人結合在一起後，也會形成某種具有一定功能的統一體，並對相關個體產生綜合性的影響。而影響的實現又與婦女在新生活環境中對於群體強烈的心理從屬和依靠聯繫在一起：它促使婦女改變原有的觀念和行為，使之符合群體的觀念和行為——個體對於群體的選擇是因

16　[美]傑克·D·道格拉斯等著，張寧、朱欣民譯，《越軌社會學概論》，河北人民出版社，1987。

人而異甚至是偶然的，當群體是由越軌者組成時，個體的趨附行為也就難免是越軌的或是含有越軌的內容。而進一步看，婦女的強烈心理從屬和依靠又不能不說是女孩「女性化」社會化過程的一大結果。

　　QMNW到西昌後的一個多月中，打零工的工資極低，難以維持生計，在口袋裡的錢已所剩無幾，又找不到合適的工作時，「眼看著WZM她們幾個的錢包一天天鼓起來，穿著打扮也好轉」，她動心了。在WZM的介紹下，她接的第一位客人是位老闆，一個晚上的收入為三百元。而在第二天早上，這位老闆就決定把她包下來，每月除了房租、伙食費外，「包費」為五百元。

> 聽後，我心裡暗暗吃驚，幹這個這麼容易賺錢嗎？三百元、五百元，這可是家鄉人民臉朝黃土背朝天、風裡來雨裡去，一年三百六十五天辛苦勞作才能獲得的呀！難怪WZM她們在這裡不愁吃不愁穿，不願回家，想到這些，我點頭答應了他。

　　在這裡，QMNW是以窮人和女人兩種身分理解她的遭遇：在她的家鄉，農民一年到頭累死累活，才有七百來斤的口糧、不足四百元的收入，而這位老闆一個晚上就付她三百元，而且還要出資近千元包月養她，富人真有錢，而窮人「靠」上富人就可以不愁吃穿，這是一。當然，女人的這種「靠」就是陪男人「睡」——提供性服務，是可以賺大錢的，這是二。對此，除常見的道德批判外，也許我們更應該問的是：為什麼窮女人能透過向富男人提供性服務獲取較多的收入？為什麼一些窮女人只有透過向富男人提供性服務才能獲得較多的收入？為什麼商業性性交易的性別／階級格局至今仍是以「窮女人賣富男人買」、「弱女人賣強男人買」為主體格局？將社會性別和階級

的視角置入對這問題的探討，我們會發現社會財富分配和資源配置中的男／富／強／優／多、女／窮／弱／劣／少這一性別／階級不平等是最後的答案所在。正因為處於不平等的結構中，一些女人，尤其是窮女人／弱勢女人才難免或不得不向男人，尤其是向富男人／強勢男人提供性服務，以獲取財富和／或資源。

不育與被除籍：有家難回

　　1994年5月，在西昌已四次懷孕、人工流產的QMNW被父親找到，隨父返家，並被許配給離家幾百里遠的一戶農家。由於有外出「盲流」的經歷，她的聘禮較同村其他女孩少1/3，家人一直羞於提及此事。又因為彝族人忌諱女人有婚外性行為，認為這樣會衝撞生育魂而導致不孕或生子夭折，[17]母親及其他長輩女性考慮到QMNW在外接觸過男人，在她「坐家」期間，偷偷避著她夫家，請來了「畢摩」、「蘇尼」等法老、巫師，對她施法，為她招回、喚回、贖回、拉回生育魂。1995年春，QMNW的「坐家」期滿，但仍未懷孕，夫家也隱隱聽到了她娘家為她招贖生育魂之事，便將她送到醫院檢查，結果發現她的子宮已因多次人工流產的刮宮手術而被刮穿。「就這樣，丈夫家寧願損失聘金、彩禮錢，首先提出了解除婚約」，而「我實在覺得沒臉再回到村中面對鄉里鄉親，趁在夫家，還沒辦完離婚手續，連家都沒回，我又悄悄到西昌重操舊業。」

　　在父系家長制社會中，家長在家庭中具有最高權力，子女是家長的私有財產。以家長對子女的私有權為基礎，「父母之命」也就成為

---

17 引自馬林英在訪談資料中的注解。

婚姻的一大原則（祝瑞開，1999；張樹棟等，1990）。因此，QMNW的婚姻大權總是由家長執掌，第一次是剛出世不久就被祖父母訂了「娃娃親」；第二次是父母姑母逼她嫁給表哥；第三次是由父母包辦許配他人，婚姻不再是作為當事人之一的QMNW自己的自主選擇，而是父母家長權威實現的結果。

　　前面QMNW的敘述中曾提及彝族婦女的生育權力。而從她的人生經歷看，我更願相信生育對彝族婦女而言，與其說是一種自己可以做主的權力，不如說是一種必須履行的義務：生育更多是為了滿足夫家／丈夫的需求，而不是自己意願的自由表達。她表哥的父母親友們為了不讓下身癱瘓的表哥「絕後」和失去男性的尊嚴而要為其娶親是一證，她的母親等怕她不能生育而為她招贖生育魂是一證，她的丈夫因為她不能生育而解除婚約又是一證。在此，QMNW的生育力高居於她的其他能力甚至品質之上，QMNW已成為男性血緣傳承的途徑和生命力／生殖力強大的證明。而當途徑和證明不能實現時，她被責難、被擔慮、被離異也就是不可避免的了。可見，彝族婦女對於生育——包括生育或不生育，並沒有自主權，反之，這是由男人決定的，體現了男性的利益和需求。

　　也正因為婦女的生育主要是為了滿足男子對於傳宗接代和尊嚴的需求，為保證「種」的純潔性和維護男人尊嚴，女子貞操也就極其重要。彝族文化對女子的貞操忌諱中便具有這層含義。對於有「失貞」經歷（即使是懷疑）和女子出嫁時，夫家的低聘金少彩禮，既是對夫家的一種經濟補償，更是透過經濟的懲罰向其他未婚女子及其家長實施社會壓力和文化壓力，進而形成某種「守貞」的自覺和相互監守。就這樣，在「他律」和「自律」的相輔相成中，男性父系家長制實現

了對婦女的控制，女子被禁錮在貞操控制圈中，一旦越出，便會走投無路。

事實上，「在某種程度上，即使最幸福的家庭也可以被看作是一種權力制度，因為無論何時，每個家庭成員都在鼓動其他成員去做某件事或不做某件事，而這往往會違背其他人的意願。」[18]更如《家庭史》的作者安德列比埃基爾等所直截了當地認為：中國家庭是「權力的中繼站」，「按父系論家系首先是一個統治原則，是義務道德觀的具體支柱」，[19]由於父系家長制家庭中的家長絕大多數是男性——祖父、父親或丈夫，所以家庭這一「權力制度」是一種男性權力制度，實施的是男性統治的原則。

男性家長無疑是力圖使用一切手段來維持自己的權力和權威。在彝族文化中，開除違背父命的子／女的家（族）籍便是重要手段之一。由此，當QMNW不願再隨父母回村時，她的父親當即聲明：「好！你幹你的，我們就當沒養你這個女兒好了。但我要告訴你，我回去後會召集家族大會，開除你的族籍的。」兩個星期後，家裡特派人告訴她：其父已召集家族，舉行了開除她家族籍的儀式。由於涼山彝族推崇「彝人靠家族生存」，[20]被開除家族籍對QMNW的心理打擊和折磨的嚴重程度可想而知。聽說此事後，她傷心地哭了一天一夜，最後是在朋友們的勸說下活了下來。

被丈夫離異、被娘家開除族籍的QMNW至此已無家可歸，因此，她「只好下定決心，在西昌紮根生存了。」1996年，在有所積蓄

---

18 [美] 古德著，魏章玲譯，《家庭》，社會科學文獻出版社，1986。

19 [美] 安德列‧比埃基爾等著，袁樹仁譯，《家庭史》，三聯書店，1998。

20 引自馬林英在訪談資料中的注解。

後，她開了一家服裝店。從此，她以經營服裝為主業，商業性性服務成為副業。而她之所以仍維持「副業」的主要目的是：攢足一定數量的錢以後去修復子宮，因為「以後還是要考慮建個家的」。

從QMNW的經歷看，如果沒有「娃娃親」的民族習俗，她也許會與別的男子發展愛情；如果沒有因「娃娃親」而得到姑父家的資助，她也許會缺乏抗爭的能力和知識；如果沒有階級差異，她也許不會被退親；如果沒有注重男子生殖力尊嚴、兄弟婦婚的民族習俗，以及城鄉差異和工農差異，她也許會在家鄉平靜地度過一生；如果進入一個有較多社會資源的主流群體，她也許能找到一份能維持生計的體面工作；如果在城裡能找到合適的工作，她也許不會從事商業性性服務；如果生育不被認為是女子必盡的義務，傳宗接代不被認為是婚姻的頭等大事，她也許不會被恥辱地離婚；如果家庭（族）不是更關注家庭（族）的利益，她也許不會走上不歸之路：只要這些「如果」中有一個不是「如果」，她的人生就會有所不同——正是這些「如果」形塑了她今天的人生。

進一步看，就本質而言，QMNW的人生是由她的三重身分：彝族女兒、農村女人、女人的身分命定的。在父系家長制社會中，家長對家庭成員擁有管理和監督、資源配置、婚姻決定、讚揚、懲戒、教育等絕對權力，[21]家長的權威是至高無上的，對家長（包括已成為父系家長集團成員的女性家長）的服從是家族（庭）甚至社會上人際關

---

21 徐揚傑在《中國家族制度史》（人民出版社，1992年）一書中認為嚴格的封建家長制統治包括：（1）家長制的統治凜如公府；（2）家長管理和監督全家的生產和消費；（3）代表全家同官府和社會發展關係；（4）家長包辦子任的婚姻；（5）家長有權隨意懲戒家人（第377-380頁）。除此之外，從中國的歷史看，我認為家長的權力至少還包括家族（庭）資源配置、對子女的教育、襃揚等方面。

係的基礎。以此為中心，父系家長制社會形成了家族主義[22]的傳統。而直至今天，在中國的村落社會中，家族仍具有生存、維持、保護、綿延、族化、文化等功能。[23]根據父系家長制社會的制度安排，出於家族主義的傳統與現實需要，在家族功能的運行中，作為家庭成員之一的女兒的命運必然是掌握在家長手中，生育在婦女的價值定位中必然是至關重要甚至是首要的。這便是QMNW婚姻經歷的社會——文化大背景。從這層面講，QMNW實際上是涼山彝族父系家長制制度及文化傳統的犧牲品。

　　城鄉差異及由此形成的差距是城市與鄉村不同經濟發展的產物。在1949年以後的三十年間，由於國家工業化過度向城市傾斜，原本存在的城鄉差距大幅度擴展，作為城市產業主要勞動力的工人階級與鄉村產業主要勞動力的農民階級之間的差距也迅速擴大與深化。[24]當整個地域／階級格局始終處於：在社會資源配置的結果中，農村人／農民一直處於劣勢，他們擁有及可利用的資源少於城市人／工人；同樣地，在社會財富的分配過程中，農村人／農民擁有的財富也少於城市人／工人，而當工業文明被認為是優於農業文明的主流文明形態時，

22 張樹棟、李秀領在《中國婚姻家庭的嬗變》（浙江人民出版社，1990 年）一書中提出家庭（族）主義的主要特質是：（1）全體成員心裡都懷有一種強烈的「一家人」的感覺，他人都是外人；（2）力求家庭（族）之永結，承前啟後，瓜瓞綿綿；（3）珍視各種家庭（族）價值、祖先遺訓，恪遵弗違；（4）全家同心協力，以實現家庭（族）的目的；（5）土地財物等均為家庭（族）的公產，但歸家長掌握；（6）有義務而且樂於扶助危困的家（族）人；（7）共禦外侮；（8）重視家庭（族）榮譽；（9）服膺家庭（族）理想；（10）為了家庭（族）利益，不惜犧牲個人利益（第 72 頁）。

23 王滬寧在《中國村落家族文化——對中國社會現代化的一項探索》（上海人民出版社，1991 年）一書中，對此有深入的分析。

24 對此，已有較多的分析與研究。如，陳吉元等人在《中國農村的變革與發展：回顧與反思》（廣東高等教育出版社，1992 年）一書中，就有較詳盡的定量分析。

農村人／農民的收入與地位包括經濟地位、政治地位、社會地位等低於城市人／工人便是必然的，農村人／農民遭到城市人／工人輕視、俯視甚至歧視也是必然的了。這便是QMNW的表哥頂替父親成為縣城裡的工人後出現對QMNW的不滿，甚至要退親的社會——文化大背景。從這一層面上講，退親是一種階級歧視的產物，QMNW實際上是社會資源與財富配置的階級不平等的犧牲品。

進一步看，社會資源和財富配置的階級不平等還體現在作為富人／消費者的「老闆」和作為窮人／服務者的QMNW之間。正是在為「老闆」的服務中，QMNW發現了富人和窮人之間的巨大差距，發現了商業性性服務在窮女人維持生計和積累財富中的有用性和有效性，進而以商業性性服務為生活和賺錢之道。因此，從這個層面講，QMNW也是階級剝削和階級壓迫的犧牲品。

再從社會性別角度看，是男人而不是女人擁有向上流動的機會，實現了向更高階層／階級的流動。因此，是女人而不是男人更容易受到來自流動到較高階層／階級的另一性別的輕視、俯視甚至歧視。而男人之所以能較女人獲得和／或實現更多向上流動——他們有更多的機會和更強的能力，則是現有的社會性別制度運行與安排的一大結果：在資源配置的結果中，婦女一直處於劣勢，她們擁有及可利用的資源少於男子；在社會財富的分配過程中，婦女一直處於劣勢，她們擁有及可利用的財富少於男子。因此，與男子相比，她們往往是弱者和低者，她們向上流動的機會和／或能力較短缺。而也正由於這一短缺，她們中的一些人不得不或難免以男人不具備的、自己身為女人的容貌和／或身體為資本，透過性服務賺取男人的錢財和／或「門路」——以錢財和／或「門路」為資本換取女人性服務的男人在此至

少有兩種身分：有錢（權）人和男人。更多以女人為賣方，以男人為買方——是女人不得不或難免以性服務賺取男人的錢財和／或「門路」，而不是反之的事實和現實，明確地反映了商業性性交易傳統的和現存的主流性別權力／利益格局。從這個層面講，QMNW實際上也是不平等的社會性別制度的犧牲品。

　　將這三者結合起來看，在彝族社會──文化制度中，男高女低、男多女少、男優女劣、男主女從、男強女弱、男尊女卑是一種性別關係的主導格局，女人難免或不得不服膺於男人的利益，甚至成為犧牲品；家長高家屬低、家長多家屬少、家長優家屬劣、家長主家屬從、家長強家屬弱、家長尊家屬卑是一種親屬關係的主導格局，家屬難免或不得不服膺於家長利益，甚至成為犧牲品；而當這兩大格局又是融合、交互在城市高於、優於鄉村的城鄉二元格局中時，作為彝族女兒──農村女人──女人的QMNW成為犧牲品也就是必然的了。在對QMNW經歷的閱讀中，我們發現了民族文化、階級差異、社會性別制度是如何交互合作，形成一種複雜的機制，對婦女的人生進行塑型的：正是在此機制的運作下，QMNW進入商業性性交易，並導致今天仍滯留於其中。

第三章
私人背景

　　將商業性性服務婦女（娼妓制度下稱為娼妓、暗娼、妓女等）稱為「小姐」，在宋代就有。而這顯然是一個十分值得玩味的現象，此間的「小姐」二字也是一個十分值得深讀的「文本」。

　　首先，在歷史上，「小姐」原本是官宦家的女兒，高貴、雍容，不可一世，平頭百姓們可望而不可及。將女性商業性性服務者（娼妓制度下稱為「娼妓」等）稱為「小姐」——將以「賣笑」、「賣身」、「賣肉」、「賣淫」為業的女人們稱為「小姐」，無疑是將「小姐」汙名化，同時，也將官宦人家汙名化，將權貴汙名化。這可以看作是——下層人的一種挑戰與反抗。儘管對整個社會制度而言，這個抗爭也許是最無用的，但也是最省力和最不費時費錢的，猶如魯迅先生筆下的阿Q的「精神勝利法」，雖無用，但勝利了。因此，被人們屢用直到今天。

　　當小姐也成了「小姐」時，首先，對女子來說，她們對性生活產生了恐懼和不潔感，即使在夫妻性生活中也力求「貞節」，唯恐被丈夫認作「淫蕩」；[1]對男子來說，不少人也由此形成了「嫖客的眼

1　在婚姻諮詢時，經常有婦女對我訴說，其丈夫「像流氓一樣」，經常要和她發生性行為，或要和她「玩花樣」，而她如何力拒，因為她「不是一個蕩婦」。而直至1990年代，認為性生活是一件骯髒之事，因而力拒夫妻性生活的婦女也屢見不鮮。

光」，女人的正常行為被看成了「誘惑」[2]和「有意勾引」。

其次，在中國的語言中，「小姐」常指未婚女子，而在中國主流文化的規範中，未婚的便是／應該是未有過性交甚至具有性含義的行為，也就是至少保留處女膜的完整。中國男人很在乎女人初夜權的占有，並往往以占有的多少來顯示自己作為男人的本領，確立自己作為男人的某種地位。因此，即使在「嫖客」中，許多男人也願用更多的金錢／財物來占「破瓜」、「開身」、「見紅」之先。只是，能在商業性性服務婦女中（娼妓制度下稱「娼妓」等）「破瓜」、「開身」、「見紅」的畢竟只是少數，於是「小姐」的命名至少在名稱上滿足了「嫖妓」的男人們「處女嗜好」的性幻想。而對於提供性服務的女子來說，「小姐」的命名至少讓她們能使男人有一種幻想，這種幻想的存在為她們提供更多賺錢的可能。[3]

其三，在中國民間傳統理念中，小姐往往是與「多情」聯繫在一起的。中國傳統戲曲當中，「落難公子中狀元，私定終身後花園，夫

---

2 《性犯罪研究》（[美]倫那德·D·塞威特茲等著，陳澤廣編譯，武漢出版社，1988）一書指出，有些強姦犯承認，他們選擇受害人的重要標準之一，就是要選性感的婦女，包括穿著單薄、透明、開放度較高的婦女。因此，該書奉勸「穿著入時、漂亮可愛的姑娘們，更應提高對強姦犯罪的警惕，時刻加強戒備」。可見，即使在美國知名的法學家心中，作為女人正常行為的「穿著入時」和更屬於自然的「漂亮可愛」，也可能成為對男人的「誘惑」，導致男人強姦犯罪。這無疑是以「嫖客的眼光」看待婦女。

3 為了使這一可能成為現實，或者反過來說，為了使男人們的這一幻想成為現實，在過去，一位「小姐」能讓無數男人享受「破瓜」之樂是娼妓業的一門祕術；在今天，「小姐」，尤其是賺錢的「小姐」做、甚至是常做「處女膜修復術」和／或「陰道縮小手術」已是公開的祕密：從訪談中所知，有一位「小姐」已做了四次「修復手術」。「小姐」們說，這叫「搶孩子打狼」，而稱自以為是她們的「破瓜者」而花了大錢的男人為「冤大頭」或「瓜佬兒」（杭州俚語，蔑稱在城裡一無所知的鄉下人為「鄉巴佬」，諧音「鄉瓜佬」，簡稱「瓜佬兒」）。

妻相會大團圓」是一大主旋律便是一證。就本質而言，男人們希望自己得以吸引女人的魅力是在於「身內之物」的個人的能力、性格、品行、容貌等等，而不是自己所擁有的錢物等「身外之物」。在心底裡，他們希望的是「情情交流」，而不是「錢情交換」。所以在「嫖妓」中，雖然他們也明知「婊子婊子，愛的是銀子」，但仍希望「鴇兒愛鈔，姐兒愛俏」，「小姐」給他們的是「真感情」。「小姐」的命名對嫖妓的男人來說，有作為自慰行為的「手淫」之嫌，[4] 但或多或少也是男人情感需求的一種體現，至少在名稱上讓男人懷有一種希望；而對提供性服務的婦女來說，不僅是一種賺錢的途徑，也能在自己高尚化／被高尚化之後產生一種心理滿足。[5]

其四，在中國文化傳統中，「小姐」已成為一種符號，是色、才、藝俱佳的象徵，是高雅和清高的象徵。將商業性性服務婦女（在娼妓制度下稱「娼妓」等）命名為「小姐」，化解了由「萬惡淫為首」奠基的商業性性交易的汙濁、骯髒、醜惡、罪惡、庸俗等等一切負面特徵，「嫖妓」、「狎妓」成了高雅的娛樂／社交活動，「嫖妓」不辱斯文，「娼妓」們由引誘男人墮落的禍水變成引導男人們昇

4　潘綏銘在《存在與荒謬》一書中認為，在中國古代文學史上，從早先的《神女賦》開始，男性的「夢遺文學」在《聊齋志異》達到了頂峰；士大夫的「手淫文學」從狎妓詩文到《杜十娘怒沉百寶箱》之類，也到了頂峰；而「陽痿文學」則是到了《紅樓夢》才功德圓滿。

5　在對商業性性服務婦女的調查中，我們發現，有不少人始終認為自己是在「軋姘頭」、「第三者插足」、「找情人」，而將所收取的錢物稱為「姘頭」、「對方」、「情人」送的禮物。事實上，在今天中國大陸，許多男性在消費商業性性服務後付錢時，會說，這點錢送給你買件衣服（或買點首飾等等）。而有的性服務婦女告訴我們，「最懂禮貌」的是「韓國人」。在完事後，他們往往是「將錢捲成一小卷塞進我手中，說，妹妹，不好意思，這是一點點錢，給你買些化妝品」，讓人感到很有面子。

華的天仙。由此，非道德的行為變成了道德行為，羞恥的性交易變成了才子佳人間的怡情和應酬。事實上，在娼妓制度下，經過層層篩選，「青樓女人」們大多確是色、才、藝俱佳，進而滿足了男人，尤其是上流社會男人們的情、性、社交、休閒等需求，而「青樓」也成了許多男人的社交與休閒場所；在今天的中國大陸，許多「小姐」既能「坐臺」（陪唱、陪舞），也「出臺」（性服務），一些專門接待「老外」的「華籍美人」（業內語，與美籍華人相對，指中國籍的「美女」）的外語水準也相當高。而卡拉OK廳、舞廳等娛樂場所之所以成為「掃黃」重點，就是因為「小姐」的客人們多數就是在此間「唱唱唱上的」或「跳跳跳上的」。只是，當「娼寮」、「釘棚」的女子也被稱為「小姐」，所有的商業性性服務婦女都被稱為「小姐」時，在高尚化別人的同時高尚化自己的稱呼是否暗含道德辯護／辯解／消解的陰謀也就令人懷疑了，儘管辯護／辯解／消解從某種意義上來講，也許是必要的。

進一步看，與稱女人們的「夢中情人」為「白馬王子」一樣，實際上是暗指女人們希望有一位既有風度（「騎著白馬」），又有雄厚的經濟實力和較高社會地位（「王子」：皇帝的兒子）的丈夫，商業性性服務婦女（娼妓制度下稱為娼妓等）被稱為「小姐」，也暗指這一群體較豐厚的經濟收入和較優裕的生活條件——除了色、才、藝俱佳外，此稱呼也象徵財富的優越和生活的優渥。在老百姓的眼裡，官宦家的「小姐」就是不愁吃、不愁穿、不幹活、不操心，整天遊遊蕩蕩、玩玩樂樂的。而在局外人眼裡，從事商業性性服務的女子（或叫「娼妓」等），也是不愁吃、不愁穿、不用風吹雨打日曬地幹活、不用操心家裡的事，只要跟男人打情罵俏玩玩樂樂就有大錢可賺：有的

商業性性服務婦女就自稱為「名特優新高產品」。[6]事實上，在今天的中國大陸，僅就單位時間收入（每小時或每分鐘所得收入）而言，即使是「街女」，「打一炮」十來分鐘左右，最少也能得五到十元的收入，這一群體的單位時間收入確是在社會平均收入之上，儘管客流量有限，交易風險也很高；而對日出而作、日落而息，很少有多餘的錢進行高檔消費的中下層勞作者來說，白天睡覺、晚上唱唱跳跳，大飯店進、大百貨商場出都有男人付錢的生活方式，是一種可望而不可及的奢侈。於是，在局外人眼裡，商業性性服務婦女就成為高收入、高消費人群。

將商業性性服務婦女「小姐」化造成的結果之一是商業性性服務對不少窮人，包括窮人家的女人或窮女人產生了極大的吸引力，使他／她們看到了脫貧甚至致富希望，或逼迫她人、被他人所逼或自己選擇[7]從事商業性性服務的女人多了起來，商業性性交易從「賣方市場」轉向「買方市場」。

結果之二是，商業性性服務婦女的實際生活狀況與人們想像之間的巨大反差，不僅使新「入行」者大多心理強烈不適，一些人進而產生諸多其他違法或犯罪行為，如「放白鴿」、「邊賣邊搶」等，也使

6　我在《誤入歧途的女人——中國大陸賣淫女透視》（江蘇人民出版社，1998 年）一書
　　中就記述了這樣一位女人的故事（第 88-95 頁）。

7　這裡所說的是自己選擇，而不是自願選擇、自主選擇或自由選擇。這是四個不同的概
　　念：「自由選擇」指的是當事人在充分大的選擇區間中進行的自願、自主和自由選擇；
　　自主選擇是指以當事人為主體由自己決定的選擇，其選擇區間可能是充分大的，也可
　　能是狹窄的，甚至是唯一的；自願選擇是指當事人自己同意的選擇，其選擇可能是自
　　由、自主的，也可能是不自由、無奈至被迫的；自己選擇僅僅是與他人代選擇相區別。
　　選擇在此有可能只是一種形式。一個較為典型的例子是出於孝順，與父母喜歡而自己
　　不愛的人成婚。而從表面上看，被騙去從事某一活動，也是行為者的一種自己選擇。

其生存環境更趨惡劣。在許多城市，商業性性服務婦女甚至已成為一些人謀財害命的一大目標人群。[8]

結果之三是「貪圖享樂」、「貪圖金錢」、「好逸惡勞」、「不勞而獲」成為社會對商業性性服務婦女的普遍認識，這群人遭到更多主流社會的蔑視、歧視、鄙視、輕視、敵視，在「掃黃」中遭到更嚴厲打擊。由此，這群人不僅被「邊緣化」和「標籤化」，也因進入「地下化」而遭到更多的剝削和壓迫，進入者更難脫離這一群體和／或此種生活方式，更難擺脫「媽咪」、「雞頭」之類組織管理者的控制，政府對於商業性性交易的控制也更為艱難。

我們需要掀開長期蓋在「小姐」頭上的那張「蓋頭」，看看「小姐」的真實生活，看看「小姐」的真實想法──看看今天中國大陸的商業性性服務婦女是否真的是「小姐」。

在這之前，瞭解、理解今天中國的商業性性服務婦女從事商業性性服務的背景、原因、目的，當是重要和必要的。就本書而言，瞭解、理解是以訪談和對口述實錄資料的整理、閱讀[9]為途徑，此口述

8　1990 年代開始，在中國大陸，由於被認為是新的暴發戶，從事商業性性服務的婦女已成為犯罪分子殺人劫財的一大目標。如在瀋陽，被殺的「三陪小姐」1995 年為 15 人，1996 年為 20 人，1997 年為 27 人，1998 年 1-8 月份為 45 人，上升幅度分別為 33%、35% 和 66%（《中國婦女報》1998 年 10 月 21 日）。

9　1997-2008 年，我主持完成了由美國福特基金會資助的「社會─心理─醫學新模式賦權性服務婦女」專案（該項目第一期 1997-2000 名為「社會─心理─醫學新模式救助賣淫婦女」，後隨著理念和立場的改變，項目名稱從第二期 2001-2008 改為「社會─心理─醫學新模式賦權性服務婦女」。這一歷經十年的項目取得了較顯著的社會成效，被美國福特基金會項目官員李文晶（eve Lee）稱為賦權性服務婦女的「中國經驗」，項目提出的政策建議也受到有關部門的重視，被採納形成相關政策或工作措施。作為專案第一期的基本調查工作的主要內容之一，專案組於 1998 年 8 月 12 日至 17 日在浙江省婦女勞教學校進行訪談。

實錄資料記錄是當事人自己對相關背景、原因、目的的敘述和分析，[10]而對敘述與分析理解和闡釋，則構成本節的內容。

第一節　背景

　　背景指的是敘述者個體成長和生活的微觀背景，即敘述者個體在第一次從事商業性性服務前身處的家庭、工作、學校、社區等環境，尤其是她在環境中成長和生活狀況，事實上，背景對敘述者的行為選擇有著相當重要的決定性作用。當然，背景是被包含在一個更為廣闊、宏大的社會背景之中。社會大背景很大程度控制敘述者個人的家庭、工作、學校、社區等環境，直接或透過各種因素引導和左右個人行為。與個體成長和生活背景相比，社會大背景的影響和作用同樣不可低估。只是本節關注的重點是個體成長和生活的微觀背景，因為近三十餘年來經濟生活的變化、價值觀念的變化、階級／階層的變化、政治環境的變化等等社會性變遷的影響和作用，全體國民的感受有不同程度的差異，這一人群之所以做出與其他人群不同的行為選擇，個體成長和生活的微觀背景是更為重要的。

　　對訪談資料進行分類後，我們發現：

1. 以婚姻狀況分，已婚者大多與丈夫有較大的矛盾衝突，有的

---

10 由於體例所限，本書只能片斷地、分類型地、運用性地展示這些資料。而如要整體性地瞭解這一人群，整體性地閱讀這些資料是必須的。要使人們能完整、原汁原味地讀到這一人群自己講述的「故事」，使這一人群「沉默的聲音」不再沉默，出版《性服務婦女口述訪談實錄》是必須的。由此，我們正在努力中。

甚至長期受到丈夫的虐待；未婚者大多有失戀（包括因父母干涉而失戀）、被男人玩弄（包括自認為被男人玩弄）等造成嚴重心理創傷的經歷，而有的則是為愛獻身。

「講得難聽一點，我丈夫，真的好像……現在……不談了。為什麼我出來打工，我已經出來打工，（是）賺點錢給小鬼（指自己的孩子——引者注）讀書，可他卻在家裡，做對不起我的事情。」

「我打工回家剛住幾天，他就趕我出門，趕我出門。」「他說，你出去吧，你自己賺飯吃吧，你飯都賺不到吃。你出去，他這樣說。」「到了兩點鐘，下了一場大雨，我說我不出來，後來他還要叫我出來。那我發火了，我衣服一扔，東西一拿，我走了。我走的時候，不是他在幫他們驗稻米嘛，我說那你車子送我出去呀。我自己都來不及，忙死了，他這樣子應我，那我一生氣，我自己走路出來了，出來了接下來吧，他車子開出來到外面送我到車站，他就回來了。好了，從那次出來……」

「那以前呢，早的事情我也不多說了。反正我也是……，兩個（指夫妻倆——引者注）也算好的。那早的時候，他本來是有一點這樣的事情的（指有婚外性關係——引者注）。」「後來，我生了一個兒子，我們倆夫妻也算好起來了。好起來了，那就是我到外面打工，打工，那個女人的丈夫也管不住她的，再不我這個，也是有的，不太那個的（指也有婚外性關係——引者注），那這樣子的事情，那後來他們又開始這樣子了。」

（FHN，胡滌菲訪談）

　　和丈夫結婚後「總是吵來吵去，鬧來鬧去。」「都是沒什麼事情，有時候麼，就是開幾句玩笑。……我一直都認為他脾氣很不好，我都讓他，讓他，什麼事情都讓他，有些時候我忍耐不住，也要跟他吵的，吵了他就是打。」「就是用拳頭，他是很有力氣的，一打眼睛都腫得不得了，頭都腫起得不得了。」「我都沒法說，因為以前是媽媽、姐姐不同意，是我自己硬要和他好的（指結婚——引者注）。」

　　「他在城裡幫人家裝電燈、自來水這些，整天就是不回來。我帶三個孩子，又要料理家事，田裡又要做。我也很愛他，什麼事都忍耐的，都讓他的。我說，你只要錢賺回來就行了。後來，他就整天不回來。」「後來我就很生氣，我想來想去就是想不通，他就一直都不回來，我就總感覺到他外面有女人什麼的，或者就是到外面花（指性消費——引者注）那些姑娘。後來有一次，他就是好幾天，一個禮拜都沒回來，我就把孩子放在家裡，我就出去找。那時，孩子才七、八個月，我去找，他真的就是沒有在打工。我就是聽一個同學跟我講，她說：經常看你老公把一些姑娘用自行車帶來帶去。有一天晚上我就看見他在街上和一個女的一起逛。」

　　「就這樣，打打罵罵，打打罵罵過來了，孩子已經8歲了。8歲的時候，我就去打工，到甘肅省那邊，到蘭州那邊去打工。」「後來，半年不到又回到家了，生了第二個孩子。」「後來這個孩子2歲時，打了我一次，不得了。」「我節育不是要去結紮的？結紮掉，回來一個禮拜，他說我刀疤已經好了，叫我幹活。我說我不會幹。那時，正是十月割稻的時候，很忙的，我說，孩子麼，才十個月，走來走去，你說多麻煩；這裡刀疤還在痛。我說一個孩子都夠我累的，還要叫我幹活，我說我吃不消，他就整天罵，說一個禮拜應該好了，別人都已

經好了，你怎麼沒好，你肯定很懶，意思是我偷懶。後來，我背著孩子逃到我媽媽家裡去，我就是想在這個月把身體養好一點，是不是？等了一個月，我就回來了，回來了，我在房間裡收拾東西，我看家裡那麼多髒衣服，都堆在床上，我就拿去洗，我放下我的孩子在房間裡，他在外面闖進來就打，就把我這只眼睛打得腫得不得了。那時候孩子才十個月多，我想我就走了。」

「後來想想沒辦法，還是回去了。回去以後我就好好地幹，也不理他，就好好地幹，把豬什麼的養起來，把家裡田種起來，一直幹得好好的。後來有一天，就是有幾個婦女找我去打了一下麻將，他就不得了了。追出來，用扁擔，那麼長長的大棍子，追到另一個村莊來打我，我覺得面子都給他丟光了。我說都快40歲的人了，給你這麼打，像打孩子一樣，後來我就走了。」「一分錢也沒有，連一件衣服也沒帶。」「十五里路，我就這樣子走到麗水，走到麗水天就黑了，那時是傍晚打的架，到麗水天黑了。我姐姐也在麗水的，她問我什麼事情，我也沒說，我就是在她家裡住了一夜，我也好像不想跟他們說些什麼，後來就去打工，打工麼，打來打去也賺不到錢。後來就跟那些賣淫的人認識了。她們說，你和你老公感情也破裂了，老公待你這麼不好，你一個女人家也賺不到什麼大錢；說這個錢又來得容易。我想想也是，他媽的，丈夫這麼壞，沒良心，我這麼真心真意對他，他就這樣子。是不是？好像是有報復心理，反正是也沒想到賣淫能得多少錢，我就是想報復男人的心思，就是這樣走上犯罪道路的。」

（LWY，王金玲訪談）

「祖父祖母在我出世不久即做主把我許配給了姑媽家長子阿烏表

哥，訂了『娃娃親』。由於姑父是縣煤建公司的職工，所以他出資供我和表哥上了學，希望我倆日後都能成為在城裡工作的幹部。姑媽家與我家同屬一個鎮，但分居在相距百里外的兩個村，表哥和我自幼除同在一所學校學習外（我們鄉只是一所小學），逢節慶、祭祀等都常在一塊兒玩。我一心喜歡他，盼望早日與他成婚。1985年表哥初中畢業時，正逢姑夫退休，所以他頂班到煤礦工作去了。1986年，我順利升入區中心校高中部，成為全鄉有史以來第一位女高中生，親友和鄉親們都希望我能成為全鄉第一位透過升學到機關工作的女子。正當所有的鄉親、親友都為我祝賀、高興時，表哥一人卻根本待在廠裡不回家看看，以後我越來越覺得他對我非常冷淡。終於有一天（在我讀高二下冊時），他托我的同班同學木乃捎來一些複習大綱和參考書等給我。當我打開一看，條子上的字立即映入眼簾：你好好地複習吧，倘若能考上一所學校，我倆即可成婚，考不上的話，就讓長輩為我們解除婚約吧。我可不願像父親一樣拖著一群農村的老婆孩子過日子。反正你人長得漂亮，又有文化，在哪兒打工也會找到出路的。看信後我很生氣，星期五下午一放學即匆匆趕回家中告訴爸媽，誰知道他們竟回答我：你表哥不是現在才提出這事的，去年他一去頂班工作，就給我們雙方大人丟下這句話，只是我們沒有告訴你罷了。聽後我又氣又急，偷偷地在被窩裡哭了一夜。」「臨近高中畢業的幾個月時間，我因婚事問題茶不思飯不想，上課也直走神，加之鄉親和家人寄予的希望壓力太大，我總是六神無主，最終沒考上一所學校而回鄉務農。這一年的11月份，表哥利用回家過彝年的時間，聘請雙方家族頭人解除了我與他的婚約。」帶著滿腹心酸，我開始了村姑的生活，並於1989年秋收後，做起了小買賣。那年春節，表哥因煤窯坍方壓斷了腰椎

骨，打這以後，長輩們就為表哥的未來商議各種辦法。有一天，姑媽來到了我家，和爸媽一起，「三位老人鄭重其事地對我講：你表哥的情況你也知道，我們努力了許久也找不到合適的姑娘，希望的人家不願意，願意的都是些有了三、四個孩子的寡婦。這不僅幫不了你表哥，反而會添亂。你現在畢業在家，農活幹不了，又還沒個婆家，倒不如名義上嫁給你表哥，再和表弟生兩個孩子與表哥組成家庭去吃公糧為好。大家都是自己人，父母和姑媽家一輩子都不會虧待你的……」聽到這些，我怒火沖天，當即大叫：我不，我不，便跑出家門。這一夜我沒回家，在屋後核桃樹下坐著想了許多，我內心很喜歡表哥的，可命運怎麼就非要到了這麼悲慘的地步才來安排我們的結合，這不太殘忍了嗎？第二天，我回家時三位老人還在苦苦求我救救表哥，「我一句話也沒說，只帶上做生意賺的二千五百元錢，扔下新進的貨」離家出走去了縣城。這次我不打算去進貨做生意，我想跟認識的一些盲流人員去長住西昌了。1991年11月，我跟越西盲流人員WUZIMO等五人到了西昌，由於始終找不到合適的工作，在手中的錢所剩無幾時，「眼看著WUZIMO她們幾個的錢包一天天鼓起來，穿著打扮也好轉，我動心了。12月底的一天晚飯後，我在她們的動員下，決心跟她們一塊兒『出勤』了。」

（QMNW，馬林英訪談）

「從第三個男人（指第三個戀人──引者注）起，開始真正把我這個人改變掉了，把什麼都看得無所謂了。但我沒有責備這些男人，而只是覺得自己對他們這麼好，他們怎麼一點都不知道，而且還假情假意的，沒有一個男人是好的，我為什麼要為他們著想呢？從這以後，我就學會了騙別人。」

（DLL，高雪玉訪談）

在歌舞廳裡，「剛開始都是陪唱歌跳舞，後來麼，有一次我（男）朋友跟我說，他說，『哎喲』——好像是向我訴苦，『這麼多朋友』，他說，『你賺的錢也不多，讓我怎麼辦』，他說。讓我覺得他好可憐來，就這種感覺。那我想我既然已經和他在一起了，已經是他的人了，他不計較我不是處女，那時候，是不是？那我想我應該付出，為他付出一點。那我就跟他說，你反正有什麼困難，經濟上的，哪怕去坐臺，不要說坐臺，就是好像去做這種事（指「出臺」：性服務——引者注），我也會去做的。那他馬上就應上來了，他說，哎呀，『前段時間有個老闆』，他說，『是剛認識的』。因為社會上這些男人都是好像找老闆，那時候差不多都是這樣的，都是找個老闆，找個靠山，在他公司裡，或者怎麼樣，幫他收收錢。『那這個老闆』，他說『蠻大方的』，他說，『要不，我給你介紹一下』，就這樣的。」「那我當時也沒怎麼想，我想，哎呀，他給我介紹，那我就去吧。為愛付出一點也無所謂的。」「那我心就軟，我這個人就心軟，我想我付出還是不付出？我覺得我當時腦子裡是想過的，之後，反正就是，最後結果是我付出。」

（快快[11]，王金玲訪談）

2. 家庭撫養教育孩子的功能大多有較大缺陷，有的家庭極不利孩子生活與成長，有的人甚至從小就是無家可歸的流浪兒。

---

11 我們答應敘述者不以真名發表訪談資料。故此間姓名均用編號，但該敘述者希望我們能用她的別名發表她的訪談資料，她說，她想讓別的女孩子吸取她的教訓，不要上男人的當。從尊重當事人意願出發，我們在此書中署上她的別名。

　　我沒有把我的理想告訴過父母，「他們文化程度低，我媽沒讀過書，我爸只有小學三年級，所以，我覺得小時候他們一點都不瞭解我。所以，我對人生前途不怎麼有好的希望。」

（JXH，汪俊昌訪談）

　　爸爸媽媽「對我很嚴，好像我對我家裡有一種逆反心理：你對我越管得嚴，我就越不聽話。爸爸媽媽很囉嗦的。我覺得，很煩的，我覺得我長大了，要有屬於自己的天空，要到外面去。但我爸爸媽媽……他們也沒有什麼文化，自從我念初中以後，我就開始溜冰場、錄影廳、舞廳進進出出。家裡知道了，肯定要嘮嘮叨叨的，當時我總覺得家裡人太囉嗦，那時候，畢竟年紀小，我也就沒聽進去。爸爸媽媽好像漸漸也沒有心思來管我了。他們要管他們自己的生意，還要維持自己的生活，兩個哥哥都不在家，就很忙嘛，也很少管我。後來，我就離家出走了嘛，一直到我被抓為止。」

（WTF，王金玲訪談）

　　「我親生父母是下鄉插隊到我們這邊的。然後就是我上面有一個哥哥嘛，後來到了返城的時候，我六個月，那他們沒辦法帶我回去，上面有一個哥哥。」「因為計畫生育開始了嘛，那時候，他們要帶我走的話，我在城裡沒有戶口的，只能安排我哥哥，就把我托給我的養父養母。那我養父養母是農民，沒有文化的，我媽媽。」「我這輩子不可能去承認他們（指其親生父母——引者注）是我的父母。」「因為覺得，我小時候的事情，太那個。在我養父養母家裡，我養父母對我是很好的。但是我的嫂子，她們認為我，怎麼說呢，好像我是別人

的，好像我是多餘的，就是在讀初中的時候嘛，趁我父母不在家的時候，我嫂子把我趕出家嘛，從學校把我趕出家嘛。然後我就在社會上了，從16歲開始。」「就是家裡情況不太好嘛，因為我養母年輕的時候，前一個丈夫，她離過婚的，前一個丈夫待她不好的，經常打她的，那她是經常會精神上，就是受過刺激。那就是好像治她的病治了很多錢的，家裡好像這樣子越來越困難了。那我嫂子就是不肯給我讀書，但我就是要讀，我養父也要讓我讀。在我初中的時候，我嫂子就是好像很反對我讀書，那我就從學校裡出來了。」「我是在學校裡沒有直接回家，因為我養父養母都不家，」「去看病了。」

（JMM，胡滌菲訪談）

「其實有些事情我也不是很懂，我只知道，在我很小的時候，我都是跟著我爸爸在長大的。我爸爸是在婺劇團裡，做戲（指演戲的演員——引者注）的」，「我爺爺和奶奶在我們武義縣是有點名氣的小生和花旦。」「我媽媽在家裡做做生意，賣賣水果這些的。沒有跟我爸在一起，那是因為我媽有了另外一個男人。」「我媽叫我爸一起陪她去進貨，就是進些水果什麼的，我們那邊有一個水果市場，就是在山上嘛，就是果園裡面。那就這樣子……把他騙出去以後就殺掉了。」那一年，「我7歲，弟弟3歲，1983年。」「我媽本來是被判無期徒刑的」，後來爸爸家的人認為不公平，就做了工作，被判了死刑，爸媽死後，我住在爺爺奶奶家。「那以後嘛，其實我叔叔他，我也不知道他抱什麼心理，反正對我們很壞。」「我受不了他這樣子打我，因為他不是像這樣子輕輕地打打，他是拿鐵棍啊、掃帚啊、棍子啊，這樣子打。打了以後，把我這樣子吊在空中的，我哪裡受得

了。」「我就逃出來了嘛」，「帶著我弟弟。」「就要飯，在武義的縣裡。」晚上，「我們睡在橋洞裡。」「以前我外公啊，也對我蠻好的，像那次嘛我媽媽死以後，也沒幾天嘛，我叔叔打我，我從家裡逃出來，沒地方去，我就跑到我外公家裡去。」「我外婆對我還是很好的，她叫我去吃飯什麼的，我外公就把碗搶過去，把它摔破，他說叫我滾出去，不要給這種人吃，怎麼怎麼。我就一直等到我外公死了，我都沒回去過。」

（WHY，高雪玉訪談）

3. 來自農村者大多數家境貧困，來自城鎮者大多數有翹課或退學的經歷。

「我在家養養豬，丈夫到外面打打工，這就樣子過日子。好的時候，五、六千塊錢一年，差的時候，三、四千塊錢一年。山區太窮了。」「我丈夫去年7月18日早上被大水沖走的，到23日才找到屍首，花了很多錢，有一萬多塊。我本身家裡很窮，沒有錢的，兒子上學又要錢。9月份到寧波賣淫，掙點錢。開始我到寧波保姆介紹所等活，過了一個星期也沒人看上我，找不到工作，慢慢打聽到寧波有一個地方可以租房子，可以做這種事情。這樣我就自己找去了，實在沒有辦法了。」

（SXY，汪俊昌訪談）

「第一次結婚後情況不好。老公因為勞動中用力過度，內出血去世了。第二次結婚後，我老公是開車的，有一次載學生出車，出車禍

去世,賠了很多錢,家裡就困難了。」「第二個老公以前是開拖拉機的,賺不到錢,以後借了六萬塊錢,買了一個麵包車,但後來出車禍了,賠了十幾萬塊錢,還搭上老公一條命。」

（LAN,汪俊昌訪談）

「我10歲的時候,我父母親生了一個小孩,是弟弟,是超生的。那時候,像我們在安徽,要罰款的,我父母親的生意停下來了,一兩年內坐吃山空,沒錢了。我父母親沒什麼經濟頭腦,沒靈活頭腦,就這樣子。他們經過一個人介紹,就到醫院賣血,」養活家庭。「那時候罰了三千多塊錢,而且我們家裡的那個地攤,也不讓我們開了。相比之下,84年（指1984年——引者注）的時候,罰的已經算是很高了。」營業執照也吊銷了,「所以說,我父母親一直在家裡,坐吃山空了。」

（LX,汪俊昌訪談）

「我媽媽老是生病,我爸爸,喜歡賭賭啦,整天家裡不管的。我哥哥讀書也沒有錢,這樣的,我到外面打工去了。」「打工工資一般是六、七百塊（指月收入——引者注）,到後來時間長一點,加班費、獎金嘍一千多塊錢也是有的。到後來,很多次,家裡老是寫信,向我討錢一樣的,我哥哥也向我討錢一樣的。我真的好像……後來他們都向我要錢,我到哪裡要錢去。我媽媽身體這樣,一年四季要吃藥的,我後來麼,想想,嘖,跟認識的一幫人麼,認識的也是,在廣州,火車站炒火車票的,炒那種假火車票,那時候沒辦法,他們去炒麼,有的錢賺的,我們也去炒了。」

（DXY,王金玲訪談）

　　高一沒上幾個月就不去讀了，爸爸媽媽「開始是不同意的，因為畢竟家裡面書香門第出身的，總是都有知識的，總想自己孩子，好像有點文化知識的，也算是。不讀之後，反正也是無所謂。家裡面說說，管他們說，一個耳朵進，一個耳朵出的。」「就到後面，他們自己也厭煩死了，也不來煩我了。」

（快快，王金玲訪談）

　　「當時我一個同學身體不太好，經常要犯頭疼病，她經常請病假的，她一般都有病假條的，當時我就跟她一起翹課，我跟她非常要好，她不去讀書的話，我也不去讀書。」「後來讀到高二上半學期，也不是無緣無故的，後來有一天突然我就不想去了。一開始，我就騙我爸爸媽媽，我身體不是很好，頭痛什麼的，就請了一天病假，後來第二天叫我去，我就不去了。他們勸了我一個星期，我死活也不去。」「我是94年10月份（指1994年10月份──引者注）退的學，11月份就到黑天鵝夜總會上班了，在卡拉OK做服務員。」

（PLL，高雪玉訪談）

　　「我讀書讀到初一」，「後來就是朋友一塊玩玩的，這樣走來走去走到社會上來了。開始麼，舞跳跳，麻將搓搓，老K（指撲克牌──引者注）打打，就這樣，慢慢地，慢慢地不讀書了。」爸爸媽媽「那當然管我的，不過怎麼說呢，我媽媽每次為了我哭了，哭了，就是要我乖一點。畢竟我家裡條件也是可以的，不很差的，那每次我麼晚上到十一、十二點鐘回來，有時甚至還不回家。那我媽媽他們都哭了，都來找我，找我找到了麼，一定要我回家。那我回家那肯定還

是回的。但是怎麼說呢？他們老師也真是來找我，來我家裡找我，說畢竟我年紀輕，不懂事，說好像會原諒我的，叫我重新去讀書。但我好像一走出學校，我就不願再踏進去了。」

（XJ，王金玲訪談）

4. 包括工作環境在內的社會環境，對她們的行為選擇有較大的
　　不良影響。

「當時我在廠裡上班的時候，社會上流氓，就是我們廠裡有一個女的嘛，也是從事我們這樣的職業（指從事性服務──引者注）的。當時剛好有一個男的當時到我們廠裡來玩。那時候我還沒踏上社會（指還沒有混跡社會──引者注），他天天纏著我，那時候畢竟處事不深，我父母親也沒多大能耐，當時我好像很自覺地想躲避一下，然後就出來了。出於這個目的就出來了。」

（LX，汪俊昌訪談）

「我跟男朋友分手後，有人勸我，找男朋友要找有經濟基礎的，你知道，路橋（指其所在的浙江省台州市路橋鎮──引者注）經濟是比較發達的，都是做生意的。那些人認為我以前跟男朋友在一起付出了感情，卻沒有得到什麼，不如找一個情人，積累點錢，對以後有好處。這對我生活的轉變有一些影響，我以前是很純的，路橋那邊的人素質都不怎麼高，都是生意場上的人，我腦子就漸漸地轉變了。」

（LM，B，汪俊昌訪談）

「剛離開涼山出去創業，我什麼都靠這三個老闆養著，那時，我們除了在海南，還在其他沿海地帶活動經商，無論服裝、家電、走私汽車，什麼見利就做什麼。慢慢地我不僅有了自己的資金。三位元鉛老闆（指做金屬生意的老闆——引者注）每做一筆生意，都由我去充任三陪小姐，把對方拿下與他們簽約、合夥，我竟然做得也很成功。我知道這些老闆大都看上我的姿色、性情，當然，我也免不了對雙方都要施出女人的招術，除了使雙方合作成功，更主要的是我自己也從這一筆生意中得到回扣，而且也熟悉了行情，在他們三人發財獨自經營的時候，我也獨闖蹊徑了。一個女人在開放的花花世界生活是很難做到出汙泥而不染的，況且我也需要一定的關係和勢力。」

（MSSQ，馬林英訪談）

為什麼高一讀了幾個月就退學？「很多原因，有朋友呀，還有周圍那種環境，還有自己嘛，想想讀書也沒意思，因為那時候接受別人的教育，好像是壞思想，就是不要讀書，只要賺錢就行了。」上班也不高興上，「每天就是，那時候經常跟我接觸的那個女的原來是我的同學，也是不要讀書的嘛，就在我家對門的，她每天帶我卡拉OK啊，幹什麼的，一大幫男男女女，這樣進進出出的。」「後來，根本就不想上班了。」

（快快，王金玲訪談）

在美容廳裡做，「老闆曾經向我們提出賣淫的要求，當時我不想，但我的小姐妹（指年齡相仿、關係很好的女性朋友—引者注）是做了。」

（JXH，汪俊昌訪談）

「在那飯店裡，那時工資是五百，五百塊一個月。那先頭的時候（指開始的時候——引者注），我又不知道，他們飯店裡是怎樣的，規矩怎麼樣。那裡有一個服務員是這樣的，而且我看他們到樓上去幹嘛，我又不知道的，真的一點都不知道的。那後來，老闆就又給我介紹，那個男的怎麼樣的。」「我想想，那時候，錢嘛也沒有了，身上一點錢都沒有了。那時我想想，反正我在外面混了這麼長時間了，好像也無所謂，我說，老闆介紹就介紹了。」第一次，就從那個飯店開始的。「我們那邊不是有一個服務員，安徽的，那我看她們錢都這麼多，都很大方的，而且買衣服呀，怎麼樣，她們怎麼這麼多錢？」「一開始是不知道的嘛，後來那個小姐妹跟我要好了嘛，她說HLJ，我們是幹那種事的，所以錢很多的。」「那我想想，我也沒錢，我也這樣掙錢好了。」

（HLJ，胡滌菲訪談）

5. 有被性侵害經歷者的人數超過正常女性人群的比例，有的還多次遭亂倫強姦。

「那時是9歲時，我父親地攤邊有一個熟悉的男的。不過，我覺得自己還是蠻早熟的，那時，他買東西給我吃，帶我出去玩，雖然當時我生活條件不錯，但因為年齡小，容易被人騙，就這樣，久而久之……現在看來，我們之間沒有真正的性交，當時只是玩了玩，像小孩做戲一樣的。這事我記得很牢的。」

（LX，汪俊昌訪談）

　　「我14歲的時候被別人強姦過的，也是社會上那幫人。為了這個事，鬧得蠻大的，雖然他們去坐牢，但是我還是受到很大影響。」那是才讀初三的時候，我家住得遠，「那時候晚自修都是很晚的」「9點鐘以後，我又不會騎自行車。」「他們肯定是好幾次看到我，我是每天從稍偏近一點的小路走的。」那幫男的「不認識的，就是社會上的流氓」「一共四個人」「是一個強姦我的，另外兩個人幫他把我位住，因為一個人強姦我一個人也有可能強姦不了的，當時我跟他們打的，我也是很瘋的一個人，我是拿石頭跟他們打的，其中有一個人還被我打破了頭。另外一個就是站在旁邊，也沒有阻止，也沒有動，到了最後他把我拉起來，幫我把衣服穿好，他就走掉了。」被強姦後，我「先是跑到學校，我沒有回家，我一夜都沒回家。」後來「我一個星期都沒去上學」，這是畢業班，我原來就在衢一中的初中讀，志願也是讀衢州一中高中的，這是衢州市重點中學，「從小學一年級開始，我雖然比較調皮，但是考試絕大多數都是年級第一名。」但因為這件事，我沒考取衢州一中，去讀了職高。

（CL，高雪玉訪談）

　　「去溜冰廳，後來我認識了一個男孩子（指年輕的男性朋友——引者注），他帶我溜冰廳，後來帶我溜冰廳，就是一直這樣子帶我溜冰廳。後來溜冰溜好，他不是摩托車帶我去玩？那後來我就把我的拖鞋也扔在那裡，反正就自己去玩了。其實，那個男的真的也夠壞的，我根本不知道，剛出去根本不知道那些人那麼壞的。我就跟著他一起玩，然後他摩托車把我帶到他家裡去了。他家裡正好爸爸媽媽都不在麼，後來他真的很壞很壞的，硬要我在床上，好像，怎麼說呢，要強

姦我一樣的。我不同意，我不同意，他不是用手悶牢我，好像要悶死我一樣的？那我那時只有18歲，我不是很害怕的？後來真的沒辦法，就是這樣給他睡了之後，怎麼說呢？那個時候我畢竟這個事（指性服務──引者注）不做的，是坐臺的。反正我血也來了，就是好像處女膜被他戳破了以後，血也來了。我不是哭了嘛，他叫我別哭，好像怎麼樣怎麼樣。」

（XJ，王金玲訪談）

「我9歲那一年，也是這個時候，9月份。那時候嘛，反正那天我奶奶嘛，她都有一個習慣的，自從我爸爸死了以後，她每天晚上都要酒喝得有點醉醺醺的才睡覺這樣子的。」「我叔叔把我抱進去，我都不知道的。」「我那時已經睡著了嘛。」「我叔叔剛好20歲。」「等我醒來的時候，他已經在我上面了。」「我不懂，我只知道很痛。」「那自從我叔叔老是這樣子強姦我以後嘛，幾次了嘛，我奶奶就把我轉到永康去讀，」「我奶奶的妹妹家。」「把我送到姨婆家，住在我姑娘（指姑媽──引者注）的老公家，就是我表姑丈。我在他家也沒有念幾個月，他也強姦了我。」「我姨婆的兒子，他也把我強姦了。一個是姨婆的女婿，一個是姨婆的兒子。我在那裡的派出所也去告過。」後來，「我又回到了武義，我大叔那時就跟我說，他說，如果你不想讓我打你弟弟的話嘛，如果你不想讓你弟弟受苦的話嘛，你就是陪我睡覺。」那時，我12歲，只要我在家，就要陪他睡覺。「從12歲，一直到16歲下半年。」

（WHY，高雪玉訪談）

　　13歲小學畢業，「我就到姑姑家裡去幹活」被姑丈的弟弟強姦了。這件事我沒有說，「一個是不懂事，一個也不好說。那時候我還沒來月經，我15歲才來月經的。」他經常強姦我，「有時候我跟表妹睡的，他也來叫我。」我不敢告訴姑姑，「他跟我說的嘛，如果我敢告訴別人，他就要來打我的，要我小心一點。」我有了男朋友後，他還來強姦我。

（HHM，高雪玉訪談）

第二節　原因與目的

　　有關商業性性服務婦女的調查問卷，幾乎都涉及原因和／或目的[12]的問題。但在訪談中我們發現，答卷者所回答的原因／目的實際上是從事這一活動的第一次或主要的原因／目的。事實上，只要入了這一「行當」，尤其是調查者得以以問卷的形式進行調查的商業性性服務婦女，每人都是一而再，再而三地「活動」。其第一次從事活動的原因和／或目的有的可能一直都是原因和／或目的，即均出自同一原因和／或為了同一目的；而就絕大多數人而言，第一次以後的原因和／或目的和第一次的原因和／或目的是不盡相同的——有的甚至每次均出自不同的原因和／或為了不同的目的，即行為者的行為原因和／或目的具有過程性和變化性的特徵。不同的原因和／或目的反映了

---

12 對於商業性性服務婦女自己回答的原因或目的，許多人持懷疑甚至否定態度，認為這也許只是／就是她們尋找一個掩飾自己、推脫責任的理由。但我認為，即使這只是掩飾或推脫，一旦能實現自我說服，那也就可以被視為原因或目的。

行為者所處環境、生存狀況、價值觀念、心理等的變化。這也許是更應引起我們注意的。[13]

　　商業性性服務婦女從事商業性性服務的原因和／或目的的第一個特徵：過程性和變化性，可以下述QLX的敘述為例。

　　「後來，是我丈夫的弟弟打的主意。他家裡很窮，沒房子，四兄弟兩間房子，樓板都沒打（指「鋪」──引者注），很差的。他說，大嫂這麼漂亮，為什麼不可以叫她去賣淫。那時我懂也不懂什麼賣淫。後來就說，把男人帶到家裡來，沒有關係的。我說，那我不肯的，我不願意做這樣的事。他說沒關係的，我說我不要做。」「後來，我丈夫的弟弟把房子賣給我們，要八百塊錢，我媽媽寄了兩百塊錢給我，後來加上我賣豬的錢，一共還差一百塊錢。那天晚上，以前有個開小店的男的，叫周某某（譯音──引者注），他說你今天晚上……好像說叫我去一樣的。我丈夫就把我送去了。」「沒辦法，為了家麼，也去了。那天晚上，我就跟他發生了一次關係。」「後來錢拿回來，就給了我丈夫的弟弟」「一百塊錢。」

　　「有個開飯店的，現在他跟他老婆離婚了，又討了個小的（指又娶了個年紀輕的──引者注）。他很喜歡我，叫我嫁給他。我說不可能了，我已經有了孩子，他說，那我們做個朋友嘛。後來，他就叫我到他那兒去，跟他有關係，他也錢給我。這我丈夫也知道，他到我家

13 許多調查已注意到原因／目的的多樣性，在問卷中設計了原因或目的的多項回答。但實際上，這大多仍是第一次或主要的原因或目的。一旦從事商業性性服務，極少僅從事一次的。而被調查者中，首次從事性服務者也極少。因此，據此對行為者行為原因或目的的描述與分析仍是大有欠缺的。

也來過。」「他說錢你還是拿去好，買點衣服啊也可以，還有個孩子這麼大了，你不要跟你老公離婚。你老公對你蠻好的，雖然人不好看，不過還是可以的，他都這樣勸我的。」「有時候麼，給我一百塊，有時我說家裡困難，一次兩百、三百的也給我。」

「那我就到黃岩車站等他（指性消費者——引者注），他就過來了，他那時帶了一千塊錢過來，他說，什麼事？我說，我想回四川，沒有錢，你能不能借給錢？他說那好的，我講，哎呀，那我回家帶兒子，兒子才四個月，他說你回去肯定走不出來，他就沒給我回去。我說兒子才四個月，怎麼辦啊？他說沒關係，他們會吃奶粉大的。那時，我身上月經還有點，他就把我帶到臨海，跟他開了個旅館，發生了兩次關係。」「我跟爸爸媽媽說，他很好的，他是供銷科長，我願意嫁給他，那時我什麼也不懂，很單純，真的。」

「回來（指回到娘家——引者注）以後，我叔伯姐妹給我介紹一個男的，工程師，是大學生，叫我跟他做姘頭，做情人一樣的。他就在她家租了一個房子。」「這樣，我就跟他認識了，跟他有關係，他經常給我錢、買衣服。」

「後來認識一個男的，很漂亮。」「人家給我介紹的，他給我一百塊、二百塊，很大方，後來我經常去，把他帶到我家裡來。」「他自己辦了一個廠，後來廠也不辦了，就跟我鬼混，活也不幹了。後來，我在外面做這事（指性服務——引者注）養他。」「我們兩個住在旅館裡，他每天吃煙，住旅館，錢都是我付的。」

「後來我兒子要買自行車，那時我一個人，我說我等幾天再回來，人家介紹我到Xin Qiao，Xin Fu旅館裡，在溫嶺那邊。那一天就賺了七百塊錢。」「第二天賺了四百多，一共有一千多，我帶回來給

兒子買了兩輛自行車，七百多，給丈夫弟弟的妹妹孩子滿1歲，買了兩套衣服一百多，自己買了一套衣服，錢就又用光了。」

我丈夫「給我介紹了一個男的，50多歲，那次，我家電視機壞了，沒有電視看，我兒子很愛看電視劇的。兩個兒子都跑到人家家裡去看，人家擺臉色給他看，老太婆說，我們要睡覺了，你們回去吧。我兒子說，媽媽，我好想有部電視機。那次，那個老頭子50歲了，家裡開店的，很有錢，幾千塊錢放在口袋裡，眼饞我。他跟我老公說，華春（音譯），你老婆我很想她，多少錢我沒關係。我老公說，我兒子很想看電視，沒錢，那我說，如果你叫他來，拿五百塊錢來一次。」

「第一次到他（指另一性消費者——引者注）家去，給了我一百塊錢，給我買了衣服。他問我還來不來，我說會再到他家去。後來，我騙他要回到四川去，他又給我五百。」「那時，只是騙點花花。」

「後來，兒子寫信來，我兒子說，我去年手被打斷，醫了幾千塊錢，我是借來的，我為了兒子就瞞著我朋友（指同居的男友——引者注），說出去幾天，想出去賺這筆錢給我兒子還債」，「我就出去幹這些事（指性服務——引者注）了。」

（QLX，王金玲訪談）

作為一個典型例子，以上是一位從1980年代末開始從事商業性性服務，至1990年代末已被抓獲勞教三次的婦女，口述她幾次從事商業性性服務的原因或目的。從這些不同的原因或目的中，我們不難看出她及其家庭生活的變化和她心理的變化，以及這些變化造成她從事性服務的原因和目的的多樣性。這些變化和多樣性在一般的問卷調查中

是難以發現的，而恰恰對於行為者的行為選擇具有關鍵性的作用。

商業性性服務婦女從事商業性性服務的原因和／或目的的第二個特徵是綜合性：包括在整個經歷中的原因和／或目的的綜合性，在某一階段中的綜合性，某一具體行動中的綜合性，以及整體的原因和／或目的的綜合性，並且，這指的是行為者個體原因和／或目的的綜合性，而不是整個群體行為原因和／或目的的綜合性，因為就整個群體而言，行為選擇原因和／或目的的複雜與多樣是不言而喻。

> 「賣淫前，我老公在的時候，生活總還過得去的。現在做這一行就是為了賺錢，家裡要蓋房子，兒子要讀書，我這麼大年齡了，也不想再去找第二個老公，自己只想賺點錢，一為兒子讀書，二為以後養老。」
>
> （SXY，汪俊昌訪談）

> 「本來想找一個朋友當老公，但找不好，家裡孩子也反對，說我已找了兩個老公，再找一個不好聽，但我想要有個朋友。」女兒「93年（指1993年——引者注）開始在杭州大學讀大專班，96年（指1996年——引者注）畢業的，當時我女兒找工作要花錢，兒子被流氓打傷了，都需要錢。」「不到一年，只掙到幾千塊錢，主要是想掙錢為女兒找工作。」「那個男的說，我比你年輕，只有30歲，沒有老婆，只要我們談得來，掙點錢後一起辦個養豬場，可我們沒有本錢。」「那個男的也是鄉下的，在溫州打工，家裡有三兄弟，很窮的。30歲了還沒有成家，他想自己打工掙點錢，讓我也想辦法掙點錢，湊夠辦養豬場的本錢。我瞞著他賣淫，偷偷地想辦法掙點錢。」
>
> （LAN，汪俊昌訪談）

「害怕過以後，我就是說我不去做這個了。」「到後來還是禁不起金錢的誘惑，」「還是自己沒錢用，口袋裡，」找一個正當的工作？「找了嘛，不是工資低，就是要我身分證押在那裡，當時我沒有身分證。」

（JMC，胡滌菲訪談）

「剛離婚的那段時間，日子很難打發，除了社會的輿論、經濟的拮据，還有精神上的無助及情感上的空虛，這一切都使我非常壓抑，我跟男人上床開始收費了，並且以此來解決女兒在西昌讀書昂貴的學費。」

（JRAY，馬林英訪談）

除了錢以外，「透過他們（指性服務消費者——引者注）找到一個好的男朋友，我也沒這個想法，就是想自己提高一點，找一個自己能合適的工作，或者怎麼樣，透過他們找一個好的工作。」

（HYB，王金玲訪談）

「那個男的就好像提出這個要求（指性服務——引者注），提出那個要求嘛。開始我是不同意，後來不是經常聽我小姐妹說這樣賺錢很容易，又好像不用付出什麼的，那我就跟他那個（指性服務——引者注）了。」「就是好像第一次做事嘛，又有錢拿，又好出去（指出去玩——引者注），每天玩得很開心，就好像跟他們一起，他們拉著我出去玩嘛，就跟著他們一起。」

（PLL，胡滌菲訪談）

「後來這個女的（指仲介人——引者注）給了我錢之後，我就覺得這個錢來得挺容易的，這樣跟他們喝喝酒，這個男的又蠻好看的，還付給我錢，我感到蠻容易的。後來又有了一次。」

（HXZ，胡滌菲訪談）

當然，也有的是原因和／或目的較單一，或者主要原因和／或目的是十分顯著的。其中所占比例最大的是經濟原因／目的。而經濟原因／目的從程度上分，可以分為絕對貧困的——為了「脫貧」，相對貧困的——為了「致富」，不貧困的——為了「得大富」或「奔大康」這三類；而從對象分，可以分為：為家庭，為戀人／情人，為自己這三類。由此，形成商業性性服務婦女從事商業性性服務原因的第三大特徵：多層次性和多指向性。

「打工，我覺得錢太少了。我家裡長期這樣的，長期欠錢的，不是我一萬五拿回去，放在那裡，我爸爸拿去存的？」「像我在家裡，以前，我媽媽看病都是借的錢，也要還的。後來，我媽媽又住院開刀，我媽媽病反正是這裡好了，那裡又得病。所以說這樣子，我想想，到外面去。他們今天一封信是家裡不好，明天一封信又是家裡不好。我想想真是氣死了。」「我從小好像就恨我爸爸我媽媽，你們都是喜歡兒子，都討厭我，我說我以後出去不回來，有時候我媽……有時又想想，怎麼說呢？也不是對我不好，畢竟還是媽媽，有時又是可以的。我想想，看看那些沒有媽媽的多可憐啦，我想錢賺回來，給她病看看好嘛。我說，有媽媽，至少以後長大了回去也會熱鬧點的。我這樣想的。」

（DXY，王金玲訪談）

「我那時候想，我賺點錢以後，自己也去開一個店，當老闆娘，自己就可以不要做了。不過看到那些男人，我就不想賺這個錢的，就是覺得太噁心了。但是如果沒有錢了，我還有兩個弟弟，又要付房錢，沒有錢也不行的。」

（WHY，高雪玉訪談）

我男朋友，他朋友的朋友，一家子養在那裡，一個月最起碼要掙五、六萬塊錢，加上自己的開銷，最起碼一個月要掙九萬塊錢。「因為那時候，我想一個月掙十萬塊錢的，我是計算過的。」「我必須天天出臺，」「不斷地去接客，不斷地去陪他們。」

（快快，王金玲訪談）

「我就覺得我一開始爸爸媽媽都很疼我的，現在爸爸找了個老婆也不要我了。那我家嘛也沒有了。那既然這樣，反正我自己掙的我自己……噢，靠自己這樣活下去，我這樣想。」

（WSH，胡滌菲訪談）

此外，敘述者講到的原因／目的還有：報復、自暴自棄、追尋快樂、被逼迫、還債等。而這，即是商業性性服務婦女從事商業性性服務的原因和／或目的的第四大特徵：**複雜性**。

「有一天，他（指戀人──引者注）突然之間不理我了，叫別人來跟我說，我們之間的事情，只不過是玩玩而已，他是為了打消寂寞才跟你在一起的。我聽了，很氣很氣，特別想自殺，覺得離開他我什

麼都沒有了，我的情緒很不好。然後，我慢慢地開始變了。我想這麼好的男人也會變的，外面還有什麼好男人，我就跟他分了手，又去找以前那個男的和他在一起。但我對他沒有什麼好感，現在找他只不過是為了報復男人。」

（DLL，高雪玉訪談）

「她（指女性朋友——引者注）說我們兩個不管怎樣，還是賺這門錢。後來我想想，反正男人不好，我想想也有點對的，這個樣子……後來就……」

（LWY，王金玲訪談）

「開始我是坐臺的嘛，自從這個事，被強姦以後，我就慢慢地走向賣淫，然後就走上賣淫。」「我好像，怎麼說呢，好像青春已經給他弄掉了，反正我原來在這裡做也不下水，就是唱唱歌，跳跳舞這些事。好像就經過一個朋友，就這樣一次弄，我覺得自己的青春也沒有了。反正我書也不讀了，就這樣，我跟那個小姐妹一起做這個事了。」

（XJ，王金玲訪談）

「後來別的男人看我坐在那裡，我當時長得還可以，就又搭來搭去跟我搭話了，我因為有第一次的經驗，我想錢也有，玩也有玩，很開心，回家又要受我丈夫的氣，回娘家也沒味道，還是在外面有味道，就這樣搭一個，搭一個，後來嘛，他們也給我錢。」「他們自己走上來，我也樂意跟他們講講話，很快活的。」

（WPR，汪俊昌訪談）

「開始我不願意，他（指「雞頭」——引者注）找當地人打我們，我們四個人中有兩個年紀小，聽話一點，我和另一個大一些，打得很厲害，打過兩次，逼得我們沒有辦法，欺侮我們人生地不熟，我們女的也打不過男的，我們想走，也走不掉，介紹人把我們賣給當地人後跑了，每人五千塊錢。」

（LM，A，汪俊昌訪談）

「當時我弟弟正巧自費上學，家裡又造了房子，家裡欠了一萬多元債務。那時我也想為父母分擔一點債務。因此，剛到酒家就向老闆借了五百元錢，作為預付工資。拿到錢後就回家了。」後來回來到店裡了，「起先，有客人向老闆提出要我賣淫，我一直不願意。小姐妹雖有過一次，但心裡也不願意，只是為了錢不得不去做。連老闆也想占我便宜，被我拒絕了。老闆一氣之下，立即辭退我們，並要我還錢。」「我很為難，一方面怕老闆去告發。因為我的小姐妹賣淫是違法的，況且老闆又是本地人；另一方面又沒有錢還老闆，左思右想，無奈之中，在老闆和老闆娘不知道的情況下，私下賣了一次淫，希望用掙到的錢還債，然後馬上離開。」

（JXH，汪俊昌訪談）

第三節 身為女人的苦難

更進一步看，當商業性性交易市場始終處於一種「女人用性服務交換男人的錢物，男人以錢物交換女人的性服務」的「女賣男買」態

勢[14]時，更多的女人而不是男人成為商業性性服務者的更本質性的原因就是──女人身為女人的苦難。

女人身為女人的苦難，首先指的是男性主流文化中男女兩性不同的價值定位、行為規範和資源配置對女人的壓抑、束縛和工具化。

男性主流文化對男女兩性不同的價值定位、行為規範和資源配置，包括「男主外、女主內」、「男高女低」、「男強女弱」、「男尊女卑」、「男主女從」、「男優女劣」、「男多女少」等。以此出發，由於家庭內的勞作被認為是不產生經濟效益的，或與家庭外勞相比，經濟效益較低，然後又成為無薪的，甚至被認為會使人愚鈍，[15]家務勞動被低價值化、家務勞動的主要承擔者──婦女也就被低價值化，這是一。

由於被定位為以家庭為主，其價值主要體現在為人母、為人妻、為人媳、為人嫂、為人女等等上，即個體的家庭價值高於其他群體價值，更高於主體價值，女人為了家庭，為了丈夫、孩子、父母、公婆及其他家庭成員犧牲自己的利益，甚至自己的尊嚴直至生命，便是當

---

14 這是一種態勢，而不僅僅是一種現象。因為現象可以是多發的或整體的，也可以是零星的，而態勢則是一種帶有主流和整體意義的局面。就這一領域而言，「女賣男買」始終是占主導性的，是一種態勢，而男賣女買或同性之間的買賣則是始終只是一種零星的現象。

15 如，列寧在 1917 年提出「不吸收婦女參加社會工作、參加民警、參加政治生活，不使婦女從使她們愈來愈愚鈍的家庭圈子和廚房圈子中走出來，那就不能保證真正的自由，不能建成民主，更不必說建成社會主義了。」進而在 1920 年他進一步指出：「讓婦女參加社會生產勞動，使她們不要做『家庭奴隸』，不要把自己僅僅限制在做飯和照料小孩的圈子裡（這會使她們愚鈍和受人鄙視）。這就是主要的任務。（《馬恩列斯論婦女》，人民出版社，1978，第 251 頁、309 頁）作為無產階級革命的導師和無產階級革命、社會主義建設的先行者，列寧的這些觀點在近半個世紀以來對中國大陸的家務勞動的定位，有著極大的指導作用。

然和必須的了，這是二。

由於家務勞動是低價值的，以家務勞動作為主要勞動的女人也是低價值的，就性別價值而言，就當然是女人低於男人和劣於男人。高者和優者的利益高於低者和劣者的利益，高者和優者的權力強於低者和劣者的權力，低者和劣者服從於和服務於高者和優者，必要時做出犧牲也為當然和必須的了，這是三。

由於女人是低者和劣者，進而成為相對於男人——「尊者」——的「卑者」。在中國文化傳統中，尊卑兩者原本有著不同的道德規範、行為準則，在男尊女卑的結構中，兩性間如對女人的「餓死事小，失節事大」、對男人的「天下哪隻貓兒不吃腥」之類的道德雙重標準的建樹和運作也是必然的了，這是四。

由於女人的價值主要體現在家庭中，只有男人才是「高者」、「主者」、「優者」、「強者」、「尊者」、「多者」，婚姻——嫁給男人，就成為女人——在過去幾乎是全體女人，在今天則是大部分女人——改變自己命運的主要甚至唯一的途徑。而一旦婚姻成為改變命運的途徑，夫妻性交往與商業性性服務間的區別也就僅僅是「批發」和「零售」的區別了，這是五。

作為具有整體意義的人的低價值化和作為一個性別群體的低價值化相互作用的後果，是女人被「工具化」——女人成為家庭工具（包括生育工具、家務工具、社交工具等），以及／或者「床上用品」。女人一旦成為「工具」或「床上用品」，被家中丈夫用還是被家外男人用，也就只是使用者的不同罷了，這是六。

由於婚姻被認為是改變自己命運的主要甚至唯一的途徑，女人對婚姻的期望是較高的，投入和經營是盡心盡力的。因此，婚姻中出現

的緊張事件，包括失戀、爭吵、丈夫有外遇、離婚等會對女人的自信心、自尊心等造成致命打擊，使之出現衝動性的越軌行為，這是七。

總之，從這個視角看，可以說在男性中心／主流文化中，社會和家庭一起成為性別不平等的生產和再生產的「工廠」和「消費場所」，性別不平等是一種「公共產品」和「公共消費品」。

對於女人被束縛、壓抑和工具化，甚至不僅只是一種他人的束縛和壓抑——他律，通過社會化、傳媒、教育（各種教育）等多種途徑，它已內化成一種自律——女人自我的束縛和壓抑，直至今天。

如，1990年代初全國婦聯進行的第一次中國婦女地位調查發現，男女被調查者中同意和非常同意「男人以社會為主，女人以家庭為主」的，女性為50.4%，男性為51.8%，同意和非常同意「男性理應負責家庭事務的外部交往」的，女性為47.8%，男性為49.7%；同意和非常同意「女性應避免在社會地位上超過她的丈夫」的，女性為21.5%，男性為20.3%；同意和非常同意「丈夫的成功就是妻子的成功，妻子要全力支持丈夫」的，女性為72.2%，男性為73.4 %。[16] 兩性之間沒有顯著性的差異。

女人身為女人的苦難其次指的是，女人往往處於某種來自男人的暴力陰影中，包括身體暴力、精神暴力和性暴力等多種類型。

如，上述全國婦聯的調查發現，被調查者中夫妻發生衝突時，丈夫先動手打妻子的比例為「經常」占0.9%，「有時」占8.2%，「偶

---

16 中國婦女社會地位調查課題組著，《中國婦女地位概觀》，中國婦女出版社，1993，
　　第316頁。因本書所分析的訪談實錄資料來源來自1998年的訪談，故相關宏觀資料對
　　應使用1990年代的統計資料，下同。

爾」占20.1%，「從不」占71.0%；而妻子先動手打丈夫的比例為「經常」占0.5%，「有時」占4.3%，「偶爾」占15.0%，「從不」占80.1%。妻子顯然更多遭到丈夫的毆打。從我在1995年對浙江省農村家庭的調查[17]看，在有夫妻打罵的家庭中，被調查者認為主要是丈夫打罵妻子的，五十年代占38.5%（25/65），1985年前占38.3%（36/94），近一兩年占36.3%（29/80）；主要是妻子打丈夫的，1950年代為無，1985年前占11.7%（11/94），近一兩年占10%（8/80）；「夫妻之間打來打去的」，1950年代占61.5%（40/65），1985年前占50.0%（47/94），近一兩年占53.8%（43/80）。五十年來，儘管「主要是妻子打丈夫的」有較大增加，但主要是丈夫打妻子的格局並未發生顯著變化——年代間的變化無顯著差異。

1998年，陝西省婦女理論婚姻家庭研究會從西安市某區法院1到6月離婚案卷中隨機抽樣的104份樣本中發現，有54份談到暴力問題，其中丈夫對妻子施暴的占85.0%。在暴力類型上，有腳踩踢打、深夜要妻子外出買酒、靠棍棒維持性生活等多種類型。[18]

我在1990年對浙江省婦教所關押的商業性性服務婦女的整群調查發現，15歲以前遭父兄或其他親戚強姦的為15人，占389份有效回答的3.89%。[19]

---

17 該研究專案名稱為：非農化與浙江農村婦女婚姻家庭生活的變遷，由加拿大 IDRC 專案資助。詳細內容可見〈浙江農村婦女家庭地位及變化的性別比較〉（《浙江學刊》1996年第6期）和〈非農化與農村婦女家庭地位變遷的性別考察——以浙江省為例〉（《浙江社會科學》1997年第2期）兩文。

18 《中國婦女報》，2000年3月10月。

19 王金玲，《誤入歧途的女人——中國大陸賣淫女透視》，江蘇人民出版社，1998，第207頁。

　　暴力不僅存在於家庭之中，亦發生於家庭之外。如，上述我在1989年的調查發現，除家人外，幼時曾遭外人強姦者占5.14%（20/389）；[20] 1998年我們對浙江省婦教所關押的商業性性服務婦女的另一項整群調查顯示，14周歲以前曾遭強姦者為11人，占有效回答的6.6%（11/166）。其中明確寫明強姦者為陌生人的2人，老師的1人，熟人的4人，親戚的2人，其他的2人；被強姦者當時年齡最小為9歲，最大為13歲。此外還有兩位分別自述在15歲和17歲時曾遭強姦。

　　從1996年至1998年三年間，全國公安機關共破獲拐賣人口犯罪案件兩萬餘起，摧毀拐賣人口犯罪團夥8,000餘個，抓獲拐賣人口犯罪分子26,000餘人，解救被拐賣婦女23,000餘名、被拐賣兒童4,260名；[21] 在1999年，全國公安機關共破獲拐賣案件6,898起，查獲1,640個犯罪團夥，解救被拐婦女7,660人、被拐兒童1,814人。[22]

　　中國社會科學院專案組對169名婦女的調查表示，142人曾遭受不同形式的性騷擾，其中107人遭到兩次以上；152人表示，她們知道周圍有其他女子受到性騷擾。在公共場所中的性騷擾問題相對比較嚴重，被訪者中有119人曾在公共場所遭受陌生異性的撫摸，超過70%；在公共場所遭到異性以性事為內容的玩笑、談論、辱罵的有102人，占60%；在工作場所遭到異性同事、領導（上司）以性事為內容的玩笑、談論、辱罵的有81人，占47.9%。1992年開通的北京婦女熱線每年接到有關性騷擾的諮詢電話，約占全年諮詢電話的1%。

---

20 王金玲，《誤入歧途的女人——中國大陸賣淫女透視》，江蘇人民出版社，1998，第207頁。

21 李立楨，〈1999，中國打拐紀實〉，《中國婦女報》，1999 年 11 月 24 日。

22 項丹平，〈買主首次列入嚴打之列〉，《中國婦女報》，2000 年 3 月 21 日。

以1996年為例，50%的性騷擾發生在工作場所。其中，36%來自上級，14%來自同事。受騷擾最多的是30歲以下的未婚女子，其中60%為大專以上的文化程度，主要職業為公務員和職員，三資企業的工作人員約占12%。性騷擾的主要方式為不必要的身體接觸和摩擦，其次是提出性要求。騷擾者往往是利用職權，或以提升、加薪、出國深造相引誘，或以辭退、破壞名譽相威脅，逼迫被騷擾的女子就範。這種暴力行為不僅對婦女的工作和學習帶來很多負面作用，更對被騷擾者的身心造成較大傷害，有的人因此產生自我否定的心理。[23]

女人身為女人的苦難其三指的是，社會資源配置中的男女不平等。其中，已被人們較多論及的有：婦女受學校教育的機會少於男子，就業率低於男子，就業中存在針對婦女的嚴重歧視；行業和職業中存在性別隔離，男子較女子更多從事收入較高、地位較高、福利待遇較好的工作；婦女的政治地位低於男子等。

相關調查顯示，從受學校教育情況看，15歲以上文盲半文盲人口中，1982年男性占30.9%，女性占69.1%；1990年男性占29.9%，女性占70.1%；學齡兒童入學率，1985年男性為98.1%，女性為93.5%，1992年男性為98.1%，女性為96.2%；[24]在校學生人數的比例，小學1990年男性占53.8%，女性占46.2%，1995年男性占52.7%，女性占47.3%；中等學校1990年男性占59.5%，女性占40.5%，1995年男性占54.6%，女性占45.4%；高等學校1990年男性占66.0%，女性占34.0%；高等學校招生人數中，1990年男性占67.2%，女性占32.8%，

---

23 《中國婦女報》，1998 年 3 月 17 日。

24 《中國婦女報》，1994 年 10 月 14 日。

1995年男性占63.4%，女性占36.6%；高等學校畢業生中，1990年男性占67.2%，女性占32.8%，1995年男性占65.4%，女性占34.6%。[25]

從就業狀況看，在業者中，1990年男性占55.0%，女性占45.0%，1995年男性占54.3%，女性占45.7%；城鎮失業青年中，1990年男性占41.9%，女性占58.2%，1995年男性占42.6%，女性占57.4%；不在業者中，1990年男性占36.8%，女性占63.2%，1995年男性占36.5%，女性占63.6%。[26]而從1990年到1995年，城鎮在業人口中女性的比例從43.0%下降為39.0%，農村在業人口中女性的比例則由45.0%上升到46.0%。在城鎮16-24歲、25-44歲的在業人口中，女性的比例增加，在35-44歲在業人口中，女性的比例由45.0%降至36.0%。[27]

從從業狀況看，在1995年，各行業職工總數中的性別構成如下：農林牧漁業：男性為62.4%，女性為37.6%；採掘業，男性為74.1%，女性為25.9%；製造業，男性為54.8%，女性為45.2%；電力、煤氣及水的生產和供應業，男性為68.5%，女性為31.5%；建築業，男性為80.6%，女性為19.4%；地質勘查業、水利管理業，男性為75.4%，女性為24.6%；交通、運輸、倉儲及郵電通訊業，男性為73.5%，女性為26.5%；批發和零售貿易業、餐飲業，男性為53.7%，女性為46.3%；金融保險業，男性為60.1%，女性為39.9%；房地產業，男性為66.2%，女性為33.8%；社會服務業，男性為53.5%，女性為46.5%；

---

25 中華全國婦女聯合會婦女研究所、國家統計局社會與科技統計司編，《中國性別統計資料》（1990-1995），中國統計出版社，1998，第235-297頁。

26 中華全國婦女聯合會婦女研究所、國家統計局社會與科技統計司編，《中國性別統計資料》（1990-1995），中國統計出版社，1998，第3頁。

27 《中國婦女報》，2000年3月14日。

衛生、體育和社會福利業，男性為44.3%，女性為55.7%；教育、文化
藝術及廣播電影電視業，男性為59.6%，女性為40.4%；科學研究和綜
合技術服務業，男性為66.3%，女性為33.7%；國家機關、政黨機關和
社會團體，男性為77.4%，女性為22.6%；其他，男性為62.1%，女性
為37.9%；按職業分類的性別構成如下：各類專業技術人員，男性為
49.7%，女性為50.3%；國家機關黨群組織企事業單位負責人，男性為
85.4%，女性為14.6%；辦事人員和有關人員，男性為69.4%，女性為
30.6%；商業工作人員，男性為51.1%，女性為48.9%；服務性工作人
員，男性為46.2%，女性為53.8%；農林牧漁勞動者，男性為
51.55%，女性為48.5%；生產工人、運輸工人和有關人員，男性為
65.25%，女性為34.8%；不便分類的其他勞動者，男性為57.5%，女
性為42.5%。[28]

　　從收入狀況看，據全國婦聯1990-1993年的調查，無論城鄉，女
性的月收入均低於男性：在城鎮，自我報告收入在200元以下和200元
以上的，女性分別占女性被調查總人數的79%和20.9%，男性分別占
男性被調查總人數的63.5%和36.4%；平均月收入，女性為149.60元，
男性為193.15元；無收入的女性占女性被調查總人數的5.3%，男性被
調查占男性總人數的1%。在農村，年收入均值女性為1,235元，男性
為1,518元；以1,500元為限，年收入在之下的女性占女性被調查
80.8%，男性占男性被調查人數的68.1%。[29]

---

28 中華全國婦女聯合會婦女研究所、國家統計局社會與科技統計司編，《中國性別統計
　　資料》（1990-1995），中國統計出版社，1998，第 323 頁、344 頁。

29 中國婦女社會地位調查課題組著，《中國婦女地位概觀》，中國婦女出版社，1993，
　　第 85-86 頁、88-89 頁。

　　從政權參與狀況看，以全國人大代表、全國政協委員、中共中央委員為例，第1到8屆全國人大代表中女性的比例分別為12.0%、12.2%、17.8%、22.6%、21.2%、21.2%、21.3%、21.0%；第1到8屆全國政協委員中女性的比例分別為：6.1%、11.4%、8.1%、8.9%、14.7%、13.8%、14.6%、9.1%；第8到14屆中共中央委員中女性的比例分別為：4.1%、7.7%、10.3%、7%、5.2%、5.7%、6.3%；[30]第9屆全國人大中有女代表650人，占代表總數的21.8%；第9屆全國政協中有女委員341人，占委員總數的15.5%。截止1997年底，全國女幹部總數為1,383.8萬人，占幹部總數的34.3%。[31]

　　由此可見，就總體而言，「男高女低」、「男多女少」、「男強女弱」、「男尊女卑」、「男主女從」、「男優女劣」不僅是一種觀念，一種文化傳統，亦是一種事實，一種現實，一種社會真實的存在和存在的真實。

　　事實上，在社會財富的分配過程中，婦女一直處於劣勢，她們擁有的財富少於男子；在社會資源的配置結果中，婦女一直處於劣勢，其所擁有和能利用的資源少於男子。但婦女求富求樂之心不弱於男子，對於家庭的責任感／社會要求她們對於家庭的責任感強於男子，而整個社會中，男子不僅擁有更多的財富和社會資源，社會也較允許男人性行為越軌和視男人為尊者，為男人的性行為越軌辯護，於是，更追求富裕和快樂的婦女，或在家庭沉重的負擔下掙扎的婦女便難免

---

30 中國婦女社會地位調查課題組著，《中國婦女地位概觀》，中國婦女出版社，1993，第 429-430 頁。

31 國務院新聞辦公室，〈1998 年中國人權事業的進展〉，《浙江日報》，1999 年 4 月 14 日。

或不得不透過出售性服務或直接謀取「無本萬利」，或以求獲取更有利的資源後去致富求樂——男性中心／主流文化對婦女的壓抑和強權、社會財富和資源配置男多女少的性別不平等以及性道德規範中的尊男賤女，使得今天中國大陸的商業性性交易仍更多以女人為賣方，以男人為買方；女人為服務者，男人為消費者：女人以色相、身體和性器官等為資本、透過性服務賺取男人的錢物，男人以錢物和「門路」為資本，交換性服務，享用女人的色相、身體和性器官等，而不是反之。

　　女人身為女人的苦難，就是迄今為止更多是女人而不是男人從事商業性性服務的最根本原因。

第四章
第一次服務

在中國的文化中，對女子的貞操規範是歷史悠久且根深蒂固的。與其他對女子行為的規範相比，貞操規範具有以下幾大特徵：

1.**生理性**。在中國傳統的貞操規範中，貞操與否更多是以生理而非心理標誌來劃分，其中尤以處女膜是否完整為典型標誌。即，未婚女子能保持處女膜的完整及處女膜是在婚內破損，而已婚女子能使丈夫保持對她身體的專利權，便是「貞」，反之，則是「不貞」，即使在心理上保持貞操，或在感情上對丈夫忠貞不二。相較而言，人們更關注和在乎當事人身體是否「專一」，而不太看重當事人的心理——情感是否「專一」：未婚女子談戀愛的次數不重要，重要的是她是否「與人睡過」或「被人睡過」；已婚女子的「夢中情人」是誰無妨大局，主要是她的身體有沒有「越軌」；當事人也更注重和在乎自己的身體是否「被辱」或「被汙」，不太在意心理——情感的「被辱」或「被汙」，如語言「調戲」：在中國人的辭典中，男子對女子的語言「調戲」被稱為「吃豆腐」，這一詞既有「專揀軟的吃」、「欺侮弱者」之意，也有被「吃」者「白嫩好吃」之意，對「吃」者的批評與對被「吃」者的美化混淆在一起。因此，只要這一「調戲」只是「調戲」，並不算「強姦」，只要這一「調戲」只是「口頭動作」，並不伴隨身體動作，那麼，女子往往就不會認為自己單純「被辱」或「被汙」，男子也不認為自己是在「越界而行」。從另一方面看，如果有

人對此提出批評或表示反感，人們往往會認為是小題大作，甚至是女性當事人「自己想歪」了。而這也正是淡化對女子語言性騷擾的嚴重性的一大原因。

　　2.**不可逆性**。由於是建立在以處女膜為典型標誌的生理基礎上，貞操規範就必然具有不可逆性──一旦「不貞」就難以再「貞」：處女膜的生埋位置決定了處女膜的破損更多也與性活動相關──包括同性間的和自我的，當然，更多的是異性間的。而就一般而言，處女膜的破損是不可逆的，因此，處女膜就成為女子「貞」與「不貞」的天然、典型的標誌，女子的「貞」與「不貞」大多也在處女膜的破與不破中一次性地被定位了。這一定位是他人的定位，也是當事人自己的定位。而為了避免「不貞」的汙名，不少女子在「破膜」後不得不與異性「破膜者」成婚或隨便找一個異性成婚──只有如此，「破膜」才被賦予婚姻的含義而成為合乎規範[1]的，「破了膜」的便也是「貞」的了。即使後來發現對方並非是理想的丈夫，甚至是極其厭惡的強姦者。在同一意義的層面上，為了避免對方承擔「不貞」的汙名，不少男子也不得不與被自己「破膜」者成婚，即使已看出或後來發現對方並非是理想的妻子，甚至是極其厭惡的誘惑／強迫者。

　　3.**珍貴性**。由於「貞操」的「消費」是一次性的，「貞」與「不貞」是不可逆的，貞操也就具有珍貴性。在許多時候，它甚至被提到與生命同等價值甚至更高的地位：所謂「失去了生命中最珍貴的」、

1　當然，就嚴格的貞操規範而言，婚前性行為也是「不貞」的。但只要是以結婚為前提，尤其是已訂了婚的，或有成婚的結果的，在貞操規範的操作層面上，人們還是較為寬容對待，而女／男當事人也更容易以「反正要嫁／娶他」或「只要嫁／娶他／她」來說服自己。婚前性行為由此成為婚姻性行為，「不貞」行為由此「貞潔化」。

「餓死事小，失節事大」便是一證。在這一層面上，女子的珍貴成為其擁有的貞操的珍貴。這一珍貴性決定了第一，在許多時候，女子為了保持貞操，不惜付出許多代價，直至以死抗爭，貞操在此時成了生命的全部；第二，「失貞」會對當事人／當事人群體造成極大的心理壓力，會強烈打擊當事人／當事人群體的自尊心和自信心，導致當事人／當事人群體對自我價值的貶損；第三，社會往往會把「貞潔」與否作為判斷一個女人是好女人還是壞女人的重要標準之一，「不貞」的女子會受到社會普遍的輕視、鄙視、蔑視和歧視。由此，一方面，不少女子會忍辱負重，只為或只求保持貞操，甚至只是貞潔之名；另一方面，就大多數女子而言，「失貞」就是「失身」──失去了身體，失去了生命，生活的全部意義也就只是為了活著了。於是，貞操在很大程度上成為男人強迫人就範的一大招術：在婚姻內，它是成婚、不離婚、離婚的主要理由；在商業性性交易中，它是迫使女人進入、滯留的殺手鐧，像是「先姦後逼」就是這一領域強迫女人「入業」的常用手段。用「雞頭」、「媽咪」們的話來說，就是：「破身了，她就認命了。」自我否定是商業性性服務婦女常有的心態，用她們的話來說就是：「已經這樣了，還能怎麼樣？」

4.**歸屬性**。由於貞操是珍貴的，但凡珍貴的東西都會引發歸屬權問題，貞操也難以例外。在普遍觀念中，貞操的歸屬權屬於女子，而事實上，女子只擁有貞操的所有權，而貞操的使用權是掌握在男子手中。貞操的所有權和使用權「兩權分離」造成的一個結果是：女子更注重自己的貞操給了誰──未婚女子更注重自己是被誰「破膜」，已婚女子更注重自己「越界」與誰同行；男子更注重自己是否掌握和使用了女人的貞操──是否占有女子的「初夜」，是否能使女子「越

軌」。於是，一旦認為自己的貞操給錯了人，又無論是被迫的還是自覺的、被動的還是主動的，女子都會感到一種根本性的失落，陷入深深的自責與自棄中；而對於男子來說，對於處女膜的攻占在很大程度上也意味男子對女子的一種攻占，對女子的占有在很大程度上則表現男子作為一種有性繁殖生物的本質性力量和能量——正是在對女子的性的征服和占有中，男子體驗到自己作為男性的偉大與歡愉：女子由此異化為一種工具，一種被男人用來滿足心理需求和生理需求的性工具。而女子的性工具化又反過來進一步強化了貞操的「兩權分離」；強化了女子在貞操上的義務感，強化了男子在女性貞操上的權力欲，女子的奉獻與男子的占有進一步結構化和模式化。

進一步看，第一，中國性文化傳統具有兩重性——一是宋元以來作為主流文化傳統對於性及性行為的壓抑與禁錮，二是宋元以前作為主流文化傳統，而在宋元以後成為次文化傳統，其對於性及性行為的寬容甚至放縱。而這兩重性在貞操規範中的表現便是，如果說在中國的主流文化中，貞操規範還是較為一統的話，那麼，在次文化中，貞操規範的分層就是較為明顯和清晰的：在次文化中，女子的貞操至少可以分為少女貞和婦人貞兩個層面。少女貞規範的是未婚女子，因未婚者以少女為主，故稱「少女貞」；婦人貞規範的是已婚女子，因已婚女子已成為「他人之婦」，故稱「婦人貞」。

一般而言，少女貞較婦人貞嚴格和嚴謹的。因為對未來丈夫而言，這與「初夜權」相關；對娘家人而言，這與社會關係資源的獲得、家庭（家族）聲譽及女兒未來的生活等相關；對未來的婆家人而言，這與家庭（家族）世系的純潔性、家庭（家族）的聲譽、家庭（家族）的威望等相關；對少女來說，與未來的生活和家庭、社會地

位相關。為此，少女必須守住自己的貞操，家人必須守住少女的貞操，而社會對於破壞少女貞操者的譴責和懲罰也更為嚴厲。

相比之下，婦人貞就較為寬容和寬鬆。因為對丈夫而言，儘管這涉及世系的純潔性及自己的尊嚴，但從另一方面講，透過占有她的「初夜」，他也實現了對她的占有，她已是他的人了；對娘家人而言，「嫁出的女兒潑出的水」，管理權已完成了移交；對婆家人而言，儘管這涉及家庭（家族）世系的純潔性、家庭（家族）的臉面，但一旦出現生存危機、傳宗接代危機，婦人，尤其是媳婦的貞操就退而居其次了；對婦人自己而言，成婚，尤其是生育使之完成了貞操的歸屬定位；身為婦人，貞操的珍貴性下降，婦人貞不再像少女貞那樣神聖不可侵犯。於是，相比之下，婦人堅守貞操的外部壓力和自我約束都有所鬆弛，社會對於婦人貞的保衛和保護也弱化了。比如，傳宗接代第一、貞操第二的「借種」，生存第一、貞操第二的「拉幫套」（妻子以性服務為報酬，雇其他男子來家中幫助做農活或重體力活）等現象的出現、被認可而且並非少見，便是極好的例證。

第一次性行為是女子從少女成為婦人的轉捩點，它對女子的決定意義在於當事人不再認為自己是少女時，她對身體的守衛也就從堅守變成不堅守——少女貞轉向婦人貞，即使這第一次性行為不是出於自願，甚至是被強姦的。我們在調查中發現，雖然男子商業性性服務消費者絕大多數有處女嗜好，但事實上，首次性行為是在商業性性行為中發生的商業性性服務婦女極少，且大多數是在被騙、被迫的情況下發生。大多未婚的商業性性服務婦女是已有或有過男友、情人、性伴侶，或曾被強姦過，即是已有過性行為的。對於貞操的不再堅守，使她們比從未有過性行為者更容易進入商業性性服務領域，接受向男子

提供商業性性服務。而與未婚者相比，已婚女子對於成為商業性性服務者的心理抗拒力較弱，也較容易進入或接受從事商業性性服務。對於成為商業性性服務者，以及從事商業性性服務，如果以從業者的心理抗拒力劃分，由強到弱依次遞減的次序為：從未有過性行為者、有過性行為的未婚者、已婚者，這也是貞操規範從少女貞到婦人貞的寬鬆甚至弱化的遞減次序。

　　第二，如果說第一次性行為是突破女子貞操的心理防線，是女子從堅守生理貞操到不堅守生理貞操的轉捩點的話，那麼，第一次商業性性服務則是女子貞操的心理防線全線失守的轉捩點。從此，貞操規範對當事人的身體失去了原有的控制作用。

　　從事了第一次商業性性服務以後，女子通常會陷入自我道德的批判，直至自我人格否定中——自我標籤化和自我汙名化是最常見的方法。不否認自我標籤和自我汙名有為自己從事商業性性服務尋找合理藉口的含義，以商業性性服務婦女自己的話來說，即是「我是風塵女，不就是幹這個的嗎？」但必須承認的是，「風塵女」的自我心理定位更是一種自我批判甚至否定——認為自己是「骯髒的」，直至把自己劃歸為「壞女人」之列。而就在「自暴自棄」中，首先，生理上的貞潔不被認為是「大事」，身體的工具化／商品化獲得心理的接受；進而，出現了心理上的自我流放，貞操的消解開始在根基的層面上展開，心理的貞操防線不復存在，人生成為一種自我放逐或流浪。[2]

2　在許多商業性性服務婦女中，可以很清晰地辨別身體的工具化／商品化與整體性的「越軌」的區別。如，一些為了男友、戀人或家庭者，心理上的忠貞是始終不渝的，這就

對女子的貞操規範無疑是男權父系家長制的傑作。由於貞操被界定為與生命同價值甚至是至高無尚的，女子的價值在貞操的層面上獲得提升，女性的珍貴往往也就在於貞操的珍貴上——透過對貞操的規範，男權父系家長制仍正實踐，也實現了對女子的控制。

具有諷刺意義的是，正因為女子的珍貴往往在於貞操的珍貴上，一旦失貞——無論是什麼原因，失貞的女子就不再珍貴，貞操的規範也就失範、失控甚至失效了。而作為後果，首先是「不再珍貴的女子」溢出了主流社會／文化的控制，或成為控制圈中的邊緣人群，進而形成了本群體與主流社會／文化大相逕庭的價值觀、價值判斷標準和體系，以及行為規範。其次，由於更多是處於次文化或邊緣社會／文化中，「不再珍貴的女子」們的行為更多受到／接受在宋元以前是主流文化傳統，而在宋元之後成為次文化傳統的對於性及性行為的寬容甚至放縱，這一文化傳統的規範和導向，而傳統主流文化對這一人群逐漸失控。

第三，在今天，對於性及性行為寬容甚至放縱的次文化傳統與西方「自我本位」——包括性及性行為的自我本位價值觀相結合產生的性道德觀念，成為「不再珍貴的女子」們進行自我說服、自我辯解的理論工具，性行為的越界——包括婚前性行為、婚外性行為、商業性性行為等等有了合理化的自我解釋：對女子的貞操規範就是這樣，走到了自己的反面。

是只將身體作為工具／商品。還有一些人更多是將商業性性服務當作一種獲得既自我享樂與快樂又賺錢的遊戲。在情感上，她／他們不屬於也不願屬於任何人，情感／心理歸屬具有臨時性、變化性特徵。這就是整體性地「越軌」了。當然，這一僅是身體的「越軌」和整個身心的「越軌」可能是單一性的，即有的只有身體「越軌」，有的完全是身心「越軌」；可能是過程性的，即從一種「越軌」到另一種「越軌」的；也可能是交叉性的，即，有時是身體單一「越軌」，有時是身心共同「越軌」。

第一節　第一次性服務——第一次性行為

就總體而言，以「處女」之身從事第一次商業性性服務者在商業性性服務婦女中只占少數，但由於第一次性服務即是第一次性行為，身為「處女」者與身為「非處女」者相比，是大不相同的。其最明顯的特徵如下：

首先，身為「處女」者絕大多數是在走投無路或不知情的情況下從事第一次商業性性服務，其中，後者所占的比例更大。具體而言，走投無路大多出於經濟需求，如為了還債而不得不以性服務賺錢。也有的是受控於媽咪或雞頭，在媽咪，尤其是雞頭的威逼下，被迫從事性服務。

第一次？「我真不願說，太慘了，」「是被逼的，被生活所迫，出於無奈。當時是94年的4-5月份。」「從浦江回來後在義烏找了一個酒家當服務員。當時，我回蘭溪老家了一次，我小姐妹在這期間賣了一次淫。我回來後，她跟我說了這事。可我當時還是處女，不願意做這事。」後來，「當時我弟弟正巧自費上學，家裡又造了房子，家裡欠了一萬多元的債務。那時，我也想為父母分擔一點債務，因此，剛到酒家工作，就向老闆借了五百元錢，作為預付工資，拿到錢後就回家了。回來後，起先，有客人向老闆提出要我賣淫，我一直不願意，後來只是為了錢，才不得不去做。連老闆也想占我便宜，被我拒絕了，老闆一氣之下，立即辭退我們，並要我退錢。」「我很為難，一方面怕老闆去告發，因為我的小姐妹賣淫是違法的，況且，老闆又是本地人；另一方面，又沒有錢還老闆。左思右想，無奈之中，在老

闆和老闆娘不知道的情況下，私下賣了一次淫，希望用掙來的錢還債，然後馬上離開。」「那時根本不懂這種事，好像跟沒有做一樣的。只覺得好痛，一下就完了。當時怕老闆回來，所以也比較急，反正是失去貞操了。」「我當時向客人要了七百元錢。在這以前，有客人要做這種事，客人願出幾千元要我做這種事，可我覺得對方噁心，不舒服，就不願意。」在這以前，「我說要六、七千塊錢，說這是處女的價。但我當時不懂，隨便說說的。」

（JXH，汪俊昌訪談）

　　而不知情至少可分為兩類：一是完全不知情的上當受騙；一是知道性服務可以賺錢，但不清楚性服務的含義而上當受騙。

　　「第一次接客人的時候，那時候還小，15歲還沒滿。」「我們鄉下哪裡會知道這些，我媽也知道我們太小，這些懂也不懂，我出來時也不懂的。在賓館裡開始我坐在那裡發呆，我又不懂的。」「我舅媽跟他們講的，他們已經講好，找好了。後來人在那裡，然後她們帶我去的，帶去的時候麼，什麼賓館什麼名字我知也不知道。」「她（指舅媽——引者注）開始沒跟我說。她只跟我說到哪個賓館去吃飯，去去就把我叫到房間裡，我就坐在那裡。我以為真的吃飯，我不知道的。後來，那個人，他叫我把衣服脫了，我說幹嘛脫衣服，我說我不脫。」飯一吃好，舅媽就走掉了，把我一個人留在那裡。「那男的飯一吃好，他說我們到房間裡去聊一下天。什麼聊天，那時我又不懂的。」他撲到我身上，我叫了起來，「他把我嘴巴捂牢，說不要叫了。後來，放放（指插入——引者注）進去很痛的，痛死了。我說什

麼東西，我就拼命叫。我一叫起來，他就害怕了不是？很快就沒有掉了，就這樣子。」

（DXY，王金玲訪談）

第一次「也不是介紹的，就是我跟我小姐妹兩個人出去玩，這個小姐妹跟那個男的大概是蠻好的。」「她要吃水果嘛，她要出去買嘛，我不是跟那個男的就只有兩個人在房間裡了。本來我們三個，後來她出去了嘛，那個男的就好像提出這個要求。提出這個要求嘛，開始我是不同意的，後來，不是經常聽我小姐妹說這樣賺錢很容易，又好像不用付出什麼什麼的，那我就跟他那個（指性交——引者注）了。」「那個時候我還不懂什麼叫性關係，就想反正就是跟男的睡睡覺，根本不懂什麼貞操啊什麼的，這種都不懂，剛開始的時候，到後來那個事情做好了，才知道自己好像什麼處女沒有了，這種，才剛開始懂。」那個小姐妹，「她那不是跟我特別要好的，有點想利用我呢，她看我歲數小，什麼都不懂嘛，就經常帶著我，好像幫我介紹那種，她也好拿錢的。」那男的說，「你反正小姐妹什麼什麼，就跟我那個，他說，反正叫我不要想那麼多，他說這種事情不要緊的，一下子就好了。我那個時候，不懂嘛，我想反正也就是睡在一起，也沒有別的什麼事情，就跟他睡在一起，他就開始，反正在我身上摸來摸去的。」「他就是說你小姐妹不會知道的，他說這種事情不搭界（指沒關係——引者注）的，他說一次好了，就好了，又沒人知道的，怎麼怎麼。他說你反正以後大起來跟別人結婚也要做這種事情的，早一點晚一點的問題。我也不知道怎麼那個的。我想就睡在那裡嘛，他就自己那個了。」「正在做嘛，就是很煩，還有很痛嘛，就是眼淚水一滴

滴滴下來。」「我想屏（指忍——引者注）一下嘛，馬上好了，好了嘛，就可以走了嘛。就這樣想的，我想忍一下馬上就好了。」

（PLL，Ａ，胡滌菲訪談）

其次，第一次性服務對「處女」造成更大的心理傷害，許多人深感悔恨，產生自卑感；而上當受騙者更有一種被欺辱的感覺——生理的疼痛和心理疼痛，使當事人留下了難以癒合的心理創傷。

我離開義烏是因為「我覺得我失去了貞操後，再也不想待在那裡了。」「我從小有一個理想，我的第一次一定要留給我喜歡的男人。」第一次賣淫以後，「一方面身體覺得很痛，另一方面心裡覺得為了這麼些錢就去賣淫，感到很自卑，很傷心。」因為「錢又少，又不喜歡對方，實在是出於無奈。」「做這事以前，我覺得自己心裡打算得很好。在這以後，我覺得這個世界很是醜惡的，人都是不可貌相的，對自己也很灰心。」

（JXH，汪俊昌訪談）

第一次以後，「我走路都不能走，天天坐在那裡，走路痛的。她說你幹嘛？我說痛。你幹嘛要我去，我早知道，我逃掉了，我早知道，我肯定我沒錢，我也會逃掉的。」後來，「想想，也就算了。他們經常天天都說，跟我說這些，我舅媽跟我說，你看你家裡，像什麼東西一樣的，什麼樣子，我想想也就算了。」後來，我想出去打工，「我想以前的事我全部忘掉，不要去做了，打工麼好了。」

（DXY，王金玲訪談）

過後，「心裡嘛，肯定是難過的，想想自己怎麼這麼笨的，就這麼輕易地就給那個了。」心裡「不是很開心，就覺得就這樣好像就失去一樣東西，總歸是不好的。」如果當時知道發生關係是怎麼一回事，我百分之一百不會做，因為「要是，我想，不跟他那個的話，我這個時候還是處女哎，不是蠻好的。」

（PLL，A，胡滌菲訪談）

　　第三，第一次性服務後，「處女」往往會更深陷自我否定中，進而遭遇更多人生挫折。而這一自我否定又會使之更容易再次進入商業性性交易或／和產生其他越軌行為。

　　我以前有一個正式的男朋友，「後來知道我這樣玩嘛，就跟我不好了。」「那個時候我哭得呀，真是差點兒想自殺。想不玩，好好跟他在一起，那個時候他已經不肯原諒我了。」「本來嘛，好像我在外面已經不想玩了，想為他改變的。那麼他這樣子一下子跟我不好了，那我反正更是無所謂了。反正男朋友也沒有了，看這個看得這麼重幹什麼？」現在「還是想跟他好的嘛，就是還是希望他能再給我一個機會。」但是，「我想是不大有可能了，從我自己和他都是不大可能了。」

　　第一次以後，「覺得自己反正很不要臉的，自己好像已經不把自己當人了。」「改變肯定很大的，以後嘛，特別又到這裡（指婦女教養學校——引者注）來了。出去以後嘛，找什麼工作呀，找男朋友呀，都肯定很難找的。總歸對自己、對人生肯定影響是很大的。」「對自己、對孩子都是不好的，以後大起來，別人說你媽媽以前坐過

牢，孩子肯定自己很自卑的，想媽媽以前坐過牢的。」「沒有開處女的話，我是絕對不會做這個事情的。因為這個時候我歲數也大了起來，也有點懂了，什麼叫處女什麼，可能別人什麼說說，什麼什麼東西，我也知道了，對不對？那我肯定不會去做這種事情了。」「要是處女的話，我就在家裡好好待著，也不出去玩了。男朋友我也不找了，也不可能跟男的玩。」

第一次以後，「我想反正他把我處女開掉，我就是一定要跟著他的，就是不管他以後怎麼樣，就是……我小姐妹說起來，要敲他一把。你就是每天要跟著他的，反正問他拿，他不拿的話，你就是跟他老婆說。那我說，噢。」後來，「不是跟著他，我就是沒錢了，我就打他call機（指傳呼機——引者注）嘛，我就是問他拿錢嘛。」「我從來不跟他在一起玩的，就是這件事之後，我就是問他拿錢，別的都沒有的。」「我跟他說，你不答應的話，又不搭界的，那你就回家，你就老婆知道了，我就是這麼說的。」「那他也沒辦法嘛，反正我電話也打到他家裡去過的，他什麼家什麼電話號碼都講給我聽的嘛，他老婆也接到過好幾次，那我就跟她說找他嘛。」後來，我跟他的關係，反正就是我找他拿錢，其他事都沒有的。

（PLL，A，胡滌菲訪談）

後來，我開了一家美容美髮店，有客人找小姐，「我就說，小姐不是有嗎，你自己去跟她們說，我不知道。」「我想反正這個社會大家都在這樣賺錢，我現在為什麼不開竅一些呢？」「我發覺以前自己很笨。以前價格很高的時候，我已經錯過了。」當然，我沒對小姐說過賣淫，也沒要求過她們，「因為我自己有過類似的經歷和感受，我

只是讓她們自己去試探和把握。她們中有的人也知道這種事情，後來也願意做這種事情了。」「現在的價格比較低，小姐一次是四百或三百元，我每次收一百元。」「客人先付給小姐，然後小姐再給我。」「比如我的一位同學很漂亮，又是處女，我曾跟她開玩笑，你處女可以賣到幾千幾千，將近一萬。她說這事真不想幹。我當時說這也沒有關係，你就在我這兒洗洗頭，做做面膜，拿點工資和小費。後來她自己想要回去，我就讓她回去了。」

（JXH，汪俊昌訪談）

第二節　禁區又涉

　　如果以進入商業性性交易之前的性經驗層面區分，商業性性服務婦女可分為從未有過性經驗——「處女」，有過性經驗但未婚——非「處女」未婚者，已或曾在婚姻中者——已婚包括再婚、離婚、喪偶者[3]者。而就人數而言，三者之中，有過性經驗但未婚者——包括有過與男友、情人、性伴侶[4]性交往者和被強姦者——在這一總人群中所占比例較大。對未婚者而言，性交往顯然屬於行為「禁區」，非處女未婚者的心態與已或曾在婚姻中者不同；由於有過性經驗，已是「非處女」，如果僅僅從性經驗的角度來看，從事商業性性服務只是又涉禁區，非處女未婚者的心態與處女未婚者的心態也大不相同。因

3　也包括屬於事實婚姻的同居者。同居亦是商業性性服務婦女中較常見的一種婚姻狀態。

4　男友、情人、性伴侶的區別在於：男友是願與之成婚甚至有婚姻允諾者；情人是有所愛而與之保持性交往關係者；性伴侶則是自願與之有性交往者。

此，在第一次商業性性服務過程中，非處女未婚者的行為和心理具有自己的特徵，其主要表現為：

首先，其中的絕大多數人是在知情下，自己選擇、自主選擇、自願選擇或自由選擇[5]從事商業性性服務的。

18歲時與男朋友有了第一次性行為，後來，他有了新歡，吹了。「我當時做這個事，只是覺得玩玩蠻開心的，只想貪圖享受，覺得這樣做舒服，開車（當時是計程車司機——引者注）太辛苦了。那個時候沒把問題想得這麼嚴重，還會坐牢什麼的。那時候，那個小姐妹跟我說，趁年輕的時候，多玩玩，享受享受，多賺點錢，所以我被她煽動了起來，就跟她一起做這個事。」

（LJF，高雪玉訪談）

我跟男朋友吵架，要跟他斷，他不肯，我就從樓上跳下去，腿摔斷了。出院後，我跟他說，如果你再不肯，我就再跳下去。「他說，人家斷的話，就拿出一萬塊錢。我又沒錢，沒錢他不會給你走的呀。後來就動了壞腦筋，走上賣淫這條路。賺到錢，錢給他，我就走了。」第一個客人是人家介紹的。嘉興市婦產科醫院旁邊，「有個踩三輪車的胖胖的女的，她停在醫院門口。我的腳剛好，要鍛煉鍛煉。

5　知情是指知曉事情／事物的內容、意義、過程、後果等，而知情選擇可能是主動的也可能是被動的；可能是有多種選擇的，也可能是別無選擇的。自己選擇、自願選擇、自主選擇和自由選擇的表象都是當事人自己在選擇，其共同點為這一選擇可能是知情的，也可能是不知情的；可能是完全不知情的，也可能是不完全知情的。就一般而言，最佳的選擇應是知情下的自由選擇。

她說，『咦，小姑娘倒蠻好看的』，每天叫住我。這個女的很熱情的，我就跟她談了起來。」「她當時就說，小朋友，我們一起去跳舞幹什麼的，我說舞廳都沒去過，她說沒關係，坐到那邊看看人家跳跳，什麼的。後來，她就叫了我一個，還有兩個女的一起去的。」三個一起去了，碰到兩個男的，「他們是約好的，跳完舞，到賓館開了個房間就進去了。房間「早就開好了，進去嘛，那個女的說，洗洗澡什麼弄弄，」那個女的就走掉了。她走後，「怎麼回事啦，這個男的很好看的啦，知道不知道？他們兩個我洗澡的時候都在外面，就這樣。後來我出來的時候，一個就是走掉了。這個男的就說你坐坐，反正就這個樣子，我也不知道了。」他開始動手動腳，我沒想到反抗，「他比我的男朋友好看嘛，」「這個社會不知道怎麼搞的，看了之後，就說不清楚。看人家好看，就動心一樣的。」「後來這個女的（指介紹人——引者注）給了我錢之後，我覺得這個錢來得挺容易的，這樣跟他們喝喝酒，這個男的又蠻好看的，也還給我付錢，我感到蠻容易的，後來，有了一次，這個女的又有了第二次，」第二次來叫我去做這事。

（HXZ，胡滌菲訪談）

我同意了以後，我男朋友就「打電話給那個老闆嘛，約那個老闆出來，在哪裡接我什麼的。而且是我男朋友把我送過去，看我坐上他的車子後走的。」

（快快，王金玲訪談）

其次，在性服務的過程中，由於已有性經驗，她們不像處女那樣

驚慌失措；又由於她們是未婚者，較已婚者年輕，[6]所獲報酬就較已
婚者多，吸引力也較已婚者大。

　　我14歲被人強姦過，18歲時接的第一個客人「是廣東人，30幾
歲，他看我人小嘛，對我還可以的。我不是第一次嘛，他並不是說很
野蠻的感覺，對我還算好的。後來我不是說不做了？因為痛嘛，相隔
時間這麼長，做這種事不是很痛的？他看我有點不肯，他其實也沒有
做那事。」給了我三百塊錢，「90年（指1990年——引者注）來說，
當時三百塊錢已經不算很低了，只是一個中間價。」「第二天給我介
紹的嫖客，對我也蠻好的，也是白白送給我二百塊錢，」「他把我帶
出來後，又給了我七百塊錢，我在兩天之內就賺了一千塊錢。」

　　　　　　　　　　　　　　　　　　　（CL，高雪玉訪談）

　　「美容院我大概做了一個禮拜（指一個星期——引者注），我就
認識一個男的，他是做房地產的。他就說他們都覺得我太可惜了，我
這麼小的年紀去做。他說，像你這種年紀就不應該在這種場合，這個
美容院雖然在我們那邊算是中上的檔次，就是你想做，也應該到我們
那邊最高的檔次去做。他說這些地方都不適合你的，這些進進出出的
人都不是很上檔次的，都不是上流社會的，都不是上流社會的。像你
這麼小的年紀，剛出社會的，應該到上流社會去。這個男的有30多歲

6　這一年輕不僅意味著青春魅力，對男性消費者來說，更往往與「處女」的想像聯繫在
　　一起。所以，近十年來，曾有過性交往史但從事或打算從事商業性性服務的青年女子
　　中，有不少人做了處女膜修補術，希望以「處女之身」獲得較高的服務費。

了，做房地產的，我剛剛到這個美容院就認識他的。但是我跟他一直沒有接觸過，就是見面之交啦，好像沒有什麼，後來他就說，他包我，不願意我在外邊這麼樣子，那他就包了我一個月，給了我三萬塊錢。」「房子啊，還租了兩室一廳的房子給我住，裡面全部的傢俱、電器設備都有的。但包了一個月，我就不願意包了。」

（WTF，王金玲訪談）

第一次是跟那個紹興老闆，開木材廠的，大概50多歲吧。「他當時給了我六百塊錢，後來又陪我到東坡路去買了一套西裝，一套西裝要八百多塊錢，還給我鞋子、傳呼機，」這樣全部算起來，總有個三、四千塊錢。傳呼機我實際上是有的，我騙他沒有的哇，要他給我配起來，「傳呼機那時候是一千三、四百吧。」第二天，這個老頭子又來找我了，我根本沒想到他會來，我就又跟他去了他的租房裡，「給了我八百塊錢。」

（快快，王金玲訪談）

第三，第一次性服務後，她們較處女平靜，但又不像已婚者那樣覺得是一種命中註定。在進行自我批判的同時，失落和自卑也在她們心中油然而生。

他包了我一個月，「他說不願意我那樣，但又不希望我經常出去，好像我很受他控制，」「他是本地人，而且我也認識他老婆，認識他兒子。」「包了一個月，我就不願意包了。」「我覺得好像總是有一種約束我自己，我拿他錢，而且他對我這麼好，也不知道為什

麼，就是有一種莫名其妙的感覺，就是我要離開他嘛。然後我就離開他了，我就在我們那邊的賓館上班了。賓館裡面坐臺了，在卡拉OK裡坐臺了。」

（WTF，王金玲訪談）

第一次有了這種事以後，「又高興，又難過，」「高興，因為我付出了，回去說不定他會真的待我好，他會答應他的諾言，實現他的諾言。不高興麼，我想想看自己出賣自己，畢竟人格受到傷害。平常就算坐臺吧，坐臺也不算怎麼樣，因為那個時候，這個社會坐臺是很正常，根本沒有男女關係的。但是現在發生男女關係，就永遠是有一個汙點，好像就是這樣的感覺。」

（快快，王金玲訪談）

「我做第一次的時候我是哭的，反正我也不知道。」「當時她們把錢給我以後，我就哭了。她們說不要緊的，時間長了以後會好的。」「當時我覺得出賣自己的肉體還是忍受不了的。她們這批人都是沒有文化的，只有小學文化，我是高中畢業，在舉止等方面遠遠超過她們，所以，第二個嫖客把我帶了出來。」「我當時只有一個感覺，想離開她們。」

（CL，高雪玉訪談）

第三節　婚姻之外

　　在已婚（包括再婚）和曾婚的商業性性服務婦女中，與離婚者、喪偶者相比，已婚者占有最大比例。當然，這只是指在這一群體中的這三個變數的頻數分佈，而不是指在一般人群中，身為已婚者／離婚者／喪偶者的商業性性服務婦女各占的比例——上述在商業性性服務婦女中，非處女未婚者占有較大比例一說，也是對商業性性服務婦女這一群體中，處女、非處女未婚者、已婚和曾婚者這三個子群人數的比較，而不是指在一般人群中，這三個子群的商業性性服務婦女的比例分佈比較。也就是說，不是說在一般人群中，原為處女的商業性性服務婦女的比例是多少，原為非處女的商業性性服務婦女的比例是多少，原為已／曾婚者的商業性性服務婦女的比例是多少，然後再進行比例分佈的比較，從而得出結論。由於調查的高度複雜與艱巨，這一確切資料至今仍是闕如。事實上，由於對商業性性服務婦女的資料統計與分析，基本上是以被抓獲者為對象，並且是以她們的自述為基礎，而被抓獲者大致只占總數的25-30%，[7]且大多處於商業性性服務婦女群體的中下層，加上自述難免有誤差，所以，此間對商業性性服務婦女的分層變數比較，也只能是一種帶有推測性的大致估計。

　　與處女和非處女未婚者相比，已婚和曾婚的性服務婦女年齡較大——在我所調查過的人群中，年齡最大者為49歲，最小為23歲，平均大致為33歲左右；人生閱歷較為豐富；經歷著或經歷過婚姻、家庭

7　潘綏銘，《存在與荒謬》，群言出版社，1999，第 13-14 頁；李良玉，〈當前妓女問題研究〉，《南京大學學報》（哲社版），1998 年第 2 期。

的緊張性事件；婚姻壓力和／或家庭生活壓力較重。因此，她們的第一次性服務也顯示出與其他兩個群體不同的行為特徵和心理特徵。具體表現如下：

第一，既不像處女那樣進入商業性性服務較多屬於一種毫無心理準備的突發性事件，也不像非處女未婚者那樣進入商業性性服務較多屬於一種心中有所知曉的隨機性事件，已／曾婚者的進入商業性性服務更多是一種深思熟慮之後的最後選擇。

「我當時想出來換一下，反正我也不想打工了。說實話的，那我出來想找個姘頭來。反正錢多少也無所謂的。就是說兩個人好一點，有感情，反正我找姘頭心裡真是想，我也不想喜歡拆開他們夫妻家庭，可是我自己夫妻家庭　，就是說我還沒有離婚。我也不會這樣子做，就是說為了經濟上面那個……」就是說，想找個男人把我養起來，跟我也有感情，當時就是這麼想的。第一次那個男的是在住的旅館裡認識的，但沒找准，只好一次次找下去了。

（FHN，胡滌菲訪談）

「我心裡是這樣子想的，我這些說的是真心話。我想，你一個男人在外面搞了多少女人，那我說你要是這麼做的話，那我隨便去和男人搞的話，肯定比你多的哇。我就是這樣想的，你搞一個我搞兩個好了。我就是這樣子對著老公來的。」就是想這樣報復老公。

（LWY，王金玲訪談）

老公死後，「我覺得經濟壓力大，借別人的錢還不了。打工掙的

錢太少,有時也想有一個朋友,一起玩玩。一個債主,我老公早上死掉,下午就來討錢了。我本來在溫州一個旅館裡打工,洗衣服、被單,以前又在飯店裡當過服務員。我想不出什麼方法來賺錢。有一次,我在別人家裡做保姆,因為衣服燙得不好,主人罵我,我就走到外面哭了。當時,有一個男的走過來,安慰我,要我跟他玩玩,給我錢,就這樣子。」

（LAN,汪俊昌訪談）

　　離婚以後,「1994年我調到州裡一家新聞媒體作記者,在採訪工作中認識了許多企業老闆、商業經理、部門領導等。在這些人中,也曾有過那麼兩、三位許願要娶我的,可我一個也沒答應,說真的,我內心很複雜。要說再婚,我真心希望能嫁給像譚老師這樣有學識、體貼人、有安全感的男人,但僅靠他的經濟收入卻又無法支付得了我這麼些年養成的生活方式和供養女兒的開銷,況且我們雙方都有各自的孩子,要生活在一起也是很難相處好的,倒不如就像現在這樣,彼此保持一定的距離反而好些。至於我與別的男人往來,那大都是出於相互各有所需的緣故。」

（JRAY,馬林英訪談）

　　「開始我到寧波在保姆介紹所等活,過了一個星期也沒有人看上我,找不到工作,打聽到寧波有一個地方可以租房子,可以做這種事情,這樣我就自己找去了,實在沒辦法了。」「第一次做這事是因為沒有錢租房子,是借別人租的房子的。」

（SXY,汪俊昌訪談）

　　第二，在商業性性服務過程中，由於年齡較大和由此產生外表（容貌、身材等）的劣勢感，以及在與已婚和／或曾婚相伴隨的處女膜必然破損的事實下，與男子的性交往難免產生「二手貨」、「處理貨」之類的自我否定心理，意即已／曾婚者中普遍有一種自卑感。事實上，與未婚者（包括處女和非處女）大多在賓館、飯店、公寓等所謂的「高檔場所」中提供性服務，收費較高相比，已婚和／或曾婚者大多是在旅社、飯館、歌廳舞廳包廂、出租房等「低檔」之地提供臨時服務，甚至以草地、溪灘、樹叢等為服務場所，收費也較低廉。

　　「我沒有什麼可以吸引客人的，我要相貌沒有相貌，要身材沒有身材，又是一個文盲，跟客人談價格，行就去，不行就走，沒有什麼談天說地的。」「第一次收了五十元，」「沒有什麼滿意不滿意的，歸到底就是為了這幾張鈔票，覺得有總比沒有好。」

（SXY，汪俊昌訪談）

　　第一次賺了五十元，「嫖客是很聰明的，看你年齡大了，最多肯出一百元一次。年輕的就多了，賓館是賓館的價格，橋上是橋上的價格。」「我們溫州是這樣的，在南站的橋上站著許多賣淫婦女，嫖客自己會走上來的，我想反正我男朋友晚上出去上班的，我一個晚上接兩個嫖客，可以賺一百塊錢，他又不知道的。」

（LAN，汪俊昌訪談）

　　我們在舞廳裡跳舞，「反正那些男的都知道的，開始好像我們不肯，他說我給你錢，我們找個地方。後來就是在那個舞廳，現在那個

舞廳什麼名字我都記不起來了。」「就是在那個舞廳裡，它不是有包間的？那個男的怎麼跟老闆娘說我就不知道了。他才給我五十塊錢，我還是記得很清楚。」「我們從舞廳出來，到他家發生關係，這是我第一次幹這個事情，印象很深的。」「這第一次好像是五十塊。」

（LWY，王金玲訪談）

「我第一次反正就是一起吃吃飯，拿點小費什麼的，那就差不多了。」給多少小費？「那你說像我們這種光景的還能拿到多少？」「那就是一百塊錢差不多了，不多的。」「嫖客一般的話都是那個反正算老闆，反正也不算真正當老闆，一般的老闆差不多。那講得難聽一點，要真正當老闆的話，那也不會找我們這種的了。那他們也會去找那種10幾歲的女孩子。」

（FHN，胡滌菲訪談）

　　第三，已婚／曾婚的商業性性服務婦女在未從事商業性性服務前大多是缺乏資源的，處於經濟的窘境中；大多家庭貧困和／或婚姻失和，缺乏自信，感到壓抑。第一次商業性性服務使她們看到了擺脫經濟貧困的希望，有的人在一定程度上產生／恢復自信，而另一些人則是體驗到一種與過去單調、枯燥有很大不同的新生活：第一次商業性性服務為她們打開生活的另一扇窗戶。當然，與處女和未婚非處女一樣，她們也有不少人在第一次性服務後深陷悔恨、自責和無奈。

　　「本來我想不出什麼辦法賺錢。後來，第一次賺了五十塊錢後，那個男的（指在丈夫外結交的男朋友——引者注）要和我一起賺點做

本錢辦養豬場，我瞞著他賣淫，偷偷地想辦法賺點錢。」「我一個晚上接兩個嫖客，可以賺一百塊錢。」「一般一次都是五十塊，」「我一天能賺一百、二百塊就很滿意了。」

（LAN，汪俊昌訪談）

「其實，有這麼些男性夥伴，我覺得生活很充實，每天都有不同的感受。除了自己再不用為經濟的拮据和精神的空虛而煩惱外，既培養了孩子，又解脫了自己，還為我的兩個小妹妹在州裡找到了好的工作。我的兩個小妹妹一個畢業於瀘州醫學院，一個畢業於州外貿學校，她倆在校學習時，我每月分別一百元生活費補貼她們。畢業分配時，我的男友們有錢的出錢，有權的說情，就這麼著給辦下來了。」

（JRAY，馬林英訪談）

調到州裡後，「人生地不熟，加之獨身一人，閒置時間也較多，所以，Lare家甘洛的親友在西昌的和到西昌辦事的人都經常到我這裡來，還有幫我調動工作的教練也一樣。就這樣，有時孤男寡女在一塊兒，也就控制不住同居了。剛開始同居，他們有的買點我喜歡的吃、穿、用具等給我，有的約我去旅遊、觀光，有的也給我一些零花錢等。」「1993年前後，我周圍不少人都紛紛去海南發財了，這時，甘洛的三位鉛老闆也打算著過去，我也因想換個環境，提議跟著去了。走前，跟Lare辦理了離婚手續（他也因要娶那漢族女子而不調動工作了），涼山的熟人又開始謠傳我和某某老闆私奔了。」「剛離開涼山去創業，我什麼都靠這三個老闆養著。」後來，我自己透過各種方法也積累了自己的資金。「目前，我與前夫、Lare、港商、自貢知青等都

有不定期的性行為。當然，前夫和Lare是不會付我錢的，我知道前夫是愛我才這麼做的，而港商現在是我的名譽丈夫，他目前也的確喜歡我，而養我對他來說是小菜一碟，就像是一種變相的付錢吧。你知道嗎，男人喜歡一個女人是什麼都會做的。而自貢知青，我與他這樣就像是對自己多年失去的感情的一種補償吧。除了這幾位男人之外，我在西昌、上海、北京、廣州等都有不定期同居的異性朋友，在這些異性朋友中，有的會直接付錢，有的會送我禮物，還有的會幫我辦事。」「現在只覺得自己一生有這麼多異性朋友，挺自信的，我不願在一棵樹上吊死，管他和社會上怎樣看待我，只要我看得起自己就行了。」

（MSSQ，馬林英訪談）

我丈夫跟別的女人睡了，我當時氣了，就和他吵架。吵架後，「那天我就自行車騎騎回娘家來了。中飯吃過回家的。騎到西湖邊，我人也累了，也想散散心，就坐下了。這是第一次，85年（指1985年——引者注）。這時走過來一個男的，是南京的。他拿了一個照相機，叫我幫他拍照片，我說我不會拍，他說我教你，人看見人在相機裡面，就快門按一下。我就給他拍了一張。拍完後，他就跟我聊天，一講兩講，很投機的。那時候我思想很苦悶的，我丈夫雖然長得還可以，可是沒文化的，讀了小學三、四年級，那南京人文化很高的，跟我講香港、臺灣，我聽出味道來了，很新鮮的。我在農村裡，很閉塞的，根本沒聽到過這種事情，一直講到晚上，我不想回家。我爸、媽、姐姐又要煩我，心裡很悶，就跟他去吃飯，看電影。晚上看了一個通宵電影，第二天他叫我帶他逛西湖，後來叫我陪他，他拿出錢給我。」在旅館裡，有一次性關係，他錢「是主動給我的，大概有二、

三百塊錢，那時很值錢的。」我那時「32、33歲吧。看他人很好，看電影、遊西湖，錢都是他出的，我當時還不懂什麼叫賣淫，只是覺得舒服、很開心。吃有得吃，玩有得玩，我雖然住在西湖邊，但一直要種地、工作，還真沒有認真遊過。要一個外地人陪我遊西湖，現在回想起來，有點羅曼蒂克的味道。」

　　那個人是「南京什麼油田出差來的，30多歲，人長得蠻瀟灑的，出手也蠻大方的，我丈夫也沒有他這樣大方。玩得很舒服、很痛快，我生平第一次這麼痛快過。我以前都很壓抑，開始是因為爸爸歷史反革命的問題，後來婚姻又不理想，壓力很大的。」以後，「實事求是說，我不是故意的，那時他跟我說，『我以後杭州專門要來的』，到時要來找我的，叫我家裡位址給他。那時我還在蕭山，沒有離婚，蕭山位址給他，這是不好的。要是我丈夫知道，他要打的。娘家我也不是經常回的。只好跟他說，你要找我，就到西湖邊來，我常在這裡，會碰到的。他說也好的。」當時沒想到向他要地址，「心裡很後悔的，後來就很想他。我就有意無意地在我們以前坐過的地方，自行車停下來，就到那個地方坐著，好像他會來的。實際上是不可能的，因為兩人沒說好，但我仍抱著幻想，希望他來，經常到那個地方坐坐。他麼，等不到，別人麼，等來了。」「後來別的男人看我坐在那裡，我當時長得還可以，就七搭八搭來跟我搭話了，我因為有第一次的經驗，我想錢也有，玩也有得玩，很開心，回家又要受我丈夫的氣，回娘家也沒味道，還是在外面有味道。就這樣搭一個，搭一個，後來嘛，他們也給我錢。」

（WPE，汪俊昌訪談）

第四節　墮入與掙扎

　　第一次商業性性服務對絕大多數女性當事人人生的決定性意義在於，它使當事人陷入了道德的自我否定之中：事實上，商業性性服務婦女不乏對自己的譴責和批判，並主要集中在道德層面上。與之相對應，社會、他人（包括男人和女人）對商業性性服務婦女的譴責、批評甚至批判也主要是一種道德譴責、道德批評甚至道德批判。

　　進一步看，「女有四行：一曰婦德，二曰婦言，三曰婦容，四曰婦功……幽閒貞靜，守節整齊，行已有恥，動靜有法，是謂婦德。」[8]「凡為女子，先學立身。立身之法，惟務清貞。德則身潔，貞則身榮」。[9]這是古訓。雖然今天在社會翻天覆地的變化中，人心不古，社會不古，但作為一種文化傳統和一種心理沉澱，它仍具有相當的慣性力量，結構性地左右社會對婦女和婦女對自己的價值定位，並由此進行價值分層與分類。從另一方面看，當婦女的命運更多是與民族的命運、國家的命運、階級的命運、政黨的命運聯結在一起時，作為一種新傳統，在「五四」以後，中國婦女的貞操在許多時候是被「政治化」的。尤其在政治運動頻繁的大中華人民共和國成立後的三十年間，貞潔與否更與「革命」、「階級」等聯繫在一起，「失貞」或／和「不貞」往往被認為是「資產階級腐朽作風」，是「階級敵人」拉攏、腐蝕革命幹部／工人階級／貧下中農的武器，是反革命分

8　班昭，《女誡》，轉引自張福清編注《中國傳統訓誨戲誡輯要：女誡──女性的枷鎖》，中央民族大學出版社，1996，第 3 頁。

9　宋若華，《女論語》，轉引自張福清編注《中國傳統訓誨戲誡輯要：女誡──女性的枷鎖》，中央民族大學出版社，1996，第 15 頁。

子射向革命群眾的「糖衣炮彈」，如此等等，不一而足。在1980年代
至2000年代上半期，當貞操往往與「精神文明」掛上鉤時，非婚性行
為——包括婚前性行為、婚外性行為、商業性性行為等不僅仍被一些
人界定為「西方性解放」、「性自由」的表現，有非婚性行為的人也
被一些人尋源為受資產階級腐朽、沒落思想和生活方式的影響，[10]
「失貞」和／或「不貞」也成為一種與精神文明背道而馳，甚至為精
神文明所不容的行為了。[11]

---

10 如，1991 年，在由中國科協學會部召開的「全國性病防治與對策學術研討會」上，不
　少人不約而同地提及當時中國大陸非婚性行為增多的一個主要原因是西方／資產階級
　思想的影響。有的人認為：「在我們對舊的性愛觀、道德觀還來不及認真清理時，就
　急風暴雨式地受到來自各方面的性愛觀和道德觀的衝擊。人們生吞活剝地吸收西方『性
　革命』、『性自由』、『性解放』一整套理論，於是婚前性行為普遍到在有些大城市
　達到 70% 以上的比例，『第三者插足』在全國離婚案件中占到 25%，全國離婚率突破
　1‰，並一年超過 50 萬對。」有的人認為賣淫婦女受到西方「性自由」、「性開放」
　毒害，「由於處於性活躍期，在西方性自由、性開放幌子下，對外來腐朽思想接受快、
　可塑性大，就幹出了有傷風化的事。」有的人認為：「近年來隨著對外開放政策的貫
　徹實行，外來資產階級腐朽思想不可避免地趁虛而入，他們鼓吹『金錢萬能』，『有
　了錢就有一切』的思想，宣揚什麼『性解放』、『性自由』的性亂思想，認為只要需
　要、享受，就可以為所欲為，不顧及國情、民族風情習慣、傳統道德等，使不少女青
　年受到嚴重毒害。」「一部分人受資產階級腐朽文化思潮的毒害較深，追求西方的生
　活方式，信奉『今朝有酒今朝醉』、『及時行樂』的人生哲學。」「性自由是這種生
　活方式和人生哲學在性問題上的具體表現。」（中國科學技術協會學會工作部編，《性
　傳播疾病綜合防治——全國性病防治對策學術研討會論文集》，中國科學技術出版社，
　1991，第 509 頁、517 頁、541 頁、566 頁、576 頁。）直到 1998 年，仍有人認為「改
　革開放以後，我國與境外各方面的交流空前活躍，隨著境外的商品、資金、技術、文
　藝的湧入，西方的生活方式，新潮的思想，包括『性解放』、『性自由』、『金錢至上』、
　『享樂主義』，也對人們產生巨大的刺激和影響，中國原有的封建意識與優良美德相
　夾雜的傳統道德受到衝擊，貞操觀念，羞恥心日益淡薄，這也是給娼妓活動以精神上
　的條件（談大正，《性文化與法》，上海人民出版社，1998，第 238 頁。）。

11 在 1991 年，有人提及「由於精神文明建設落後於物質文明建設速度，錢多的同時卻產
　生了『理想缺乏症』，出現心理的空虛、孤獨和失落感，於是追求色情刺激者有之，
　嘗試吸毒使精神麻醉者有之。」（中國科協學會部，1991，第 576 頁）。而在 1999 年，

　　婦人立身，在於婦德；婦德之本，在於清貞。從事商業性性服務首先是違背了作為女人應有的根本道德，這是一。

　　商業性性服務的消費者必然是非配偶──不是合法／合道德的性交往對象，不是性服務合法／合道德的享受者。從事商業性性服務是一種違道德／違法甚至犯罪的行為，這是二。

　　在中華人民共和國成立後前三十年中，形成的新傳統理念──「政治化」、「革命化」、「階級化」理念中，性行為的「越界而行」更多是一種資產階級的行為，而資產階級無論是其行為還是作為一種社會集團，在新傳統理念中都是處於負面價值的評判中，屬於否定和批判的對象。從事商業性性服務違背了生活在社會主義制度下的中國人應有的政治立場，這是三。

　　在上述中華人民共和國成立後的前三十年中形成的新傳統理念中，精神高於物質也是一大內容，對於精神的追求往往被認為是高層次的、高尚的、有理想的、有信念的。在近三十餘年來，雖然對物質的追求不再總是被認為是卑下的行為，「致富」、「讓一部分人先富起來」甚至已成為主流話語，精神卻仍被確認為是高於物質的，精神

　　有高校老師提出：「我國由於長期受封建思想和傳統觀念的影響，在性的領域中充滿了性愚昧、性無知、性神祕和性禁錮。這些年來，西方消極性文化和性觀念從各個途徑不斷滲入我國，特別是一些黃色書刊、影視光碟對我國傳統性觀念產生了衝擊。在這種衝擊浪潮中，我國不少青少年把握不住自己而走向錯誤的道路，產生了錯誤的性觀念……據我們對全國近三十多所大學一萬多名在校大學生性行為、性觀念的調查表示，有性交行為的男大學生為 15.7%，女大學生為 5%，贊成婚前性行為的男大學生為 57%，女大學生為 26.7%。據此，為使我國青少年和大學生樹立正確的人生觀、世界觀、道德觀，使他們具備當代人格和社會主義精神文明的需求，非常有必要對在校的大、中學生進行性健康教育。」（吳群英、曹絳雯、董克奇，〈高師開設「性健康教育」副修專業的實踐〉，《性學》，1999 年第 2 工作期。）

文明被認為是更高層次的文明，對於精神文明的追求也更受到主流社會的褒揚和讚頌。此外，精神文明——社會主義精神文明也包括了夫妻恩愛、家庭和睦、社會安定等內容，在許多社區，尤其是城鎮社區，「文明家庭」的兩大主要標準甚至就是夫妻恩愛、家庭和睦。而對商業性性服務者來說，從事商業性性服務更多是源於一種經濟驅動，或是出於對物質利益的追求，必然會對合法的夫妻關係產生衝擊，引發家庭甚至社會的某些矛盾衝突。從事商業性性服務違背了社會主義精神文明的規範和準則，這是四。

因此，商業性性服務婦女的自我否定和社會對商業性性服務婦女的譴責、批評、批判，實際上是在舊傳統——社會主流文化傾向（貞操）、新傳統——社會主流政治傾向（革命、階級）、當前政治操作——精神文明建設這三個層面上展開、進行和運作，這三個層面的負評價和否定互為滲透、結構、相輔相成，形成對商業性性服務婦女強大的政治、法律、道德和輿論的壓力。

強大壓力造成的結果之一，是一些商業性性服務婦女的自我標籤化和自我汙名化。她們承認自己是「賣淫婦女」，承認自己從事「賣淫活動」，承認自己「下流」、「無恥」，承認自己「引誘」、「勾搭」「嫖客」，承認自己「受資產階級思想毒害」，承認自己「危害他人家庭」、「害了自己家庭」、「破壞社會秩序」——總之，她們為自己貼上「賣淫婦女」的標籤，自己將自己稱作「壞女人」。而正因為是「賣淫婦女」，就當然也只能從事「賣淫活動」；既然是「壞女人」，當然就是「下流」、「無恥」，當然「受資產階級思想毒害」，當然就要「引誘」、「勾搭」「嫖客」，也難免「危害他人家庭」、「害了自己家庭」、「破壞社會秩序」。就這樣，在「賣淫婦

女——壞女人」的自我標籤和自我汙名中，這些商業性性服務婦女成功弱化對從事商業性性服務的自我否定，抵抗社會對商業性性服務者的負面評價，削減原有的道德和法律壓力，獲得較大的心理平衡：在自我否定中，她們實現了自我肯定。

如果說心理平衡的獲得使得一些商業性性服務婦女能以一種較坦然和命定的心態從事商業性性服務，而這種「從事」在某種意義上來講，已成為一種「墮入」的話，那麼，對其他更多的商業性性服務婦女而言，由於第一次商業性性服務以後，她們就處於心理衝突之中，而在以後的商業性性服務中，甚至在日常生活中都與之相伴、難以揮去，使得她們難以坦然、平靜地面對和／或從事商業性性服務，她們的「從事」在某種意義上來講，便成為了一種「掙扎」——不願被標籤為「賣淫婦女」的掙扎，不願被汙名為「壞女人」的掙扎。

這一掙扎最常見的表現之一，是用「社會現實」、「他人之說」[12]來為自己進行辯解，將自己從事性服務的行為說成是對「社會現實」、「他人之說」的認同之舉和／或結果。在此，她們將自己定位在認同者／跟從者／盲從者的位置上，強調社會現實的存在，更強調社會的影響和作用，以及在社會大環境中，自己從事商業性性服務的不可避免性和某種合理性。進而，商業性性服務不再被認為是一種少數人的不道德／違法／犯罪行為，而至少成為一種普遍存在和被普遍認可和接受的大眾行為，一種難免「法不責眾」的大眾行為；而她

---

12 常被論及的「社會現實」：「這個社會就只看重鈔票」、「笑貧不笑娼」、「賣淫這
　　種事到處都是，這個社會現在就是這樣子的」等等；常見的「他人之說」：「他們說，
　　這種鈔票很好賺的」、「他們說，這種事情又不要緊的」、「他們說又能玩又能賺鈔票，
　　何樂而不為」等等。

們從事的商業性性服務也就成為一種從眾行為，她們被抓被罰成為一種「只抓我，不抓別人」的冤枉和／或「運氣不好」之類不合理或「揹運」的事件。如此，在「大家都這樣」和／或「我只是跟從的」之類的話語中，她們解脫自己。

最常見的表現之二，是將自己之所以會從事商業性性服務歸罪於家庭或他人，[13]認為是父母、配偶、子女、同學、朋友、上司影響和／或作用的結果。在此，她們將自己定位在被逼者／受害者的位置上，強調他人的強權，更強調自己被塑造、被強迫，以及自己的走投無路和／或被逼無奈，進而，商業性性服務不再是一種自覺和主動的行為，而是有前因後果的、被迫的、被動的、非自願的行為，她們被抓被罰也成為一種「都是別人害了我」的受害事件。如此，在事出有因、有情可原的訴說中，她們的「壞」便不再是原生態的──生來就有的、本質性的，而是他人，包括家人和社會關係網中之人造成的，她們成為無辜者。

最常見的表現之三，是將自己從事商業性性服務的原因溯源到對家庭和／或他人的奉獻，[14]認為這一行為的出發點或目的為了家庭和／或他人幸福。她們將自己定位在犧牲者／奉獻者的位置上，強調自己的自我犧牲精神，更強調自己的奉獻精神，以及這個行為對於家庭利益和／或他人利益的重要意義。進而，從事商業性性交易成為「犧

---

13 常被論及的家庭或他人的原因：從小父母養育教育不當（如溺愛、不管不問、虐待等）、家庭貧困、夫妻關係不好、代際關係不好、子女需求、家庭負擔沉重、同學欺騙、同伴（如小姐妹）誘惑、老闆強迫等等。

14 常被論及的被奉獻者有丈夫、男友、情人、兒女、兄弟、父母等。而之所以願「以自身的犧牲」來換取他們的幸福，最主要的還在於「愛」──「愛他們勝過愛自己」，以及「愛的責任／義務」：必須或不得不以自己的犧牲使他／他們獲得幸福。

牲我一個，幸福其他人」的壯烈之舉，被賦予了關愛的含義，成為家庭／他人利益至上的個體群體價值的體現。如此，此類當從事商業性性行為被轉義為一種自我犧牲的行為時，當事人也就自我崇高化了。就一般而言，這些商業性性服務婦女在從事商業性性服務被抓被罰時，並不過多作非罪或非違法的辯解，也較少有「社會不公」、「別人害我」之類的怨言。她們從事商業性性服務是自願的，她們也清楚這個行為的違法犯罪及非道德性，並知曉法律後果。她們只在乎自己的犧牲是否有價值，她們只關心自己為之犧牲者的幸福與快樂。而一旦發現她們的犧牲者是低價值甚至是無價值的，她們也會「轉變」──自認為是「受害者」。

最常見的表現之四，是對自己作另一汙名化處理──最常見的便是將自己稱為「情人」或「軋姘頭」：自己並非是在做交易，而是在「找情人」或「軋姘頭」；自己並非是「賣淫婦女」，而是男人的「情人」或「姘婦」。與被認為純粹是為了金錢且隨意性交往的「賣淫」、「賣淫婦女」相比，或多或少帶有情的色彩，對象較固定的「找情人」／「軋姘頭」、「情人」／「姘頭」，顯然被認為是道德敗壞程度或違法犯罪程度較低的，於是，兩害相比取其輕，一些商業性性服務婦女將自己汙名為「情人」、「姘頭」：插足他人家庭或不以結婚為目的的「情人」、「姘頭」當然也是「壞女人」，只是「賣淫婦女」是最「壞」的，因此，自己作為「情人」、「姘頭」就不是最「壞」的了。

對商業性性服務婦女的上述分析，並非是企圖指認商業性性服務婦女在自我辯解，要論證她們的「謊言連連」──事實上，許多人，包括許多女人，尤其是中產階級、身處上流社會的白領女人們往往抱

怨、指責商業性性服務婦女謊話連篇，她／她們很樂意做的一件事就是「心明眼亮」地戳穿「賣淫婦女的鬼把戲」。與之相反，我堅持認為商業性性服務婦女的述說是／或大都是事實：事實大都是中產階級、身處上流社會的白領女人們所不知曉、難以知曉或難以體驗的，更是商業性性服務婦女生存狀況的一種反映——她們需要和／或不得不用「他者的語言」來敘述自己的經歷，以獲取／保持自己的心理平衡，以獲取／保持自己存在的合理性，表明／證明自己的存在價值。對於她們，我們也許更需要的是傾聽和理解，而不是指責和批判。

應該說，商業性性服務婦女之所以會從事商業性性服務都是有源可查、有因可究，眾多調查也證實了這一點。問題是，為什麼許多商業性性服務婦女都要特別強調外部環境的影響、強調外部因素的作用？在傾聽和理解的基礎上，我們必須解讀她們的敘述，以真正走進她們的心中，而不僅僅是走近她們身邊。一旦進行解讀，我們就不難發現，這一對外部環境／外部因素的強調，實際上也是她們自我否定的一種折射——她們知道自己的所作所為使自己成為「壞女人」；也是她們企圖擺脫否定的反映——她們不願被認為是「壞女人」，至少不願被認為是本質性的「壞女人」。她們處在激烈的衝突之中，她們需要以自我肯定來否定自我否定，甚至不惜用汙損度較低的汙名。只是自我肯定並不能實現對自我否定的否定，在許多時候甚至又轉換成為自我否定的一種再生產機制——自我肯定成為自我否定的一種再實踐：自己是「壞女人」，「壞女人」才需要辯解式的自我肯定。

她們想借用社會認可的「他者的語言」來自我拯救，然而，她們陷入了更深的矛盾衝突之中；她們想借助「自我肯定」來自我解脫，但是，她們進入了更深的自我否定之中——「說謊」也好，「欺騙」

也罷，她們想說的只是：我們不是壞女人，我們原本不是壞女人。

　　她們沒有墮入，她們在掙扎——在道德的層面上，這一掙扎可以解釋為「不甘墮落」。然而，她們能在掙扎中自救嗎？

第五章
選擇與選擇空間

　　論及「賣淫婦女」，較普遍的議論是她們「人盡可夫」——她們可與任何人進行性交往；[1]而某些人自認為更準確的說法：只要有錢，不管是誰，她們都願與之進行性交往。事實上，商業性性服務婦女並不是不分對象地向任何人提供性服務——對這一回答，許多人的第一個反應會是：那當然，她們是要錢的，看中的是有錢人；而對這一反應更需指出的另一個事實是，即使對方有錢，即使對方願意出高價，商業性性服務婦女們在性服務中也是會挑選服務對象——她們有自己的原則，而且各不相同。除了選擇服務對象外，她們也有不相同的服務地點、時間、方式等選擇。如，一種較為普遍的觀念認為「賣淫婦女」們總是晝伏夜出；有關商業性性服務婦女活動的文學性描述常常有「每當夜幕降臨……」、「在大酒店一閃一閃的霓虹燈下……」、「燈紅酒綠中……」、「昏暗的舞廳裡……」之類的字眼，有的學者則將日落而作、日出而息認作「賣淫婦女」活動的一大特徵。其實，這只是源於絕大多數婚內性交往均在夜晚進行這一既有

1　在 1990 年代中期的「民間文學」中流行過這樣一個段子：記協（記者協會）召開成立週年紀念大會，妓協（妓女協會）發電祝賀。人問：你們與他們毫無關係，為何要發賀電？答：我們是同行，都是歡迎來稿（搞），來稿（搞）不退，稿（搞）費從優。這便是大眾心中對「賣淫婦女」「人盡可夫」性交往想像的寫照。

觀念的想當然思維。實際上,且不說在商業性性服務婦女中占相當比例的從事「批發性服務」的婦女——被「包養」者並不是以「日落而作、日出而息」的方式從事性服務,她們提供的是全日制、全套的服務,即使在從事「零售性服務」的商業性性服務婦女中,「日夜營業」的也占了一定比例,甚至就只是「白天營業」的也不乏其人——在本書為之基礎的商業性性服務婦女調查所訪談的41位敘述者中,有4人,占1/10。這再一次提示人們,商業性性服務婦女的「生活場景」是溢出主流、正統思維的想像力,任何不在場的描述、敘述、分析難免會帶有誤解甚至偏見。

商業性性服務婦女的服務原則十分個性化,大致與以下六大因素相關:第一,個人及其家庭所處的社會地位,例如有城鎮,尤其是城市家庭背景和/或工作背景者,絕大多數對來自農村的客人,尤其是自稱或被疑為「農民企業家」者抱有反感,不願向其提供服務,或在服務中盡可能地「偷工減料」。這實際上是階級/階層偏見與對抗的一種反映。

第二,個人的心理偏好。如,有人傾向接待中年人,認為他們有安全感,有溫情;有人傾向接待年輕人,認為他們有激情,會玩;有人願意被包養,認為這樣省心省力,收入可靠,安全係數大,有的寧願做「散戶」,認為這樣獨立自由,沒有做「第三者」的內疚;有的只在晚上接客,因為不願意光天化日之下在客人面前赤身裸體,有的只在白天接客,因為晚上令人恐懼,白天不令人擔心受怕。這種心理偏好大多可在其社會化過程和緊張性事件的追溯中找到根源,這實際上也是個體不同的社會化過程和社會經歷的結果之一。

第三,個人在本群體層級結構中的位置。如前所述,在商業性性

服務婦女內部也是分為各個層次的，而相對於每個層次，每一商業性性服務婦女不僅都有自己的定位，也依此層次，給本群體的其他人定位。就一般而言，每個層次的人都有屬於自己這個層次的、相對固定檔次的服務對象、地點及價格。如「國家隊」通常不會到小客棧為過路的長途貨（客）車司機提供服務，即使客人高額付費；「街道辦事處」也不太會接「老外」到賓館去「辦事」。[2]這不僅涉及到「搶生意」的問題，也在於對屬於層次較高者來說，是一種自我定位，以及其由此定位產生並反過來支撐此定位的自尊──她不願「掉價」，事實上，她也不能「掉價」。一旦她「掉價」並讓人知曉，她的內心就會接受「掉價」，她的「隊友」們也會以此譏笑嘲諷，並在客人中傳播，自我排斥和他人排斥會使她在原層次上難以立足，進而下滑至下一層次。這無疑是層次較高者的大忌。而對於屬於層次較低者的後者來說，且不說她們是否能接到「老外」之類的「高檔客人」，更主要的是「老外」、「賓館」作為一種符號，不僅顯示豪華、享樂、有錢、舒適，也指向陌生，以及由陌生產生的不安全感。如果說，小客棧中的長途貨（客）車司機對於「國家隊」來說意味著陌生，但「屈尊」的態勢能使「國家隊」的心理危險感大大弱化的話，那麼，「賓館」中的「老外」對於「街道辦事處」來說則是一種「攀上」，自卑心理加重了由陌生產生的不安全感。因此，「街道辦事處」們一般不去「勾引」「老外」，對於「老外」的「勾引」大多也心有遺憾地婉

---

2 在 1980 年代初，商業性性交易在中國大陸「死灰復燃」時，「買方」和「賣方」均處於無序狀態，大多是具有隨機性的「引買」、「引賣」，較少有某種層次的劃定和規定。至 1980 年代中期，「買賣」雙方開始逐漸層序化，至 1980 年代末、1990 年代初，商業性性服務婦女與服務對象間的分層實現某種序列化和系列化。

拒——她們不敢逾越自己的位置。從階級／階層分析的視角看，根據個人在本群體階層結構中的位置進行服務原則的確定，實際上是商業性性服務婦女在群體外階級／階層的分層之上，進行群體內部階級／階層的再分層、再定位：在階級／階層社會中，商業性性交易不可避免地亦是一種階級／階層的生產機制，它進行了並繼續進行階級／階層的再生產。

　　第四，個人對於安全的把握。安全不僅是指不被逮捕，還包括避免性病的感染、防止服務對象的性虐待或難以接受的「變態」行為，以及獲得理想的收入。當然，對於什麼是變態行為，各人也有各人的界定，如，有的認為施虐或受虐是變態行為；有的認為有多人介入的性活動是變態行為；有的認為非性器官與性器官接觸的性活動是變態行為，如手交、口交、肛交；[3]有的認為只觀望不介入的性活動是變態行為，有的則認為非男上女下傳統體位的性交就是變態行為。出於安全考慮，有的為了有依靠而更傾向於投靠「媽咪」，有的為了不被剝削和強迫而寧願自己獨幹；有的認為賓館裡更安全而在賓館裡包房間，招客／接客、待客全在賓館內進行；有的認為在外面逃躲更便捷而寧願租民房或公寓，招客、接客與待客分開進行；有的認為港澳臺客多性病、愛玩花樣，不願與之多交往；有的認為港澳臺客注意性病預防，玩得開心，願意多接港澳臺客，如此等等，不一而足。必須指出的是，商業性性服務婦女個人對於安全的把握是以她在家庭所處的社會地位、個人的心理偏好及個人在本群體的階層結構中的位置為基

3　在敘述者中，就有一位因以肛交的方式為客人提供服務並感染了梅毒，認為是十分羞恥之事，從而要求我們不要公開她的口述資料。遵照她的意願，本書未引用她的口述資料。

礎，進而根據她個人所處社區對於商業性性交易的容忍度和她個人的社會支援系統而確立的，它甚至是婦女被「性工具化」的反映，折射出社會對婦女「性工具化」的程度——就一般而言，符合社會公認的「年輕、漂亮」標準的商業性性服務婦女的安全感較強，她們很少被抓，被抓了也常有客人前來保釋，包括交罰金，從而不必接受勞教（行政處分）或勞改（刑事處分）；而不「年輕」、「漂亮」者被抓的概率就大得多，並常常被處勞教或勞改。較之前者，後者有強烈「被抓」的危險感。

第五，個人對於經濟收入的需求。這是人們常常論及並遭到更多抨擊的一種依據。儘管作為一種商業行為，商業性性服務對於利潤的追求原本是應有之義，人們對這商業行為本身有著更多的道德評判難免有不公正之嫌。事實上，商業性性服務婦女在從事商業性性服務時，首先考慮的往往不是收入而是安全問題——只有在確保安全的前提下，她們才會「做生意」，生存狀況的危機四伏使她們較常人更明白一個淺顯的真理：留得青山在，不怕沒柴燒。當然，應當承認的是，既然她們是「生意人」，經濟收入必然是她們「做生意」時考慮的一大重點與要點。而從對經濟收入的需求出發，也可以對她們進行分層：（1）絕對貧困者往往「大幹」、「快幹」，她們甚至每天「出勤」，以「薄利多銷」提高經濟收入——其中最多的日均接客量為十幾人，半個小時之內「完事」，收費最低為每次二十至五十元；（2）相對貧困者比較關注收入與客人數量之間的比例關係，她們對於接客不再「多多益善」，而是希望每次收費能達到一個可接受的標準：她們開始講求「薄利」，而接客數也大大減少。實際上她們不再每天「出勤」，也不再天天「做生意」——其中最多的日均接客量為

三、四人，「完事」的時間延長至1-2小時，甚至「包夜」，收費最低為每次一百到三百元；（3）非貧困者關注的是收入的效用率，她們的接客率大大降低，收入則大大增加——實際上她們不再常常「出勤」，收費最低的也達每次五百到六百元，「包夜」成為她們最常見的服務方式。（4）以賺大錢為主要目的的較富裕者在收入的效用率上計算得十分精明和精確，她們不再以「次」計算收入率，一般只接待有錢的商人、企業擁有者、企業管理者（廠長、經理）之類被人稱為「老闆」者，其中大多人也更願以被「包養」——包婆、情人或二奶的方式獲得收入，而且如果收入未達到確定的最低標準，她們不會簽訂「承包合約」。

個人對於經濟收入的需求可以追溯到當事人個人和／或家庭在社會中的經濟地位，如，多數絕對貧困者、相對貧困者就是來自貧困山區／農村，或城鎮中的貧困家庭；但除了這一初始化的貧富差距外，商業性性服務婦女個人的經濟收入更主要是由其「工具化」身分被作為性服務消費者的男人認可、接受的程度所決定的。「工具化」主要是「性工具化」（不僅是性交工具，包括作為觀賞、遊戲、情感慰藉的對象），也包括「家務勞動工具化」（即被包養者提供全套服務的保姆、廚娘之類的家政服務）。被性消費男人認可、接受程度越大，性消費男人支付的服務費用越多，商業性性服務婦女的收入也就越多，在性服務提供中的經濟迫切性也就越低。在此，作為闡釋者，我似乎陷入了一種悖論：商業性性服務婦女對於商業性性服務原則確定，表現她們在這一服務中的主觀能動性，是對商業性性交易中男性霸權的一種挑戰。但是，這一能動性和挑戰，又是要以男性性消費者對於商業性性服務婦女的工具化身分的認可和接受為前提條件。

　　事實上，對此，商業性性服務婦女有一系列的實用性策略，我將其概括如下：

　　1.**場景分離化**。就總體而言，商業性性服務婦女的被工具化和能動性挑戰是同時存在的，但就個體而言，被工具化和能動性挑戰又不是同時發生的：它有時間的分離，如，有時是工具，有時是挑戰者；也有個體的分離，如有的人更具有被工具化的傾向，有的人更具有挑戰者的傾向。用商業性性服務婦女自己的話來說，就是：「低三下四的時候低三下四，搭架子的時候搭架子」；「他們玩的是別人，而我是玩他們。」這一策略可稱為「場景分離化」。

　　2.**工具的非工具化**。儘管在社會上，包括在商業性性交易中，別人，尤其是男性消費者將商業性性服務婦女看作是工具，但就一些商業性性服務婦女個體而言，她們不認為自己是商業性性服務的工具，甚至認為與服務對象處於某種平等之中，相互間是一種「公平交易」的關係。用商業性性服務婦女自己的話來說，就是：「自己在這個過程中最大的收穫是身心愉快，以及情感的慰藉」；「我沒有感到他們看不起我，我也從不說錢，都是他們自己放的，算算上次放的錢差不多了，他們就會問是不是要付電話費、電費什麼的，就拿我的包，放個幾千塊錢進去」；「他們都對我很關心，我年紀小嘛，他們把我當妹妹一樣，到時候就會來問問我，身體好不好啦，心情好不好啦，什麼的。不是每次來都要發生性關係的，發生性關係這種事情不多的。」這一策略可稱之為「工具的非工具化」。

　　3.**工具的對象化轉移**。即，在進行商業性性服務之前，商業性性服務婦女已經把自己作為實現自己目的的工具。在服務中，雖然服務對象將她當作服務工具，但她更盡可能地利用服務對象實現自己的目

的，滿足自己的需求。由此，在她看來，在更大的程度上，她是主體，而服務對象則轉化成為她的工具，為服務對象的服務轉化為服務者自我服務的一種手段。用商業性性服務婦女自己的話來說，就是：「我早就是工具，賺錢的工具」；「我就是為了報復男人才去做的，玩他們，用他們的錢玩他們。」這一策略可稱之為「工具的對象化轉移」。透過對這一系列策略的閱讀和理解，我可以走出悖論的困境。

第六，活動所在地一般的「服務規則」和／或所在同伴群體的行事標準。規則和標準包括價格的確定與浮動、地點的選定、對象的選擇等；也包括服務的方式，如，在某些地方、某些商業性服務婦女群體中，多體位、口交、肛交等是可以接受的，而在某些地方、某些商業性性服務婦女群體中，則視為「變態」，為「變態者」服務被認為是最下賤的。甚至僅僅是在商業性性服務中遇到「變態者」，也會被同伴嘲笑。

也許是多此一舉，但為防止誤解又不得不說明的是，上述六大因素在商業性性服務婦女的服務原則的影響和作用有時是較為單一的，有時是較為綜合的；有時是主次分明的，有時是主次難分的；有時是有前後次序的，有時是有前後不分較為雜亂的。無論如何，商業性性服務婦女就是在這些因素的影響和作用下，完成了服務原則的確立，進而加以踐行。

第一節　服務對象的選擇

上述所謂的服務原則，指的是商業性性服務婦女在進行商業性性服務時，所遵循的某種準則、所依據的某種標準，當然這是十分個性

化的，並由個人的家庭背景、生存狀況、社會背景、心理偏好、群體
規範等所決定。

服務原則表現在商業性性服務婦女對於服務對象、服務地點、服
務時間、服務方式等的選擇上，滲透在她們對客人進行服務的過程
中——事實上，服務原則在較大程度上體現商業性性服務婦女個人的
主體意識、能動性，以及對男權的抗爭和／或階級／階層抗爭。

就對服務對象的選擇而言，涉及年齡、職業／身分、是否慷慨大
方、熟識度、經濟狀況、個性、外貌等方面。

在年齡的選擇上，一般都傾向於30至40來歲的中青年人，較少傾
向於30歲以下的；對於50歲以上的，大多都抱有反感、厭惡感，不到
迫不得已，不會主動提供服務；即使提供服務，也往往是草率應付了
事。而除了功利性的原則外——30歲以下者一般是「事業尚未有
成」，經濟收入較低，掌握的實權也不多；也與情感因素有關——30
歲以下者大多被認為缺乏溫情，不穩重、不可靠。對於50歲以上者的
反感，則更多源於傳統的性觀念，建立在對老年人生理，尤其是性能
力的否定基礎上對老年人性行為的排斥。

在職業／身分的選擇上，有的傾向於高收入者和有權勢者；收入
不高者，包括被認為收入不高的工薪收入者，以及社會地位較低者遭
到她們的心理排斥，這無疑是以功利性目的——賺錢、獲得有效資源
為導向的；有的則厭惡暴發戶般的老闆、農民企業家，甚至不願為這
些人提供服務，而這更多與階級／階層歧視（與性服務婦女的家庭出
身、原職業等相關）、地區歧視（大多來自出身於城鎮的性服務婦
女）以及階級／階層抗爭聯繫在一起。

在熟識度的選擇上，有的傾向於熟客，有的傾向於生客，而無論

是熟客還是生客，其最根本之點都是安全，包括收入安全、行為安全、自尊安全等。

在外貌、個性的選擇上，有的要求客人長相漂亮、氣質好、溫情；有的要求「看得順眼」；有的只要求「看上去很誠實」。進一步分析社會發現，前兩者更多是由年紀較輕、層次較高的性服務婦女提出，提出後者的更多是年齡較大、層次較低、更多處於經濟困境中的性服務婦女。

此外，所有的性服務婦女都傾向於接待／服務慷慨大方的客人。

如前所述，性服務婦女的服務原則有的是單一的，有的是綜合的；有的是主次分明的，有的是主次不分的；有的是前後排序的，有的是前後混雜的。作為服務原則組成內容之一的服務對象的選擇當然包括在內。對此，性服務婦女的自述如下：

「年紀太大的話，我不喜歡的啦，年紀太小的，我也不喜歡。」為什麼？「太大嘛，我怕有病，心肌梗塞，我聽了很多這種謠言，年紀太小的嘛，到時候純粹是為了錢，感情根本談不上的啦。」「年紀太小的，沒什麼錢的。」

（HXZ，胡滌菲訪談）

一般接的客人「不超過40歲，都是40歲以下的」，集中在「30歲左右」。「舞廳裡就是我自己跟小姐妹跳舞，要麼就是跟那種歲數很小的男孩子，只有20幾歲，跟我們很般配的那種一起跳舞，因為歲數大的，一般舞廳裡我不要看他們，我覺得髒不啦幾的。」

（PLL，A，胡滌菲訪談）

我一般不接45歲以上的人，很厭惡的。「想想他們這麼大的年紀還要這樣，很厭惡的。」

（快快，王金玲訪談）

像我們在桑拿浴室「是這樣的：反正一出去的話，肯定是有錢的才跟他們出去，像現在玩玩的哪裡有很多有錢的，實在有錢的，一個月兩、三個，也就算是最好的。」「帶出去肯定是錢比較多一些。」

（DXY，王金玲訪談）

「顧客也要看得順眼的，看不順眼的，我是不會幹的。」「我不是瘋狂地去掙錢，看不順眼我是不會幹的。」

（DLL，高雪玉訪談）

「這個事情也要看人的有的，人看上去好像誠實一點的……實在是很蠻的，我也不會跟他去的，怕的，一般看上去很誠實的樣子，」才會跟他去的。

（LWY，王金玲訪談）

「我做是一次性的，我是不喜歡下次來找我的。」「因為覺得，第二次見面，看到，臉上都不好意思。」生客反正都這樣，大家都不認識的。

（DXY，王金玲訪談）

客人「畢竟要是出這個錢的話，那肯定是長期性的到湖州來的，經常跟我們來碰面的。但是不會太長久的。」

（LX，汪俊昌訪談）

我不是什麼樣的男人都可以的,「有些40多歲的男人我見了怕的,年紀大的我不喜歡的。」「我跟社會上的老闆這些人關係不太好的。」我看不慣他們,「他們有點錢就很了不得的,我最不喜歡跟這些年紀大的人相處,因為他們都是這樣一些人,我不喜歡跟他們打交道的。如果他們到我店裡來了,我只是接待你,對他們沒有好感的,巴不得他們快點走。我們老是這樣子的,他們前面剛走,我們在後面就把門很重地關上,故意讓他們聽到。」「一般的客人都在30-40歲之間」,「都是有家的。」我也不是每天都幹的,「我不太喜歡做這種事的,只有身上沒錢花了,才這樣的。」

(WHY,高雪訪談)

「我實際上不是跟那些賣淫的一樣,很低檔的,給你幾百塊錢就行了。我一般跟的人就像是情人一樣的關係,都是蕭山有些名氣的人,其中一個原來是幹部,後來他下海開了一個珠寶店,我一般都是給他做情人的,我一般不是那種幹了以後給你幾百塊錢就算了,不是每次拿錢的。」像這樣的,「那同時有四個」,他們「都是蕭山本地的,都是有點錢的、有點地位的。

(LJF,高雪玉訪談)

客人大多是採購員、廠長什麼的,「我喜歡熟客,好像認識了,講話嘛,好像也很隨便的,那不搭界的,有時候,熟客的話,他錢多一點給你們,那有的時候,我也不問他們拿錢,這樣子。」

(HLJ,胡滌菲訪談)

「就好像覺得蠻漂亮，氣質很好的，」「30幾歲的，」「我覺得自己也有一點好感嘛，」就跟他們出去吃宵夜，陪他們玩。「要看他，一看就是很大方的人，那才跟他出去嘛。」如果小費給得少，「那是不可能去睬他的，那就讓他去嘛，他反正到時候不走，那老闆也要說話的。」「反正有職業的人，我一般就不玩的，反正一般的女孩子就有職業什麼也玩的，那我不玩的。」「我心裡就這樣想的，像他們，就是工資，有多少的。那我這樣想，他如果就是靠外快，也沒有多少的。」「撈也撈不到多少的，我就是這樣想的。如果你給他拿一點錢，肯定很心痛的，是吧？我這樣想的，好像沒意思的。」「那我一般玩，就是喜歡做生意的。」

（WSH，胡滌菲訪談）

我的客人一般都是35-45歲之間的，年紀太大的也是沒有的。「我一般是這樣的，看看這個人還順眼，比較舒服一點，乾淨點的，如果髒兮兮的，我最討厭那種農民企業家，感覺上就給人很不舒服的。一般客人檔次都還可以的，都看上去首先是給人感覺蠻舒服的。」「我也不是存心要賺錢，賺了錢就花掉，沒錢再去賺，平均每個月六、七次，賺個六、七千塊錢。」

（PLL，B，高雪玉訪談）

「我們認識的這種人一般都是30幾歲，有一定事業，都有家庭、有事業的。他們也不會像這些人一樣，瘋瘋癲癲的，做事情都是比較可靠的。我們一般都跟這些人來往。自己麼年紀也蠻小，他們對我也蠻好的。」「那我，年紀一般35、36歲的話，我就不喜歡跟你交往

了。在我的印象中，31、32歲的男人給我的感覺最好。打個比方，我現在出去嫁人的話，我也願意嫁個30幾歲的人，而不願意嫁個20幾歲的，我覺得20幾歲的，兩個人在一起，小孩子對小孩子，沒意思。30幾歲的男人在一起就好像有成熟感，他們也挺穩重的，也能夠體貼我們這些年紀輕的女孩子。」

「一般跟我接觸的人，都是27、28歲到32、33歲，也就是35歲以下，25歲以上這段年齡。在這段年齡我跟他們接觸的，我覺得他們這段年齡經濟上也比較有錢，比較成熟，有素質，修養這方面比較好。一般看上去應該說一個很成功的男人。像這些流氓一樣的小男孩，我覺得一起逛逛公園、逛逛街是沒關係的，真的叫我跟他們玩啊，我覺得沒必要，他們要錢沒錢，是不是？」

（WTF，王金玲訪談）

第二節　服務地點與時間的選擇

服務地點的選擇一般有三種：一是自己選擇，一是隨客人選擇，一是由媽咪、雞頭選擇。無論自己選擇或他人，都會出現各執己見的現象，有時，服務者會寧願不做生意，也不願去他人選擇的地方。當然，這三種選擇的區分只是一種理論上的區分，在實際運作中，根據時機、社區、對象等不同，服務者許多時候會靈活處理，除了少數完全堅持自己選擇外。而性服務婦女對服務地點和時間的選擇更多與自己對安全的認知、經濟需求的迫切性及因社會化過程或／和緊張事件造成的心理偏好相關。

一般喜歡在哪裡？「喜歡到自己住處，賓館要查房，有危險。」

（JXH，汪俊昌訪談）

我做事就在湖州的HuChun飯店，在絲綢城邊上的。此外，「我還經常去舞廳做，」「另外的飯店我是沒有做過。」

（LX，汪俊昌訪談）

我一般把客人「領回自己家裡，安全一點，到賓館裡很少的。」

（HXZ，胡滌菲訪談）

「地點都是客人安排的，一般都在賓館裡。」

（LJF，高雪玉訪談）

「卡拉OK我們是從來不幹的，就在賓館裡的。」

（XJ，王金玲訪談）

「我被抓以後，後來再去做的時候基本上就是在WangHu裡，不在別的地方，我覺得WangHu裡保安什麼都比較熟悉，是比較安全的。」保安那裡，我們有時也給他們一些好處，「他們有時候也故意找事（指故意找茬——引者注），我們也經常請他們出去吃飯什麼的。」有時也給錢，二百元左右，多也不多的，也不是經常性的。「我們小姐妹說，我們要在那邊幹，首先要把他們搞搞定，萬一有時候會出一點事情。」

（PLL，B，高雪玉訪談）

我一般「都是在店裡做的，是在咖啡店裡，咖啡店有四個包廂，門可以鎖起來的，裡面就是沙發，還有一個茶几。」

（WHY，高雪玉訪談）

一般做這種事情是在賓館裡，「他們（指客人——引者注）就是房間開好了，我嘛，就是在舞廳裡跟我小姐妹倆跳舞。他們call機打過來，就說吃飯去不去吃，我說，那麼我們跳好舞過來，一起去吃飯。那麼，吃好飯就跟他們一起到房間裡看電視什麼，那麼，晚上就睡在那裡。」賓館不固定的，「他們如果今天房間開在HuaJi，就在HuaJi，開在別的地方就在別的地方。」「有時在他們家裡，他們家裡老婆是上班去了嘛，在他們家的。」

（PLL，A，胡滌菲訪談）

「當時我們都有自己的房間，我們都住在賓館裡、酒店裡的，也很少出臺。後來認識這些客人多了，也不願意上班了，三天兩天兩頭串臺。他們有時打我手機，打我傳呼，今天晚上哪裡熟客很多，生意很好，我馬上就到那家酒店，就這樣的。沒有長期待在一個地方，就是串臺子的。」

（WTF，王金玲訪談）

「地方一般他們（指客人——引者注）選。蕭山不能去，娘家也不能去，我沒租房子，我也不是存心做這種生意。我不像賣淫婦女租一間房子，我一般都是為了散散心，交交朋友，既然他們有這個要求，我也就順其自然。一般地方都是他們定的，像招待所、旅館，賓

館也有的。外地人有的招待所是長包的，都是一個人一套的，杭州人嘛，就到他們家裡去。」

（WPR，汪俊昌訪談）

　　我租了一間房子，在舞廳裡找到了客人就帶他到那裡來玩；除了到自己家外，有時男的也帶我到他家去。「其他地方也去過的。」「我們麗水外面有一條甌江，到那個江邊上，有灘的，草泥地上。」這些客人「一般年紀比較大一點，好像誠實一點，看上去麼比較老實一點的，」「都是怕敲詐，」「他都喜歡你到外面」那個溪灘上去的。

（LWY，王金玲訪談）

　　「那如果不安全的賓館肯定不會去的啦。」「在象山，我的女朋友Kandai都認識的嘛，Kandai她以前那個男朋友就是，這樣說，就是聯防隊嘛，」「她反正一般都知道嘛，很熟悉的，就是查房不查房，都知道的。」

（WSH，胡滌菲訪談）

　　出臺一般都到「賓館裡幹這種事，一般是媽咪介紹的賓館，或是媽咪給我們安排好的。」「嫖客選擇的，我們不去的，因為這樣很容易出事的，媽咪很有主見的，她給選擇的地方一般不會出事的。她在那裡是一路通的，特別是那裡的保安她都搞定的，她只要一個電話過去就行了。」「所以，就沒有出過事，而且所有的小姐都沒有出過事。」

（CL，高雪玉訪談）

就服務時間而言，大多數是在晚上，許多有陪夜服務。但在白天，甚至只在白天從事商業性性服務的，在商業性性服務婦女中也不是少數。而這也與其對安全的認知、經濟需求的迫切性和由社會化過程或／和緊張事件造成的心理偏好密切相關。

我出臺，「從來不過夜的，一般來說，我在蕭山認識的人比較多，我都是到杭州去的，生意做好以後再回蕭山。」大多數生意「是在白天做的，晚上偶爾做，晚上只在歌舞廳裡陪客人唱歌，我一般是不出臺的，最多陪客人去吃夜宵。」

（LJF，高雪玉訪談）

「反正我都是白天的，晚上我自己不要去的，」「不要去做這個事情，因為怕派出所的人會跟蹤來。」

（JMX，胡滌菲訪談）

「我帶出去的時候很少的，我從來沒有陪過夜，因為我跟不熟悉的人在一起的話，是睡不著的，即使他們出得再高一點，我都不喜歡的。」

（WHY，高雪訪談）

「賓館裡白天還好，晚上我一般也不去的。」「基本上在白天做。」

（GJ，高雪玉訪談）

第三節　服務過程中的能動性

在性服務過程中，商業性性服務婦女並不是完全被動、無為和／或無能。在價格商議及索取、健康安全、方式／技巧等方面，她們具有相當程度的主體能動性，而對其中某些人來說，她們某些時候甚至完全可以將作為服務對象的男人們玩弄於股掌之中。並且，除了如局外人所意料，能玩弄男人者當是年輕美貌的「賣淫婦女」外，事實上，能在商業性性服務中掌握主動權者中，「半老徐娘」，甚至相貌平平的中年者也是不乏其人。

主體能動性在價格商議及索取上表現得較為充分：大多數人有一個最低定價，低於這一價格，她們不會接客。當然，各人最低價格定位線及如何計算、怎樣算，按次還是按夜，什麼是做一次等等，有很大的不同。

「我有兩種定位，一種是偶爾在一起，完事馬上就走的話，我就少一點，但不能少於五百元；要是過夜的話，最少不會少於八百。如果說客人不出這個價錢的話，也可以轉身就走的。但如果說我看這人很好的話，或許會降一點。但是，我最低就在這個層次了。」對於熟客，「我們並不是說只拿他一點錢，像我們現在的房子，電器都是他們買的。」「房子也是他們租的。我們找一個地方，他們出錢。」「曾經我也有過一件事情，他（指客人——引者注）給我租了一年的房錢，幾千塊錢，我一個人住。但是，我另外還有一套房子，我就把這套重新租掉，租給別人，然後，我就說你這房子不好，另外找了一套。但他來的時候，我還是讓他另外開賓館。並不是說你一個人同時

應付個兩人。幾個人的話，根本就是分身不過來的。所以，我們腦筋也要想一想，怎麼處理這樣的事情，怎樣才能賺得到錢。」

（LX，汪俊昌訪談）

客人付錢，要看的，「有時候大方的，你跟他說多少就給多少；有的時候不說，他一二千、三四千也會給的。」「我們自己說，一般，要看情況的，看他大方，多要一點，不大方的，少要一點」多要點，就是一、二千；少要點，那至少要五、六百的。「一次就算一次的錢，一個晚上就算一個晚上的錢，不跟他講幾次那個。」「如果說廣東那邊，比較開放的，那邊，香港那邊的，臺灣那邊很多人過來的，一般帶出去肯定住賓館，肯定是要過夜的。講價錢就講一個晚上五百或一個晚上一千。」

後來到這邊來做了，「我說要麼都價格高一點，我做的兩個是一千塊，她們做五、六個才一千塊，這樣我是不幹的。價格是給他們定高的，我那時都經常定高的。」「最低三百塊。」「看有錢的就多要點，」「最高的一、二千也有的。看他有錢的，有時你不跟他講價錢，反正……。」「也要看什麼樣的人，有的是先收錢，有的價格也不講，跟他做了，要多少，他給多少。」「有的大方會肯的，有時看人家大方的，就這樣的。」大方的人嘛，「比方說賓館裡，冰箱裡什麼都有，東西吃吃的，你要拿麼，他說有的，進去，就對你很好的。」「你坐在這裡，他什麼東西端端過來你吃吃，聊聊天，再開始，這樣的。」「一般小氣的，他會和你說多少錢，他自己也會問的。」也碰到過做了以後不給錢的，那就要叫難頭來了。

我拿出套子（指安全套——引者注）要客人戴，「有的人會同意

的，有的人會說那個戴了不舒服的，他就不要戴。」我會說，不要戴要加錢，「假如說是五百塊，那我就說要一千塊，我就這樣說。」「有的會肯的，有的不肯。賺了錢麼，也就算了。是不是？不肯麼，也就不加了。」「如果已經收了錢，我要加的話，他不加，我可以說我不做，我走了。錢反正我拿到了。他再想想沒辦法，也會加的。」就怕是沒收錢，沒收錢麼，就沒辦法，只好做了。

（DXY，王金玲訪談）

　　「玩嘛，就是八百嘛，」「一次，」「那就是跑到房間，房間開好，跑到房間裡，那肯定去跟他拿錢的。那我今天晚上有心要跟他玩了，肯定是先跟他拿錢的，萬一他等一會兒撇手呢？」「就是萬一他賴掉呢？等一會兒嘛，有的事情好像我們老（指經驗豐富、老練——引者注），他比我們還老呢！如果他說，他有什麼事情他要出去一趟，出去一趟他走掉了不回來呢？是吧？那我一個人在房間裡，還要付房費呢！還要給他付房費哩！」

　　我「一般都是過一夜嘛。」「反正每個人有每個人的想法的。一次就覺得沒什麼意思呢。就是如果一夜的話，可以多拿小費。」「那進去嘛，跟他拿小費。他就問你多少，那我就說八百元嘛，我一開始說一千元的，那一開始肯定要說一千元的。」「他肯定也要跟你談價錢。他說，明天早上再給你二百元，他就是也怕我有什麼事情嘛。」「他說，先給你八百啊，明天早上再給你二百。那我就跟他說，如果明天早上，起碼再付四百，不然的話，等一會兒人在不在也不知道。實際上，我嚇他嘛，我就是這樣跟他說的。」「那明天早上，如果你一次嘛，那硬碰硬了，八百就八百了，那明天早上我可以跟他拿四

百、五百小費的。」

（WSH，胡滌菲訪談）

　　價錢「有時是做好以後商量定的，有時要看客人的，一般來說，我最少就是一千元，低於這個我是不去的。」

（LJF，高雪玉訪談）

　　我的定價「一次最低不低於五百元，」「一次」就是指「他好了吧」，就是「射精」。「他們（指客人──引者注）說這麼貴的？有這麼貴，最起碼陪我一夜。那我就說，市面上這種價格你應該知道的呢，你也是這種玩玩的人。如果你不給到，我也要翻臉的。一般也是看人的，看這個男的好像很大方的，大方看得出的，這個男的好像派頭很大的，拿手機呀，煙呀抽的都是兩樣（指與一般人不同──引者注）的，」而我價格就往上升開，不會開五百，最起碼開八百以上。

　　也有要求用手的，收費是一樣的。「像這樣做的，我們寧願插入的啦，為什麼？多少討厭啦，手搞不出的啦。」

（HXZ，胡滌菲訪談）

　　「我就跟那些男的說，我說你給我多少就多少，我都是這樣子的。我始終到現在都這樣子。我說你給我多少就多少，我無所謂的。」「錢是做完了再給我的，他無論給我多少，我也一句話都不說的。反正多少就多少。」最少的是五十塊，記得有一次是二百塊。一般這些男的也知道的，他看到我心裡不滿意，就會加一點。「一般都是給你五十這樣子。」「他如果給三十，看到我不滿意，他就會添

點，湊你半張（指五十元——引者注）這樣子。就這樣的，有的人不湊半張會湊整張（指一百元——引者注），有些人湊八十這樣子來的。」

（LWY，王金玲訪談）

「價格啊，一般都是不定的嘛，就是他們自己也知道，最少最少的嘛，最起碼要給六百塊錢，否則一般的，現在都不高興的嘛。」「那也主動要過的」，主動要的話，是那些「看上去蠻小氣的那種」。「他們啊，他們有時候自己亂說的，說什麼三百，我說三百，那你就不要那個了。自己……我說，隨便怎麼樣，上上班得三百。那我就拎個包走了嘛，那他們就說，噢，六百，六百，就這樣說。」

（PLL，A，胡滌菲訪談）

「固定的，給幾千幾千的也有的。一般的話，都是八百到一千元，一般檔次很低的我不玩的，一般都是比較有錢的。」

（GJ，高雪玉訪談）

「反正人民幣拿到最高一個晚上三千元，港幣最高拿了八千元，還加上連騙的一共有一萬一千元，臺幣最高一萬元。」「反正什麼都好騙，說我要買什麼，打的的錢多少付一點……」

「只要你（指客人——引者注）能夠放得開手，我可以，但如果你很小氣的話，那對不起，我不願意幹的。」「我交換意識是很強的，如果說你今天只能給我三百塊，叫我陪一夜是不可能的。我一次最起碼五百至八百，而我的價錢真正算是高的。」

「現在小姐出場包夜最高只有五百塊，這算是最高的，一般有二百塊左右已經蠻好了。」「這要看媽咪能不能幹。如果媽咪跟客人談得好的話，有八百多，再加上小姐自己能騙的話，那收入就高了。就說我跟他們光喝酒，不陪他們睡，一個晚上最多騙到一千七百塊。」騙的方法，「以喝酒為主，他們喝得高興了，出手就很大。」

（CL，高雪玉訪談）

我「最低價就是八百」，「像有些的，有些他看了你舒服麼，就是看你很順眼，或者怎麼樣，然後他們也會多給你一、二百，有時候比方說，讓他高興了，」「加一百到二百。」「也要看人的，有些人就是好宰一點，就是這客人好宰一點麼，就騙他，一個花樣加二百，再一個花樣加二百，就這樣的。」

拿錢嘛，也「看客人嘛，我們進了房間，就知道這個客人是大方的，還是好弄的，還是不好弄的。」「有些是坐臺認識的，坐臺認識，他們自己提出來，那些客人坐臺的時候付小費還是，因為我們坐臺時的小費和這個床上的錢是分開付的。坐臺的時候，他如果說付小費很大方的話，說明這個客人還比較直爽的，就好騙一點；有些就是點東西（指坐臺時的酒、點飲料等——引者注）上面看得出來的。」如果不是坐臺認識的，「一般是小姐妹介紹的麼，一般都是可靠的，」一般都是以後收費的。

玩了以後逃掉的，「那我就叫他們朋友把他找回來嘛。」「他逃得了和尚逃不了廟的，他逃掉，我肯定把他抓回來的。抓回來肯定要加倍罰，問他拿錢的。」逃掉的人很少，但賴帳的比較多，十個裡面有三、四個吧。「有些是逃走，有些人還就坐在房間裡，就是我不肯

付，你準備怎樣呢？他們以為我們一個女的，好像在外面，他不怕我的。但是到接下來等到我們電話打了，把人全部叫過來了，他就開始怕了，後悔了，哎唷，剛才我為什麼不把錢給你，就是這樣子的。」

一次嘛，「就是指插入，插了以後掉出來再插進去，算兩次的。」

到深圳去，就是想找找有沒有老闆包的機會。但「很多機會我都放棄了，」因為價格不是很高啦。「有一次過去麼，這個老闆出一萬二千塊，而且有個房子，三室一廳的房子，房子給你弄好的，他們是華僑嘛，印尼的華僑。」「50多歲，」「家裡有老婆，」「做面料生意的。」「我說這麼低的，我就不願意了。他說你這個人這麼笨，他說給你一萬二千塊錢的是個底價，他說另外東西我可以給你買，我就是，我不肯。」

（快快，王金玲訪談）

價錢的話，如果不認識的，我就會自己說的。如果是他們這些認識的，我也從來不會跟他們提「錢」字的。他們也很自覺的，「有時跟我玩了，就走了，沒給錢就走了，我也無所謂。他們經常到我房間裡來玩的，有時把我的包打開來看看，有時我也會叫，哎呀，幹嘛看我的包啊。他說我看看誰給你打傳呼嘛。其實，他們只是給我放錢，到時候都給我放好幾千塊。我跟這些熟人來往也不是一天玩了就不理他了，那沒有的。我接觸的一些人中，一個月都跟他有好幾次來往的。他們一個禮拜的話，來……反正最少一個禮拜來看我一次，但是我自己也知道他們來的話，肯定會給我放錢的。所以，在他們面前，我是從來不提『錢』字的。到我生日時，他們也會送一些禮物什麼

的。」「固定的，三個人有的。有時他們會給我包房間，到月底，他們也會給我結帳，這樣子。我有時跟這個一個月，跟那個一個月；有時我就沒跟誰一個月，自己開房間，他們願意過來玩就過來玩。」包我一個月的話，「兩、三萬塊錢肯定要的，至少，肯定要的。」

（WTF，王金玲訪談）

雖然就整體而言，安全套在商業性性交易中的使用率不高，但我們的調查對象中，不少人也十分關注自己的性健康，包括避孕，用各種方法說服客人使用安全套，有的甚至堅持不服務不用安全套者。

在做生意時，「我戴避孕套（中國大陸對男用安全套的一種稱呼——引者注）。」「是我要求的，」不是怕懷孕，「那時我已經上環了，我跟男朋友在一起怕懷孕。」叫客人戴套是「我怕他跟別的女人睡過，怕得病。」他不願意，「我就跟他說，萬一我有性病會傳染給你的，他們也害怕的。」「沒有客人自己主動要求用的，」他們說戴套不舒服，都是我提出的。

（LJF，高雪玉訪談）

「我一般在外面的話，我很容易懷孕的。那我都是有時候呢，吃藥，有的時候戴避孕套。」當時也知道性病、愛滋病，但我一般都戴避孕套的，不戴避孕套好像我也不敢做的，因為染上毛病我也很害怕的。到目前為止，我都沒染上，不過，我也不是每天都做這個事的。「有的客人要用的，好像說他也害怕萬一我有毛病，他也害怕，要用避孕套的，有些客人是不要避孕套的，不用避孕套我勉勉強強也這樣

做。不過，做好我馬上上廁所，用潔爾陰我都洗的。」

對不願用的客人，我也是跟他說的，「那他肯定……，有些客人會理解的。那我說，畢竟做這個事，我很容易懷孕的，那他也……有些客人，一般叫我們去的朋友都是很好說的，那懷孕的話，不是對他說來也很麻煩，對我說來也很麻煩。那他有些時候，一般戴的。」

（XJ，王金玲訪談）

性病愛滋病「在沒出社會以前（指沒踏入社會──引者注），我就知道，也聽到過。但是我真正的，我也不知道。就是偶爾聽到這些社會上的，聽是聽到過的。」「我一般，我如果跟這些客人上床的話，那我都會拿避孕套給他們的。」每次都用的，不管是熟客還是生客。他「不願意用話，那你就……我也沒辦法，反正不願意的話，我就不做嘛，一般他們都是錢先給我的。如果生客的話，他也不會，不過有時熟客的話，我對他印象如果好一點的話，那他說不用，那我也沒有關係。」

（WTF，王金玲訪談）

「我每次出臺的話，包裡避孕套肯定是帶的。每次做生意，我都給他一個避孕套，如果他不戴的話，我是不幹的。」我不願意加價就不戴，「我對性病是非常害怕的。」「如果客人認為出的價錢就是不戴的價錢，硬要我幹的話，那我是會跟他說的，這點我始終是把握住的。但如果跟他們這時候談崩的話，他們出臺費還是應該給我的，這本來就是規矩嘛。」

（CL，高雪玉訪談）

客人中，「香港人、臺灣人是有的。這種華僑是很多，但是，外國人有是有，但是我不接客，我就陪他們唱歌什麼的。」「我怕愛滋病的。」

（快快，王金玲訪談）

在服務方式／技巧方面，商業性性服務婦女們的原則性也是有所不同甚至大相逕庭的：有的厭惡「玩花樣」，對客人的這一要求堅持反對；有的視自己的經濟需求和性需求而定；有的則以此作為提高服務價格的途徑。

「那我上次碰到過一次嘛，那他說要什麼動作。什麼東西呀，那我就是小費扔給他，扔回給他。我說不玩了，我就走了。那後來他把我拉回來，他就說算了，算了，那就……我看到這種東西，我好像覺得很厭惡一樣的。」

（WSH，胡滌菲訪談）

要玩花樣的客人，我碰到了很少的。我碰到的都是正常的，「反正就是仰躺在床上，」他動。口交這樣的要求有是有的，但是我是不肯的。「他們就是說，錢再加點兒，我說，我再多的錢，我是也不會來要的。」「我就是不要做的，就是叫他們走。」

（JMX，胡滌菲訪談）

我最不喜歡的女人就是「不管多少錢她都會去做，而且做的方式都很噁心」，就是「換花樣、口交什麼的。這種女人我店裡有過一

個，我以前從來不管她們的，也不喜歡打聽她們怎麼做的。有一個老闆到我店裡來玩，跟我們開玩笑的時候，他說那個服務員哪裡去了，他來找她，因為她長得很漂亮，但智力不太好的，她賺錢養男人的，她男朋友叫她做這事的，每天晚上一回去，她就把錢交給他」。她在做的過程中的行為，「令人不可思議的」。她生意好的話，「一個晚上接七、八個。」「這種女孩子我也不喜歡的。她回來以後，我就不要她了。我就諷刺她，你跟你老公到深圳去。其實，我是不會諷刺任何一個做這事的女孩子的，因為我曾經也這樣過；我也從來沒說過看不起做『雞』的。她用這種方式去做『雞』，覺得太噁心了，所以不喜歡跟她在一起，好像跟她同吃一個碗的飯都有一點噁心。」

（WHY，高雪玉訪談）

客人要求其他的姿勢？「那肯定要求過，那我不高興，我說，你要那個的話，我不高興的，煩也煩死的，快一點好嘛，還有什麼這個姿勢，那個姿勢，那我說，那你去找別的女孩子好了。」

（PLL，A，胡滌菲訪談）

「那有些男人就是叫我們幫他們口交呀什麼東西，那這種肯定很過分的，是不是？」「客人願意提價，那他們價格提高一倍呀，那肯定提高的。」「像我們開價八百，口交的話，他就是一千六，但我們肯定基本上都不願意的。」「那多少髒了，我自己想想也很髒的，是不是？」

（HLJ，胡滌菲訪談）

我聽小姐妹說，她「只要小費提得高，就可以的。」「她就是一個花樣一次小費嘛，就是口交叫他扔多少，就這樣。反正她那次回來拿了兩千多嘛，她就是說，很快的嘛，我就是在迪斯可裡跳舞，她就是說一個多小時還沒到，就回來了嘛，拿了兩千多嘛。」

「那就是反正看他身上現金帶了很多的，就亂給他開口了。口交，你馬上扔出多少，就是，給你什麼動作，跟你怎麼玩，再扔出多少，就這樣。」

（WSH，胡淶菲訪談）

「那時在臨海。一次，一個駕駛員帶我到臨海一個菜場旁邊。他是一個老闆，睡到半夜三更，他用嘴舔我的下面（指陰部——引者注），我醒了，就一個巴掌打過去。我以前聽人家說過，這樣他把營養都吸去了。我說怎麼這樣，沒經過我同意。他說很舒服的，我不要。」「後來我被抓了，我就把他說出來了。」

那個老頭50多了，他給了我五百塊錢。「開始說一次，後來又要來一次。就這樣，後來，他還想來，我就把他罵出去了。我說，你這麼大年紀，還想跟誰？你想得倒美，他就不來了，說我沒有良心。我說滾，誰要看你，你以為你有錢就了不起？」

這個老頭子「他什麼動作也會幹，我就覺得他這個人很那個。他以前叫我嘴巴給他舔，開始他不知道的，後來我說口交很舒服的，我就給他舔，他很舒服。後來經常叫我滿足他，我氣也氣死了，我不幹，煩也煩死了。他也喜歡給我舔，有時我受不了。看了錄影，兩個人什麼事也會幹，不知道怎麼回事。」

有一個客人，「他以前常叫我跟他口交，很喜歡，每次給我一

百、二百塊錢。這次我就告了他。」「他以前說過答應幫我的，說有困難找他，沒想到他沒答應我，我心想我出事的話，肯定第一個把他招出來。」

（QLX，王金玲訪談）

　　有的商業性性服務婦女還能在商業性性服務中掌握主動權，化「客人」為「工具」，甚至「玩具」。這一主動權的掌握表現在服務開始之前──如何服務，甚至由服務者決定是否提供服務。

　　他看不起我？「我覺得如果是他真的叫了我，我覺得我地位還是有的，如果我覺得他看我是那樣的，我早就走掉了。我才不要和你，還和你做什麼生意，我錢不要賺你的，我也走掉了。」

（DXY，王金玲訪談）

　　「碰到我心情不好的，我要罵他們，我不要跟他們，就是他們來找我，我要給他們罵走的。」「反正我就是感覺到心裡很煩的，我就是要罵人，」「自己有事情煩。」

（JMX，胡滌菲訪談）

　　「雖然他今天晚上來找我，想要我陪他什麼，我覺得今天心情有點不舒服，或者什麼，那他就會說改天吧。今天晚上陪我出去玩玩，吃吃飯，唱唱歌什麼，有時買些吃的回家再吃，也很開心的，不會像他們這樣子，不行馬上就翻臉，那沒有的。」

（WTF，王金玲訪談）

怎樣多拿小費？「就騙他嘛，騙他說，想和你晚上玩什麼的，像晚上跳舞都是這樣的，都是很壞的。那就騙他嘛，說等會兒出去和你吃夜宵。吃夜宵肯定是陪他的了。實際上是騙他的。等到夜宵吃一半就溜掉了。還就是有的時候小費先拿到手，那等到下班了嘛，就跟老闆說身體有點不舒服，就走掉了。叫他自己回去，就這樣的。」客人不會不再來，「越是這樣，他越是會來的。」「你好像鉤子一樣的鉤牢他嘛，你就是好像走掉了，說我身體不舒服，你要來就是過兩天再來啊。就這樣說的嘛，那意思好像是女孩的事情，就是見紅（指來了月經──引者注）的意思，就是說身體不舒服。」

（WSH，胡滌菲訪談）

表現在服務過程中──服務的態度、方式、技巧等，甚至在服務過程中對客人的控制。

我要罵他們的，一起吃飯、玩的時候也可以說說他們，發發脾氣，「搭搭架子發發脾氣的」。

也有客人明確提出不准接其他客人，就是我養你了，不要再接其他客人了。「我說不要。因為這些話當中，他也提出叫我不要出去跑啊什麼，那我在家裡待不住的。有時候，他說出差跟他一起去出差，我覺得對這個生活不適應，還是覺得自由一點的好。」就是到時候大家一起出去玩玩，跟其他人一起玩玩，「他說，那你不願意麼，也隨便你。」

（HYB，王金玲訪談）

「當我走上社會賺錢，我就腦子裡想牢這個目的。我對男的從來沒有感情，而且我是必須賺錢，不可能對他們有感情。畢竟我怎麼說呢，我走上社會以來，我畢竟好像自己的青春已經失去了，我畢竟想賺點錢存銀行。」

「我這個想法就是無非為了賺錢，好像說舒服不舒服，你玩為了舒服怎樣，我從來沒想過。我只是和這個客人做好一次生意，我錢一拿到手，我就必須馬上就走的，我也不和他談任何事的。如果好像他說，意思是需要我的，下次還要找我的，那我就留個call機號給他……然後寫個假名字在上面，我就這樣走掉了。」「我不想多說話的。」

（XJ，王金玲訪談）

「熟客嘛，好像認識了，講話嘛，好像也很隨便的了，那不搭界的。有時候熟客的話，他多一點給你的；那有時候，我也不向他們拿錢的。」「如果生客的話，我就是跟他，先是拿錢的，性關係搞好的話，我就洗個澡，我就出去了，不跟他們講話一樣。」

「那我有時候，如果我跟這個男的要好的話，如果男的需要的話，那我已經跟他要好了，是不是？那我也跟他……」「那不要好的話，我就好像不願意一樣的。肯定不願意的，那發生性關係也好像沒感覺什麼東西的。」

（HLJ，胡滌菲訪談）

「我覺得在外面的話，應該是我的性格能夠吸引他們吧。怎麼說，我覺得……反正這些男的和我在一起，對我的評價是：我長得不

漂亮，但我長得很有趣，就是他們把我當小孩子看一樣，就沒把我當大孩子看。就像我有時瘋起來也很瘋的。兩個人在家裡的時候呢，我也應該說做得像家庭主婦一樣，他們覺得我還算可以吧。我的性格上能夠讓他們，對我比較那個。」「比如說出去應酬什麼的，我一般都很給他們面子，不會讓他們為難，而且不會讓他們出醜。我覺得應該是我的性格吸引他們。」

「那我看到這個男的不順眼的話，我有時候就好像，就希望他快點了事。好像是說我跟你是沒有感情的，和你是做交易的，我只要你的錢，你也只是要得到你的性欲的滿足。那我就拼命地催，希望他快點走掉，就是很討厭他。有時也很討厭這種生活，但我就覺得被生活所逼一樣，覺得沒辦法的，我就這樣想的，我就希望他快點下去。」

（WTF，王金玲訪談）

包夜的話，一次八百，最多的話晚上一次，早上一次。「那晚上，我反正我玩過一次，我就是不睬他，我就睡覺了嘛。我每一次都這樣的，不然，你如果再跟他說話什麼的，他肯定又有興趣的。跟他笑呀弄呀，肯定又有興趣的。那就是不要去跟他說話，那明天早上再跟他玩。」

小姐妹的事，「我是聽到過，她們就是說，好像馬上就要做好了事情嘛，就是要出來了嘛，出來（指射精了──引者注）了嘛，就是反正不給他出來，就是叫他再付小費什麼的。」

要吸引客人嘛，「那就給他來刺激的，什麼口交什麼的。」我們小姐妹是做的，「她就是一個花樣一次小費嘛。」

（WSH，胡滌菲訪談）

做這種事情的時候，他在上面做，「我自己在想別的事情」，吃吃東西，就想快一點完事。

（JMC，胡滌菲訪談）

表現在服務結束後——報復客人，利用客人，甚至將客人獲得的服務作為把柄，進行敲詐。

「我覺得如果哪個男人，就是好像，給我錢少了，或者是怎麼樣，反正對我不利的話，我就會叫人打他的。像我們這種人在社會上，也認識社會上那些不三不四的爛仔，反正各種各樣的人，三教九流的人我們都認識的，我如果不順眼的話，我就會暗中叫人去搞他，把他打一頓，那也是有的。就是教訓他們一下，但是也不會把事情搞大，隨便打痛幾下，是有的。」

（WTF，王金玲訪談）

「當時我被抓的時候，保我的很多的，你不要看那些穿警服的人，也都是一樣的。」「擺平他們很容易的，我把小姐介紹給他們，小姐的小費我來付，只要他們需要。」

（CL，高雪玉訪談）

「那在象山，一般是安全的，我是不可能出事的。如果出事，那會牽連到許多人。」為什麼？「像Kandai就是這樣跟我說的。如果你跟他們玩，也有好處也有壞處。如果你真的出事，他們不來保，不來，如果她打電話了，他們不幫忙，不保，那你就可以把他們供出來

嘛！供出來，他名氣什麼都沒有了，對吧？」，所以，在象山，「我
覺得很安全。」

（WSH，胡滌菲訪談）

　　「我和他之間沒有避孕，我認為事情越大，我越開心，對這個男
的損害越大。那天，這個男的知道我懷孕了，」「很緊張，他還很傷
心，以後幾天每天都來看我。那天，我們從醫院裡回去，他把我叫到
包廂裡，問我肚子裡的孩子是誰的，並且跪在我的面前放聲大哭……
我第一次看到一個男人在我面前這麼傷心，要是在平時，我肯定會被
他感動的，但現在我不會的。當時你對我怎樣，想要我的時候就要
我，不想要的時候就把我一腳蹬開，真是一點面子都不給我。他說，
我只是試試你是不是真的愛我。」後來，「到衛生院去打掉了，當時
第三個男的給了我一千元錢。叫我把孩子處理掉，我當時並沒有感到
傷心什麼的。」

（DLL，高雪玉訪談）

　　有了這種事以後嘛，「有時他是自願給我錢，我不問他拿的；有
時候嘛，就是沒關係也問他拿錢的。有錢的話，我是不問他們拿的，
實在沒錢嘛，沒辦法了，我又不高興做那種事情，我就去問他拿
了。」

　　「我就是喜歡跟固定的人在一起，經常問他們拿錢的，沒錢了，
我也不出去玩，就打call機給他們，我說我身上沒錢了，你們錢拿過
來，他們就會拿過來的。」「我一般嘛，就是拿五、六百，有時候急
用嘛，拿兩千這樣，問他們拿。」他們「也不是高興，也不是不高

興，就是我問他們拿，他們總歸會給的，」「一般都會給的。」「有兩次，他們說沒空，就說不過來，說過兩天再打call機。那我就說，你這種話都是騙人的，沒空，什麼事情這麼忙的，過來一下都沒空的。那他們說，你明天再打我call機，那麼，我明天再打他們的call機，他們嘛，再拿過來。」

（PLL，A，胡滌菲訪談）

「這些年接觸了各行業、各種性格的男人，總結一下挺有意思。不知不覺，自己已被不斷感染、薰陶和改變了許多。我個人認為這些改變好的仍多於不好，對完善我的人生價值起著不可估量的作用。總體來講，接觸從政人員需要用上一定的心計，這種男人一般比其他職業的男人要不近情理些，也更虛偽些。他們與你獨處時，都會有所要求，也會什麼都做，與普通男人沒什麼兩樣。但事一完，只要一走出房門就會道貌岸然，裝出一副正經樣，總與你擺出上下級的架子，把昨夜裡那些溫暖、激動會遮住。這幾年州裡大大小小的幹部我也接觸過一些，有的人除了夜裡需要你時，他會啥都答應你，而到第二天，當你到單位找他正式辦什麼事時，他要麼緊張、難堪，趕緊打發你走；要麼以工作忙為藉口，叫秘書或手下人接待你了事，總不如其他行業的男人那麼活得坦然、自如。掌握到這些規律，我一般會有目的地接觸從政男人，因為他們只有權沒有錢，所以跟他們更主要是彼此互相利用式的接觸。比如，我有一個相好三年之久的某局局長，他本來很有實權，當我為表弟調動問題去單位找他時，他卻裝著不認識我，還給我打官腔道，目前人事凍結，很難解決，連杯水都沒請我喝，就讓手下人打發我走。到了晚上，卻又打來手機約我去他在某賓館的宿舍過夜。我為了報復一下他，帶著

已由分管領導簽署的調令去了他的房間，並很有禮貌地讓他看了調令，就走了。這以後，他多次打來電話，一聽是他的電話，我就立即掛機，幾次在州裡的會議上見面，我也採取不認識他的方式不理睬他。看著他那灰溜溜的模樣，我心裡暗暗有幾份快意。」

（JRAY，馬林英訪談）

第四節　對服務選擇的再閱讀

作為「經濟人」的一種「經濟活動」，商業性性服務婦女的商業性性服務無疑首先是出於一種經濟考慮，和／或一種以經濟獲利為目的經濟核算行為。因此，她們的服務選擇原則的確立與實施，當然也是源於經濟需求和／或以經濟獲利為目標。

但是，即使是「經濟人」，其最本質的要素仍是「人」，人固有的自尊與自愛無疑也會在商業性性服務婦女心中存在，並適時潛意識地發揮或有意識地發揮作用。當然，這一作為人的自尊與自愛會因個體社會化進程的不同、生存和發展環境的不同和／或所處的需求層次[4]的不同，而在性服務婦女進入商業性性服務領域和／或在服務過程中出現個體性的差異。在某些時候、某些場合、某些環境中，差異還是相當懸殊的。從這角度看，服務原則的確立與實施，也是商業性

4　美國心理學家馬斯洛認為，人的動機是由五種需要構成的，這些需要存在於個人內部，並有高低層次之分：最低層次為生理需求，第二層次為安全需求，第三層次為從屬和愛的需求，第四層次為自尊需求，第五層次為自我實現需求（沙蓮香，《社會心理學》，中國人民大學出版社，1987，第 219-220 頁）。

性服務婦女的自尊和自愛的折射與實踐。

因此，除了經濟核算的意義外，服務原則的確立與實施，事實上至少表現出以下的含義：

1. 我不是任何人都給予服務的，客人挑選我，我更對客人進行選擇。
2. 我是具有一定身價的，而身價顯然是某種社會地位的反映。
3. 我不願意被客人傷害。
4. 我不是任客人擺佈的。
5. 性服務至少是一個互利的過程：我獲錢，你獲性滿足。

因此，儘管在局外人看來，就大多數商業性性服務婦女來說，商業性性服務過程是一個自尊、自愛失落甚至喪失的過程，也是一種自輕自賤的行為，但事實上，自認為並非是別人的玩物者，自認為在性服務中並未失落自尊者，甚至認為在商業性性服務中能獲得自尊滿足者也並非罕見：在她們那裡，性服務過程在很大程度上已轉化為自尊、自重、輕視男人、賤化男人的過程。用她們的話來說便是：

我這個人雖然是在社會上混的，但如果碰到要求口交的男人，「我還是要翻臉的。我覺得他不尊重我，我要不高興的。雖然在你們看起來，我們是在賣淫，給別人當玩物，其實我腦子裡不是這樣想的。」「他不尊重我的話，我拿起包就走的，我不會像有些人那樣，既然出來了，就要賺點錢回去什麼的，不會強求自己去幹自己不願意幹的事情。」

（LJF，高雪玉訪談）

我們「背地裡都罵他們牲畜，他們走了，就說牲畜走了。」接待客人的時候，「就把他們當作豬什麼的。」

（WHY，高雪玉訪談）

「後來在我自己犯罪（指從事性服務——引者注）的道路當中，男人很少讓我看到順眼的，讓我看到有好感的。我覺得你們男人在外面、在社會上是有頭有臉的，但是在我覺得，你跟我在一起的時候，你至少好像是要聽我的，而且你要給我錢，而且要聽我的。我覺得你這個男人不是男人啦，根本就不配做男人。在女人面前還不是像一條狗一樣，我覺得。我就這樣想法的。」

（WTF，王金玲訪談）

在這過程中，最大的滿足是自尊心的滿足。「因為我在以前這些男朋友這裡，都很顛倒的，沒什麼自尊可言。」「就是很遷就他們，他們要怎麼樣我就怎麼樣，他要我辦的事，我一定要想辦法辦到，就是這樣的，在客人這裡就不同了。客人有求於我，我就是很高傲的，我要怎麼樣就怎麼樣。」就是萬一那個的話，最多我不要錢了，「我有的是錢，我不要你錢，我就這樣的。」「總覺得自己，反正他有求於我，我肯定比他高一等，這樣。」

那些男人，「我覺得他們，太可憐了。」他們「很虛偽，反正這些男人沒得到你的時候，就求死求活，跪在地下啊，哪怕是哭啊，笑啊，反正想盡辦法，都會來的。」「像狗一樣，我覺得，真的。外面麼，看上去冠冕堂皇的，都穿著西裝怎麼樣，說起來還有的是經理啊，有的是什麼當官的。哦，想想他們在床上這些，真的……」基本上就是我擺平他們的。

（快快，王金玲訪談）

作為一種流行、主流的觀念，商業性性服務婦女普遍被認為是自輕自賤的；所從事的商業性性服務普遍被認為是一個喪失自尊自愛的過程。事實上，在商業性性服務中，不僅並不是每一個服務者都是／自認為是自輕自賤的，也不是每一個服務都日益喪失著自尊自愛。並且，她們也在用自己的話語表述自己的尊嚴，用特有的行為保護自己的尊嚴，有的甚至是在其中重塑自尊自愛之心。只是，絕大多數局外人——包括被服務者在內還沒有聽懂她們的話語，還不理解她們的行為，於是，她們便總是被認為是「自甘輕薄和下賤」的。

進一步看，當「賣淫」還只是婦女唯一或主要的職業——娼妓還只是社會上唯一或主要的職業婦女時，由於有源於自己的、自己或多或少可獨立支配的，和／或以此來添補、支撐家庭經濟的收入，即使收入已被老鴇盤剝到所剩無幾，在那些在家靠父、出嫁靠夫、夫死靠子，其經濟自主權僅僅在丈夫或公婆從指縫裡漏出的一點點錢上的良家婦女面前，娼妓們還是有某種經濟優越感的；由於自己或多或少有選擇客人的權力，或多或少有選擇為客人服務或不服務的自由，並且，有更多兩情相悅的可能，儘管權力和／或自由可能對她們許多人來說是極有限的，與必須聽從父母之命、媒妁之言，被娘家「待價」而嫁，做了娘家「和親」、「換親」甚至「換錢」工具的女人們相比，娼妓們還是有某種人身獨立感；由於自己或多或少能與客人討價還價，或多或少能對客人進行玩弄或控制，儘管也不乏被客人傷害（包括身體和心理），但與以夫為天，對丈夫及其家人言聽計從、俯首聽命，甚至飽受丈夫和／或其家人欺凌而不敢逃離的女人們相比，娼妓們還是有某種個體自主感。而這種經濟優越感、人身獨立感和個體自主感的綜合，便構成了娼妓的職業自尊感。

　　今天，與許多婦女，甚至許多工薪婦女相比，就職業收入而言，許多商業性性服務婦女的經濟收入仍是較高的；與不少不得不以婚姻改變自己的命運，並由此囿於婚姻、怨恨婚姻、無奈於婚姻的女人們相比，不少商業性性服務婦女的人身獨立程度和／或個體自主感覺仍是較強的；與一些依附、依賴於丈夫和／或其家人，聽命於丈夫和／或其家人，在丈夫和／或其家人的控制下度日的婦女相比，不少商業性性服務婦女的個體自由程度和／或自我掌控感也是較強的。於是，娼妓的職業自尊感作為一種心理傳統在今天的商業性性服務婦女中不僅並未衰落，甚至與近三十幾年來個體主體意識的覺醒和日益增長相伴，有了更大的擴展和強化。

　　將商業性性服務作為謀生致富主要手段的婦女，絕大多數是處於社會下層的婦女——原本處於下層或因逃離家庭、婚姻而跌入下層。而與此相對應，能在家靠父、出嫁靠夫、夫死靠子並從而在家從父、出嫁從夫、夫死從子的婦女，和以其他方法（如求學、就業等）在社會資源配置中獲利的婦女，絕大多數是處於社會中上層的婦女——原本處於中上層或透過婚姻、求學、就業等進入中上層。她們中的許多人往往以「良家婦女」自居，對前者持否定態度，並不時對其進行批判。事實上，商業性性服務婦女的生存／生活方式原本就是對中上層婦女的一種挑戰，並且，事實上也對不少中上層婦女造成某種威脅，弱化了許多「良家婦女」們的生活安全感，降低了許多「良家婦女」的婚姻滿意度，甚至導致「良家婦女」婚姻家庭破裂。而商業性性服務婦女在性服務中顯現的自尊，更是對許多俯視、輕視、鄙視、蔑視、歧視她們的中上層婦女的挑戰與回擊：在女性群體內部的階級／階級分析範疇裡，這便是下層婦女對中上層婦女的挑戰與回擊，是一

種性別群體內的階級／階層意識的反映。

從社會性別視角看，即使在今天的中國大陸，商業性性服務婦女的性服務對象，甚至也可以說就是男子──女為女服務的極少。如果就比例而言，女為男服務的數量是多到可以使女為女服務的資料不具有統計學上的比較性。在性服務以外的社會活動中，婦女一般總是處於服從甚至屈從於男子的地位，男子往往比婦女擁有更多尊嚴──一種社會地位和社會角色所賦予、所要求的尊嚴。而在性服務中，婦女作為服務的提供者、男子作為服務的消費者的角色定位決定了是男性而不是女性更希望獲得享樂，是男子而不是婦女更力求獲得性的滿足，是男子而不是婦女在性滿足方面更有所求，這是一。性享樂是人的一種本能，出於對性滿足有更多的需求，社會地位、社會角色等等更加讓位於本能，男子也更加裸露了生物性的本能需求，這是二。雖然是人的一種本能，在公眾面前，在日常的社會活動中，性的衝動經常遭到個體的自我壓抑。但既然是人的一種本能，在適宜的時候，性的衝動便是難免。而也正是由於是在適宜──包括自認為適宜的時機，這一衝動也就難以壓抑，直至一發而不可收拾，這是三。於是，在急不可耐中，男子由社會人轉為生物人，其形象出現了巨大的反差；男子由被女人服從到有求於女人，其地位出現了巨大的反差。於是，婦女得以／能夠從服務的工具轉化為服務的主體，獲得在性服務領域以外難以獲得的自尊。

事實上，性服務過程也是一種男女兩性間的對峙過程：如果性服務婦女比男客更急不可耐，那麼，性服務婦女就會處於劣勢，居於服從甚至屈從的地位；如果男客比婦女更急不可耐，那麼，男客就會處於劣勢，不得不服從甚至屈從於性服務婦女：正因為在商業性性服務

過程中，性服務婦女對經濟收入更「急不可耐」，她們在經濟上就居於劣勢，並往往為了經濟原因而不得不服從甚至屈從男客；男客對性的滿足更「急不可耐」，他們在性需求上就居於劣勢，並往往為了性滿足而不得不服從甚至屈從於性服務婦女。而一旦性服務婦女經濟收入的迫切性得到緩解，她們就會在商業性性服務中將主動權掌握在自己手中。事實也證明這一點：當商業性性服務婦女不在乎錢時，她們往往是更具主動性的一方。因此，商業性性服務婦女在服務原則的確定和實踐過程中表現出來的能動性，也是女性對男性的一種挑戰，一種性別抗爭／征服的企圖與實踐。

　　商業性性服務婦女處於社會的下層，相對而言，其所服務的男子絕大多數是社會地位較其為高者──有的原本就較她們高，有的則是透過求學、就業、經商、婚姻等途徑進入較高地位。在性服務領域之外，他們是強者、優者、尊者，以中上層人士的身分俯視甚至輕視、蔑視、鄙視處於下層的商業性性服務婦女們，有的甚至還直接實施對商業性性服務婦女的打擊。而在性服務中，他們中的不少人則成為「乞討者」，成為「賤貨」──成為被下層人俯視甚至輕視、蔑視、鄙視者。從這一視角看，商業性性服務婦女透過服務原則的確定和實踐所表述的自尊，也是標示下層人站在自己的階級立場對中上層人的挑戰和打擊。此外，商業性性服務婦女除了現有的自我身分外，原本還有一個家庭身分（包括母家庭與婚後家庭）的階級定位，而這一家庭的階級定位有的是與商業性性服務婦女現有的階層身分相同，如，都是下層；有的卻是不同的，如，家庭的階級較高。當服務原則也是階級身分的反映時，商業性性服務婦女的自尊有的意味著以家庭的階級立場為背景，實施對上層人的挑戰和打擊，有的則凸顯著當事人以

較高的家庭階級立場為背景，對較下層者和／或原本較下層者、家庭階級較下層者的俯視、蔑視、輕視和歧視。

當性服務是在不同民族身分者之間進行時，商業性性服務婦女在服務原則的確定及實施中表現的能動性，也是一種民族自尊心的表現。

由此，對於商業性性服務婦女服務原則的再閱讀，我們至少可以發現：

1.　這含有人的一種自尊。這一自尊甚至可以說是與生俱來的。

2.　這含有一種職業的自尊。這一自尊可以追溯到以商業性性服務為婦女唯一有償職業的古代。

3.　這含有處於女性性別群體的邊緣和下層者的自尊，以及對作為優勢性別、群體的男性群體對處於中上層者的挑戰和反擊。在此，「姐妹情誼」之類的性別歸類更多由階級／階層替代。

4.　這含有作為劣勢性別群體的整個女性群體的自尊以及挑戰和反擊。在此，男性是作為整體性的性別壓迫和剝削群體而遭受挑戰和反擊。

5.　這含有階級／階層的自尊以及挑戰、反擊和擠壓。這一階級／階層除了個體自身所屬的外，也包含家庭的階級／階層歸屬。

6.　當服務者和消費者屬於不同的民族時，也意味著民族的自尊以及挑戰與反擊。在此，民族的意識是居於首位的。

　　不否認這一自尊以及挑戰、反擊和擠壓中包含著某些歧視和偏見，有的或許甚至就是建立在歧視和偏見之上。但是，自尊——不是自輕自賤；挑戰和反擊——不是俯首聽命、逆來順受卻也是一種事實存在，而同樣是不能被否認的。

　　而正由於此，在這一層面上，我們應該可以說，商業性性服務也內蘊著某種自尊的生產和再生產的機制——至少對某些商業性性服務婦女來說。

第六章
壞人？好人？

在中國大陸，作為一種認識論的主流，二元對立認識論有著深遠的影響。在認識論的觀照中，好—壞、善—惡、美—醜之類是被簡單地截然割裂的。至今為止，商業性性服務仍屬於犯罪／違法／不道德行為，從二元對立認識論出發，從事商業性性服務者往往被斷定為是「壞人」、「惡人」，商業性性服務往往被斷定為是「醜行」。而在道德的性別雙重標準中，婦女是「餓死事小，失節事大」，商業性性服務婦女更被認為是「壞人」中的「壞人」，「惡人」中的「惡人」。

事實上，在進行商業性性服務時，不少商業性性服務婦女確實也從事其他某些違法甚至犯罪的活動，如偷竊被服務者的錢財，對被服務者實施搶劫、欺詐等等；並且，在商業性性服務婦女中，從事其他違法甚至犯罪活動，如吸毒、賭博、鬥毆、敲詐、介紹商業性性服務、容留商業性性服務者、教唆商業性性服務等等的也是為數眾多。這一事實當在二元對立認識論中壞人幹壞事、惡人幹惡事、醜人（道德上的醜）有醜行的邏輯框架之中。

但是，作為另一種事實而存在的是，商業性性服務婦女也常做好事，也常有「美德」、「善行」之舉。

這一「好人好事」從政治層面看，包括為「希望工程」捐款、為受災人口捐款，甚至在1999年5月中國駐南斯拉夫大使館被美國導彈

炸毀後，許多正在被勞教的商業性性服務婦女慷慨陳詞，提出只要祖國需要，願以血肉之軀捍衛國家尊嚴。[1]從心理層面看，商業性性服務婦女也不乏心懷被千古傳唱的愛情、友情、親情。儘管這一愛情、友情、親情有時是以不道德／違法／犯罪的形式表現或實現的，如，不收費的性服務、以性服務掙錢滿足家人或情人的需求等；有時情感的實踐是發生在不道德／違法／犯罪者之間，如商業性性服務者和消費者之間，然而，誰又能否認情感本身具有的美麗與善良？

即使在心理層面，無論是對於為了構築「愛的小屋」而奉獻自身，成為性服務者的女孩，還是為了孩子能讀書而投入商業性性服務的母親，[2]我們也無法簡單將她們劃歸為好人或壞人，甚至在以個體群體價值至上的傳統價值觀念中。在這一傳統價值觀念中，個體的主體價值是被壓抑的，個人作為群體的一分子，其任何行為都是以他人生活得更好為首要目標和出發點，為他人奉獻受到鼓勵和讚賞。從此價值觀念出發，為了愛情或為了親情而奉獻自身是應該受到鼓勵和讚賞的行為。但是，就對婦女的傳統行為規範而言，失節，尤其是以商業性性服務為代表的自願、主動失節又是最受譴責和懲罰的行為，是

1　浙江省女子勞動教養學校 1999 年工作總結中，提及了女學員們在這一年中所做的「好事」。事實上，娼妓——商業性性服務婦女們的「愛國之心、報國之行」是有歷史傳統的。如，明末秦淮名妓李香君的誓絕閹黨。她的故事後來被編成《桃花扇》一戲傳唱，在抗日戰爭時期，甚至還具有「堅守民族氣節」的含義。再如，在辛亥革命時期，北京名妓小鳳仙幫助蔡鍔逃出北京，使之能組織護國軍起兵討伐袁世凱。她的故事從 1980 年代至 1990 年代成為中國大陸影視劇的熱點，其影響之大，使得一些只是從影視劇中瞭解中國近代史者在回答辛亥革命的領袖一問時，毫不猶豫地答曰：小鳳仙。

2　我在《誤入歧途——中國大陸賣淫女透視》（江蘇人民出版社，1998）一書中記述了她們的故事。而在這次調查中，我們又遇到了這樣的人和事。其他人的調查也表示，商業性性服務者中，此類「奉獻型」者不在少數。

婦女道德體系中最難以容忍的。於是，甚至在傳統的價值觀念的框架中，二元對立認識論在對商業性性服務婦女進行判斷時，也難免因失去有效性而陷入兩難。

進一步看，追求個人的幸福（包括享樂、自由）等，是否一定就是不道德甚至罪惡的？在注重個體主體價值的西方價值體系中，對此問題的回答是否定的。而在今天的中國大陸，越來越多人也挑戰注重個體群體價值的傳統價值觀念的合理性，越來越多寬容自己和／或他人對於個人幸福的追求。商業性性服務婦女在很大程度上被認為是個人幸福的追求者，且不說事實並非如此，或者說對此可以有另一種解讀，但即使真的如此，從個體主體價值觀出發，對她們追求個人幸福行為的譴責也是應該被質疑，甚至被否定的。從目前中國大陸的道德和法律看，如果說得更準確一點，就商業性性服務婦女而言，她們的不道德甚至罪惡之處不應是「對個人幸福追求」這個行為目標或出發點，而在於對於追求幸福的手段或方式——在中國大陸目前的道德規範中，商業性性服務仍屬不道德之舉；在中國大陸目前的法律中，商業性性服務仍是一種違法甚至犯罪行為。由此，從事商業性性服務才成為「壞事」或「醜行」，商業性性服務婦女才是「壞人」或「惡人」。

問題是，手段或方式的不道德是否一定意味目標或出發點的不道德，手段或方式的不合法是否一定表示目標或出發點的不合法——手段／方式的「壞」、「惡」是否一定就是目的的「壞」、「惡」，或是行為者「壞」、「惡」的標誌？即使在中國傳統的道德規範中，回答也是否定的。比如，「兵不厭詐」；比如，「量小非君子，無毒不丈夫」；比如，「商場無義戰」，都反映手段／方式與目的或出發點

在道德判斷中的分離；而在對「竊國者侯」的另一種解讀中，我們亦能發現社會和歷史對不擇手段／方式獲取成功者的寬容和認可。當對政治的、經濟的、軍事的等等行為的評判往往是手段／方式與目的、出發點分離的，使得手段／方式的卑劣絕不意味目的、出發點的卑劣，目的、出發點崇高並不一定必須手段／方式的崇高時，透過商業性性服務的提供以獲取個人幸福這一行為，卻由於手段／方式的不道德、不合法，進而在目的、出發點上也遭到否定。這意味著至少在個人幸福的獲取上，社會以手段／方式與目的、出發點一致性來進行要求與評判：手段／方式的卑劣意味著目的、出發點卑劣，目的崇高意味著手段／方式的崇高。由此，我們對商業性性服務進行道德批判、法律懲罰等等時，也許也應該質疑一下為什麼在政治、經濟、軍事諸領域之間，性領域會存在如此巨大的區隔，運行著雙重標準？

　　這一質疑實際上是超越了商業性性服務這個領域的，或者反過來說，商業性性服務只是質疑的一個視角。因此，需要有更廣闊的空間來容納、梳理分析，並在更深廣的基礎上答疑。這是我們應該進一步做的工作。而在此，還僅僅在傳統價值框架中，在心理的層面來討論性服務婦女的行為與情感：看看即使在傳統價值框架中，主流的二元對立認識論是如何左右為難而失效，進而以我們自己的眼睛進一步認知真實的商業性性服務婦女。

第一節　其他的違法犯罪行為

　　商業性性交易在目前的中國大陸屬違法[3]甚至犯罪[4]行為，從事商業性性服務當然也就是違法甚至犯罪行為。而當商業性性服務婦女作為一個群體進入研究者、議論者的視界時，人們也就更多甚至單一地關注她們作為商業性性服務者的違法犯罪行為：在忽視了她們作為人和女人與他人無二致的角色行為的同時，也忽視了她們在從事商業性性服務之時或／和之外的其他違法犯罪行為。事實上，在從事商業性性服務的同時——之內或／和之外，從事其他違法犯罪活動者在商業性性服務婦女中占有相當的比例——在我們訪談的41人中，有14人談及自己其他的違法和／或犯罪行為，就比例而言，占1/3。對此，公安或司法人員有較多的瞭解，但就一般的局外人而言，往往是以為「賣淫婦女就是賣淫婦女」，而不太知曉她們其他的違法／犯罪行為。而實際上，如果要論及「賣淫婦女」的「惡」——包括「作惡」、「惡習」等等，除從事商業性性服務——「賣淫」之外，其他的違法／犯罪行為也該是屬於「惡事」之列。對這一其他違法／犯罪行為的瞭解，將有助於人們在整體上更深入瞭解商業性性服務婦女的多樣性與複雜性，更進一步知曉商業性性服務婦女的心理和行為特徵。

3　「治安管理處罰條例」第三十條規定：嚴厲禁止賣淫、嫖宿暗娼以及介紹或容留賣淫、嫖宿暗娼，違者處 15 日以下拘留、警告、責令具結悔過或者按照規定實行勞動教養，可以並處五千元以下罰款；構成犯罪的，依法追究刑事責任。嫖宿不滿 14 歲幼女的，依照刑法第 139 條的規定，以強姦罪論處。

4　「全國人大常委會關於嚴禁賣淫嫖娼的決定」第五條規定：「明知自己患有梅毒、淋病等嚴重性病賣淫、嫖娼的，處 5 年以下有期徒刑、拘役或者管制，並處五千元以下罰金。嫖宿不滿 14 周歲幼女的，依照刑法關於強姦罪的規定處罰。」

　　從敘述者論及自己及他人除商業性性服務外的其他違法／犯罪行為中，我們發現，第一，就年齡而言，較之30歲以上者，30歲以下者有其他違法／犯罪行為的為多，其中，25歲以下者占了絕大多數；第二，就層次而言，較之收費較低者，收費較高者有其他違法／犯罪行為的為多，其中，每次收費在八百元以上者均有多種違法／犯罪行為；第三，就城鄉而言，較之來自農村者，來自城市者有其他違法／犯罪行為的為多。而敘述者談及自己或／和她人在進入商業性性服務領域以後的違法／犯罪行為共有：賭博、故意傷害他人、吸毒、窩藏犯罪嫌疑人、敲詐、倒賣車票、教唆「賣淫」、介紹「賣淫」、容留「賣淫」、組織「賣淫」、盜竊、搶劫、麻醉搶劫、煽動越獄等十四項，其中有的是在商業性性服務之外進行的，有的是在從事商業性性服務的同時進行的，有的則是在被關押期間發生的。

　　具體而言，在商業性性服務之外進行的違法犯罪活動有：賭博、故意傷害他人、吸毒、窩藏犯罪嫌疑人、敲詐、倒賣車票、教唆「賣淫」、介紹「賣淫」、容留「賣淫」、組織「賣淫」、盜竊等十一項。

1.賭博

　　我離開飯店後，就到瓜瀝鎮上一個賓館裡包了一間房間，「住下來嘛，就認識了瓜瀝鎮上的一個男的，以後我就跟他好了。他是賭博的。」以賭博為生的，「我就跟他很好了。那他家裡有老婆孩子，那我們經常包房間，不是這樣，錢也很費的？那我們就到蕭山市里租了一間房子。租了房子嘛，白天就在瓜瀝鎮上賭博，晚上就回蕭山嘛。」「我們長期包房間，或者是人家那裡賭，」「有時挑頭賭（指

做莊——引者注），」「我就長期跟他賭博。」後來，有一次我們挑頭賭，輸了六萬多，我叫他不要賭了，他不肯，我們就吵架了。「我就出去了，那時候，我已經有一個男的認識了，那我就是跟那個男的在一起。」「當時也很晦氣的，第一個晚上就被抓牢了。」

（HLJ，胡滌菲訪談）

　　我去找那個強姦我的人，他偷摩托車已經被判刑了。「判在哪裡我不知道，我去找他過了，他已經被判無期了。後來，我流產一直都不敢告訴我爸爸，我媽媽和我奶奶都是知道的。後來這樣子，我媽媽好像也知道了我在社會上做這個事情。慢慢地，我這個東西學會了，賭博也學會了。就這樣，我在賭博上也輸了很多很多錢，就是怎麼說，我先是坐臺，後來慢慢走上賣淫的道路。結果賣淫、坐臺賺來的錢加起來我都賭博輸掉了，大概輸了最起碼七、八萬。」

　　「怎麼說呢，好像人就是這樣，這個錢越輸越多越想來。在當時，我家裡有多少錢都要拿來賭，因為怎麼說呢，畢竟錢輸掉，比如說我輸掉了五六千、七八千，我總想要翻點過來的，哪個人輸了錢總是想翻過來的，是吧？好，越賭越輸，越賭越輸，就這樣，越輸越多。我有個小姐妹曾經也在這裡（指女子勞動教養學校——引者注）坐牢，她判了兩年，我判了三年。我將近還有七、八個月也要回去了。那她回去了，她在外面一直勸我，叫我不要賭，但我真的改不了。我自己也發誓，我說我再賭的話，要把我這個手指都斬掉，但我始終都改不掉，還是要賭，後來，慢慢慢慢地就這樣子。」

　　「這次抓我是賭博抓起來的，因為我在賓館裡賭博抓起來，再後來，我小姐妹也抓了，說我好像也賣淫這樣供出來，給我供出來三個

男的，就是這樣，抓住還是當場賭博抓住的。」

（XJ，王金玲訪談）

2.故意傷害他人

「我經常被公安局抓進去，不是因為賣淫，而是因為打架。」
「那是別人叫我打的。比如說，我朋友的朋友，她的老公跟哪個女人
有關係了，就叫我去打她一頓。她們都是付錢給我的，當時在武義和
永康，認識我的人太多了。」打一次，「我最多拿過四千塊。」
「三、四天就有一次，平均起來，三天打一次。」

「我們那邊女孩子都是一幫一幫的，我跟一幫，每幫都是八個
人，我跟她們都是好姐妹。」「打男人、女人都有，我打過一次最屬
害的，我們男女各二十多個人，在一個大操場上打起來，」是「為了
討債的事情。」對我來說，「打架是很平常的事情，」「如果打打，
她不還手了，我覺得沒有什麼意思了，就不打了。」「如果拿錢來的
話，她就叫我把她打到住院就行了，那住院的話，我肯定要把她打傷
的。但我不會把她打得太那個的。因為我小時候被我叔叔打，也有經
驗了，一般把她打成內傷就行了。我叔叔也經常把我打成內傷的，比
如說打肚子什麼的，很容易打內傷的，外面看起來沒什麼，其實裡面
很難受的。」打架，我總共收過的錢大概是「五、六萬吧，有人叫我
去打架的話，對我也蠻好的，打了以後，就請我們到飯店裡去吃
飯。」

（WHY，高雪玉訪談）

3.吸毒

「我6月份抓進來，3月份還在吸。」「第一次是個小朋友，這個小朋友不是老闆，也是我們嘉興市郊區的一個做生意的。他跟我小姐妹有來往的，他在賓館吸毒的。我聽嘛早就聽說過了，他在吸，我說這個東西好弄麼？他說來點。以前吸，他們都是用手指一塌的，我吸了一口，我說沒什麼感覺，他說你再來一口，我再一口也沒感覺，一抽就抽了五口。」「吃了以後十分鐘不到，人不行了，」「躺在床上要吐呢，半個小時，人吐得一塌糊塗。」

「後來感覺很刺激的，自己的男朋友坐牢去了，心裡也煩惱的，一天到晚記著他這個人，生意也不做，吸這個東西一切都會忘記的，你根本就不會想起什麼，想起什麼煩惱的事。」「比喝酒，這種味道好一點。喝酒了要吐，人難過的，這個難過味道很好的，不會難受，就要睡覺。」吸毒以後，「化妝品也不買的，化都不化的，整天就躺在床上，出也出不去的。」

到上海坐臺，毒品「也帶去的，從嘉興拿過去，我吃得不多的。這個東西弄了一下，後來就是放在錫紙裡面，跟一百塊錢一捲，一下子就吸了。」「我後來在家裡待不牢，只想住這個地方去，我們嘉興的YanYuLou賓館呢。」在那裡很多販毒的「都是河南的，一天到晚想到這個地方，腳都站不牢了，不管你帶我唱歌什麼，我都沒興趣。有天幾個老闆來，叫我去，我說不去不去，我就想到這個地方去，也許這個就是毒癮。」

我吸了半年多，「我嘉興有個表哥，他就把我拖回去，把我房間裡鎖起來，鎖在房間裡站都站不牢。他嚇死了，拿麻繩吊住我。後來，我就慢慢地、慢慢地不吸了。」「戒是戒掉了，但看人家在吸，

我仍舊要吸的。如果現在叫我出去，我也害怕的。如果看到我們小姐妹在弄，就肯定也要弄的。」

（HXZ，胡滌菲訪談）

「我自己在外面抽過半年的，如果我沒被抓進來的話，自己肯定是就抽粉粉上癮了。我那次剛剛開始抽，就被抓進來了。」「像那時我在杭州抽的時候，每克要一千到一千二百元，一般在大廈裡面賣。」都是私人交易，「那時我自己拿粉的，我小姐妹在做，而且她男朋友是貴州的，粉比較便宜的，五百到六百塊錢一克，那時我們杭州的粉很貴的。你想想看，抽粉粉上癮的人一天一克肯定要的，那她們的錢哪裡來？她們自己說家裡面有錢的，像現在抓進來的溫州的，有幾個家裡面很有錢的？都是像我們這種年紀的，說句實在話，在這裡坐牢都要靠父母寄過來的，哪裡自己會有錢？她們這種錢哪裡來？那是肯定的（指肯定以性服務賺錢──引者注）。而且抽粉粉到後來，這個人根本一點……好像可以說是自己……不要說錢，你就是把粉擺在她面前叫她去（指性服務──引者注），她不收你錢，她也會去，那是好像人格都沒有了。」

（PLL，B，高雪玉訪談）

有煩惱的時候，也抽白粉，是我自己把它戒掉的。「人家都說很難戒，我倒一點不覺得。我就覺得好像睡不著，等到我差不多上癮，大概也是初期哦，就是覺得睡不著，身體很難過的時候，那我就開始自己吃藥，就開始不抽。」「我深圳的小姐妹都吸毒的哇，全都現在在這裡哇，」「都是以賣（指性服務──引者注）養吸，」「都很難

戒，基本上是戒不掉的。」

（快快，王金玲訪談）

「雞頭麼，白粉買過來，他們這麼想，給你們小姐（指性服務婦女——引者注）抽了，抽上癮的話，你的錢那時不拿出來也得拿出來，你抽上癮了，想跑也跑不掉了。」「就這樣，小姐開始抽白粉的。」「那時候，他開始給我抽，我說這是什麼東西，我是不要抽的。我看看，什麼東西？我見都沒見過，我不要抽的。後來嘛，那雞頭他帶她們抽嘛，就這樣子，抽抽，大家，他們都來抽。那雞頭情婦就知道，她是不要抽的。她經常對我說，你千萬不要跟她們一樣，千萬不要去學。她看我有點心計，說，你不要抽那個東西啦，那個抽的不好的，就這樣。」

（DXY，王金玲訪談）

4.窩藏犯罪嫌疑人

我以前有兩次拘留，「第一次是賣淫」，「第二次是窩藏」。「反正又認識了一個小姐妹，她那一幫朋友都是盜竊的，都是偷公家的東西，後來給當場抓住了。再後來是我們兩個女的，還有幾個人逃出去了。」那個小姐妹和我住在一起的，後來被抓住的那個男的就把她供出來了。

（JMX，胡滌菲訪談）

5.敲詐

對那個把我處女開掉的那個男人，「我就是沒錢了，我就打他

call機嘛，我就是問他拿錢嘛。」「我從來不跟他在一起玩的，就是這件事之後，我就是問他拿錢，別的都沒有的。」「我跟他說，你不答應的話，又不搭界的，那你就回家，你就老婆知道了。我就這麼說的。」

（PLL，A，胡滌菲訪談）

「後來的話，年紀大起來，也成熟起來，角色也老（指老練──引者注）起來，這樣的話，幾百塊錢玩一次，我不肯的，就是我今天跟你玩過了，過幾天我沒錢了，向你開口，你也肯定會給我的。」那些男的為什麼會肯，「我不知道為什麼，也許是那些男的怕麻煩。」

（HXZ，胡滌菲訪談）

6.倒賣假車票

廠裡不做後，就「在廣州，火車站炒火車票的，炒那種假火車票。」「以前的火車票是硬的紙塊，可以影印機複印上去的。」「那時候我們自己在做的，火車站裡也有熟人，也可以提供真的火車票，也可以拿得到的。如果看那個人很老練的，真的票也會給他的；如果好騙點麼，假的給他。」好幾個人一起幹的，「我們就是只拿出去賣好了。」「後來幹了二、三個月，」「我想想太危險的事，我還是不要做好，」就不幹了，到肇慶去幹傳銷了。倒火車票時，「一個月也有二、三萬好拿。」

（DXY，王金玲訪談）

7.教唆「賣淫」

「在我們那個小姐妹圈子裡，我認識一個女孩是14歲的哇。這個女孩子，她是在讀書的時候，就是周圍這些女孩子都是，她們是，都是外面那些跑的（指混跡於社會——引者注），就是同年級的那些女孩子，就是帶她出去玩。小孩子嘛，是吧？愛玩的，肯定是天性哇。就是玩著玩著麼，就她們跟她說啦，好像，你以後這樣玩肯定是要錢的。也是愛虛榮。這些女孩子，就跟她說，你以後陪男人，就是睡覺，有多少多少錢好賺，就是這樣跟她說。那她想，我家裡面拿錢是不可能的，14、15歲的小孩，是哎，那是肯定，小姐妹也靠不牢，那肯定到後來，要去做（指性服務——引者注），她們，就是這樣的。」

別人托過來要我帶的，有「十多個嘛，十個人，有的，」「有些都是朋友托過來的，不好意思推掉的麼。」對男人怎麼怎麼，賺錢要怎麼怎麼是「要教她們的」。交什麼師傅費、學徒費啊，「那也沒有的，要看她們自己，有些聰明的女孩子會想到，不聰明的這些女孩子麼，就不會了。」

（快快，王金玲訪談）

「我的小姐妹年紀比較小，認識一個女的好像只有17、18歲。那時候，我也覺得自己年紀算大了，那是在96年（指1996年——引者注），這個女的也是自己不好，嘴巴比較會說，我小姐妹想帶她一起出來做（指性服務——引者注）」，「就住在我們包的一個房間。」「96年時她被抓進去，她就認為第一次是我們帶她做的，」「就把公安帶到了我家裡。」

我自己沒帶過徒弟，我小姐妹帶過。「就是好像年紀小，因為進來時外面社會上比較亂的，那時候年紀小離家出走的，不要回去的，玩性很重的，在外面很多的，都是18、19歲的這種。因為她們不想回去了，那就帶帶她們，大家住在一起，吃在一起，也沒有什麼帶不帶徒弟什麼的，好像只不過是你領我，我領你什麼的。」

（PLL，B，高雪玉訪談）

「剛開始的時候是媽咪給我談的，後來媽咪教我了。」「媽咪說，你不要怕的，男人只要他喜歡你，看中你的話，你就跟他談價錢，如果價錢你覺得可以的話，一般來說，一個晚上有八百元以上，如果他跟你討價還價沒有達到八百元的話，你就不要理他，你就管自己走人。媽咪說，我們這裡的客人多的是，你還怕沒有客人？你就回來好了，我們這裡要到晚上兩點多。那裡的坐臺小姐也教我，她們畢竟比我來得早。」「她們教我怎麼樣騙男人的話，不一定要跟他上床了，脫了衣服才問他們要錢，你反正先問他們拿錢，如果覺得不滿意的，要麼你就把錢扔給他們，要麼你就管自己走人，不要緊的。」

我當媽咪，新人入門的話，「要教教她們的。比方說，你怎麼樣騙客人，客人要你摸他們，怎麼樣舒服，然後再問他們要錢什麼的」。還有，客人摸你，「比方說，摸胸五十元起步。」「下身（指陰部——引者注）是不給摸的，那是規矩。她們坐臺的小費我是不管的，她們出臺的小費，是我管的。」

（CL，高雪玉訪談）

8.介紹「賣淫」

我們小姐妹之間也經常互相介紹客人的。「一般好像今天我有幾個小朋友來，要跳舞什麼的，他們先不開口這種事的，也不用他們明說的。他們就是說跳舞、唱歌、吃飯，我就隨手叫幾個小姐妹一起吃飯去。後來的情況我也不清楚了，如果自己想做麼，就在一起。」

（HXZ，胡滌菲訪談）

第二次勞教「是我的一個小姐妹自己出事情了，把我說出來了。」「我自己有一個房子的，自己不住的，我住在母親家裡，就把房子給她住了。她經常把男人帶進來的。她被抓以後，說我把房子租給她，也給她介紹過幾個嫖客的。」「就是我認識的朋友，說要我介紹幾個小姐妹，就給她介紹的。」

（GJ，高雪玉訪談）

到蕭山後，在美容院裡幫人家洗洗頭，也給別的小姐妹作介紹。「我看看有時他們像老闆，派頭大一點麼，給他，我說哪，哪，小姐有的，挑挑幾個，去聊天啊什麼的。他們說好的，自己會去叫小姐的。小姐那麼多，進房間的事情他們自己聊的」，我就是給他們牽個線。

（DXY，王金玲訪談）

我的小姐妹給那個女的介紹過。「因為那個女的，不怎麼漂亮，人家客人也不怎麼喜歡，好像介紹也介紹不出去。」

　　我「後來認識的客人比較多了，比如說，客人來多了，他們就叫我介紹一個什麼的，介紹的次數比較多的。」「有二、三十次」，一般抽頭「都是20%，一般說來，八百收一百五十，一千收二百。」

（PLL，B，高雪玉訪談）

　　在這個過程中，別人給我介紹過客人，我也給別人介紹過客人。介紹費有的收，有的也不收。「比方說，這個客人需要一個我圈子當中沒有符合這個要求的這些女孩子，比方說有人喜歡高大一點的，豐滿一點的。這個女孩子我們圈子當中沒有，我要圈子裡的小姐妹的小姐妹這樣介紹過來，那我會收她的」介紹費，一般「二百塊最低了。」「高不封頂，也要看她賺多少錢。你說她賺二千塊，那我肯定要拿個六、七百塊，是吧。」

　　「這次也是別人把我說出來的，她自己去報案的，」「因為她覺得我拿她介紹費比較高，」她「賺了七百不知八百，」「我拿了她六百塊錢。」「我不要看這個女的，」「就她的人，做做麼，不能幹。就一般的人來說，我給人家介紹，她自己總有點懂的哇，給你買點東西或者怎麼樣，她什麼都不懂，還問我借錢。哎，我想想很氣的，這種人。」「就不大要看她，反正我給她介紹生意，也都是很低的這些生意，本來就是想欺負欺負她哇。」「她去報案去的，她說你們杭州人欺負我外地人，沒那麼好的，就是說，當時我是有些數（指有預感——引者注）的哦，我沒想到那麼快。」

（快快，王金玲訪談）

　　在磐安開美容院只有六個月，介紹的客人「也有點多，平均每天

有三個以上。」「我當時這樣想的，美容院、咖啡館都一樣的，有些時候生意好，我們店裡的服務員可以借給你們的，你們店裡的服務員可以借給我們。」我「不拿介紹費的。」

（WHY，高雪玉訪談）

9.容留「賣淫」

95年（指1995年——引者注）4月份，我買下了那個美容美髮廳。我當老闆後，「開始招小姐了。起先我也沒有想到要讓小姐去賣淫。後來到97年2月，看到別人都這麼做，就開始讓店裡的小姐賣淫了。」從95年4月到97年2月，我招過五到六個小姐，「我沒要求過她們。因為我自己有過類似的經歷和感受，我只是讓她們自己去試探和把握。她們中有的人也知道這種事情，後來也願意做這種事情。」客人要找小姐，「先來問我有沒有小姐，我說小姐不是有嘛，你們自己去跟她們說，我不知道的。」這以後，就是「客人自己與小姐交談。」「現在的價格比較低，小姐一次是四百元或三百元，我每次收一百元。」是「客人先付給小姐，然後小姐再給我。」「有時候客人出的價格太低，有時候小姐不願意，我不去強迫她們的。」

（JXH，汪俊昌訪談）

在磐安開美容廳，開張後，小姐做這種生意，「從開張以後就做的，我一開張生意就很好的。」「小姐都是從武義來的，」「都跟我差不多年齡的，還有兩個永康的。」「平均起來，每天有三、四個客人。」「如果你把服務員帶出去，就收他們一百元，在店裡按摩的話，四十五分鐘收六十元。」「我跟她們之間沒有老闆娘和服務員之

間的關係，因為我們都是幾年朋友了。現在我沒有說開了一個店就變了，我從來沒有看不起她們，不管她是哪裡人做這種事情，我不會看不起她。」

（WHY，高雪玉訪談）

10.組織賣淫

95年開始，我又坐臺，「坐了一個星期，我就當媽咪了。我把那個媽咪趕走了，因為我認識的人很多，老客戶很多。」「我對小姐是蠻好的，但在錢上，我跟廣州的那個媽咪不一樣。我錢是這樣的，你坐臺的小費你自己去拿，有限的，你出臺的小費，我是控制的。」「如果我介紹她出去，嫖客跟我商量的，商量好以後，包夜的話，連介紹費在內一共給我一千元。」都壓在我這裡，不是給小姐的。給小姐的錢，「我要看的，有的小姐給多一點，有的給少一點，五百元左右，而且小姐一出臺，我就跟她們說的：搞到十二點左右，搞了一次以後就好回來了，好溜了，接著再繼續坐一個臺就好回家了。」手下的小姐，「剛開始的時候，只有四、五個人，」都是酒店、舞廳裡，是固定的點。「如果小姐自己願意帶客人出去的，我跟她們說，出了事我是不管的。如果小姐跟我說，要我聯繫，我就跟總臺說，開一個房間，我的名義是舞廳樓面主管，我就直接跟服務臺、總臺聯繫，房間弄好。」

「我從95年初開始做媽咪，做到95年底，但這期間，10月份，我換了一個酒店。」「在新的酒店裡，我不做媽咪了，我做公關部經理，後來舞廳部沒有經理，我又兼任舞廳部經理。那這樣，我更順當了。再說老總也是一個女的，也是我的一個好朋友。那麼，她乾脆放

開來了，不管出了什麼事，她會給我擔著的。這樣，我就把原來的幾個小姐帶過來。」「一共帶過四十幾個小姐。」「如果她們不聽我的話，我就讓她自己走人，無所謂的。如果你自己想在舞廳裡單幹的話，你也幹不下去的，因為舞廳是有人管著的。如果說我虐待她們啊，也不可能的，也不會的。」小姐出事後，「我會去保她們的，我在衢州比較跑得通的。她們出事以後，我都能把她們保出來的。」

（CL，高雪玉訪談）

11.盜竊

「我第一次被抓是因為搭識了一批不好的朋友，剛開始是給別人放風，是盜竊。」晚上坐臺、做生意，白天沒事幹，就給別人放風。「他們盜竊嘛，我就給他們放風。雖然他們教了我許多偷的技術，但我是不會去偷的。我只給他們打下暗號吹吹口哨而已。」被抓後，「我承認我給他們放風的，我也是分到錢的。」「判了我一年半。」

（CL，高雪玉訪談）

敘述者論及其在從事商業性性服務時進行的違法／犯罪活動為盜竊、搶劫、麻醉搶劫等三項。

1.盜竊

幹這種事「完全是為了錢的人也很多的，很多的，根本是毫無感情的也有，有的甚至是趁此機會偷嫖客的錢。我們這裡她們天天說的。」「ZhaoChuanying，她也是杭州的。她說，跟嫖客到舞廳裡去，燈光暗時，插一手，錢包肯定在屁股後面的袋子裡。他在摸你前

面時，你就摸他屁股，把它撈出，最合算的，蝕本不蝕本的。這是最聰明的，搞得到的話，這些嫖客的錢都很多嘍。」

（WPR，汪俊昌訪談）

2.搶劫

那四個男的，「是折白黨一樣的，就是在社會上混的。他說，我們帶你去，晚上去搶。叫我去勾引他們（指被搶者——引者注），然後在那個地方下手就搶。後來，要我到車站去，我不去，他們就要對我不利。沒辦法，我就去了。我裝成一個很老實的女孩子，」「把客人帶到烈士山上去玩。臨海不是有個烈士山的？那些男的就在那裡等。」「那天，有個杭州男的，我帶他到山上」。他對我動手動腳，「我說我害怕，人家抓住怎麼辦。他說，沒有人的。剛說著，三個男的就來了，說，啊，這是我妹妹，你把她弄來幹什麼？」「這幫人把臉蒙起來，就打他，把那個男的東西、合同什麼都拿走了。」這次給我五十塊錢。「後來跟他們幹了幾次，我就不幹了。」

（QLX，王金玲訪談）

3.麻醉搶劫

「以前早點92、93年（指1992、1993年——引者注）的時候，不是放白鴿這些、安眠藥這些是比較多的。」「我一個小姐妹在上海麼，現在也在那裡，八年了，她也是那個迷魂藥把他（指客人——引者注）迷倒之後，把他那個密碼箱拿走，但是裡面沒有多少錢哇。」

（快快，王金玲訪談）

那次，「不是我要搶劫，是他欺負我，太小氣。跳舞就是跳舞，你為什麼要欺負我。你是杭州的，你在衢州想幹什麼？」「他們幾個人在衢州搞汽車裝配的，那天在舞廳裡玩，他們動手動腳的，我當時臉就拉下來了。我就敲他們的錢，但他們十分小氣，那好，我就敲詐你。他那天叫我晚上陪他，我就一個人去，我就去弄了一些安眠藥。」「那天晚上，我們叫他們一起去吃宵夜，我那個小姐妹酒量也是很好的，他們以為我們女的喝酒不行的，但他們沒有想到，我在他們的酒裡加了藥了。」「這種事情，我在深圳的時候就幹過，」「大概四、五次吧，不敢幹多。但在衢州是第一次，那天晚上，我把他們的錢都拿走了。」「他們去報警。」「過了十幾天才抓到我。」「我躲到山裡面去了，在農村裡，後來我待不住了，回家才被抓住的。那天我回來是想拿些錢回廣州的，沒想到被抓住了。我把那次搶來的錢都藏在家裡的天井裡，一共兩萬多元錢，再加上他們身上的金項鍊、手錶什麼的。」

（CL，高雪玉訪談）

在被關押期間的違法／犯罪行為是煽動越獄逃跑。

「我收審的時候是杭州婦教所收審的。」在這期間，「因為那時候查出來有病（指性病——引者注），因為我是杭州人，在那邊會好一點的，反正社會上認識的人也蠻多的。後來查出來有這個病，頭也抬不起來了，人家好像很看不起你的。那時候，不知道這個病的人認為好像很嚴重的，或是怎麼樣的。因為時間待得長了，人也好像……因為平時大家經常在講的，大家要逃出去。」在婦教所時，房間裡的

人「一開始比較少的，六、七個，後來嚴打，人很多了，一般一個室裡有十幾個人。由於平常經常在講起的，這裡有個換氣扇，我們把這個換氣扇拿掉，就可以逃出去。因為在那邊無聊嘛，一天到晚談這種事情。後來有一天，也不是說是我想起來的，大家說星期天公安很少的，我們哪幾個人裝肚子痛什麼的，叫公安拿藥來，把門開開，我們這麼多人一起衝出去，他們叫人都來不及。那時大家議論得很多，把門口的那個老頭打暈，怎麼樣……後來，其實主意不是我想的，我呢，跟神經病一樣，跑到門口去，跟其他室去說。因為一個室十幾個人，如果三個室全都逃掉的話，就……因為公安一般在八點鐘鎖門，如果七點鐘左右的話，我們一潮人都衝出去之後，另外兩個室的門開開，有三十幾個人逃出去，他們根本抓也抓不回來的。哎，只不過也是大家這麼說說的，也沒有好像很強的意思，說今天晚上一定要逃。也不知道誰去報告的呢，那天晚上，剛好是ShenJianxin那個公安人員來找誰，他們把我們叫出去的。一開始我們都不承認的，後來不知道誰把我們都講出去了。」

（PLL，B，高雪玉訪談）

第二節　愛心

許多商業性性服務婦女是同時犯有其他罪行或從事違法活動；而在「萬惡淫為首」的道德規範下，對婦女來說，商業性性服務本身就是最大的「惡事」了。但從另一方面看，在許多時候，在許多場合中，商業性性服務婦女也是從善如流的：且不說她們的愛國之心、報國之舉，即使在日常的人際交往之間，她們也常有頗具愛心的行動。

這一愛心表現在為了愛情奉獻自己上，表現在對異性的無功利性的愛慕之心上，便是愛情；表現在對朋友的友善上，便是友情；表現在對父母的孝順上、對子女的慈愛上，便是親情。如果說一滴水能反映出太陽的光輝的話，那麼，在商業性性服務婦女的愛心上，我們也能看到偉大的人性光輝。

1.愛情

商業性性服務婦女的愛情基本可以分為三類：一是在進入商業性性服務領域之前就存在的愛情，她們甚至是為了維護／保護這一愛情、建築「愛的小屋」，在愛情的驅使下進入商業性性服務領域。

「現在一般的雞頭都是，用的是感情去騙人。」「比如說，我是個雞頭，你是個小姐，你在家裡是個農村的女孩子，家裡經過介紹，介紹什麼的，談朋友那種。後來麼，談談談上了麼，感情不是，天天談在一起，感情會好的囉。好麼，你都會覺得你會為我付出所有的東西，你就可以的。好，他說妹妹帶你出去，我們出門打工什麼東西，叫你出來。你為了感情，你實在喜歡他，叫你幹什麼你都去幹什麼的，這種也有的。」「那實際上他是雞頭，不是真心愛你的。」「雞頭就是這樣控制幾個女孩子，然後，做這些生意（指利用性服務婦女賺錢——引者注）的。」

（DXY，王金玲訪談）

「現在的雞頭就是比以前比較有水準一點，就是容易騙女人的心，就是光用感情去控制她們。基本上這些雞頭都是跟你好，或者怎

麼樣，基本上相貌、身材都是很好的。」「等到這個女的愛上他了，他就讓你幹這個事（指性服務——引者注）。等到你要做這個事，就受他控制，錢都交給他」。至於一個男的用感情同時控制三、四個女的，那些女的也是知道的，但「因為男的，現在的男的，嘴上的功夫特別的好，」「會甜言蜜語騙女人的，那些女的不會跳起來的，」現在的女的特別單純。早幾年難頭是要打小姐的，「現在就是，他們聰明了，用感情來控制，以前麼，主要是用拳頭來控制。」

我第一個男朋友斷了以後，經常泡在舞廳裡，認識了第二個男朋友。後來就跟他同居了。他朋友很多，又比較講義氣，朋友沒地方住，要吃飯，都會幫忙。那時，我家裡住了他的五、六個朋友，他又沒工作，我要養他，又要養他的朋友，就開始正規坐臺了。後來，坐臺的錢還是不夠，他向我訴苦，「那我想，我既然已經和他在一起了，已經是他的人了，他不計較我是不是處女，那時候，是不？那我想我應該付出，對他付出一點。」後來，他就馬上給我介紹了一個老闆。「那我當時也沒怎麼想，我想，哎呀，他給我介紹，那我就去吧。為愛付出一點也無所謂的。」就這樣，開始出臺了。就這樣，一家子養在那裡，「我想一個月賺十萬塊錢，我是計算過的」，才能養下來，我必須「不斷地去接客，不斷地去陪他們。」

（快快，王金玲訪談）

一是從事商業性性服務後，對非性服務對象產生了愛情。

「1992年我接到了州文聯『業餘作者培訓班通知書』，前去參加短期培訓。學習期間認識了漢族譚老師（45歲），他也是一個婚姻不

幸的受害者。我們相處除了工作、學習上的交流外，非常容易從各自所創作的作品中談及本人的身世、家境等。相同的生活經歷、情感之路，使我們一下子成為事業知己、情感伴侶。我們第一次同居的情景是我終身難忘的。那一夜，我們幾乎都是流著淚水過來的。就好似兩顆孤寂委屈的心，瞬間有了依靠。雖然這一夜的淚水多於話語，但仍然倍感幸福，有生以來第一次真正體驗到自己是個女人，愛情這麼美妙。被一個人愛是幸福的，而愛一個人也同樣是溫馨的。我快要人到中年時，才領略到人間的男歡女愛是怎麼回事。與譚老師的相識、相知和相愛改變了我的一生。這期間我認為得到的還是多於失去的，我很滿足現在的生活。」「1994年我調到州裡一家媒體作記者，在採訪中認識了許多企業老闆、商業經理、部門領導等，也與不少男人有交往。」「在這些相識的男人中，唯有譚老師是我真愛的人。我們雖然沒有結婚組成家庭，但實際上我們與真心相愛的伴侶沒有多大區別。他是我的精神支柱，更是我的情感寄託。」

（JEAY，馬林英訪談）

「在94年（指1994年——引者注）的時候，認識了一個男的，就是我現在的男朋友。」「是在朋友家認識的，在醫院工作，是一個很正派的人。自從跟他認識以後，我也不跟以前的小姐妹一起玩了。」我跟他說了我以前的事情，「他就說，只要你以後不要再出去做這種事了，就沒事了。」他沒結過婚，比我大一歲，跟我交往主要就是要跟我談朋友，「他一直到現在都來看我的。」

（GJ，高雪玉訪談）

一是在從事商業性性服務過程中，與服務對象產生了愛情，而這種愛情的產生有的是一見鍾情，有的則是有一個從騙錢到真愛的過程。

在這個過程中，我碰到過一個讓我動心的男人，「現在他還來看我。第一次接觸，我覺得他男人味很濃，我對他也很在意的，一直來往，我沒用過他一分錢。直到進來後才用他的錢。」他對我也「很好。他有妻兒，他感覺到我對他很在意，先跟我說明他可以為我花錢，但不可能為我離婚，我也沒有這方面的念頭。」

（LX，汪俊昌訪談）

「我在路橋開店時，認識姐姐朋友的一個朋友，我看他長得可以，我這個人很喜歡幻想、浪漫，我說你有老婆沒有關係的。他在路橋替我租了房子，東西都買來，好像……我說不來，是當情婦一樣的。」「開始時他對我很好，給我錢，買東西給我，他長得挺漂亮的。開始時我是為了錢，後來我也很愛他了。」「我在開店的過程中，常有一些年輕的男孩子來找我玩，有時候我也跟他們去玩，但那是瞞著我情人的，要不他會生氣。我覺得每個女孩子都有虛榮心，喜歡有人追，不過，跟他們發生關係是沒有的。在沒有確定關係之前，我可能比較花心，要選擇一下。跟這個人認識後，我發現他確實對我蠻好的。他每天都抽點時間來陪我，在家裡給我做菜、做飯，比較體貼我。比前一個男朋友還要體貼，我真的很感動的。」「當時我心裡有點不平衡，他有老婆，我有點氣，就想著要一點，後來，我不怎麼想到要錢。」

（LM，B，汪俊昌訪談）

　　跟那個人「開始是小姐妹介紹的，到後來，他第一次到金華的時候，又回到江蘇去過，又過了一段時間，再那個小姐妹也來拘留，再出來告訴他，說我拘留，再後來他過來接我出來的。」「他對我也蠻好的。」「他那一次，也是我第二次遇難出來（指被捕後被釋放——引者注）的時候，那心情不好，他經常過來陪我，聊聊天，叫我不要出去喝酒，這些方面都蠻照顧我的。」他「自己生意忙的時候，也還抽個時間來陪陪我聊聊天。那段時間他對我很好，我一直跟他，自己在房間裡。」剛開始的時候，他是客人，「給我買衣服、鞋子之類的。」「錢也是有的，」「就是五百塊左右。後來是我想這樣一直跟他交朋友，後來，我就沒有收過他的錢。」

（JMX，胡滌菲訪談）

　　「剛剛處女開了沒有多少時候，在舞廳裡跳舞認識這個男的。」他也知道我不是處女了，「好像他很喜歡我的，就跟我說，就問我是怎麼回事。我就跟他說，好像沒有多少時間之前，就有個男的我也喜歡他的，就是跟他有過一次關係，我就這樣子騙他的。他也真喜歡我，就相信我了。相信我，他就說，以後跟他交朋友呢，就只許他一個人。我說，哦。」開始，「我跟他在一起的時候，從來不和別的男人在一起的，那麼，他有事去上班了呢，我就打別人的call機的。」後來，我和他在一起，別人來找我，我「從來不出去，我call機也不回的，我跟他在一起，call機也不回的。我call機關掉的。」跟他在一起「覺得很開心，覺得他蠻喜歡我的。跟他在一起的話，再窮，再窮我們兩個人也是覺得蠻開心的。實際上，說窮也不窮，兩個人嘛，家裡條件也還是可以，就是好像跟別人比起來，她們都是衣服嘛，幾

百、幾千這樣買的 ，好像就是心裡蠻羨慕她們的。」

（PLL，A，胡滌菲訪談）

第二次放出來以後，在家裡住了沒多久，我又到路橋去了。「後來認識一個男的，很漂亮的，」「人家給我介紹的，他給我一百塊，二百塊，很大方，後來我經常去，把他帶到我家裡來。」這個男的「他自己辦一個廠，後來廠也不辦了，就是跟我鬼混，活也不幹了，後來，我到外面做這事（指性服務──引者注）養他。」「我們兩個住旅館裡，他每天吃煙，住旅館，都是我付的。」「很喜歡他，什麼錢也不心痛的。」

（QLX，王金玲訪談）

2.友情

商業性性服務婦女對朋友的友誼與情義，基本上也可以分為三類：一是與圈外人的友情。

「讀書的時候吧，我有個小姐妹，現在她在外面，就是做時裝模特兒。另外，我基本上就是和讀書時候的小姐妹聯繫多一點，因為她跟我比較要好」，我心裡有煩惱的事情，就跟她去說說，「我們經常住在一起。」

（快快，王金玲訪談）

我「開了店以後，我的朋友經常到我店裡來拿或借東西，我又不好意思去問他們還，那店就越開越虧。開食品店開了五、六個月，就

不開了，虧了六百多。開店他（指男友——引者注）給我四萬塊錢，開店的執照也沒有。然後，我就把店轉給我女朋友開了。她跟我很好的，我整個店轉給她只要了她一萬多塊錢，她是在工廠裡做的，不是在社會上混的。」

（WHY，高雪玉訪談）

二是與圈子裡小姐妹的友情。

我「一個月賺一萬多吧，」就是「買衣服呀，就是我們到杭州去玩啊，都是用計程車呀，有幾個小姐妹。那我也很大方的，那我小姐妹也很大方的。那我想兩個人都大方，在一起又不搭界的，都是我付的。那我們到外面吃飯呀，玩很多的，時間玩得很多的，就是消費很大，都用光的，而且，沒有多的。」

（HLJ，胡滌菲訪談）

我介紹大概做了二、三十次，中間抽頭「不多。因為一般介紹都是比較要好的小姐妹，我一般不會收她們的錢的。如果是沒有關係的，只是認識，沒有交情的，那我介紹給她們，就要收錢的。」

（PLL，B，高雪玉訪談）

三是與服務對象（包括性服務和陪伴服務）間的友情。

有些小朋友，和他也沒有什麼金錢上的關係，和他們在一起玩玩，那是「好像自己很熟悉的，這種感覺，好像很親近的這種感覺。那些客人是完全陌生的，根本不認識的，完全是好像一手交錢一手玩

的。」「那跟介紹的朋友好像就覺得玩起來，就有種好感嘛，不是覺得好像陌生的，好像沒有感情一樣的。」

（WSH，胡滌菲訪談）

不是每次和客人發生關係，都要錢的。「有幾個歲數很小的，大概只有27歲左右嘛，他們對我也很好的，也不是跟他們發生關係，就他們給我錢的。一般平時，我不跟他們在一起，他們也照常給我買東西，陪我一起玩呀這種，出去兜風，他們自己車子開出去一起玩。」「有時跟他們有關係，我也不問他們拿錢，他們給我，我也不要的。有一次不是跟一個27歲的男的發生關係，他一定要把錢塞在我那裡，我一定不要。我說，我跟你玩不是為了錢。那麼，他就跟我說，像你們這種女人不是為了錢還是為了什麼？那我說，你這樣說的話，我們以後不要玩了。他馬上把錢拿回去了。以後，他也經常打電話給我，我要買什麼東西，他也會幫我買的。」

「像一般嘛，跟客人在一起，好像就是為了錢。跟他們（指男性朋友——引者注）在一起，好像就是有點感情的 ，就是好像也喜歡跟他們在一起玩的 ，就是不給我錢，我也蠻高興，跟他們在一起玩的這樣。」

「跟不想跟他們上床（指性交易——引者注）的人在一起嘛，覺得好像感情是純真的嘛，在一起都是真摯的友情嘛。在一起嘛，好像玩得比較好，好像能默契一點，兩個人什麼話都好談，就是好像都是同一層次的那一種人，就是心裡什麼話都好交流的；跟這種就為了錢一起玩的嘛，跟他們沒什麼話好說的，就是好像兩個世界的人，根本好像就不搭界的，不會進到心裡面去 ，他們管他們的，我們管我們

的。」那種27歲左右的小朋友，就是屬於「心裡能溝通的這種嘛。」後來「跟他們上床，跟那種上床又是兩樣的，這種上床好像自己也自願的。」

（PLL，A，胡滌菲訪談）

我在茶室上班的第一個客人，「是老闆叫我陪他，」他給我了一百塊錢小費；第二天，老闆「把我叫過去，讓我陪他的一個好朋友，」就是他，走的時候，他塞給五百塊錢小費。第三天，老闆還是叫我去陪他，「我沒有害怕，我當時很自信的，他對我一定還可以。他從來都對我不動手動腳的，很尊重我的，他一直以來都不怎麼多說話的。他對我說，我不希望你來坐臺，你應該找一個正正當當的工作。我當時確實不知道坐臺到底是怎麼一回事。別人看來是一份很不好的工作，我也沒有遇到其他什麼。他說我不喜歡你做這份工作，但我回答他說我很喜歡。這次他給了我三百塊錢小費，連續來了三次以後，第四天他又來了，又叫我進去。他走的時候又給我錢，但我不要。第五天，他又來了。他開始向我坦白，讓我跟他住在一起，他叫我做他的情人，幫我租一套房子，幫我找一份工作。從那一天開始，我把自己家裡的事情告訴他，但不知道為什麼原因我會跟他這麼說。我把他作為一個朋友，但我在心裡想，做情人這是不可能的。但同時，我覺得他這人還是蠻有安全感的。他說，我給你時間你自己考慮，希望你明天回答我。第二天他又來了，我告訴他這是不可能的，不會願意的，我們之間只可能做朋友。他沒有對我發脾氣什麼的，以後還是經常來看我。他家裡有妻子孩子，他一直對我很好。後來，我也一直陪他。我的生意越來越少，老闆很少叫我去陪別人，我覺得很

奇怪，問老闆為什麼，」「我老闆對我說，是這個朋友不希望你坐臺，不希望我做這些事情，跟別的男人在一起。我說我不坐臺的話，沒有錢吃飯。他說，他會給你的，他也經常給我小費什麼的，但拿了幾次以後我就不要了。我覺得拿了他的錢，我們之間的友情、感情，不是被汙染掉了？」

（DLL，高雪玉訪談）

3.親情

親情實際上體現一種以血緣之情和／或姻緣之情為基礎的親屬之情，親子之情為其中最重要的組成部分。就商業性性服務婦女而言，她們也不乏孝順之心和慈愛之心。而從對長輩孝心看，主要表現在第一，為了減輕父母的經濟負擔而從事商業性性服務。

「我家裡麼，噢，我媽媽老是生病，我爸爸，嘖，喜歡賭的啦，整天家裡不管的。我哥哥讀書也沒錢，這樣麼，我到外面打工去了。打工工資也是很低的。」「到後來，家裡老是寫信，向我討錢一樣的，我哥哥也向我討錢一樣的，我真的好像……後來，他們都向我要錢，我到哪裡去要錢。我媽媽身體這樣，一年四季要吃藥的。」我後來想想，就跟認識的一幫人在廣州火車站炒火車票。後來，炒火車票太危險了，就到桑拿浴室去做按摩女去了。有時候也出去做那樣的事（指性服務——引者注）。出來兩、三個月，開始寄回去五千，後來又拿回去一萬，「我想想，看看那些沒媽媽的多可憐啦。我想我錢賺回來給她病看看好嘛，我說有媽媽至少以後長大了回去也會熱鬧點的。我這樣想的。」

（DXY，王金玲訪談）

　　第二，在從事商業性性服務過程中，或不斷支撐或補貼家用，回報父母養育之恩，或為父母身心健康而擔慮。

　　在我10歲的時候，父母生了個弟弟，是超生的，被罰款和吊銷了營業執照。一兩年以後，家裡坐吃山空，父母只好靠賣血過日子。「到我14歲時才知道，他已經有一兩年的歷史了。當時我沒感覺，現在我想想真是難為情的。並不是我認為我父母親去賣血難為情，但是，就是，我作為一個女兒沒有什麼效力，我覺得很慚愧的，很心痛，很心痛。」我出來做就是因為想想「父母賣血，很辛苦，希望自己多賺點錢。」後來「我出來後，經常拿錢回家。」

（LX，汪俊昌訪談）

　　「我媽媽都把錢交給我繼父的，」「因為他總是說我媽媽藏私房錢，我媽媽以此來證明她沒有。」在做這種事（指性服務──引者注）後，我最大的收穫是「我實現了我的願望，我有錢了，可以為家裡人分擔一點，我媽媽再也不要為家裡的經濟發愁了。」

（DLL，高雪玉訪談）

　　「我覺得我的脾氣太爆，心裡想好好做個人，多掙點錢孝敬父母，但實際上沒做到。」

（LM，A，汪俊昌訪談）

　　「1997年父親去世，媽堅決不許我去奔喪，參加與父親的最後告別。但我還是托妹妹帶去了買牛的二千五百元錢，托她們幾個替我張

羅買一頭牛作祭牲，以盡我的孝道。」

（JEAY，馬林英訪談）

「從心裡說，我母親確實是很偏愛的。」「這不是我說的，在我所有的鄰居中間，他們都這麼說的，我母親特別偏愛我弟弟。」「我9歲開始就自己洗衣服，那時候全家的衣服包括我弟弟的尿布什麼都是我洗的。自從那年開始，全家的衣服、被單什麼的都要我洗。那時候，我是家裡起得最早的一個，因為我要讀書的，洗好衣服、燒好早飯就去叫他們起來，然後再去上學。」我「天天挨罵，經常是三天一小打五天一大打，就這樣。冬天把我衣服，叫我穿一點點來凍。」「她在外面受氣也拿我出氣，弟弟不好也是拿我出氣。」小學畢業，她就不讓我讀了，是我爸私房錢偷出來給我讀了一年書，「我是從初二開始半工半讀的，我暑假、寒假到外面去打工，打工賺來的錢用來交學費。」

但是，從5月份開始做到8月份被抓，「我在廣州坐臺的錢全部寄給我母親的。」「我當時計算了一下，除了自己買點衣服，吃什麼的除外，我一共給家裡寄過三萬元錢。」「因為我以前發過誓的，我有錢一定會還給你這個情的，不是因為說是你養我，光是因為你生我就夠累了，不要說十月懷胎。這句話是我初中的一個老師說的。我不是要翹課嗎，他說，如果你不為自己想，也要為你爸爸媽媽想想，是他們把你一口飯一口粥的養大，總沒有讓你喝西北風長大。」「反正到現在為止，我對她（指母親——引者注）還是有這種感恩的心情。」

（CL，高雪玉訪談）

　　在這種事（指性服務——引者注）的過程中，我最怕的還是爸媽知道，「因為他們知道的話，肯定好像不會原諒我的，肯定要……比如說，我爸爸吧，他肯定每天要喝酒的，」「就是氣我呢，我媽媽有時會罵我的，我爸爸從小就沒罵過我。有時候麼，他就瞪一下眼，我就很聽話了。從這件事情以後，我爸爸就是喝酒，不吃飯，現在胃很不好了。」

（HYB，王金玲訪談）

　　第三，為了父母，決心改變這種生活方式。

　　「我犯了這麼大的罪（指因從事性服務被勞教——引者注），家裡人是接受不了的，但我媽媽還是每次接見時都來的。媽媽從來沒有享過什麼福，所以我出去以後，一定要讓媽媽開心地度過一個晚年，」這是我出去（指解除勞教——引者注）以後最大的願望。

（DLL，高雪玉訪談）

　　解教（指解除勞教——引者注）以後，「那我一定改變的。」「一方面年齡也大了，小孩也大了；我父母年紀也大了，我不想再傷他們的心了。」「出去以後開一個店，」我父母會資助的，「我一直是靠父母親的，是不太好意思，是對不起他們。出去以後在行動上要有所表現。」

（GJ，高雪玉訪談）

　　「我想我出去，我再也不會做這個事（指性服務——引者注）

了。因為我再做這個事，太對不起我爸爸媽媽了。我爸爸媽媽頭都抬不起。這一次我不會，因為我畢竟坐了兩次牢，出去再也不會做這個事了。我一定要好好地改掉，真的。」

（XJ，王金玲訪談）

　　從對子女的慈愛看，主要表現為，第一，為了滿足子女的需求、為了子女的前途而從事商業性性服務。

　　我兒子要買自行車，我沒錢，「我說我等幾天再回來。人家介紹我到XinQiao，XinFu旅館裡，在溫嶺那邊，那一天就賺了七百塊錢，」第二天賺了四百多，「我帶回來給兒子買了兩輛自行車，七百多，給丈夫的弟弟老婆的妹妹，孩子滿周歲，買了兩套衣服一百多，自己又買了一套衣服，錢就又用光了。我又走了。」

　　我住在朋友那裡，「後來兒子寫信來，我回去看兒子了。」「兒子說，媽媽，我去年滑冰手臂跌斷了，醫了一筆錢，都是借來的，我為了給兒子還這筆債，我就出去幹這些事（指性服務──引者注）了。」

（QLX，王金玲訪談）

　　我女兒「93年（指1993年──引者注）開始在杭州大學讀大專班，96年畢業。當時，我女兒找工作要花錢，兒子被流氓打傷了，都需要錢。」幹這事（指性服務──引者注）「不到一年，只掙到幾千塊錢。主要是想掙錢為女兒找工作。」

（LAN，汪俊昌訪談）

　　第二，儘管對丈夫不滿，為了子女，還是盡力維護家庭的完整，盡力承擔作為母親的責任。

　　離婚後，丈夫又想複婚，我起先沒同意，因為我已經找到了一個合適的人，打算結婚了。「後來我想來想去，就是放心不下女兒。我想我這裡結婚，我丈夫一定也要找的。」我丈夫「還是喜歡我的。主要是法院判下來了，他也沒辦法。他起先是軟的，後來來硬的。他說你不回來，我就再找一個，以後女兒吃苦頭，你不要怪我。我思前想後，正好又看了電影《世上只有媽媽好》，感到很想女兒。那天，我就又到蕭山去看我女兒，時間已經是吃晚飯的時間了。我老公看我來，就把我的自行車推到房間裡鎖牢。吃完晚飯，他不讓我走了。這時，他在蕭山房子也已造好，裝修也搞好了。」那時，我和他離婚已一年了，85年（指1985年——引者注）離婚，86年去的。一想有安耽的家，回來就回來吧。「我女兒那時12歲，不大不小，也已經懂事了。我離婚後，我女兒很不開心，我一去她就笑了。我想再找一個也不過這樣，就算了。」複婚了。

（WPR，汪俊昌訪談）

　　我就是因為丈夫在家裡有別的女人，跑出來的。不過，解教後，「肯定要回家去的。」至於別人怎麼看我，「那我心裡面反正不管這麼多了，就是說，反正我丈夫說要來接我，那來接我一起回家去。別人我不管，反正我丈夫，我婆婆看得起我就可以了。別人我不管，我不要你們來養活我。你說是不是？我以前做對也好，做錯也好，事情已經過去了。那如果心裡不是這樣想的話，那怎麼辦呢？畢竟，怎麼

說呢，我還有一個女兒、兒子。如果沒有這兩個小鬼，我不回家去，也無所謂的。」

（FHN，胡滌菲訪談）

「現在我想到回家了，我心裡就一直不安。回去又不行，不回去，看兩個孩子可憐，沒辦法。所以說，我現在心裡很亂，很亂。」回去丈夫再老是打我，怎麼辦？

（LWY，王金玲訪談）

第三，對孩子的擔慮和牽掛，甚至對未出世而被人工流產的孩子的歉疚。

「我最擔心兒子媳婦娶不來，」「我不想嫁人了。我想找個工作，幫兒子討老婆、帶孩子。」

（LAN，汪俊昌訪談）

「兒子比我更重要，我丈夫很老實，我很早就想靠自己的能力去掙點錢，減輕一點壓力。以後我希望我們母子平平安安，平平淡淡過日子。」最大擔心，「那就是我兒子。像現在的情況，我兒子今後生活都很困難的。」

（SXY，汪俊昌訪談）

「我為什麼牽掛我大兒子，因為他18歲，很怕他要變壞了。我想叫我兒子來（指到女子勞動教養學校——引者注）一次，我跟他講

講，叫我朋友經常去關心他，叫我朋友或者給他找個工作，我這裡也會安得下心。這樣牽掛那樣牽掛，真的對我壓力很大的。說句心裡話，人都是有血有肉的，畢竟我自己親生下的，我自己壞，我不希望我兒子變壞。我兒子怕我的，我很想叫他來。我朋友說，我去叫他麼，你家裡又跟我鬧矛盾，我怎麼去叫。接見證（指女子勞動教養學校發的親屬接見證——引者注）上我也登了我兒子的名字，還有我朋友的名字。如果這次我朋友來，叫他下次把我兒子帶來看看。他很單純的，就怕他變壞了。」

「這次我寫了兩封信，兒子都沒回信。上次我這樣寫的：BingBing，我跟你爸爸也許不好，但是你永遠是我兒子。媽媽永遠是疼愛你的。希望你給媽媽回信，再不給媽媽回信，也許三年以後（指勞教三年後解教——引者注），再也見不到媽媽了。」不知道他為什麼沒回信，我心裡很亂。

（QLX，王金玲訪談）

發現懷孕了，「那好像又開心，又蠻激動的啦。」「後來，我就說把他（指孩子氣——引者注）養出來，他（指男友——引者注）就說，我們倆都沒經濟狀況，沒辦法的，只有把他去打掉。那我不是哭死了。」後來，經常想這件事，「想就想那個時候要是自己歲數大一點，就可以跟他結婚，把這個孩子養出來就好了。這個孩子倒也蠻可憐的。」「我那個時候跟他要是再好下去的話，孩子要是生下來的話，我想，絕對不會變成今天這個地步。」

（PLL，A，胡滌菲訪談）

除此之外，商業性性服務婦女們還常常出於手足之情，努力為兄弟姐妹們排憂解難。

「我的兩個小妹一個畢業於瀘州醫學院，一個畢業於州財貿學校。她倆在校學習時，我每月分別一百元生活費補貼她們。畢業分配時，我的男友有錢的出錢，有權的說情，就這麼著給辦下來了。」她們「找到了好工作。」

（JRAY，馬林英訪談）

「我還有一個弟弟，讀書就要花錢。進這裡（指女子勞動教養學校——引者注）前，我曾借錢為弟弟上學疏通關係，借了幾千塊錢。」「我花錢比較多，一下子拿不出這麼多，就跟小姐妹借的。到現在還沒有還上呢。」

「我的目標是出去後給弟弟買一套房子，給我家裡幾萬塊錢。這是目前我最大的願望。」

（LX，汪俊昌訪談）

第三節　認識論的意義

還有一些資料可為商業性性服務婦女的愛情佐證。據1990年對浙江省女子勞動教養學校中關押的商業性性服務婦女的整群調查，在成為商業性性服務者後，仍有57%（223/389）的人有固定或相對固定的情人，她們與情人之間有較深的情感聯繫。下列表十一可使我們從一個方面瞭解她們對情人的情感深度。

表十一　性交感覺交互表（一）　　　　　　　　　　（N=人）

	強 （N＝120）	中 （N＝180）	弱 （N＝57）	反感 （N＝145）	總計
丈夫	31	48	3	23	N＝105
情人	83	111	17	12	N＝223
嫖客	6	21	37	110	N＝174

在「感覺強烈」欄中，居首位的是「情人」，占回答者總數的69.2%（83/120）；在「反感」欄中，居首位的是「嫖客」，占回答者總數的75.9%（110/145）。不能否認，被調查者對嫖客「反感」的表示中有減輕罪責的企圖，但即使與對丈夫的感覺相比，在感覺強烈者（N＝120）中，與情人性交感覺強烈者也要多出43個百分點（26%：69%），其中情感深度的差異當不言自明。再橫向相比，與丈夫性交感覺強烈的占29.5%（31/105），與情人性交感覺強烈的占37.2%（83/223）；對丈夫性交反感的占21.9%（23/105），對情人性交反感的占5.4%（12/223），其差異也是極顯著的。可見，她們對情人的感情更深。

更深的愛情的存在還可以從另一事實中得到更多證實：被調查者中，12.6%（49/389）的人對情人不計賣價，8.8%（34/389）的人經常對情人進行經濟資助。商業性性服務婦女的情感世界由此可見一斑（王金玲等，1993）。

而我們在1998年對浙江省女子勞動教養學校中關押的商業性性服務婦女的又一次整群調查中，所獲的有關性交感覺交互資料如下表十二：

表十二　性交感覺交互表　(N=人)

	強 （N＝65）	中 （N＝89）	弱 （N＝26）	反感 （N＝66）	人數
丈夫	11	24	12	7	N＝54
情人	49	49	6	1	N＝105
嫖客	5	16	8	58	N＝87

　　從該表看，在「感覺強烈」欄中，居首位的仍是「情人」，占總數的75.0%（49/65）；在「反感」欄中，居首位的仍是嫖客，占總數的87.8%（58/66）。與對丈夫的感覺相比，在感覺強烈者（N=65）中，與情人性交感覺強烈者的比例高出58個百分點。再橫向相比，與丈夫性交感覺強烈的占20.4%（11/54），與情人性交感覺強烈的占46.7%（49/105）；對丈夫性交反感的占13.0%（7/54），對情人性交反感的占1.0%（1/105），其差異也是極其顯著的。並且，與1990年的資料相比，無論是縱向的性交對象單項感覺比較，還是橫向的單項對象的性交感覺比較，情人與丈夫間的差距都有了明顯的擴展。這表示，這十年來，商業性性服務婦女對於情感的需求也是在提升的。而這至少提示，我們商業性性服務婦女並不是純粹的「賺錢工具」或「性動物」，她們也有著豐富的情感世界，有著甚至被世人稱為偉大、被哲人頌為文學藝術的永恆主題——愛情。

　　進一步看，即使是對於她們的「行惡」，至少也可以從以下幾個方面加以考察。

　　1.　一種能動性的表現，如HXZ的敲詐；

2.　一種反抗，如CL的麻醉搶劫；

3.　另一種謀生手段，如WHY的流氓鬥毆；

4.　對所處生活圈的一種行為守則的遵守，如PLL，B的介紹、
　　CL的教唆；

5.　一種「姐妹情誼」，如HXZ的介紹、WHY的容留、快快的
　　教唆。

而這，用傳統的二元對立的認識論是難以加以有效解釋的。

其實，商業性性服務婦女的商業性性服務行為本身，就是對傳統的二元對立認識論的一種挑戰甚至顛覆：當一位母親在走投無路之下，不願孩子失學，寧願以從事商業性性服務為孩子籌集學費時，誰又能分清她是偉大的母親，還是可恥的「賣淫女」？[5]

二元對立的認識論常常使我們陷入非此即彼的困境中。從這層面講，對商業性性服務婦女研究的一大意義就是在於突破二元對立認識論的桎梏，使我們學會多元觀察和思考問題，學會認知、瞭解、理解和掌握事物存在與變化的多樣性。

5　在《誤入歧途——中國大陸賣淫女透視》一書中，我記述了這麼一個事例。我在進行這一訪談時，就曾在二元對立的道德觀中陷入困境。只是在擺脫了認識論上的束縛後，我對商業性性服務婦女的認識才有了本質性的突破。

第七章
歡愉與被傷害

作為好女人—壞女人二元對立論觀照的結果之一，商業性性服務婦女的服務也按照好女人—壞女人的二元對立，被劃分為享樂和受難兩種截然對立的類型。其中，好女人由於是被迫進入的，當然是受難的；而壞女人是主動進入的，當然也就是享樂的了。

然而，事實並非如此二元對立般涇渭分明。就商業性性服務者而言，在從事性服務的整體過程中，實際上是享樂與受難並存的：無論是被迫進入的，還是主動進入的——享樂中有受難，受難中有享樂，享樂與受難是共存的。

進一步看，無論是享樂還是受難，主要是當事人自己的感受，而不僅僅是他人的評判。舉例來說，中央電視臺《焦點訪談》在2000年5月底披露了一樁一批廣西貧困山區的14歲以下女童被騙到浙江臨海的彩燈廠做童工的事件。所謂的「招工者」在「招工」時開出的條件就是工人到廠裡後頓頓吃肉，月工資四百元。聽說頓頓吃肉，女童自己就願意了；聽說每月工資四百元，家長也就同意了。當然，招收童工原本就是違法的，並且，女童們做工後實際上是頓頓青菜，勞作幾月，工資一文未得，這是後話。僅就頓頓吃肉，月工資四百元就成「誘人條件」而言，即使真的頓頓吃肉，浙江的大多數兒童（無論是農村還是城市）也不會認為是在「享福」；即使四百元的月工資真的每月照常發給，浙江的大多數勞動者（無論農村還是城市）也會認為

這是「賤價」而不會「上當受騙」。這便是由於物質條件／背景不同，個人的享樂標準及感受的不同。而這一不同在商業性性服務婦女中也普遍存在：當來自貧困地區和／或貧困家庭者感到勞作簡直是一種享樂時，來自富裕地區和／或富裕家庭者會認為勞作是一種受難。事實上，商業性性服務婦女中的不少人就是因為是受不了在工廠、個體經營戶等處打工的「苦難」，轉而從事商業性性服務。除了物質上的享樂／受難感外，精神上的享樂／受難感也是因人而異。比如，某些受盡丈夫虐待的妻子逃離家庭，以商業性性服務謀生後，感到了精神上前所未有的輕鬆，儘管他人指認這一行為為「墮落」；某些商業性性服務婦女總是遭到指責，被認為是「不知羞恥」、「以恥為榮」地炫耀自己的所得和／或享樂，殊不知她也經常處於自我否定的煎熬之中，炫耀只是一種「做面子」式的操作——作秀。

　　而作為一種共存狀態，享樂／受難感不僅是商業性性服務婦女的群體心態，亦存在於商業性性服務婦女個體心中。比如，被包養者普遍有一種依靠感，但同時不少人也感到自尊心受損；絕大多數人對經濟收入滿意，但對自己有嚴厲的道德批判；有的人認為勞作過程很快樂，但「賣價」不令其滿意。

　　嚴景耀先生在1934年所著《中國的犯罪問題與社會變遷的關係》一書中，列舉了如下一個娼妓的事例：

> 「喝茶時我們閒談，最後我說：『你不想讓我們幫助你跳出這個火坑，作自己的主人嗎？』她微笑著對著我，我猜想她一定很高興地贊成我們的意見。沒有想到她問我：『您是幹什麼的？』『大學教授』，『每月工資多少？』我回答了這些問題後，她

說：『我每月掙的錢比您的薪金多兩倍』。她繼續說：『我想您是沒有辦法，您就是能幫我的忙，我這一家子人怎麼辦呢？』她接著說了下面的情況：『我一家幾口，都靠我養活。父母太老了，不能工作。我這做女兒的怎麼樣也要盡我的孝道。我弟弟太年輕，沒有工作，他只有14歲。他在家擦擦地板燒燒飯也很必要。我姐姐是個寡婦，無處可去，我還有兩個姑姑都是寡婦，她們有兩個孩子，我的表兄弟。像我這樣的女孩子，要作事就只能當使喚丫頭或女傭人，掙的錢只能養活我一個人，別的事是找不到的。我因為窮沒受過多少教育，我既不能教書，也不能當個女青年會幹事。考慮了很多，覺得只有暫時作個妓女才能掙夠養家活口的錢。還有，我不願父母為我挑個固定的男人作我的丈夫，我願意自己挑個如意的人。在家這辦不到，照習慣，父母之命媒妁之言就可以決定了。如果我自己跑出門外問誰能作我的未來丈夫就要被人把我看成是瘋子。這些我都受不了，我一定要自己選擇我的配偶。我怎麼辦？在家吧，接觸不到男朋友，也沒有人介紹。在這裡，我可以遇到各種人，如果我喜歡（她未用『愛』字）誰，我就對誰特別要好，而後嫁給他。在眼前，我看能多解決一家生活問題的辦法就是當妓女。先生，您是從大學來的，知道的事比別人多，請您說說在我目前的處境下，除了當妓女還有什麼辦法能解決這些問題？』我聽了無言以對，給不出什麼有學問的答覆。她接著對我說：『請您別以為妓女都是壞人、危險人物、不道德的人。我們在這兒，隨便哪位先生，不管是遠離妻子的丈夫，沒有結過婚的單身漢，還是在家裡跟妻子合不來的人，都可以在這兒喝杯茶解除愁悶，他們再去工作，就感到順心滿意

了。您看這位先生，』說時指著正在說話的縣政府第一科科長的頭，『他是來北京公事的，家離得老遠老遠的，當然他有時很寂寞，想有個伴兒。他到我這兒來，我總想方設法讓他高興，所以他回去工作就能把工作做得更好了。您是教社會學、教社會工作的，您想想看，我們這行算不算社會工作啊？』我的朋友一聽，敲了敲自己的頭說：『算，當然算！』」

嚴先生對此個案的分析認為，這闡明了娼妓問題是和中國現代生活各個方面深切相關的問題，如中國大家庭制度的負擔問題、婦女受教育問題、女子職業問題、女青年婚姻問題，及社會需要的問題等。[1]而如果從個人的心理感受分析，我們在其中還可以讀出當事人從事商業性性服務的無奈與被迫、自覺與主動，以及從事服務的「樂在其中」與「難在其中」。

「樂」與「難」的並存依然是今天中國大陸的商業性性服務婦女的一種心理狀態，我們在訪談中知曉了這一點。當然，在敘述者的敘述中，「樂」與「難」是透過歡愉和被傷害的事件及某種心態來表達的。

1　嚴景耀著，吳楨譯，《中國的犯罪問題與社會變遷的關係》，北京大學出版社，1986，第 51-53 頁。

第一節　歡愉

進一步看，商業性性服務婦女在性服務過程中所獲得的歡愉有時是單一的，有時是多重的。將敘述者所論及由於滿足獲得的歡愉進行分類，大致有以下四種類型。具體而言：

物質需求滿足帶來的歡愉

「剛剛進去（指進入性服務——引者注），就覺得好像不完全是這種，就是金錢的交易嘛。後來就是跟Kandai一起玩了什麼，就是覺得好像這個錢來得很快，是吧？像如果跳舞，二、三百塊，很吃力一樣的，每天跳舞跳個三、四個小時，覺得很吃力的。」幹這個（指進入性服務——引者注）就來錢快了，「就這樣想的。現在想想，就是覺得好像人現在靠自己，年輕的時候嘛玩玩，如果歲數大一點再出來玩也不可能的。」

（WSH，胡滌菲訪談）

性需求滿足帶來的歡愉

丈夫在性上面不能滿足我，「他一下就沒有了，然後就自己睡覺。我們這麼多年，從來沒跟他接過吻，他根本不懂。剛結婚那天晚上，他什麼摸啦、接吻、調情，什麼都不知道。他就是睡了，然後自己就睡覺了。那時我感到很痛苦，想，為什麼？」跟客人在一起，「像他在我上面，我一點也不舒服，我在他上面，就很舒服。以前他們說過性生活很滿足的，我說我從來沒有一次嘗到過。他說，你在上面試試看，我在上面很舒服，他也喜歡我在上面。」我跟丈夫從來沒

有過的，「我跟丈夫一點感情都沒有，怎麼會呢？」

（QLX，王金玲訪談）

精神需求滿足帶來的歡愉

精神需求上的滿足表現在三個方面。

一是復仇的快感：

「我們之間（指與客人之間──引者注）並不是一種交易，」「我只想去傷害他，我只想去傷害他們每一個人。他真的對我很好，每天來看我，跟我一起吃飯，也不會去找別的坐臺小姐，也很尊重我。我覺得我這個人真的很會演戲，要得到一個男人的喜歡很容易的。」「然後，我再把他甩掉，我就很開心。」「我們也沒有用什麼避孕的東西，但我小姐妹很懂的，她教我的，但我和他之間沒有避孕。我認為事情越大，我越開心，對這個男的損害越大。」

（DLL，高雪玉訪談）

二是自尊、自信的獲得：

在客人那裡，我最感到滿足的是自尊心。「因為我在以前這些男朋友這裡，都是很顛倒的，沒有什麼自尊可言。」「就是很遷就他們，他們要怎麼樣我就怎麼樣，他要我辦的事，我一定要想辦法辦到，就是這樣的。在客人這裡就不同了，客人有求於我，我就是很高傲，我要怎麼樣就怎麼樣，就是有這種。」「總是覺得自己，反正他有求於我，我肯定高他一等。」

（快快，王金玲訪談）

　　至於是否打算就這樣過一輩子，「目前我還沒考慮過這麼。現在只是覺得自己有這麼多異性朋友，挺自信的。我不願在一棵樹上吊死，管他社會上怎樣看待我，只要我自己看得起自己就行了。如果將來有一天情況變了，那我就進養老院吧。那裡畢竟是集體生活，不寂寞。我不會嫁個男人，帶著兒孫過居家生活的，那太呆板了。」

（MSSQ，馬林英訪談）

　　三是在這過程中感到快樂和輕鬆：

　　我「在社會上混，交的朋友不少。覺得整天在社會上跑跑蠻開心的，圈子裡的一些朋友一起玩玩非常開心，也不是職業性賣淫的。」

（GJ，高雪玉訪談）

　　「我當時做這個事（指性服務——引者注），只是覺得玩玩蠻開心的，只想貪圖享受，覺得這樣做很舒服，開車太辛苦了。那個時候沒有把問題想得這麼嚴重，還會坐牢什麼。那時候，那個小姐妹跟我說，趁年輕的時候多玩玩，享受享受，多賺點錢，所以，我被她煽動起來，就跟她一起做這個事。」

（LJF，高雪玉訪談）

　　跟那種女孩子（指年輕的性服務婦女——引者注）在一起後，「我覺得，我當時覺得我為什麼以前會看不起她們的？她們不是也生活得，我覺得比較有內容吧。就是，當時我就是覺得，以前的日子太單調了，一天到晚就是……」

　　跟那些男的（指客人——引者注）在一起，「就是我覺得跟他們

在一起，我沒有什麼好顧及的，就是好像害怕什麼似的。但我談戀愛的時候，我就覺得我很害怕失去這個那個的。但是我覺得跟他們在一起，失去他們我無所謂。我就是這麼的想法。我覺得，就是在自己的想法吧，我覺得我跟任何一個男朋友在一起的想法跟這種情人（指敘述者將性服務對象稱之為「情人」──引者注）關係是不一樣的。」

（JMM，胡滌菲訪談）

跟他們（指客人──引者注）在一起，「就是跟他們好像玩得也很開心的。」「跟他們吃吃，玩玩也很開心的，那麼，在房間裡也很開心的，」也沒想過其他什麼問題，「好像玩得開心，也不會去想什麼東西了。」

（HLJ，胡滌菲訪談）

「我從離婚起就沒打算再婚的。我認為女人只要有男人對你好，真愛你，這就夠了。不一定非得選一個建立家庭，然後又在家庭中彼此捆死對方，逐漸消磨情感，步入厭倦對方的境地。如今，城裡人的生活、工作條件都在日積月累地趨向完美，單親家庭和單身女人幾乎沒有什麼生活難度，而且像我這樣生活、身心都很愉快，我又何必去追回傳統，嫁一個男人找罪受呢？我說過，靠著目前的愛情，我生活得很充實，事業也在不斷地發展，我會努力地珍惜今天的所得，更會好好地延續它們的。」

（JEAY，馬林英訪談）

物質和精神需求雙重滿足帶來的歡愉

出去（指解除勞動教養——引者注）以後，對於這種事情（指性服務——引者注），我「擺脫不了的。我感覺到是這樣，我現在的家庭條件不太好，經濟方面需要，心理上也擺脫不了。整天工作枯燥乏味，我是不能忍受的。」這種生活方式對我最大的吸引力是「玩、錢。我喜歡到外面旅遊，玩的同時也有錢。這種生活過慣了，很有吸引力。上班掙工資的人真是兩袖清風。說到錢，包括為家庭、為自己。」「趁著現在還年輕、漂亮，要多掙點錢。如果是透過勞動來掙錢，那肯定要到40歲以後。」「要能玩又有錢，對我來說，除了做這種事外，沒有別的途徑可選。」

（LX，汪俊昌訪談）

和他（指客人——引者注）在一起，最大的收穫是「玩得比較開心，物質方面得到滿足。」他給錢，「不定期的，他隨時都會給我錢。只要我說一下，他都會給我的。」和他在一起，最舒服的地方是「環境優雅一點的茶座，有音樂、空調，」「我這個人很喜歡幻想、浪漫。」

（LM，B，汪俊昌訪談）

「就是好像每一次做好（指性服務結束——引者注）嘛，又有錢拿，就是又好出去，每天玩得很開心、很開心的。就好像跟他們一起，他們拉著我出去玩嘛，就跟著他們一起去。」

（PLL，A，胡滌菲訪談）

「這個男的（指客人──引者注）很看好的啦，知道不知道？他們兩個我洗澡的時候都在外面，就這樣。我出來的時候，一個就走掉了，這個男的就說你坐坐，反正就這個樣子。」「比我的男朋友好看嘛，斷嘛想跟他斷的啦，後來想講感情一樣的啦，其實，我太幼稚了。」「這個社會不知道怎麼搞的，看看之後，就說不清楚，看人家好像，就動心一樣的。」當時，沒想過要他的錢，「沒想過，後來這個女的（指介紹者──引者注）給了我錢之後，我就覺得這個錢來得蠻容易了。這樣跟他們喝喝酒，這個男的蠻好看的，也還給我付錢，我感到蠻容易的，後來，有了一次，這個女的又有第二次。」

為什麼還要做？「唉，人心不知足，錢有了還想有。再說這種生活多少開心啦！哪像人家上班起早摸黑的，像我們多少開心，每天舞廳去去，卡拉OK唱唱。」

（HXZ，胡滌菲訪談）

做那種事後，「我們就經常住賓館，賓館一個晚上要三百多，一天中午、晚上要吃飯，早飯不吃。那時我們多少會玩，比如說今天有錢，口袋裡有二千多元就不出去了，第二天就去跳迪斯可什麼的，又到哪個酒吧坐坐，錢花完了就再去賺。如果真的一下子沒有地方賺錢就回家，向家裡人要，這樣的。」

「大多數時間，腦子裡不去想的時候，也開心，反正這麼糊裡糊塗的，反正有的吃、有的用，想想反正總比她們那些掙工資度日的人女人，來來去去都是的士，反正夏天嘛不怕熱，冬天嘛不怕冷，有的是空調。」

（PLL，B，高雪玉訪談）

「他（指客人──引者注）有老婆的嘛，肯定知道怎麼樣，對女人怎麼樣。那他，我需要一點什麼，怎麼樣，我還沒說，他就給我弄到了。」「在感情上麼，不管我說的話是錯的，在他腦子裡，哦，是的，是的，」比較寬容我。

他們（指客人──引者注）對我是「關心的，一般早上我都不吃飯的，到中午或到晚上，他們都會打電話過來，飯吃了沒有什麼的，或者現在在幹什麼這樣的。」「經常會的，」我有心裡話，也不跟媽媽說，都是跟他們說的。

跟他們在一起就是為了尋找快樂，「就是自由麼，也代表快樂嘛。」跟他們在一起比較自由，「也沒有什麼壓力，生活上麼，也蠻輕鬆的，就是這樣，帶來的快樂。」

「一個人是更自由。但是我覺得那樣的話，就沒有人來關心你。沒人問你，也是不好的。我覺得這樣平時有個人打個電話來問你一聲好，也是蠻好的。」

（HYB，王金玲訪談）

那些客人，「一般是外地人。起先，他們叫我帶他們玩玩西湖，後來就直接問我的，你要多少錢？起先，我覺得吃了他們的，用了他們的，男的長得還可以，心裡也有點喜歡的，生理上也有點需要的。他們提出來嘛，我覺得很開心的，拒絕不了的。心裡嘛，一半是喜歡，一半是考慮錢。我是實事求是的，因為我畢竟有個家，女兒還要用錢，要讀書，學費也很貴。要是年紀大的，老頭子，也不會幹這種事情的。」

在這個過程（指性服務過程──引者注）中，最大的樂趣是「身

心愉快，很放鬆，」除此之外，「還能得到錢，」這兩個相比，「主要是兩人談話投機，很愉快的，身心愉快。」

「起先，不做這種事情（指性服務──引者注），不自豪的，那時整天為家忙，燒飯、工作，後來賣淫後，打扮一下出去，有時三四個男的圍牢，為了我吵架，打架也有。我想想很開心的，這時，我覺得很浪漫。」「是有點驕傲的，有點自身價值。」

（WPR，汪俊昌訪談）

「我好像覺得這個社會，好像，沒有什麼職業適合我一樣，高的麼，我不會，低的麼，比如去上班，去幹什麼，這麼幾百塊錢一個月的工資，供我吃飯都不夠，我也不會去。高的麼，像這些當什麼，我也沒本事，我也沒文化。我就覺得這個社會，沒有什麼值得我做。想做大生意，比如在開個服裝店，起碼要五、六十萬，我覺得自己也沒資金，像那些一、兩萬、幾萬的小生意，叫我長期在那裡守店的，我也不願意。我就覺得這個社會上也沒什麼適合我做。有時候就想找個男人，就陪在我身邊。喜歡我的男人也不是沒有，但是我覺得，有時候好像……有個男人他對我很好的，人也蠻有錢的，但他人長得，就是說，不好看，長得很一般一般的。好像我也不願意和他在一起。」

「我覺得，應該在感情方面，或者是精神方面，在我男朋友那裡得到更多的滿足；但是在金錢上，物質上，在享受方面，我覺得在外面（指在家庭外從事性服務──引者注）得到滿足。」「我覺得在外面的時候，這個社會我覺得太現實了，都是笑貧不笑娼的。真的。我覺得我自己最有錢的時候，我自己最有自尊；沒有錢的話，我就覺得沒有自尊的。」

客人對我沒有看不起的，「至少他們當著我的面，從來沒有說過，傷害我的話也沒說過。一般都是很開心的，不管新客老客。我們都是談一些很開心的話題，很輕鬆的話題。不會說到這些問題（指為什麼從事性服務之類的問題——引者注）上面去。他們也不會來問我，他們最多問你，你怎麼會在這裡上班啊，這樣問一下。我有時候，回答的時候，有時就說好玩嘛，有時就說我也不知道，就這樣簡單的一句話，不過，他們也不會再追問什麼。」

這麼些年來，「我沒有積蓄。」「我當時的時候覺得錢對我來說，真的來得太容易了。我覺得錢，這麼容易，無所謂的。今天賺一千，我就要花一千，當時在我眼裡，錢根本就不算什麼。當時一天到晚就知道穿名牌、吃名牌、用名牌，就知道享受這些。」每天「一般11點鐘起來洗澡，洗澡之後化妝，然後出去吃飯。吃飯回來麼，已經中午了，12點、1點鐘了。然後，又回來洗澡，洗澡後又睡覺，睡到下午4點鐘又起來。起來麼又洗澡、化妝，然後出去吃飯。吃飯後又回來洗澡、化妝，然後就出去，夜生活就開始了。出去坐臺的坐臺，出去玩的玩，有時候下午我們也出去坐臺的。下午有時候在那裡坐臺，沒事麼，唱唱歌，跳跳舞，也好的。」

（WTF，王金玲訪談）

第二節　危險與傷害

從另一方面看，商業性性服務實際上也是一種高危／高風險行為，這不僅是生物——醫學意義上的，如懷孕的可能性大，也較容易感染性病；也包括社會意義上的，如被捕、被處罰，被人控制，受到

強暴、虐待；以及心理意義上的，如容易陷入自卑、壓抑、空虛、不信任、缺乏安全感等不良心態中。而長期進行高危／高風險行為，商業性性服務婦女的身心也受到了極大傷害：事實上，許多心理測試，如MMPI，16PF，SCL-90等等所顯示的絕大多數商業性性服務婦女存在心理疾患甚至心理障礙的測試結果，就是長期處於高危／高風險生活的後果之一。

將敘述者所述進行分類，商業性性服務的高危／高風險性以及對性服務婦女的身體傷害，主要包括以下六大方面：意外懷孕、感染性病、被逮捕、人身自由受控制、被客人欺騙威脅敲詐、被虐待和／或強姦。

意外懷孕

婦女的生物性特徵決定了其對人口孕育職責的承擔，而在性服務過程中處於弱勢和所掌握／知曉的避孕知識不足，又使得許多商業性性服務婦女常常難以有效保護自己不懷孕。因此，在商業性性服務婦女中，因意外懷孕導致人工流產者的比例較高，有的甚至一年內人工流產數次。

「後來，我月經沒有來，兩個月沒有來，我就去找我同學，她叫我去檢查，說我懷孕了，就是和那個男的（指客人——引者注）在臨海發生的。後來，在我們四川旅館兩次，我說我懷孕了，怎麼辦？我哥哥知道打死我的，後來就用我同學的名字流了產。」

（QLX，王金玲訪談）

「我跟第三個男的（指客人——引者注），我還懷孕了。我跟第二個男朋友（指客人——引者注）在一起很長時間都沒有懷孕過。」採取措施「我是不知道的，直到現在我都不知道避孕是怎麼回事，都沒有用過。」「這個孩子我不能要，這個男的會負責嗎？也許像我們這種女人，他不會相信是他的。我要茶室裡的一個女孩子，老闆的情婦，她跟我關係很好，陪我去醫院檢查，結果確實懷孕了，她帶我去一家醫院把小孩處理了。我當時誰也沒告訴，身體反應特別大。」

（DLL，高雪玉訪談）

「我懷孕過，跟湖州這個男朋友（指客人——引者注）有的。三、四個月沒有出去過，但是我把它（指胎兒——引者注）打掉了。」

（LX，汪俊昌訪談）

「那有一次嘛，我又認識了一個朋友（指客人——引者注），就是去年3月份的時候，認識了一個朋友，也是在舞廳裡認識的，他是吃粉（指毒品——引者注）的。那麼不是，我跟他懷上孕了嘛，肚子裡懷孕了。」「再麼，我是3月18號去打胎的，打胎打掉以後，到4月2號，我就被抓進去了嘛。」

「我沒有避孕的，從來沒有的，」懷孕是懷孕過的。「我95年（指1995年——引者注）出來的時候，是我以前賭博的那個男朋友的；那去年的，是另外一個在建築隊裡的，一個男的。我現在這個朋友，他自己是吃避孕藥的，他醫生自己吃避孕藥的。」

（HLJ，胡滌菲訪談）

在做這種事（指性服務——引者注）過程中，我要求客人戴避孕套。「我懷過一次，流產以後放了環。」

（LJF，高雪玉訪談）

我在做這種事（指性服務——引者注）的過程中，懷孕過，後來「流掉了。」自己去做掉的，「小姐妹陪著，」不知道這是誰的孩子。

（JMC，胡滌菲訪談）

「在WZM的陪同下，與黃老闆簽訂了三個月的合同。三個月裡，我除了晚上與黃老闆共度，白天我的夥伴則集中在我這裡聊天、看電視，時間不知不覺飛馳而過。接著黃老闆又提出再續簽兩個月的合同，可是真倒楣，合同期未滿我便懷孕了。黃老闆仍一文不少地付給我兩個月的錢。我由於做了人流術，只好再回到夥伴們中去了。休息兩週後，又跟她們一塊兒『出勤』（指待客與接客——引者注），每天過著晚出早歸的生活，再也沒有遇上包月的事了。」我在西昌四次懷孕、流產，後來檢查發現，「我的子宮已經刮穿了。」

「其實剛開始接客時，我採用的是彝族傳統辦法。在家曾聽長輩們講過，彝族婦女主要用麝香避孕。西昌的同行中也有不少彝族女孩是這麼做的。方法是性交時偷偷將麝香袋放在臀部下面。這方法當時雖對身體無副作用，但也會造成避孕失敗。我偶爾也有服避孕藥的時候，可很少，因為服後反應較大。至於那些男人（指客人——引者注），他們一般拒絕使用套子（指男用安全套——引者注）。我好像得過兩次宮頸糜爛病，經治療才好的。」

（QMNW，馬林英訪談）

感染性病

婦女的生物性特徵也決定了其對性病的易感性（男性性病患者對女性的陰道射精無異於病菌／病毒的注入），而在性服務過程中處於弱勢和所掌握／知曉的安全性交知識不足，又使得許多商業性性服務婦女常常難以有效地保護自己不被感染性病。因此，據對被抓獲的商業性性服務婦女的檢查，其性病患病率一般高達70-80%，有的甚至身患數種性病。

「我以前是有，梅毒，現在治好了。」「在這個勞教所裡治好的，也是在這裡查出來的。」「以前不知道，因為梅毒這東西沒有什麼的，就是在血液裡的，不痛不癢的，沒有什麼東西的。」

（JMC，胡滌菲訪談）

我沒有要求客人採取措施過，客人自己戴避孕套「倒是有過。比如說不熟悉的，一般客人自己有帶的，我不願意帶這個東西的。如果是熟悉的，知道雙方都沒有問題，也就沒有必要採取措施了。」要我自己來說，「最好還是用。因為我每天來來去去的，包裡帶上這些東西，萬一被抓牢，雖然嘴上不承認，但有物證，很被動，所以說，我不要帶這些東西的。有時候，朋友出去玩，包裡帶這些東西，難免被朋友翻到，也不舒服。」我的同行「都是普遍地不想帶」這東西。

性病我有過，我跟一個男的（指客人——引者注）很長時間，95年（指1995年——引者注）秋天時染上過。那時剛出道不久，不可能講究很多，每天不能平均一個，衛生方面不在意，感染上了性病。

（LX，汪俊昌訪談）

「我當時在外面是不知道的，到這裡來是有點的（指在外面不知道有否感染性病，進女子勞動教養學校後被查出有性病——引者注）。」「一點點，那個淋病就是了。」後來，「我這裡配點藥就好了。」做這種事情（指性服務——引者注）時，「心裡面總是有點擔心，」「那我們就是好像買點那個藥，自己吃一下。」和男人做的時候，也有讓男人戴避孕套的，「我們自己叫男人戴的，很少有男人自己主動要戴的，他不戴，那我就不說了，那一句話，說下去就沒意思了。」

（FHN，胡滌菲訪談）

對性病「擔心是擔心的」，要求男人採取措施？「我要求的，但他們一般不肯的。要不，有的人（指客人——引者注）情願不幹。為了錢，只好算了。」我也「沒有辦法。在這裡（指女子勞動教養學校——引者注）我被查出來有病（指有性病——引者注）的。」

（SXY，汪俊昌訪談）

對性病「擔心過的，聽別人說過，」性病的知識「不知道」。在做這種事（指性服務——引者注）時，沒有採取過措施。客人「有時候要求的，一般人願意採取措施，比如，套避孕套，怕得病嘛。我們也怕，都是男人先得病的。」願意採取措施這樣的男人大概占「80%」。「我自己感覺沒有病，但在勞教所查出有梅毒，現在已治好了。」

（LM，A，汪俊昌訪談）

　　我知道有性病和愛滋病，「就在我沒出社會（指混跡社會——引者注）以前，我就知道，也聽到過。但是，我真正的，我也不知道。就是偶爾聽到這些社會上的，聽是聽到過的。」「我一般如果跟這些客人上床的話，那我都會拿避孕套給他們的。」每一次都用，不管是熟的還是不熟的。「不過，有時熟客的話，我對他印象如果好一點的話，那他說不用，那我也沒有關係的。」

　　後來，染上了性病，也不知道是怎麼染上的。「在外面（指混跡社會——引者注），我也沒去醫院做過抽血檢查，就到我一直被抓了，到這裡才查出來有病。在外面的話，因為我們一直在吃進口的藥，一直進口的藥在用，預防，這些藥。而且每個月都打預防針的。」「就是預防梅毒、性病這些的，每個月打一次，三百塊錢一針的。」打什麼針「我也不知道，」「在私人診所打的。」「我們覺得大醫院好像不好意思去，在私人診所裡，無所謂，反正錢給他多一點，我也不認識你，大醫院麼，他要問這個、問那個，雖然說不怎麼樣，但有時還是要一點面子的。所以，我們也沒到大醫院去，就在私人診所裡。」誰傳給我的，我也不知道。就一直到這裡查出來，我才知道。

（WTF，王金玲訪談）

　　對性病，「那時候自己沒有生過，好像也不知道，我自己想想嘛，生了自己就會有感覺的，我也沒有什麼感覺，沒有想到自己會生性病的。」給客人準備避孕套，「一開始沒有的，」有客人主動用的，「好像那時，我好像從來沒有懷孕過，用避孕套也不是用來防止性病什麼。一般在賓館裡都是馬上洗澡，一般是不太會懷孕的。」性

病怎麼得的，「我也不知道。如果我知道的話，肯定會去治療的，而且我自己也沒有什麼感覺。女孩子嘛，一般比較難為情的，如果自己有感覺的話，我會自己去看的。如果沒有感覺，憑空地到醫院檢查，別人也會想的，年紀這麼輕來檢查，好像是……因為像我們生了這種性病，自己沒有感覺的。」生的是「梅毒，一點感覺都沒有的。」

（PLL，B，高雪玉訪談）

我得過性病，不知道怎麼會得的，「我在那個看守所查的時候沒有的，到這裡（指女子勞動教養學校——引者注）來查，他們說是『非淋』（指非淋菌性尿道炎的簡稱——引者注）呀什麼，我也不知道。」後來，「就是在這裡看的嘛，」「看好了。」不知道是誰有的，「這個大概就是和男的發生關係多了，就會有的。」

（PLL，A，胡滌菲訪談）

我丈夫得了兩次淋病，我都沒染上，「我說，我怎麼傳染不起來的。」後來逃出來幹這種事（指性服務——引者注）了，「傳染上了，梅毒，進來，你看，我都醫了一年。」「現在好了，」也不知道是哪個客人傳來的。

（LWY，王金玲訪談）

做生意（指性服務——引者注）的時候保護自己，「就用避孕套啊，」「也有打針吃藥的，」有些完事後去打針的，「用避孕套的，大概占50%、60%吧。」要打針數量很少的，吃藥，主要是吃「頭孢這些消炎藥，」完事之後就吃，剩下的那個40%、50%，「有的是他

不願意用」，我提出他不願用的，大概「十個裡面有兩個吧。」「因為戴了避孕套，畢竟感覺是兩樣的。」到深圳後，接的客人中「臺灣人、香港人是有的，這種華僑是很多。但是，外國人有是有，但是我不接客，我就陪他們唱歌什麼的。」「我怕愛滋病。」沒想過香港人、臺灣人也會得愛滋病。「因為我畢竟是在這些電視上啊什麼的，看到的比較多，都是這些外國人，」外國人得愛滋病。我曾經得過一次淋病，後來治好了。

（快快，王金玲訪談）

我的小姐妹，「好像她們都是病區（指女子勞動教養學校中病人居住的病區——引者注）住過的嘛。」「我沒有過，我專門檢查的嘛，我自己檢查的。」「我很怕的，實際上我在外面（指在女子勞動教養學校外——引者注）做什麼，我很怕的。」就是怕得病，措施「我不採取的，我就像職業一樣的，過一個禮拜我就是查一次，我怕的啦。」查出來過，就是非淋。

（WSH，胡滌菲訪談）

被逮捕

商業性性服務在今天的中國大陸仍屬違法／犯罪行為，並且，1990年代以來，公安機關幾乎每年都有以打擊商業性性交易為目的的「掃黃」專項行動。因此，儘管絕大多數商業性性服務婦女都認為被抓獲的機率不高，但每個人都時時處於被抓獲的擔慮中。事實上，在拘留所、女子勞動教養學校中，不乏多次被拘留、收容、勞動教養「二進宮」、「三進宮」者，而且被處以勞動教養者，絕大多數有因

商業性性服務而被拘留、罰款、收容等「前科」。

　　被勞教以前「拘留過，拘留十二天，」「這是第三次被抓了，第二次是罰款。」從拘留到罰款，中間隔了「三個月」。「都是晚上巡邏的時候被抓的，」「在街上嘛，有一天晚上，巡邏隊的人看見我一個人在街上走，就問我是幹什麼的，就這樣被抓了。」被抓嘛，「18歲那年一次，19歲一年兩次。」前後三次被罰了三千塊錢，一個月大約有七、八千塊收入。被抓以後想過以後要隱蔽一點，「我一般在晚上11點鐘左右就不做了。」做這個生意（指性服務──引者注）感到害怕，特別是被抓幾次以後。

（HHM，高雪玉訪談）

　　第一次被抓是男朋友販黃帶被抓後，把我說出來的，說我也販黃帶（指色情淫穢錄影帶──引者注）的、也賣淫，判了三年勞教。第二次是「我的一個小姐妹自己出事情（指被抓獲──引者注）了，把我說出來的，」又判了三年勞教。第一次被勞教後，在場所選擇上更加小心了。我做這種事情（指性服務──引者注），「失去的多，畢竟是在勞教時間多，有六年時間在牢裡，特別是自己的青春年華。」「在我們湖州，被抓的可能性也是比較大的，而且一判就是三年。不過，現在賣淫的手段也比較高明了，純粹去賣淫的人也不少了，被抓的可能性已經開始降低。」

（GJ，高雪玉訪談）

　　「他（指客人──引者注）妻子早就懷疑了。後來，找到我的住

處了，叫她的一些家人來罵我、打我。如果當時他們斯文一點，我會
考慮離開他的。鄰居們以一種世俗的眼光，也有點鄙視我，撥打110
報警。當時我情人是不知道的。開始時，他曾偷偷摸摸到派出所看
我，並說要保我出去。我們兩個一起錄口供時，公安人員問我拿了多
少錢，發生過幾次關係，怎麼認識的這一類問題。開始對我態度較
好，關了兩天，把我關到看守所了。我根本想不到有這種結局，不知
怎麼，判了勞教了。」

（LM，B，汪俊昌訪談）

　　在這次被抓之前，曾經被抓過。那次是「96年（指1996年——引
者注）12月份，」「在那個Xinjia派出所，罰了二千塊錢。」我「想
出去再也不玩了，怕死了，以後我要再抓到的話，就倒楣了，不好再
玩了，就這樣想。」「後來嘛，她們（指同伴——引者注）又叫我，
好像一個人在家裡也蠻無聊的，跟她們在一起出去玩，也蠻開心
的。」就這樣又出去玩了，又被抓住了。

（PLL，A，胡滌菲訪談）

　　以前被抓過的，「收審過的。就是，我在五年前，就是第一次做
（指性服務——引者注）了沒多少時間，就被他們（指公安機關——
引者注）收容起來了。」那「是在卡拉OK，也是卡拉OK老闆叫我們
在這裡唱歌，客人陪一下，當時也不知道，剛剛坐下，我們是想待五
分鐘，價錢談好，走掉。坐坐十分鐘沒到，人家報案了。」一起「抓
了十幾個，」「拘留了兩個月不到一點兒，罰掉五千元。」「這次
嘛，他（指審判人員——引者注）說我不老實，其實我也很老實。他

要叫我罰款三萬塊。」我不拿,「不叫拿不出,我也不想拿。我也想,不可能判我勞教的啦。」這次是被人供出來的,「那個女孩主要也是我介紹過去的。」這次,被判了兩年。

(HXZ,胡滌菲訪談)

跟那個男的好了以後,「同居了,都跟他住在一起的。」「後來,他想把我帶到廣州去。沒想到帶廣州去前一天晚上就抓住了。」判了三年,「在金華。」90年(指1990年——引者注)解教,「出去九個月又被抓進來的,」是在旅館裡被抓的,又判了三年。94年(指1994年——引者注)7月份解教,到路橋,「在車站,我是找那個男的(指熟悉的客人——引者注),沒找到,」碰到一個老頭子,「他認識我的,他以前跟我在路橋的一個男打關牌(指一種撲克牌遊戲——引者注)的,認識我的。」「他就給我介紹(指介紹客人——引者注)了。」「我根本一個月都沒有做到就抓來了,錢也沒賺到,人也抓了,三年。」這樣,從88年(指1988年——引者注)到現在,我坐了九年的牢。

(QLX,王金玲訪談)

安全問題,「那時候沒有想過,因為我身邊沒有發生小姐妹被抓的事情,因為我也只是偶爾做這種事情(指性服務——引者注),我對家裡也是隱瞞他們。但我把掙來的錢大部分都寄給父母的。我跟男的認識都是在這個茶室裡認識的。從跟第三個男的分手以後,我就換了一個茶室。在那個茶室裡只做了一個多月,我就被抓了。」不是當場抓的,「我自己說出來的,我被特警抓了以後……,被迫說出來的。」

　　「有時候我經常這樣想，我到這裡（指女子勞動教養學校——引者注）來以後覺得並沒有得到什麼。其實我什麼都沒有得到，以前我自己覺得我也蠻富有，自己擁有什麼。但自從坐牢以後，就覺得自己一無所有。假如我不坐牢的話，我會厭倦那種生活以後，我會去好好地工作、結婚成家。自從進來以後，以後出去結婚我沒有想過，我不想結婚，我只想去幹一番事業。但我又不知道自己能幹什麼，像我們這種人出去以後別人會不會用另一種眼光看我。結婚的事情我想也不敢想，在我們那裡是很封建的。我記得以前我在外面的時候，別人都羨慕我的，在事業方面很成功，有很多人為我找對象，但到這裡以後，有一次，我跟媽媽說，我出去以後再也沒有人為我找對象了。」

（DLL，高雪玉訪談）

　　我這個事情很複雜的。我這個事在蕭山影響很大的。「我這個事情關係到一個人，而且我第一次收容是在95年（指1995年——引者注）1月22日，我關了二十多天，車子已經不開了，是他打電話把我騙了過去。我的小姐妹敲詐罪被他們抓起來了，是她把我舉報出來的，公安那個人就打電話來把我騙去的。」「我在Xiao Shan賓館有一個長包房間的，他們打我的手機、傳呼什麼的。」「這個房間是我朋友包我的，」他不是我的男朋友，是包我的。那天，他打電話過來，說有一個廣州的客人想叫我陪，當時我也沒有多想，就給他叫了兩個小姐妹過去了。」「當時我沒有過去，但他一定要叫我也去，所以就這樣抓起來的。」「抓我嘛，說我在賣淫。」這是95年1月份，到96年9月份，又被收容，後來，判了勞教三年。我這次進來也是因為男朋友的事情進來的。是抓他的，他妹妹的男朋友盜竊被抓起來了，說

我男朋友包庇，當時他在我房間裡，所以一起被抓起來了。「他們（指員警——引者注）從我房間裡搜出很多錢，還有幾張支票，很多首飾，說我錢來路不明。」「說我還在做這個事情（指性服務——引者注），」「就做了這個勞教的決定。」這個事情弄大了，情人們雖然有路，但也不敢幫了。「對牽涉到他們自己的事情，他們自己也很怕的。」「因為抄房間，把他們給我的信、電話都弄出來了。」

（LJF，高雪玉訪談）

「以前是兩次拘留，」「第一次是賣淫，」「就是給他們（指員警——引者注）跟蹤去的，在那個老闆的房間裡，當場抓住的，第一次。」「後來就是給我拘留十五天，再他們罰款罰了五千就好了。」「第二次是窩藏，」「窩藏偷公家東西的小姐妹。第一次被抓後，我都是白天做，晚上我自己不要去的。」「因為怕派出所的人跟蹤來。」這次被抓「是小姐妹說出來的。」

（JMC，胡滌菲訪談）

第一次接客是「36歲吧，就是同年出來就同年被抓了，還不滿三個月就被抓了。」「就同一年8月10幾號，被抓起來的，到10月30號又被抓起來了。」第一次「拘留了十五天，」沒有罰款，「因為那時我根本就沒賺到錢，也是剛開始。」「就是我們是舞廳出來，經過麗水的廣場，那個場上巡警隊很多的。我們經過那個廣場過來了，我們就是在說這個事情，因為我們開始的時候不知道。那個男的在說，到了家裡怎麼樣，給你多少錢怎麼樣、怎麼樣，就是巡警在跟蹤的，就是這樣被抓住的，」「到他（指客人——引者注）家發生關係以後抓住的。」

（LWY，王金玲訪談）

我「被抓了好幾次呢。第一次是94年（指1994年——引者注）的7月19號，」幹了沒多久就被抓的「罰了四千塊錢。」「是我自己房間裡抓住的。因為小姐妹抓住了，然後把我說出來我是在哪裡包房間的，就是衝到我自己長包房裡來抓我的，」不是當場抓的。「一個禮拜不到，」「錢交出之後就放掉了。」「第二次是在12月份吧，94年的12月份，」「都是在自己的長包房裡被抓住的，」也是小姐妹咬（指交代——引者注）出來的，「罰了一萬。」「第二天就幹（指從事性服務——引者注）了，」一直到這次，97年的1月份被抓。「這次也是別人把我說出來的，她自己去報案的，」「她覺得我拿她的介紹費比較高，」「她說，你杭州人欺負我外地人，沒那麼好的，」就去報案了。

（快快，王金玲訪談）

「第一次被抓是95年（指1995年——引者注）10月份，那次是下城分局處理的，那時就罰一點款，五千元。」離開始做這生意（指性服務——引者注）「五、六個月。」「是我的一個小姐妹把我出賣的，是她先被抓的。」「一開始我先抓進去，後來我們三個人一起被抓進去的。反正那次抓進去的人很多的，基本上都是罰款罰掉的。我走的比較早，因為我的那個同學第一個出去的，她出去後來保我的。」在家裡待了兩個月，口袋裡沒錢了，就又去做了。被抓後再做這種事情，「那當然有點怕的。」「那時候傳呼機經常在換的，身邊通訊錄什麼的都不帶了，因為第一次出事就是因為傳呼機和通訊錄把我害死的，我就傳呼經常換的，通訊錄也就不帶的。我腦子比較機靈的，反正什麼號碼我腦子裡都記得住的，我也不用通訊錄的。客人一

般只有在賓館裡住，因為那時我一般都是在WangHu，保安我們一般也比較熟悉的。」「被抓以後，後來再去做的時候基本上就是在WangHu裡，不在別的地方，我覺得在WangHu裡保安什麼都比較熟悉，是比較安全的。」

第一次罰款到第二次被抓，「有半年。第一次是95年10月份，第二次是96年5月份被抓的。是我們帶的那個17、8歲的女孩子把我們告發的。」她認為第一次是我們帶她做的。那一天公安就到我家來找我，「那段時間我一直待在家裡，我一般電話號碼都不留給別人，自己認為沒有什麼大的事情的。那是在風頭上，我差不多有半個月沒有出去了。」「我想想可能是95年11月份下城分局處理過我，他們來找我瞭解瞭解情況。他們問我知不知道什麼事情來找你，我傻乎乎地說不知道，是不是以前下城分局的事情。他們說，好，老油條了（俗語，指很老練、油滑、行動經驗豐富——引者注），已經抓過一次。結果是我自己把自己說出來了。」

（PLL，B，高雪玉訪談）

「我擔心的是出去以後能不能找到個好的老公，成一個家。我最想得到的是一個溫暖的家，這個欲望很強烈的。而且，這是我人生的終點站。我已經是三進三出的人了，我真的其他什麼對我來說都無所謂，只想得到一個溫暖的家。我已經27歲了，在這裡（指女子勞動教養學校——引者注）待著，心情不好，感覺自己已經老了，精神上的壓力特別大。」從90年（指1990年——引者注）到現在，我坐了五年牢，「五年在牢裡，四年在外面混，要麼吃風塵飯，要麼跟社會上各式各樣的人鬥。」「我總感覺到心情特別壞。我勞教過，判刑過又收

審過，搞得我身心疲憊。所以，現在我的身體特別的不好。」

（CL，高雪玉訪談）

人身自由受控制

在有組織的商業性性交易中，被雇用的商業性性服務婦女常常受控於雞頭、媽咪，勞動強度大，經濟受剝削，行動自由被控。

「我在這裡（指女子勞動教養學校——引者注），在寢室裡面，她們（指同寢室者——引者注）說一天最多十幾個，我聽了嚇都嚇死了。」「她們說有時候真的做（指性服務——引者注）不動了。我說，這樣人不要死掉了。」「她們大概是一個美容班，給人家老闆做按摩的（在一些美容院、按摩院中，按摩以後就是性服務，或按摩就是性服務的別稱——引者注）。」不做，以後客人就跑掉了，不來了，她們怕老闆娘。

（HXZ，胡滌菲訪談）

這些小姐都是他（指「雞頭」——引者注）手下的人，都是外省來的，是「從福建帶過來的。」「這一幫小姐，差不多都是……就是金錢方面，都是由他掌握的。」「就是作為他，旁邊的幾個，我剛跟你說的幾個男的，好像比較聽他的，可以說他也算是社會上一個小頭目的意思吧。那這幾個男的，好像只是幫他帶小姐。作為金錢……好比我跟你的關係，就是打個比方，那你是我請來幫我收費的，我願意給你多少就給多少。」這一撥人，其實就是一個團夥，這些女孩子就是替他們做生意（指性服務——引者注）的。他們對小姐是有控制

的，「好比一個YaDu大酒店吧，他只要承包這兩個房間好了，提供小姐住、吃。」然後，小姐就在酒店裡找客人，我的小姐妹幫他們管這批小姐，「這些經濟都是抓進在她手上。」一個客人「我想在四、五百之內吧。」那些帶小姐的人拿走「一、二百，我想會是有的吧。」小姐「好比出去買衣服吧，都有人跟著的，」「直接跟著的。小姐一般是沒有自由的，吃飯都是他們速食買上來，在房間裡吃的。」打逃跑的小姐，「那沒看到，」「在紹興，聽到這種事情還是比較多的，但是，不是我們這一類。」「聽我小姐妹說的。因為我也是，另外幾個小姐妹吧，我這個小姐妹給她們說的。她說，你不要到處跑，萬一被別人騙去了，別人可不像我們老闆一樣，對你這麼好。這意思也就是……」我的這個小姐妹「也是幫他（指「雞頭」——引者注），我不是跟你說過？她的情人是做這方面生意的吧，也是幫他管理的。」

聽說「就是其中的幾個小姐吧，她只是……好像從我們福建，有個叫LianCheng的地方，他們是有專門的，好像人販子似的，」販過來的，「不是騙過來的，自願的。但是就是作為是有介紹費的，就是他們把她（指性服務婦女——引者注）帶過來，」賣給他們一樣的，賣一段時間一樣的。介紹費「一個小姐大概是三百吧。」「好比是五個吧，我今天幫你帶五個，你就付我一千五。然後我保證你在一個月裡面，這五個小姐不會逃跑。就是這樣。」

（JMM，胡滌菲訪談）

現在的「雞頭」主要是用感情控制小姐，「等到這個女的愛上他了，他就讓你做這個事（指性服務——引者注）。等到你要做這個

事，就受他控制，錢都交給他。」媽咪一般不太控制那些小姐，她的基本任務就是給小姐介紹客人，然後「就收介紹費。」小姐「中間跳槽的嘛，有是有的，就是，到時候也會收拾（指處理，包括恐嚇、責罵、毆打、捆綁、餓飯等手段——引者注）她們。但媽咪是不會出面的，肯定是卡拉OK，他們，現在卡拉OK每個場次都有那些好像，保鏢，就是這些收保護費的人了，他們會解決這種事的。」

（快快，王金玲訪談）

那個「雞頭」包（指承包——引者注）了我們四個小姐，我們不去按客，他要打的。「我一直沒有身分證的，她們小姐的身分證都讓他搜去的，」小姐要逃也逃不出去。接客的錢，「每天一回來，她們就交給他的，我是不交的，」「我本來跟他們是親上加親的關係，再怎樣算算，他也不會逼我的。」那些小姐都是不認識的，「就是那家裡帶來的，那女的，情婦嘛，都是去家裡騙騙來的，說到外面去打工什麼的，他們很會騙的。」小姐賺來錢他收去以後，小姐的生活，比如吃飯、穿衣服、化妝品什麼都是雞頭供應的。「每天都是，他們在外面，他們自己租個房子，兩室一廳、三室一廳的，專門請個做飯的，那做飯的是我舅媽她認識的那個女的丈夫的姐姐，他們也是一家人，請來做飯的，是他弟媳婦請來的。就這樣子，天天做飯，十幾個人、二十幾個都在裡面吃。」「那些雞頭好多就是一家人自己的兄弟啦，都是親兄弟來的，」來管這些小姐的。「比方說你今天要什麼東西，帶到市場上，然後，你要買什麼，哪樣好看，他看看買，買這些，他會去買的。」「零花錢也有的，五十、一百的，水果是天天買的，放在那裡的，他不那個（指不吝嗇——引者注）的。」

「小姐回來，他肯定要去問。他說，這個生意有沒有做，做出來的錢麼都放在這裡。怎麼騙他？他說，放在自己身上，你等下做完生意出去，人家給你搶去都不知道，她們麼，會給他的。」「她們現在一般就不敢藏的。因為如果藏，一被發現他們就會打的。」「一般搜身是不會搜。有時包放在那裡，他是去翻翻的。她又不知道的，一般小姐都不敢藏錢什麼的。」

小姐「逃不出去的。」「她們就是受控制的。假如說這是賓館，我們就住在賓館裡，吃飯他也會送來的，像這種你要衣服，也會送來的，要不就是一起帶出去，你肯定是逃不掉的。」「因為你逃出去，他們也會知道你家裡的。他們跟她爸爸媽媽講，給你女兒帶出去打工，很好的。他們這樣騙他們的，他們不是也很相信的？就這樣嘛。」「再一個開始出來的，像我們，農村裡剛出來的，一般都不聰明的，哪裡會知道這些東西？」「她哪裡會想到去告的啦。後來不是公安局查房，賓館裡不是要查房的，查房那些小姐抓住啦。一般他們都跟那些小姐說過的，你們千萬不要說，打死也不要說，說出來你要去坐牢什麼的。你不說，我們會保你的。以前，她們不是都保出來的嘛。最多就是送去拘留所什麼的，拘留十五天就保出來的。」

「這次他（指「雞頭」——引者注）打的那個小姐，是四川的，很小啦，」「也只有16、17歲的。」「就這樣打她麼，開始都打了好幾次，我看打了好幾天，身上都是烏烏的，真是可憐。」「他們整天打、整天打，有時候我想，真的是像這樣打，兩下麼打死掉了。有時候打得路都不能走。」「他打她的時候，我正好跑過去拉他，他這麼說，那天，他把那個刀子都拿出來了，他說要把她打死。」就是因為「她出去做生意（指性服務——引者注），跟那些男的（指客人——

引者注）跑出去了，」「跑出去，不是逃掉，」客人把她帶到自己家裡去了。「打過之後麼，說要把她丟到廁所裡，馬桶裡去，摁水裡去。我過去跟他說，你要打打我好了，我站在這裡，我說你要打打我好了，他不打了，說要她馬上化妝，化妝去做生意（指性服務——引者注）。」「後來，她也沒辦法，她就做生意去了。」

「後來嘛，她們（指一起從事性服務的同伴——引者注）開始抽白粉（指海洛因——引者注）了。」「雞頭麼，白粉買過來，他們這麼想，給你們小姐抽了，抽上癮的話，你的錢那時不拿出來也得拿出來，你抽上癮了，想跑也跑不掉了。」就這樣，他手下三個小姐都抽的。

（DXY，王金玲訪談）

被客人欺騙、威脅、敲詐

局外人常常論及商業性性服務婦女對客人的欺騙、威脅、敲詐，這無疑是事實。但從另一方面看，商業性性服務婦女遭客人欺騙、威脅、敲詐也屢見不鮮。事實上，如前所述，在瀋陽等地，包括「三陪小姐」在內的商業性性服務婦女，已被認為是「富人」而遭搶劫甚至被謀財害命的案件正呈不斷上升之勢。而本訪談的敘述者所論及的被客人欺騙、威脅、敲詐之事中，除了感情的被欺騙外，也屢有金錢財物被欺騙和被敲詐，甚至還有性敲詐，亂倫強姦。

在做這種生意（指性服務——引者注）的過程中，碰到過客人不付錢的。他不付錢，「我也沒有辦法的，又是外地人，不在本地，我沒有辦法的。」

（HHM，高雪玉訪談）

也有不正常的客人，「把我們騙去，在我們身上騙東西。我曾經給他們騙去過傳呼機。」

（JMX，胡滌菲訪談）

那個男的（指客人——引者注）和我一起到四川，「我爸爸媽媽對他很客氣，燒飯。兩天，他都在飯店吃。我爸爸問他，為什麼不在我家吃，他說，還有一個廠長也一起來的。他就問我了，說他們這次來，錢也掉了，能不能借個三百塊錢給我。我說，丟掉了？我媽媽說，好的，就到銀行去取了三百，說不夠麼再拿，他說夠了，回去路費兩個人只要六十多塊，兩個人三百多塊錢是足夠了。後來，他就沒寄來還給我們。」「那時是八幾年（指1980年中的某年——引者注）。」

（QLX，王金玲訪談）

那個給我一千英鎊的，「是臺灣客人。那天，是我在舞廳裡面，老闆介紹的。他（指臺灣客人——引者注）說找一個文靜的姑娘，找一個好一點的，那時候舞廳裡畢竟很晚了，也沒多少人，那老闆就叫我去。那臺灣的客人也看中了，然後他把我叫去。老闆嘛是給我六百塊錢人民幣，但是晚上我去的時候，他（指臺灣客人——引者注）給我一百塊錢美元，那我全部收下了。等我第二天早上走的時候，他又給我一千英鎊。但是那一千英鎊，後來給我朋友（指客人——引者注）拿去了，我一直沒拿回來。」那個朋友，「就是說我和他很好的。他說，我一直不想去兌換，看到黑市上能不能兌換到高一點。」他「是個男的，」也是我的一個客人。「他拿去了，一直到最後沒有給我。」

（LX，汪俊昌訪談）

「在看守所的時候，有一個男的，他對我特別好，他當時就總對我說，我以後有什麼困難就去找他。他比我早八天放出來，所以，我出來以後就去找他，謝謝他對我的幫助。」「這個男的，後來一直追我，我後來就一直跟著他了。」「到後來，他有點包我的性質了。他有空就來看我，剛開始這個男的對我還好的，我們之間還是可以的。因為他畢竟是農村人，我是城市人。」「我也沒有想看上他，他一直在追我，所以想想他在看守所裡對我的幫助，我一直感謝他。」「他家裡條件很差的，每次去他家裡，我都是強制自己去的，我一去就要跑出來的。」「到94年（指1994年——引者注）底，一年半」時間，我們就分手了。「因為這期間，他有些事做得實在太過分了，」「他偷了我十萬塊錢，害得我差一點死掉。」「連一個農村的男人都會來騙我，已經沒有什麼人可以相信的了。」

（CL，高雪玉訪談）

離開那個飯店，「因為那裡，我也出了一點事嘛。我道上（指黑道——引者注）有也一個人認識的，道上那個人認識的，好像也是離那個飯店也近的。這個飯店的老闆好像很怕他一樣的。那他說他有幾個朋友來吃飯的話，因為我們老闆也知道他這個人如果要跟你們發生性關係的，他不會付錢的，老闆娘也跟我們通知過的。他們有一次來吃飯，他們有好幾個人來，他說叫我陪一個男的去，那我們也不答應的。因為老闆說過的，你們不要答應，他們是不會付錢的，因為他們也沒有錢。經常吃飯也欠帳呀什麼的，不來付，白吃一樣的。那我有一次嘛，那個人不是也是跑採購的？那我跟他價格談好，我不是帶上去了，也是帶到三樓的，他們在二樓吃飯嘛，我們性關係發生後，我

下去，那個男的還沒下來，他們幾個男的就上去打那個男的。」把他身上的「錢也搶走了。剛好是河港旁邊嘛，把他拎到河港旁邊去了。」「那我後來想想這樣待下去也沒味道了，那我就不待了嘛。」

（HLJ，胡滌菲訪談）

「後來，我們大隊（當時農村為人民公社——生產大隊——生產隊管理體系——引者注）的一個，叫什麼名字我也忘記了，他在上面（指住在村子中的高處——引者注）的，是殺豬的。他很想我一樣的，跟我丈夫講。我丈夫說，隨便你，他也很有錢的，你上去好了。我丈夫還叫我去，晚上幾點鐘他在哪裡等我。給我丈夫的爸爸知道了，剛剛我們倆發生關係的時候，褲子剛脫光，他（指公公——引者注）進來了。他就把我褲子拿走，說，你不跟我睡，跟人家睡。那我沒辦法，就把褲子穿上，回來了。走在路上，他說你肯不肯？如果今天晚上跟我睡的話，我就不會講你的。我就不肯，沒辦法，在那種情況下，你說我怎麼辦？選擇什麼？我想我畢竟還要做人。後來，我丈夫的爸爸，跟他發生了一次關係，沒辦法。」

（QLX，王金玲訪談）

被虐待和／或遭強姦

　　儘管在回答有關「在賣淫中，你有否受到過虐待」時，無人選擇「有」這一選項，但在訪談中，有不少人論及了她們自己親身經歷或耳聞的一些性服務婦女在性服務過程中受到虐待的事，[2]還有一些人

2　這是一個值得深思的現象。事實上，我們從訪談中得知，在商業性性服務婦女中，普遍存在著一種將性虐待視為變態，認為接到「變態」的客人是一種恥辱，說出來會遭人恥笑的心態。

論及自己因從事性服務受到強姦甚至輪姦。

　　那些客人，「如果你不跟他玩（指不同的性交方式——引者注），他就無理取鬧，無賴也有的，」「如果你不跟他玩，他就插（指陰莖插入陰道——引者注）死你，」「都是外地的，北方的特別屬害。」

（HXZ，胡滌菲訪談）

　　我沒碰到過特別壞的，「我聽是聽到過的。」「就是所說的變態的嘛，」「綁起來什麼的，是很怕的，我聽到，說起來很怕的。」「那一般賓館不是床上有燈嘛，把她手綁起來，好像虐待一樣的嘛。」「就是拿東西打她嘛，就是打，打一頓，錢扔到床上就走掉了。」「打她一頓嘛，」「玩，不玩的，就是打她一頓，他好像覺得很興奮，就走掉了，就這樣的，變態嘛。」

（WSH，胡滌菲訪談）

　　客人中，「像有的粗魯的，也很多的，也並不是個別的，像變態的人也很多的。」他們「基本上是跟電影、電視裡差不多的，變態也有的，像我小姐妹曾經碰到了一次，她當時出來的時候，身上是很青的，而且被客人咬得兩個肩膀都是牙印。那個時候，我看看，我嚇死了。」我自己碰到「沒有，很少。相比之下，性生活粗魯一點是有過的，但是真正好像很野蠻、粗暴變態，是沒有過。」客人打我「是曾經碰到過一個，那個時候是96年（指1996年——引者注）的時候，我碰到一個男的，他就是問我哪裡人。我當時就騙他，我說我是四川

的，其實他也是四川那個地方的，可他在縣城。說著，他給了我一個巴掌。他說，我不需要我家鄉的人出來幹什麼這樣事做。然後他那天沒有跟我真正發生性關係，但是他給了我錢，並不是直接的，就是用手幹什麼。相比之下，我們也認為他是一個變態的，我只碰到一個，記憶中就是一個。」

（LX，汪俊昌訪談）

「那個男的住在大關，那天我回娘家在西湖邊碰到的。他年紀比我輕，一定要叫我去。就到他家裡去了。他床上有一把刀，我想跟他做生意（指商業性的生意——引者注）的，我丈夫紡織廠要推銷一些化纖布。他找我，我想透過他找找銷路的。他說他是推銷員，我問他你化纖布有沒有路子幫我推銷。我給你多少回扣利潤，」那是在「95年，我想做生意的，如果推銷掉，利潤很高的，30%的利。結果到他家後，他是騙我的，就一定要發生關係，我不肯。因為他是騙我的，我不肯。他就一把刀拿出來了。我怕出事，就服從他了。我沒跟別人說過。這次被抓後，那個ZhangHuifang要我幫他們破案，我就說了。」那個男的沒給錢，我也沒向他要，他是有強姦性質的。「這就是我後來給他揭發出來的原因。他已經不能算是一般的嫖客了。」我當時沒去揭發是「怕面子上過不去。一告他，事情肯定要鬧大，我已有第一次了，不想第二次被抓。畢竟我有丈夫和女兒，今後還要做人。」如果我這次不說，「這男的一直還逍遙法外。後來他們去調查，證實那男的一直拿著刀在幹這個事情。」

（WPR，汪俊昌訪談）

「在去年2月份的時候，派出所裡我就進去過一次。這個事情我從來沒有跟別人說過，也是在那個茶室裡，我認識一個小朋友，我跟他們說說笑話什麼都是很好玩的，但是我從來沒有跟他們發生關係什麼的。他是從外地到這裡（指湖州——引者注）來做生意的，我跟他很好。有一天很晚了，他到我們店裡來，那時候我已經不坐臺了，做收銀員，他們來了四個人，我就幫他們找小姐。因為很晚了，別人都不願意出來了，那怎麼辦？我對他說，今天太晚了，小姐找不到，明天早點來吧。我那個朋友就很不開心，就說你陪我們聊天吧。我想得罪客人很不好，當時我並不是作為一個坐臺的小姐跟他們說話，而是作為店裡的負責人跟他們說話。時間長了我跟他們熟悉了。有一天晚上跟他們出去吃夜宵，另外三個人先走了，其中一個小朋友把我帶到Huzhou飯店，進房間後他就對我動手動腳，我很反抗，但怎麼也弄不過他，只得半推半就。後來又進來了三個男的，他們輪姦了我，他們還打我，等我想爬起來的時候，我路也不會走了，人像死過了一樣，當時我把自己身上都咬破了，我很恨自己，我沒有辦法去對別人發火，我只有拿自己出氣。他們怕我出事，其中的一個男的可能良心發現，想送我回去，另外三個男的對我說，如果你以後外面有什麼事情儘管對我們說，我們會幫助你的。」留下錢的事，「當時我的包是他拿的，包裡有沒有我不知道，我只想早點回家。」當時沒有想到報案，「我自己的事情我自己會去解決的。當時我回到家裡，從床下拿出一把刀。這把刀是我從繼父的床下偷出來的，我把它一直帶在身上，當時我真想衝到賓館裡去把他們一人一刀。」「因為我受的屈辱真是很大很大，但出門的時候碰到我小姐妹，是她把我攔住了。我把所有的事情都跟她說了，但我跟她說，你別跟別人說，有機會我會去

找他們的，我不需要第二個人來幫我，我自己的事情我自己解決。她聽後覺得太氣太氣了，要幫我出這口氣，就跟她朋友說了，她朋友要幫我出氣。」那其中的一個人（指輪姦者中的一個人──引者注）我認識的，「他從此以後就沒有來過，他們出了事以後是很怕的。其中一個男的送我時候對我這樣說，明天我會送錢給你的。我對他說，你以後最好不要來找我。但第二天他們根本沒有來找我，他們真的很害怕，怕我會出什麼事情，怕我去報警什麼的。當時到派出所報警的時候我才知道他們在我包裡放了四百元錢，既然他們在我包裡放了錢，這個性質就變了。他們（指小姐妹等──引者注）對我做了好多好多工作我才到派出所報案的，是他們逼我去的。當時在湖州已經有好幾年沒有發生這樣的事情了，他們這幫人是要判刑的。聽到判刑，我一下子覺得好害怕，如果他們以後出來了會來再找我的，會報復我的。雖然我自己損失了一點，每個人總有吃虧的時候，這次吃點虧就算了，以後不要再跟他們打交道就算了，我也不願意看到他們坐牢。」

「當時小姐妹就對我說，他們根本不把你當人，你為什麼還要為他們著想。當時我對派出所隱瞞了真相，我不願意報警，即使是報了警，我也不願意他們被抓，我想有機會讓他們走了算了。在出事的第三天，派出所到Huzhou飯店去找他們，當時他們都在房間裡，我當時還是這個想法，讓他們走了算了。」「一是怕他們以後出來報復，二是他們要坐牢，對一個人來說，坐牢是多少苦的事情，何必呢？每個人都有吃虧的時候。當時我敲門進去後，他們覺得很奇怪，對我特別的客氣，他們說很對不起我。當時派出所的人就衝了進來，把他們都抓了起來。」「我知道他們要判刑以後，在做筆錄的時候，我改變主意了，把事情都推翻了，說是我自己願意的。當時派出所的人都罵死我

了，你怎麼會這樣！這樣一來，就變成我賣淫了。當時派出所的人都說我是傻瓜。」「現在我到這裡（指女子勞動教養學校——引者注）來了就覺得很後悔，假如沒有第一次進派出所的話，我這次也不會判勞教。」派出所「出來之後，我就到長興鄉下住了一個星期，當時我對自己都失去信心，有點不想活了，我這個人怎麼這樣倒楣？後來我又回到湖州，在一個茶室做了一個多月就又被抓了。」

（DLL，高雪玉訪談）

生活中的高度緊張、危險、壓抑甚至屈辱／恥辱，也較嚴重損害商業性性服務婦女的心理健康，使之產生一系列的心理不良現象，甚至心理問題。這大致包括以下四個方面：痛苦、缺乏安全感、感到空虛和壓抑、自尊心受損。

痛苦

在這個過程（指性服務——引者注）中，「沒什麼滿足的，我要錢沒有錢，丈夫去年不幸病死，我做這行也是硬著頭皮。一看見男人我就想到我老公，為了這個錢，沒有辦法。」

（SXY，汪俊昌訪談）

客人，「太好的話，也不好。太好了，我會想到自己的丈夫的，心裡也是很難過的；那不好一點呢，對我們來說，還是自己丈夫好，反正就是這個樣，是吧？」

（FHN，胡滌菲訪談）

缺乏安全感和可靠感，感到空虛和壓抑

「這安全怎麼說呢？對我，肯定是心裡有些提心吊膽的。有時候畢竟要查房（指員警在「掃黃」行動中的查看房間——引者注）的，心裡當然提心吊膽的。查房的時候，提心吊膽的。一般我們查房好像都是，反正賓館裡的總臺一般和我們關係肯定是搞得很好的，如果來查房的話，肯定通知我們，那我馬上必須走出房間，那怕是肯定怕的，提心吊膽的。」

（XJ，王金玲訪談）

心裡的苦惱「這些跟誰說呢？沒有跟誰說的。有時像一個人跑到山頂上，或者什麼大河邊；有時像晚上去，坐個一天，到早上才回去。就這樣，好像，去跟誰說啦。就在那裡玩的，自己吹吹風，好了。」「那時，我想想現在的人都是壞的，哪裡會幫助你，這個都是騙你的，那個也是利用你的。我想想都是這樣的。」

（DXY，王金玲訪談）

和他（指客人——引者注）交往，「不怎麼感到安全。有時候坐在他的車裡，他總要很注意，避免碰到親戚。有時我也覺得很煩的。」「失望肯定是有的，一起吃飯時，他老婆有事，家裡有事，小孩有事，都要趕回去，有點不好受的感覺。」

（LM，B，汪俊昌訪談）

吸毒，是因為「對自己好像已經心灰意冷了，對男人也心灰意

冷。這個世界，除了白粉（指海洛因——引者注）就是最好，可以忘記煩惱，另外的東西都是增加煩惱的。哪怕爸爸媽媽也好，他每天在說你啊，煩你啊，你肯定是覺得他們很囉嗦。到時候，我自己受了委屈也不向爸爸媽媽說，因為他們太囉嗦。畢竟他們是為我好是另外一回事，但是太囉嗦。就和小姐妹說，現在是好像，現在的小姐妹和小姐妹都不像以前，好像像爸爸媽媽那輩一樣的，好像是出生入死的這種感覺，沒有的。現在都互相是出賣的，這些小姐妹都……就像倆夫妻也是一樣的。現在倆夫妻都是你出賣我，我出賣你，感情很投入的都不太有。」「對這個社會都已經看透了。」「所以，你現在去問她們吸毒的這些人，都是一樣的回答，出去以後我仍然要吸的。因為這個社會就是這樣。我看穿了，活在那裡還是死掉好。」「就覺得活著也沒什麼意思，」就很累的，這樣，活在那裡。

（快快，王金玲訪談）

滿足的話，「其實也沒有什麼。要說金錢，我們也沒有滿足的時候。性欲方面，跟客人在一起，好像根本就提不起來。這樣跟男人在一起，我們也感到很空虛的。」感情、安全感、自尊心方面，「一點都不好，安全上很難保證，如果有安全的話，我現在也不會進來（指被捕後被判勞動教養——引者注）。最重要的是自尊心受傷害。」

（LX，汪俊昌訪談）

我做這種事（指性服務——引者注），「得到的多，失去的也多。」「得到的是錢，失去的是我自己的人，加上我的靈魂。從現在我來說的話，我僅僅得到的是一點錢，其他什麼都沒有了。」「未來

也沒有的。」「我一直處在矛盾當中,這是一方面;另一方面,我覺得做人是很空蕩、很空虛的。我還有九個月就要回去(指解除勞動教養後回家——引者注)了,我回去以後我能做什麼呢?我自己都不知道。」「我現在除了有一筆錢以外,其他什麼都沒有了。我回去了,人家會怎麼樣看我?」

(CL,高雪玉訪談)

「自從到西昌工作以後,我一次也沒回過昭覺的家。這主要原因有兩方面。第一,昭覺是彝族傳統文化很濃的地方,我不願去遭受親友的教訓、白眼和不理解;第二,這一生我最好儘量少見到我的丈夫、親友和熟人。你知道,在昭覺這個彝族聚居縣,我的離婚就夠出格的了,那個年頭有兩個孩子的女人沒誰提出離婚的。當時這離婚的事就已鬧得滿城風雨,人們說三道四,什麼樣的猜測都有。」「我母親是個典型的靠面子過活的彝族婦女,我離婚她差點沒氣得上吊給我看,就是我的萬幸了。現在我這樣子回昭覺,人們指不定會鬧成什麼樣。父母都只在我住這房子前來過我在西昌的家,以後再不來我的家了。」「過去那種父女情和母女愛早已蕩然無存,再也找不回來了。」

(JEAY,馬林英訪談)

因在西昌從事性服務而四次懷孕、人工流產,子宮刮穿,不能懷孕,「丈夫家寧肯損失聘金、彩禮錢,首先提出了解除婚姻。我雖自幼學文化,且是全鄉唯一的女高中生,但命運卻把我玩弄得如此悲慘,成為全鄉最不幸的姑娘。我實在覺得沒臉再回到村中,去面對鄉

里鄉親們。趁在夫家還沒辦完離婚手續，連家都沒回，我又悄悄到西昌重操舊業。一個月後，爸、媽和哥、嫂來西昌找到了我，勸我收拾行李回家務農，別在外幹這敗壞祖宗名聲的事。我沒答應，還對他們說，反正我回去也是個廢人，既不能幹農活，又不能安家，不如就在這裡過過好日子，省得在家族和鄉親面前低人一等。在這裡大家都一樣平等，不存在彼此歧視的問題。爸和哥聽了火冒三丈，特別是爸氣得想揍我，被嫂子拉勸住了。他們都為我執意不歸而惱怒，爸當即聲明：好，你幹你的，我們就當沒養你這個女兒好了。但我要告訴你，我回去後會召集家族大會，開除你的族籍的。就這樣，他們回去了。兩個星期後家裡特派了來西昌探親的Regumu前來通告我，我爸已召集家族，舉行了開除我家族籍的儀式。聽後，自己雖傷心地哭了一天一夜，但還是在朋友們的勸說下堅強地活了下來。」[3]

（QMNW，馬林英訪談）

自尊心受損

做這種事情（指性服務——引者注）的時候，有一種低人一等的感覺。「因為說起來就是做這種事。畢竟這種事情，也是不正當的，不好的。所以，看起來就是比人低一等的。」

（HYB，王金玲訪談）

3　馬林英注：被開除族籍被彞族人認為是一種莫大的懲罰，叫人恨不能死，痛不欲生，被開除家族籍的人若是男性，將被流放異地，連娶親、生存都成問題；若是女性，則難以找到出嫁的婆家。此兩種人無論走到哪裡，家支都會拒不接待。這對於極力推崇「猴子靠森林存活，彞族靠家族生存」的涼山彞人來講，其精神折磨的深度和廣度是不言而喻的。

第一次做這種事後，「對我自己，我總覺得女人就是這麼下賤，反正女人嘛，就像帶我出來的那些人說的，就是跟別人睡麼，跟男人睡，跟男人玩，拿到錢算運氣，拿不到錢就算晦氣，就這麼一回事。」

（CL，高雪玉訪談）

「家裡人知道我來寧波打工，但做這種生意（指性服務——引者注）他們是不知道的。我有意不讓他們知道的，不好意思的。像我這樣子跑出來，在我們農村是沒有的，數一數二的。」做這種生意，在自尊心上「感到很難受。」做這種事是不好的，「這種事情本來是丟人的事情。」「到這裡（指女子勞動教養學校——引者注）來以後，家裡沒有人來看過我，我也不希望他們來看我。」我擔心出去後兒子看不起我，「我的情況對他的壓力是很大的。」

（SXY，汪俊昌訪談）

做這一行（指性服務——引者注），我的獲得是「一無所有」。「失去了很多，媽媽也看不起我，不喜歡我。」「永遠不會有出頭的時候，錢賺得再多，也會花光的。怎麼來就怎麼用，到時候就是一無所有。到年紀大了，這行也不行了。」

（HXZ，胡滌菲訪談）

對於人家看不起我，「是有這個感覺，我有這個感覺的。當時我覺得感情已破裂了，就無所謂一樣的。知道是知道，肯定瞧不起的。」「就是別人看上去眼光就不同了。說是好像沒有聽見。反正別

人眼光看起來就不一樣。」

（LWY，王金玲訪談）

　　跟年紀輕的比，「感到有點不好意思。嫖客總愛先找年輕的，當時心裡很不好受。可為了錢，也沒有辦法。」

（LAN，汪俊昌訪談）

　　做這種事情（指性服務——引者注），「那每個人來說，都是失去的多。」「因為不管以後我做了還是不做了，在我朋友眼裡我總是做過的。因為做過這個事情以後，在朋友眼裡總是有那麼一點低人一等，不光彩的。」「其實，朋友也沒有說看不起我，他們也很瞭解我，知道我不喜歡，他們可以理解我的。但自己心裡就不這樣想，好像以前命令別人做什麼都可以理直氣壯的，現在心裡就很不是一種滋味的。」

（WHY，高雪玉訪談）

　　做這個事（指性服務——引者注）以後，「覺得自己反正很不要臉的，自己好像已經不把自己當人了。」「沒做的時候嘛，我覺得女人都好像蠻純的，就是我覺得看女人都蠻舒服的，一個個都蠻漂亮的。男人嘛，也都是追求她們，都是好像很文氣的，就是蠻值得驕傲的。做了之後嘛，我覺得女的都是，每個都是這樣的，好像蠻骯髒的，把錢看得比自己什麼都重要。比以前好像兩個人，以前好像是女人，好像後來就不是女人，不是……反正總歸感覺是兩樣的。」「就是，女人，反正看上去自己都覺得驕傲，後來好像就覺得自己……總

歸是覺得抬不起頭的。」

「朋友、家裡以前對我的關心，那種關心啊，總歸是變調了。還有姐姐、姐夫呀，對我的看法也都兩樣了。親人反正，總歸，總歸是有點兒兩樣了。開始都蠻喜歡我的，知道我這個事情以後，看我肯定要看得低一點的。」

「社會上，女的談朋友，就是第一個不好了的話，再跟別人好了，總歸還是好像不是很丟臉的事。一般還算正常，因為談男朋友不是自己的錯，談不好又不是我想跟他不好的。像做那種事情（指性服務——引者注），每個人都要怪，都要指責的，總歸是社會上一種不良的風氣嘛。」以後再找男朋友，「要是說我以前做那個事情的話，別人肯定不會原諒我。」

（HLJ，胡滌菲訪談）

第三節　收益與成本

如果將商業性性服務婦女在商業性性交易中的歡愉，看成是收益——一種包括貨幣、財物和心理、情感、聲望、尊嚴、性欲等等在內的獲得，將商業性性服務婦女在商業性性交易中的被傷害，看成是成本——包括物質的和心理、情感、聲望、尊嚴、性交往等等在內的支付的話，那麼，也可以用經濟分析的方法對商業性性服務婦女的商業性性服務這一行為進行分析。實際上，恰如以「經濟分析」方法研究「非經濟問題」著稱於世的美國著名經濟學家加里・S・貝克爾（Garry・S・Becker）早已指出：

經濟分析是一種統一的方法，適用於解釋全部人類行為，這些行

為涉及貨幣價格或影子價格，重複或零星決策，重大的或次要的決策，感情或機械似的目的，富者與窮人，男子與女士，成人與兒童，智者與笨伯，醫生與病人，商人與政客，教師與學生等等。經濟分析能夠想見的應用範圍如同強調稀缺手段與各種目的經濟學定義一樣寬泛。[4]

「經濟學已經進入第三階段。在第一階段，人們認為經濟學僅限於研究物質資料的生產和消費結構，僅此而已（即傳統市場學）；到了第二階段，經濟理論的範圍擴大到全面研究商品現象，即研究貨幣交換關係；今天，經濟研究的領域業已囊括人類的全部行為及與之有關的全部決定。經濟學的特點在於，它研究問題的本質，而不是說問題是否具有商業性或物質性。因此，凡是以多種用途為特徵的資源稀缺情況下產生的資源配置與選擇問題，均可以納入經濟學的範圍，均可以用經濟分析加以研究。」[5]

貝克爾的經濟分析由經濟人、市場均衡和偏好穩定三種假定有機構成。其中，經濟人追求的是最大效用，效用可以是貨幣、商品或勞務，也可以是聲望、尊嚴、感情等心理滿足。效用最大化的實現過程是人的基本偏好的滿足過程，基本偏好決定了偏好類型，而偏好類型相對穩定。偏好的實現需要相應的資源，在今天，資源的分配透過市場進行，因此，市場能有效參與對行為者行為的調整。從這個理念出

---

4 ［美］加里‧S‧貝克爾著，汪業宇、陳琪譯，《人類行為的經濟學分析》，上海三聯書店、上海人民出版社，1995，第 11 頁。

5 ［美］加里‧S‧貝克爾著，汪業宇、陳琪譯，《人類行為的經濟學分析》，上海三聯書店、上海人民出版社，1995，第 3 頁。

326　婦女的另一種生存——商業性性服務婦女口述實錄分析

發，貝克爾認為，只有當違法犯罪的當前預期效用超過其他行為的預期效用時，違法犯罪才會成為當事人的選擇。即，一些人之所以成為「違法者／罪犯」，並不在於他們的基本動機與別人有什麼不同，只是在於他們的利益較之成本存在與別人不同的差異。「當然，理性人對於不同活動帶來的損害或利益的認識經常存在分歧。對某些人來說，任何競爭的勞動市場決定的工資率都是可以接受的，而在別一些人看來，低於某一最低限量的工資率則是對基本人權的侵犯；對某些人來說，只要願意支付市場價格，賭博、賣淫甚至墮胎都可以自由地進行，而在另一些人看來，賭博無異於罪惡，墮胎等同於謀殺。」[6]

因此，從經濟學的角度看，商業性性服務婦女的商業性性服務亦可以解釋為：在資源稀缺的市場中，經市場調整的，且在一定的基本偏好類型（社會結構、文化功能、家庭環境等等參與了這一類型的塑型）導向下，以商業性性服務為手段追求效用（包括貨幣的非貨幣的）最大化的行為。

有專家認為，就經濟人而言，第一，他／她是「自利」的，即追求自身利益是經濟行為的根本動機。第二，他／她是「理性的」，即經濟人能根據市場情況、自身健康和自身利益的情況進行理性的判斷，並使自己的經濟行為適應於從經驗中學到的東西，從而使追求的利益盡可能地最大化。他／她的行為是理性行為（楊春學，1998，第11-12頁）。

6　[美]加里・S・貝克爾著，汪業宇、陳琪譯，《人類行為的經濟學分析》，上海三聯書店、上海人民出版社，1995，第103頁。

　　而就商業性性服務婦女而言，如果我們將其中自願從事商業性性服務者視為「經濟人」，那麼根據以上命題，至少可以發現，第一，她們從事商業性性服務是一種自利的行為。當然，自利並不僅僅指物質上的自利，也包括精神、心理、性等方面的自利；不僅僅是指個體主體性的自利，也包括透過對家庭、親人、朋友等的有利，而獲得精神、心理等方面的自我滿足。

　　第二，她們從事商業性性服務是一種理性的選擇。即，她們是在對已知的市場情況、自身能力和處境、自己的需求，進行理性的綜合判斷後進行行為選擇，並在行動過程中努力使自己的行為符合成功經驗，以追求獲得最大的利益，儘管「已知」—「知情」在很多時候是極不充分的，有缺陷的，甚至是有許多錯誤的。

　　在經濟學的分析框架內，我們不難讀出「歡愉」與「被傷害」對商業性性服務婦女經濟的和／或非經濟的意義；不難找到商業性性服務婦女進入／滯留於這領域的經濟和／或非經濟的原因：當預期和／或已獲的效益大於進入其他領域，和／或走出這領域是失大於得時，作為某些婦女／性服務婦女的一種理性選擇，進入和／或滯留於商業性性服務領域便成為必然；而只有當預期的效益低於進入其他領域和／或走出這領域是得大於失時，商業性性服務的效益才會弱化直至失去吸引力，拒入和／或走出這領域才會成為她們一種必然的理性選擇。

第八章
一種新的審視

　　以婦女為主要服務者的商業性性交易以及商業性性服務婦女，一直是學術研究的關注點，並形成了不少理論或各成一體的理論體系。當然，這些理論都有各自的重點，於是，也就必然存在於各自的薄弱點。尤其是受男性主流文化的框架，或者本身就是源於男性主流文化，甚至本身就是屬於男性主流文化，多數理論體系都存在社會性別視角短缺這一致命弱點。

　　站在婦女的立場上，以社會性別分析方法為武器，西方女性主義者對這些理論／理論體系進行了挑戰，並構建了自己的分析研究框架與理論體系。但，這一分析研究框架、框架與理論體系也有自己的弱點，而且也不是「放之四海皆準」的。在回應男性主流文化的反擊的同時，西方女性主義的分析研究框架與理論體系，也接受並繼續接受來自女性主義內部和外部的挑戰。

　　由此，對中國大陸當代商業性性交易及商業性性服務婦女的分析與研究，在借鑒男性主流文化的研究成果和西方女性主義分析研究框架與理論體系的同時，也需要有兩方面的突破：一是不使男性主流文化的研究成果成為一種理念桎梏，進而消解男性主流文化的不良影響與作用，建立婦女自己的分析方法和理論研究體系；一是不使婦女性別研究中已成為主流話語的西方女性主義話語成為一種思維的約束，

進而消解「東方主義」的不良影響與作用，建立自己本土化的分析工具和話語體系——我在〈學科化視野中的中國女性社會學〉[1]一文中曾如此描述我認為中國女性主義社會學應有的基本理論框架：

> 中國女性社會學的基本理論框架為：首先，中國的女性社會學強調本學科必須具備女性的立場，女性的視角，女性的意識，女性的經驗，女性的出發點，女性的目的，但它不認為女性是一個有別於男性的階級，也不與男性相對立——不視男性為敵，注重研究成果的有利於國家和社會的運行與發展，反對父權家長制對男女兩性的壓迫與摧殘，力爭與男性一起共同獲得有利的生存與發展。

> 其次，中國女性社會學在關注女性的被剝削、被壓迫、被邊緣化的同時，也重視女性在歷史和現實中的功能與作用，力求探尋、證實和開發女性在社會發展中的能動作用。

> 第三，中國的女性社會學除了要有自己的有別於男性主流文化的女性化的立場、視角、意識、出發點、目的外，還應有自己的有別於國外，尤其是作為師範的西方女性主義社會學的本土化的立場、視角、意識、出發點、目的。只有在對男性主流社會學和國外女性主義社會學的體系進行女性化和本土化的雙重重新概念後，中國的女性社會學才會具有既有別於男性主流社會學，又有

1　基於當時的社會背景和學界接受度，本文將「女性主義社會學」稱之為「女性社會學」。王金玲，〈學科化視野中的中國女性社會學〉，《浙江學刊》，2000 年第 1 期。

別於國外女性主義社會學的「話語」及其體系。

第四，中國的女性社會學也進行視婦女為一個特殊群體的分層研究，但它更看重以婦女的立場、視角、意識、出發點、目的對社會運行及其規律所進行的研究和探索。由此，它將前者視作後者的補充，並認為，與前者相對應，將男性作為一個特殊群體進行分層研究亦是不可缺少的。

第五，中國的女性社會學公然聲明它的性別傾向，並承認其性別傾向的不完善。因此，它也注重男性研究，加盟男性研究，力圖在社會性別研究（gender studies）中，加強自己的學科建設，健全、完善自己的學科體系。

總之，中國女性社會學在理論構建中不僅考慮到兩性生存與發展的普遍性和共同性，考慮到女性生存與發展的普遍性和共同性，也考慮到作為有別於男性的一種生物／社會性別的女性的生存與發展的特殊性和差異性，考慮到有別於西方女性的中國女性生存與發展的特殊性和差異性。[2]在對男性主流社會學和國外，尤其是作為範本的西方女性主義社會學進行揚棄的基礎上，力圖形成自己的女性化加本土化的話語體系，並證實這一話語體系較之男性

---

2 此間的差異性意即不同之處。而差異性絕不是將不平等合理化的基礎，包括性別差異不是性別不平等合理化的基礎，東西方婦女之間的差異不是東西方女性主義不平等合理化的基礎。

主流社會學和國外女性主義社會學更適用於中國女性，更有利於中國女性。[3]

而這，也可以看作是我認為在對中國大陸商業性性交易及交易者（包括服務者和消費者）進行分析研究時，應有的基本理論框架。

第一節　男性主流文化的理論觀點

商業性性服務是婦女最古老的職業，商業性性交易是長久以來人們爭論最多的話題之一。近百年來，以社會學界、心理學界、犯罪學界、醫學界、倫理學界等為代表的學術領域中，許多學者對這一問題進行學科和跨學科的研究，提出一系列的理論觀點，並形成一些理論體系。單光鼐教授在《中國娼妓——過去與現在》一書的「西方研究賣淫的諸種觀點」一節中，[4]對一些較為重要的觀點進行如下的介紹和分析：

「社會安全閥」的觀點

這是源於中世紀基督教社會的一種說法。它是基督教興起後，教會用禁欲主義否定和批判希臘、羅馬社會奢侈浮華的性快樂主義風尚後，所宣導的一種變通的性疏導觀點，也是教會縱容和容忍娼妓存在的一種託辭。這種觀點從中世紀流傳至今，在西方社會仍有廣泛的影響，在我國也有類似的說法。其主要論點是：儘管賣淫是罪惡的，但

3　王金玲，〈學科化視野中的中國女性社會學〉，《浙江學刊》，2000 年第 1 期。

4　單光鼐，《中國娼妓：過去與現在》，法律出版社，1995，第 11-37 頁。

只有它的存在，才能使社會上眾多性生活不滿足的男人得到性滿足。娼妓的存在，緩解了社會上男性因性壓抑而積聚的壓力，減少了誘姦和強姦的發生，直接或間接維護了良家婦女的貞操，使她們免遭強暴的汙辱。由於賣淫是「婚姻關係的安全閥」、「城市中過剩性欲的排泄口」，是一種「必要的犯罪」，所以對它的容忍和寬容是必要的。

「代罪羔羊」的觀點

二十世紀初開始流行的一種觀點。盛行於第二次世界大戰期間，尤其在西方各國軍隊中得到了廣泛的應用。同「社會安全閥」觀點一樣，此觀點也認為男人比女人有更強的性欲，性欲求的表現形式更具有主動性和進攻性，它的積聚會造成暴力和禍患。因此，為使大多數婦女的利益獲得保障，有必要犧牲一部分婦女的利益。娼妓作為一部分「無恥的女人」，能讓大多數「誠實正派的婦女」受到尊重，使家庭的神聖性和大多數妻子女兒的清白得到保障。

結構功能主義的解釋

1930年代末，由美國社會學家金斯‧大衛斯（Kingsleg Davis）提出的一種觀點。他認為，在現實生活中，由於各式各樣的原因，並不是所有家庭都能發揮固有的社會功能。長此以往，這種功能殘缺的家庭就面臨著兩種選擇：要不解體，要不透過外部維持穩定。而在選擇後者的家庭中，就包括了丈夫以嫖妓彌補家庭性交往功能缺陷，使婚姻得以存在，家庭保持完整。在此，賣淫被解釋為「維持婚姻存續的鎮靜劑」。

「性衝動釋放」的觀點

這一觀點是弗洛依德有關「性」理論的變型。它認為，較之女性，男性體內性能量蘊積較多，在要釋放自己的性衝動但又別無他途時，他們中的大多數人就會救助妓女的性服務。性欲求的壓抑和挫折會使人出現心理變態，給人帶來痛苦。要解除緊張和痛苦，必須依靠某種相應的行為，以某種形式釋放由性能量鬱積造成的張力。因此，某種程度的、直接的性滿足就顯得十分必要。

「存在主義—快感」的觀點

1970年代中期，一些美國社會學家在研究越軌行為時提出的一種觀點。他們認為，第一，女人正是擺脫了原有的犯罪感和羞恥感，才成為妓女；第二，男人嫖妓在很大程度上是為了追求更大的刺激和快感，而不是簡單地釋放性衝動。

「交往主義」的觀點

1960年代初在美國出現一種新的理論觀點，它深受存在主義觀點的影響，並吸收了薩瑟蘭（E・Sutherland）差異交往論的觀點。這一論點認為，妓女的賣淫行為是在與他人的相互交往中，尤其是在人際關係較密切的群體中，在資訊獲得的過程中習得的，意即透過與他人的交往，且藉由這些人共認的象徵意義的形成，女人最終也就成為了妓女。

「目標—手段分離」的觀點

　　這一觀點認為，社會結構與文化結構的脫節或分離，是下層社會產生偏差行為的結構性根源：在一個「成功」和「發跡」為人們廣泛接受的目標的社會中，相當多人都得不到實現這些目標的機會。如果社會過於強調目標而相對忽略合法手段的引導，成功機會較少的下層社會人士就會傾向於採用非法的手段來達到目標。「為了生存下去」或「為了生活得更好、更奢侈」，而從事賣淫的婦女就是例子。

　　對於這些理論觀點，單光鼐先生指出：第一，各自強調的不同側面提示人們注意人類一些不可忽視的生理特徵，以及社會生活中的一些具體事實；第二，對我們從多角度的廣闊視野研究娼妓問題提供了不少理論上的啟示。因此，對於開闊研究視野及實際工作是有益的。但單光鼐先生同時也指出了這些理論觀點明顯「先天不足」之處：第一，大多站在「男子中心主義」的立場，為男人嫖妓的合理性進行辯護和解釋；第二，對「賣淫」這種社會現象的描述尚欠準確；第三，注重對個體的研究，而忽略了從社會、經濟、文化、歷史諸方面進行多角度的宏觀綜合考察。

　　倫那德·D·塞威特茲等在所著的《性犯罪研究》一書中，論及社會控制論在研究青少年賣淫原因時提出的「社會同情論」、「社會特異增援論」的觀點。[5]

　　這些觀點認為，「青少年女性的賣身與下列一些因素有關：人們對性關係的敏感理念大為減弱，對某一些行為是否會破壞道德規範和

5　[美]倫那德·D·塞威特茲著，陳廣澤譯，《性犯罪研究》，武漢出版社，1988，第91-92頁。

其他社會規範很少擔心，對是否應當按照傳統觀念辦事已漠不關心。他們認為，不少青少年走向賣淫，是因某些因素誘發，並是在社會同情的情況下得以繼續存在的。社會輿論和社會規範沒有起到應有的抑制阻礙作用，在某些情況下，還起到了鼓動慫恿的作用。」

這些觀點指出，女青少年賣淫與社會、學校、家庭缺乏對她們緊密、嚴格的約束有關。而她們「進入賣淫的行業就意味著進入了一個相對嚴密的組織體系」。在嚴密體系中，青少年很少能有選擇職業的自由，也無法自由選擇自己的生活方式，有的甚至是被騙入的。小小的黑社會反而對女青少年實行了嚴格的社會控制。「可見，青少年的確是一塊空白地、『無主物』，正常的社會不去向她們申請『所有權』，黑社會便會毫不客氣地趁虛而入。」

邱仁宗教授在《愛滋病、性和倫理學》一書中介紹了以下的理論觀點，並對它們提出了質疑：[6]

生物學解釋

生物學解釋的主要代表是衝動或能量釋放理論。該理論設想，性能量是人類的生物特性，需要以某種形式釋放出來。這理論似乎可以既解釋男人之成為嫖客，也可以解釋女人之成為妓女。但有一些問題需要解答：（1）有不少妓女並非是出於性需求才去賣淫，她們為什麼會去賣淫？（2）為什麼絕大多數嫖客是已有釋放對象的中年人？（3）為什麼有些已婚男子性欲望得不到滿足？為什麼他們不透過其他方式釋放性能量？

6　邱仁宗主編，《愛滋病、性和倫理學》，首都師範大學出版社，1999，第 243-249 頁。

精神病學或心理學解釋

該理論認為賣淫是由於女性某種心理的病態所致。妓女是低能的、意志薄弱的、心理變態或品行不良的、自我概念是糟糕的，以及自我形象是負性的。但「精神病學或心理學的解釋也是很不充分的。為什麼心理有病態，就會去賣淫？賣淫這種社會現象既不能用生物學解釋，也很難用心理學或精神病學解釋，儘管賣淫現象中有生物學或心理學因素在內。這些因素均不足以解釋為什麼那麼多職業她們不去選擇，偏偏要去當妓女。」

道德主義解釋

這種解釋在中國1930-40年代就存在。它認為賣淫現象的根本原因在於個人的道德缺陷所致。「個人道德缺陷可以發生許多問題，為什麼要去賣淫、嫖娼？個人道德缺陷可能是賣淫或嫖娼行為的重要因素之一，但用來說明賣淫這種社會現象仍嫌不足。」

功能主義解釋

1930年大衛斯（K. Davies）[7]提出賣淫的功能主義理論。他認為家庭具有多種功能，但「事實上，並非所有家庭都充分發揮了這些功能……若某種婚姻未能發揮其應有的功能，則有兩種選擇餘地：一是

7　單光鼐先生所著《中國娼妓：過去與現在》中提供的姓氏的英文字母與年代（一為 1930 年代，一為 1930 年）與此不同，但所介紹的主要內容與此相同。不知是同一人還是兩人？因單光鼐先生所著和邱仁宗先生所著均未提及論述這一理論觀點的論著或文章的出處，我難以查對，只能存疑。

破舊立新，二是婚外尋樂。前者造成家庭破裂，後者則不然。結論是：賣淫活動發揮了提供性欲滿足的社會功能，由此既保護了現有婚姻，又穩定了社會結構」。對這一理論的反駁是：（1）美國一個世紀來賣淫活動不斷增多，但離婚率逐漸上升；（2）婚外性關係引起婚姻矛盾，惡化婚姻關係；（3）有的嫖客的嫖妓動機是尋求特定方式的性行為，追求更大程度的快感；（4）婦女們經常發現婚姻不能使其性欲得到滿足。「因此，功能主義解釋也許揭示了賣淫現象存在的一定的社會條件，但也不是充分的。」

文化傳遞解釋

1955年法裡斯（Faris）提出文化傳遞解釋，認為賣淫是由於家庭和鄰里控制的弱化，以及傳統犯罪活動的持續和從人際之間傳遞的結果。然而，「為什麼生活在同樣家庭、鄰里環境，受同樣社會風氣的影響，接觸同樣的中國文化或西方文化影響，或同樣知道有關賣淫的資訊，但為什麼有人會成為妓女，而有人則沒有呢？顯然，這種解釋也是很不充分的。」

經濟學解釋

「中外許多學者都指出，在賣淫中經濟是首要因素。經濟之所以成為首要因素是基於男女的不平等，使得婦女的就業、工作機會有限，尤其難以獲得條件較好的機會。」

對此，邱先生認為，經濟學的解釋是基本的，但要解釋賣淫現象還需要補充其他解釋，才能說明在同樣條件下為什麼少數婦女選擇賣淫。「需要考慮多個層次的問題，如個人、家庭、社區和大社會的各

個層次的問題，才能夠有效地進行綜合治理。」

　　嚴景耀先生在1934年所著《中國的犯罪問題與社會變遷的關係》一書中提出，娼妓現象的發生有四種類型：「第一種是以當妓女作為逃避舊社會壓制的手段。她們因為和社會城市的接觸所啟發的覺悟對傳統進行反抗。其次，貧困而美貌的少女以作妓女作為把自己從低層社會提高到上層社會的手段。有的少女以為成了名妓就可以遇到富而有勢的客人。她如果能嫁給一個這樣的人，就可以進入上層社會的家裡。她們除了作妾以外沒有其他機會進入上層社會。第三，當妓女是少婦解決經濟困難的最好的辦法。許多個案說明她們當妓女的原因，不是為了她自己的生活，就是由於意外的和不可避免的情況而使然。許多社會危機如災荒、內戰等驅使許多人失去了生存的機會而陷於絕對無望的境地，也有一些個人危機如家人的死亡或疾病或其他意外事情而致人於無可奈何的地步。目前的社會，不管是公立的還是私立的機關都不能解決這些社會的或個人的困難。遭受到這些危險的人只有靠他自己尋找出路。在這一章中（指該書中的這一章——引者注）我們看出當妓女也是解除危機的一個臨時辦法。第四，許多妓女是被人拐賣誘騙的，她們完全成為被人主宰的奴隸，妓女就是拐騙罪所造成的後果。」[8]

8　嚴景耀著，吳楨譯，《中國的犯罪問題與社會變遷的關係》，北京大學出版社，1986，第57-58頁。

第二節　女性主義的挑戰

對男性主流文化有關「賣淫」和「賣淫婦女」的理論和理論觀點，女性主義者以女性主義／社會性別為視角，進行了挑戰，其中，又以西方女性主義的挑戰更為激烈。對於西方女性主義的挑戰，邱仁宗教授所著的《愛滋病、性和倫理學》一書和李銀河教授所著《性的問題》都有所介紹。而美國女性主義哲學家、科羅拉多大學哲學系教授艾麗森‧M‧賈格爾（Alison M Jaggar）女士在「愛滋病和賣淫：社會、倫理和法律問題專家研討會」（北京，1996）上發表的「西方女性主義論賣淫」的論文，追溯了一百餘年來西方女性主義有關「賣淫」問題的討論，對西方女性主義的挑戰作了如下更為系統的介紹與概述。[9]

十九世紀的西方女性主義

一百五十年多年來（該文發表於1996年，故為截止1996年的一百五十多年來——引者注），女性主義一直關注賣淫問題，而又典型地表現為尋找徹底解決問題的方法。當然，女性主義者並不是獨一無二的反對賣淫者，但女性主義的批評卻是有別於一般的譴責，因為女性主義者的批評特徵就是將賣淫與婦女的下屬地位聯繫起來。

9　該論文為英文稿，由艾麗森‧賈格爾教授授權我進行翻譯和發表。其全文共為五節，其中，第四與第五節因更多論及政策宣導，本節未選用。特此感謝艾麗森‧賈格爾教授的授權！

歐洲和北美的非女性主義者對賣淫的譴責，是典型地站在有關性行為的若干道德假設基礎上，即婚外性行為是錯誤的或罪惡的、不道德的；性行為只能發生在相互愛戀者和相互喜歡者之間，所以，為了錢財而進行性交往是墮落的，是對感情的背離。一些非女性主義批評者甚至認為性本身就是骯髒的和令人厭惡的。

在西方，一種常見的、典型的觀點認為，賣淫婦女導致了賣淫的存在，人們常常將賣淫婦女視為有罪的、不道德的、墮落的和有精神疾患的。雖然她們有時也被描述成擁有一顆「金子般的心」，但在許多西方國家，賣淫婦女通常被認為是為了自己的目的，不道德地利用男人「正常的」性欲，人們還由此使用「婊子」（whore）、「浪女」（tart）等詞來證明這一觀點的正確。

與之相對立，女性主義者則常常認為，賣淫婦女是在男性主流社會的各種社會統治體制的高壓下被迫進入賣淫，她們是男人色欲的受害者。由此，在十九世紀，女性主義者們常常不願意按常規將女人區分為「好女人」與「壞女人」、夫人和妓女這些相對立的類型。她們指出，事實上，許多婦女的職業就具有性的成份，她們甚至認為，女人為了獲得經濟支持而嫁給男人的婚姻，也應該被視作是賣淫的一種形式。西方女性主義者將賣淫婦女視為受害者，一直關注尋找「解救」她們或使她們「恢復正常生活」的方法。

而在第一次世界大戰前的美國，「紅艾瑪」（Rea Emma）就對西方女性主義者對賣淫的態度作了如下的概述：任何地方都是根據婦女的生物性別而不是她的工作價值來對待婦女。所以，婦女幾乎不可避免地要為生存權利、保持某種地位而付出性愛。由此，她是否在婚內或婚外賣給某個男人或許多男人，只不過是程度的問題。婦女經濟

和社會地位的低下是其賣淫的根源所在，不論我們的改革者是否承認這一點。

1970年代有關賣淫的爭論

非女性主義者和女性主義者一起向對賣淫婦女的傳統譴責提出疑問，是始於1970年代。而也許是受到「口服避孕藥丸」出現的影響，這一提問是性態度更為寬容這一更廣泛的文化變遷的一部分。在這時期，美國的大部分州仍視賣淫為非法，招徠妓女和以妓女賣淫為生也遭禁止，做此事者會被認為是妓院老闆或拉皮條的。不過現在，賣淫在包括英國在內的一些西歐國家中已是非罪；而在荷蘭，賣淫的合法性已得到承認，甚至已被作為一種合法的職業加以管理。在1970年代，女性主義有關賣淫的觀點可分為以下三個流派：自由主義女性主義、馬克思主義女性主義、激進女性主義。

自由主義女性主義

這是1963年英國的同性戀犯罪和賣淫委員會（Committee on Homosexuality Offences and Prostitution）的沃德範登（Wolfeden）報告及美國的美國公民自由聯盟（American Civil Liberties Union, ACLU）提出的。美國公民自由聯盟指出，法律禁止賣淫是侵犯了個人對於自己身體的私有權，並對賣淫貼上了「沒有受害者的犯罪」的標籤。從這分析出發，自由主義，包括自由主義女性主義提出，賣淫應是非罪的。如果賣淫獲得了合法的認可，那麼，就應站在社會性別中立的立場上制定管理規範，以消除對買賣淫者的男女差別對待，以及將各種性服務的模式包括在內，而不僅僅是異性的模式。

自由主義女性主義觀點的中心為：賣淫也是一種工作。用一句銘言加以概括便是：「價格公平，清清白白」（A clean at a fair price）。

馬克思主義女性主義

馬克思主義女性主義是女性主義有關賣淫的第二種觀點。像自由主義女性主義一樣，馬克思主義女性主義認可賣淫是工薪的勞動。但在此，透過強調「工資奴隸」地位低下和被迫的特徵，其不是對賣淫進行證實，而是對工薪勞動進行證偽：賣淫婦女是工人，工人是賣淫婦女。馬克思主義女性主義對賣淫分析的中心論點，可以用一句銘言概括：「資本家榨取了我們的一切」。

激進女性主義

自由主義女性主義與馬克思主義女性主義，都具有主要關注點不放在婦女或社會性別之上的政治傳統，而與之不同，作為一種當代政治傳統，激進女性主義將主要視線集中於婦女和社會性別之上。所以，在賣淫婦女議題上，激進女性主義反對自由主義女性主義和馬克思主義女性主義站在社會性別中立立場上的分析，因為這兩者的觀點具有「賣淫也是一種工作」的含義。激進女性主義堅持賣淫是一種基本社會性別結構的觀點。這觀點用艾弗蘭・約伯（Evelian Giobbe）的話簡述便是：對婦女來說「並不是賣淫類似於其他任何事情，相反，而是其他任何事情都類似於賣淫，因為這是婦女狀況的一種模式」。

激進女性主義在西方女性主義者中有極大的影響，並常被視為正統的女性主義。西方激進女性主義的關鍵是相信婦女進入賣淫是非自願的。其包括如下的內容：首先，激進女性主義者認為賣淫婦女是在

經濟需求壓力下不得已而「賣」的。不能因為經濟壓力的存在，就將賣淫排除在「工資奴隸」之外，因為大多數工人就是出於經濟的原因而從事工作。當某種分析認為婦女從事賣淫活動者大多是在於婦女從事其他種類工作的崗位有限，崗位有限又是社會性別歧視的結果時，這一分析就可被認為是一種女性主義的分析。

其次，激進女性主義者認為賣淫婦女受到「雞頭」和男皮條客的控制，他們剝削她們的勞動，有時完全是把她們當作奴隸。儘管奴役與剝削是一種無社會性別差異的現象，但這是以賣淫為切入點對男權中心的西方規範進行的分析──這規範規定了什麼是男子氣，什麼是女子氣，並內化為男女兩性的行為準則，使男人們認為他們有權控制女人的性行為，而女人們也常常接受控制，因此，這一分析是女性主義的。

第三，激進女性主義者指出，西方的賣淫婦女在幼時通常受過性虐待，以及常常與性虐待相伴的身體虐待，而這些虐待一般是在成人對兒童的色情活動和亂倫中進行。激進女性主義者斷定，這些幼時受虐的婦女即使不是在直接的人身強迫下進入賣淫，她們也沒法自由選擇不從事賣淫；更何況，她們還被告知，性服務是她們所能得到的最好工作。這一論點是一種站在社會性別立場上的論點。因為雖然性虐待和身體虐待並不是僅限於女孩，但給女孩所帶來的痛苦至少是男孩的兩倍之多。進一步看，這是一種普遍的文化規範，被女孩和婦女以及男孩和男人有針對性地內化後，男人便認為有權對婦女進行性接近。規範也使得男主女從具有性行為方面的意義。激進女性主義認為，由於婦女的社會性別社會化採用的是使女孩「性化」的模式，並訓練她們性興趣和如何服務於男人，因此，所有女孩實際上都在被

「準備著」成為賣淫婦女，即使是沒有遭遇過所謂性虐待的女孩。

據此，激進女性主義提出，事實上，西方婦女決定進入賣淫業，從來不是真正的自我選擇，而是「外部的」社會和「內在的」心理因素共同強迫的結果。

激進女性主義者進一步指出，賣淫的存在是對所有婦女的傷害：被傷害者中大多數是直接受到傷害的賣淫婦女自己，她們遭受毆打、強姦及謀殺的比例大大高於其他婦女。當然，男人的工作也常常是處在危險之中。但一些女性主義者指出，賣淫婦女經歷的危險是具有社會性別特徵的，因為危險是蓄意的而不是意外，是充滿對婦女仇恨的，因此，兩者不同。女性主義者認為，即使賣淫婦女能避免身體受傷或患病，其職業生涯也會對她們造成其他方面的傷害。因為異性戀文化的觀念就是男高女低，賣淫婦女總是處於身背社會汙名的痛苦中──婦女參與了性活動就會身背汙名，而男人參與了性活動則會地位上升。有關性的雙重標準也反映在英語有關異性性行為的用語中：男人「擁有」（have）女人，而女人則是「被男人擁有」（are 'had' by man）。

激進女性主義者認為，賣淫制度是有害的，即使是對不從事賣淫的婦女，因為其強化了「婦女的存在首先是為了滿足男人的性享樂」這一觀念；強化了「男人的性欲純粹是一種生理要求，這一要求的實現是道德的和符合自然的」這一文化理念。而既然男人的性需求被道德化了，那麼，性侵犯和強姦也就成了合法的了。最後，激進女性主義者還提出，賣淫的存在和貼上「娼妓」標籤的威脅是作為一種對全體婦女的異性性行為的控制而運作的。

以激進女性主義者對賣淫的分析為依據，專門的公共政策建議被

提出。作為短期目標，激進女性主義者提出要使賣淫非罪化，因為賣
淫婦女也是受害者，她們不應為被迫去做的事而受到法律的懲罰。為
了阻止她們被「雞頭」和／或皮條客傷害，激進女性主義者進一步建
議保留反對以不道德收入為生的法律條文。作為長期目標，激進女性
主義者同意解決「賣淫問題」必須做到提高婦女地位，改變公眾的性
觀念。

1980年代：賣淫婦女的權利與後現代女性主義

1980年代以來，由於賣淫婦女自身的參加，西方女性主義有關賣
淫的討論已發生了實質變化。從明確的女性主義立場出發，這些新的
參加者要求性工作者的權利，力求保衛賣淫制度。賣淫婦女權利的宣
導者聲稱：這僅僅是自由主義女性主義一種觀點的表現。賣淫其實並
不一定像被描述的那樣糟糕，甚至比起其他社會職業，它確實不是最
糟糕的。而另一些人則進一步宣稱賣淫具有自己的社會價值地位，甚
至可以說，賣淫婦女扮演了性的先行者角色，賣淫是一種政治反抗形
態。堅持這種觀點者已被認為是後現代女性主義者。

有關賣淫較其他許多職業狀況要好，因為婦女可以在賣淫中發現
自己的觀點是從許多方面加以建構的。賣淫婦女權利宣導者提出，較
婦女從事的大多數工作，賣淫是較好的。因為在短短的時間裡，就提
供了一筆好收入，婦女對工作環境也有主要控制權；據說，賣淫婦女
可以決定提供或不提供什麼樣的性服務，以及為客人提供多長時間的
服務。賣淫婦女們有時聲稱，對性服務來說，她們是有酬的，而其他
婦女卻是不得不免費提供的。此外，與其他對婦女開放的多種有酬職
業相比，賣淫的酬勞更能討價還價；另一些人還認為賣淫比結婚好，

因為較之妻子，賣淫婦女的獨立性要強得多。

　　透過宣揚以上觀點，賣淫婦女權利宣導者們捍衛了賣淫作為一種合法專業工作的地位，顯示賣淫婦女的能動作用。與對賣淫婦女「汙染社會環境」、「擾亂公共秩序」的指責相對應，她們堅持認為賣淫婦女在街頭招客，是婦女所擁有說話自由的權利所允許的；而較一些男人對女人的招引，如眾所周知的性騷擾、商業廣告，賣淫婦女招引男人的危險性要小得多。她們甚至宣稱，女人，同樣也包括男人，有權在街角逗留。她們承認婦女能獲得的就業崗位是有限的，許多婦女被迫從事某一職業；但她們堅持認為，自己不是被迫進入，而是在這些職業中選擇了現在所從事的職業。就這樣，一些西方的賣淫婦女在西方女性主義有關賣淫問題的討論中，引進了有關「賣淫對婦女而言是就業而不是受害，賣淫婦女是經營者而不是被剝削者」的觀點。

　　一些賣淫婦女強調賣淫提供了一種社會所需的服務，是一種在不確定關係中進行的性療法。她們斷言，賣淫婦女真正傾聽男人之言，對顧客的需求反應敏捷，一位賣淫婦女就宣稱：婦女也應該有同樣的、適合她們的服務——如此，賣淫最後被假設成不是一種有性別差異的社會性別制度。透過綜合上述觀點，珊農・貝爾（Shannon Bell）指出，賣淫婦女的價值是交換價值所承認的價值，應該對賣淫賦予新的意義。「賣淫婦女是治療者而不是疾病生產者，是教育者而不是危險分子，是性學家而不是越軌者，是交易主體而不是交易對象——賣淫婦女是由此而被建構的。」[10]

---

10 Bell Shannon, *Reading Writing, and Rewriting the Prostitute Body*, Bloomington and Indianapolis: Indiana University Press, 1994, p.100.

　　貝爾看到了由於迄今為止，主流社會和女性主義的討論仍對賣淫婦女汙名化和／或排斥，所以作為一種後現代的現象，賣淫婦女目前更強調自己是討論的主體而不僅僅是客體。[11]她寫道：「透過占領主流社會和自由主義女性主義有關權利的討論，及與政治身分彙集過程中的各種權利需求相連接，有關賣淫婦女權利的討論在保持自由主義的框架的同時，超越了自由主義。賣淫婦女的政治身分是建立在對被歷史邊緣化和被排斥者的經驗、尊嚴和權利的積極肯定的基礎上的，進而是超越了通常有關人類生存的自由主義結構的。而由於這同樣也是一種基本權利，所以它也被稱之為相同的（抽象）權利。」[12]

　　貝爾分析了賣淫婦女提出自己像其他所有人一樣被視作公民，因而具有合法權利的公共生活的要求──這一要求不是一種一般意義上消除歧視的平等要求，而是建立在作為一個賣淫婦女所受到與眾不同的歧視基礎上爭取平等的要求。她指出，在爭取合法權利和平等鮮明的自由主義要求之下，恰恰是「一種雙重的道德超越：對『否定』的肯定，以及透過認識到商業性性交易就像非商業性性交易一樣是政治的和有價值的，而進行的價值觀念的革命。」[13]

　　對賣淫婦女權利的闡釋，再次將關注點集中到賣淫的反主流特徵上。它認為，賣淫是發佈一種具有積極意義的「用性表示」的政治性聲明，具有廣泛意義，因此可稱為「政治上正確的」的反性價值觀

---

11 Bell Shannon, *Reading Writing, and Rewriting the Prostitute Body*, Bloomington and Indianapolis: Indiana University Press, 1994, p.100.

12 Bell Shannon, *Reading Writing, and Rewriting the Prostitute Body*, Bloomington and Indianapolis: Indiana University Press, 1994, p.100.

13 Bell Shannon, *Reading Writing, and Rewriting the Prostitute Body*, Bloomington and Indianapolis: Indiana University Press, 1994, p.101.

（anti-sexual values）。例如，賣淫被說成是默認了私通的性行為、匿名的性行為、消遣的性行為，追求新奇的性行為及性行為的多樣性，在道德上無可非議；它也挑戰了婦女只應有一個性伴侶的傳統觀念。由此，作為一位賣淫婦女的代表，賣淫婦女權利組織可由特（COYOTE為Call off Your Tired Old Ethics的簡寫，意即放棄你的令人厭倦的、陳舊的道德觀念）的馬格麗特・S・傑姆斯（Margot St. Jamas）聲稱「賣淫婦女是唯一解放了的婦女」。

　　珊農・貝爾將賣淫婦女界定為一種新的政治力量，將賣淫界定為在越來越多的生活領域擴展平等權利的激進民主鬥爭的一部分：對賣淫的重新理解是鬥爭的一個方面。鑑於自由主義女性主義和馬克思主義女性主義有關賣淫是一種工作的概念，以及激進女性主義認為賣淫是一種陋習性和一種性剝削方法的性行為觀點，賣淫婦女權利宣導者將賣淫描繪為介於性和工作之間，一條具有能動性的中間道路。雖然強調賣淫在工作方面的意義，很可能對政府政策和社會態度的轉變產生最有效的長遠影響，但賣淫婦女權利國際委員會（International Committee for Prostitute's Rights, ICPR）仍然將性的出賣界定為一種「性的自我選擇」行為，它與「拒絕和進入性活動的權利、生育（包括人工流產）的權利、女同性戀行為的權利以及與不同膚色和階級者進行性活動的權利聯繫在一起。」[14]Bell認為，賣淫婦女扮演的社會角色具有特殊意義，她將扮演者們定義為「女性身體神聖狂歡理論家」。可以將她的分析與其他人，如脫衣舞女安伯・庫克（Amber

---

14 Bell Shannon, *Reading Writing, and Rewriting the Prostitute Body*, Bloomington and Indianapolis: Indiana University Press, 1994, p.100.

Cook）的觀點聯繫起來看。安伯・庫克就認為，性娛樂業中的表演者
也是一種類型的藝術家。因為她／她們要界定什麼是色情的，要有自
己的性行為經歷，並且常常要創造性地進行工作、駕馭工作。在貝爾
的著作中，有一章描述了六位南美女性表演藝術家，她認為，她們在
同為女性的身體上對神聖和淫穢進行了再界定。[15]根據貝爾的解釋，
這些表演者當場對離經叛道的身體──作為性的外在物和被社會拋棄
的身體──的反抗再定位、再定義和重申的具體化，在表演媒體中重
組了她們自己。[16]

　　「妓女表演者展示了一個特殊的女性身體，這一被主流社會和女
性主義者們談論的身體從其身體語言的姿勢出發，被打上了淫穢的、
他者的標記。然而，她們是藝術家，並不只是身體，甚至也不主要是
身體；她首先是許多角色：藝術家／女演員，色情／性存在，知識分
子／批評家，政治／社會評論家。」[17]

　　「如此，從某方面說，妓女表演藝術是對先前的類型化操作的拒
斥；妓女藝術家以其自己的身體作為反抗基地去重新聚合那些被家長
制拉扯斷了的東西。」[18]

---

15 Bell Shannon, *Reading Writing, and Rewriting the Prostitute Body*, Bloomington and
　Indianapolis: Indiana University Press, 1994, p.137.

16 Bell Shannon, *Reading Writing, and Rewriting the Prostitute Body*, Bloomington and
　Indianapolis: Indiana University Press, 1994, p.142.

17 Bell Shannon, *Reading Writing, and Rewriting the Prostitute Body*, Bloomington and
　Indianapolis: Indiana University Press, 1994, p.142.

18 Bell Shannon, *Reading Writing, and Rewriting the Prostitute Body*, Bloomington and
　Indianapolis: Indiana University Press, 1994, p.142.

　　賣淫婦女權利宣導者們堅決反對任何所謂為保護賣淫婦女而禁止賣淫的建議，她／她們將這些建議視為家長作風的和不真誠的。她／她們指出，地鐵中的乘客和計程車司機有時也會遭人攻擊，但並沒有人提出在夜間關閉地鐵或計程車禁止營運的建議。她／她們承認賣淫婦女有時會遭人攻擊，但她們同時指出，其他婦女有時也會遭人攻擊；此外，大多數毆打事件是發生在有長期關係的伴侶中。她／她們斷言，賣淫婦女所遭受的暴行大多數是由於其地位低下及職業的非法性所造成的。

　　在有關賣淫婦女權利的分析中，與賣淫婦女相關的主要問題並不是她們的工作特質，而是干預賣淫婦女的性交易以及歧視她們的法律。比如，法律禁止發佈商業性性交易的廣告，迫使賣淫婦女走上街頭；而在街頭，禁止拉客的法律阻止了賣淫婦女表述意願的自由，卻不妨礙男人騷擾婦女的自由；禁止妓院的法律使得地頭蛇們有可能敲詐賣淫婦女；禁止拉皮條的法律造成了賣淫婦女的社會性孤立，剝奪了她們一種家庭型的伴侶關係。被貼上了「賣淫婦女」標籤的婦女被剝奪了許多公民權利：一些賣淫婦女會喪失監護自己孩子的權利；如果是外來移民，會遭到驅逐；喪失其他就業機會而深陷賣淫中；被拒絕進入其他國家，不管是以旅遊者還是移民的身分。如果賣淫婦女承受的暴力，主要是其工作的法律地位以及法律對工作的禁止所致——她們將禁止看作是性別歧視的一種類型，那麼，解決問題的對策是顯而易見的：賣淫應該作為一種專業化的工作而得到尊重，應該成為一種正派或體面的職業，像其他職業一樣。

激進主義以及自由主義／後現代女性主義有關賣淫觀點的問題

　　隨著東歐共產主義進入低谷，以及隨之而來的馬克思主義在西方被懷疑，西方女性主義對於賣淫的論述沿著兩個水準方向發展：激進女性主義和自由主義／後現代主義。這兩者對於賣淫婦女的描述完全是互相對立的：其中一方認為賣淫婦女是被剝奪了權力的性受害者，另一方認為賣淫婦女是有力量的性主體；一方認為賣淫婦女是地位低下的性對象，另一方認為賣淫是一種神聖的職業；一方將賣淫形容成是提供一種「有滋養的、賦予生命力的」性服務，另一方則認為賣淫是一種危險並最終會致命的交易。而這兩種論點都是有問題的，對女性主義來說都過份簡單，並且是不適當的。

　　將其話語置於整體背景中，我們會發現：「親性後現代女性主義」（Pro-sex Postmodern Feminists）的聲音是極其狹隘的。此分析比較忽視了類似在哥倫比亞、南亞及東南亞地區出現的性旅遊業的擴展，並且亦未注意國家間和世界範圍內普遍和迅速蔓延買賣婦女——以及女孩——為妓和強迫成婚的現象。1995年「有關婦女人權的全球人權報告」的中心就充分證實從緬甸至泰國，從尼泊爾至印度，以及孟加拉至巴基斯坦拐賣婦女的事實。雖然，買賣婦女當然不僅僅只發生在這幾個國家。報告發現，買賣是以類似奴隸制的做法運作，以非法囚禁、強迫勞動、債務束縛及嚴刑折磨為基礎。當然，自從1949年有關買賣人口的「禁止買賣人口以及剝削賣淫者的協定」首次簽署以來，買賣婦女及女孩被許多國家的法律及許多國際協定禁止。但人權觀察組織（Human Right Watch）發現，除了這些法律條文及條約外，許多國家的政黨沒能保護婦女和女孩不被強迫買賣及被逼為娼，也未

能對違反法律和條約者進行有力的法律懲罰。[19]許多員警和其他地方政府官員則從買賣婦女和女孩的交易中，獲得好處和利潤。為了錢，他們任憑自己管轄範圍內發生此種違法犯罪行為；保護賣主、妓院主、皮條客、嫖客及買主逃避被捕；充當打手、司機及招募者為違法犯罪者提供幫助。一個被賣的婦女一旦在邊境線上被查扣，移民局的官員屢屢會在她的護照方面給予幫助和支持。[20]

在遭受強迫的狀況下，賣淫婦女很少能及時有效地檢查和治療疾病和遭受的傷害。在疾病和遭受的傷害面前，她們是脆弱的。她們尤其有可能感染包括愛滋病病毒在內的性病，因為她們不能拒絕性關係。強迫賣淫事實上在如泰國、印度等一些國家裡，加速了愛滋病的流行。在那些國家裡，嫖客對愛滋病感染的擔心，已導致人口買賣者從知道是沒被愛滋病感染的邊遠山區，招募年輕的婦女和女孩，有時是只有10歲那麼小的女孩。人權觀察組織在對已做過愛滋病病毒感染檢驗的十九位緬甸婦女和女孩的訪談中發現，其中十四位原已是愛滋病病毒感染者[21]如果沒有被嫖客直接感染，賣淫婦女也有可能透過注射避孕藥的注射器針頭感染。

考慮到這些情況，「親性」女性主義顯然就如同生活在玫瑰色的幻影中。即使她們的分析是限於西方範圍，也折射出是將類似流浪漢、吸毒者、逃亡者，以及事實上常常不僅貧困並在感情上陷入困擾

---

19 Human Rights Watch Women's Rights Projects, Global Reponton Women's Human Rights, New York, Washington, LosAngeles, London, Brussels: Human Rights Watch, 1995, p.199.

20 Human Rights Watch Women's Rights Projects, Global Reponton Women's Human Rights, New York, Washington, LosAngeles, London, Brussels: Human Rights Watch, 1995, p.196.

21 Human Rights Watch Women's Rights Projects, Global Reponton Women's Human Rights, New York, Washington, LosAngeles, London, Brussels: Human Rights Watch, 1995, p.225.

和失望者的表面生活浪漫化的西方傳統的一種模仿。賣淫婦女權利國際委員會已清晰認識到西方的賣淫是被種族主義、資本主義和家長制之間的相互聯繫塑型的，以至於比如「賣淫婦女中街頭妓女占10-20%，有色人種占40%；55%的被捕婦女是有色人種，85%的在押賣淫婦女是有色人種。」[22]賣淫婦女權利國際委員會同時也認識到：「賣淫之所以存在，至少部分的原因是婦女在大多數國家處於從屬地位。」但是，正如貝爾指出的，在論及製造特有的社會性別、階級、種族不平等的社會結構對西方賣淫婦女的塑型方面，有關賣淫婦女權利的討論歷來是無能的，而這一無能是內在的。[23]它的想像力極限是描述一個市場，作為唯一的手段，使賣淫婦女能在其中控制自己的性行為，並在經濟上具有自我決定權。

「親性」女性主義對於賣淫婦女的分析同樣忽視了其他西方賣淫婦女，如「竊竊私語」（WHISPER）運動中的婦女聲音：反對賣淫制度對婦女傷害（Women Harmed in Systems of Prostitution Engaged in Rovolt,WHISPER ）運動是北美的草根運動，它是地方性和國家性的，但不是國際性的。像賣淫婦女權利組織一樣，此運動也是一種自我的運動，以婦女的賣淫經歷為基礎，其理論依據是將賣淫完全描繪成性剝削和旨在使婦女脫離「這種生活」的激進女性主義分析。[24]「『竊竊私語』認識到所有將婦女的身體作為性交換日用品的行為都

---

22 Bell Shannon, *Reading Writing, and Rewriting the Prostitute Body*, Bloomington and Indianapolis: Indiana University Press, 1994, p.111.

23 Bell Shannon, *Reading Writing, and Rewriting the Prostitute Body*, Bloomington and Indianapolis: Indiana University Press, 1994, p.111.

24 Bell Shannon, *Reading Writing, and Rewriting the Prostitute Body*, Bloomington and Indianapolis: Indiana University Press, 1994, p.123-124.

是違背人的尊嚴的，所以，也是違背人權的。」[25]它堅持認為賣淫是「一種對婦女施暴的制度」，以致於所有的賣淫婦女都是受到攻擊的婦女。

雖然「竊竊私語」組織對於甚至西方賣淫婦女也受到傷害的提示是有益的，但對其他女性主義者來說，激進女性主義的觀點也有問題：最基本的問題是其對被迫賣淫和自願賣淫間所有區別的否認：這一否認是建立在激進女性主義拒絕承認賣淫是一種專門職業的認識基礎上。[26]與否認相對立，賣淫婦女權利宣導者堅持認為那些斷言賣淫婦女選擇這一工作事實上是被迫的或是被洗腦過的──也許是無意識中「洗腦」的，因此要遣散賣淫婦女的主張是一種恩賜的、居高臨下的、不尊重人的和家長作風式的主張。如果所有的選擇都受到無意識過程的影響，那麼，為什麼人們要將賣淫的決定斷定為無效？賣淫婦女權利宣導者宣稱，當事實上賣淫婦女也許視男皮條客為自己的情人時，聲稱賣淫婦女是受到男皮條客的控制也同樣是一種居高臨下的、恩賜的、不尊重人的和家長作風式的說法；加拿大妓女組織（Canadian Organization of Prostitutes, CORP）指出，反對皮條客的法律使賣淫婦女喪失了親密的夥伴。雖然激進女性主義者認為她們自己的工作代表了賣淫婦女利益，但她們使賣淫婦女的聲音無效和失聲，複製了對賣淫婦女邊緣化及主流社會對賣淫婦女的排斥。這一做法是自相矛盾的。許多賣淫婦女認為，激進女性主義對賣淫婦女的分析是單維度的、教條的、侮辱人的。

---

25 Bell Shannon, *Reading Writing, and Rewriting the Prostitute Body*, Bloomington and Indianapolis: Indiana University Press, 1994, p.125.

26 Barry Kathleen,「UNESCO Report Studies Prostitution」, SHISPER Newsletter, 1:3(1986-7:1).

第三節　一種新的審視：社會性別價值差異論

　　傳統男權主流文化有關商業性性交易（即傳統命名的「賣淫嫖娼」）及商業性性服務婦女（即傳統命名的「賣淫婦女」、「娼妓」、「妓女」等）的理論／觀點中的不足甚至缺陷，女性主義者──如，西方女性主義者，以及非女性主義者，如單光鼐教授都已有較多的論及和質疑；對於女性主義已有的有關商業性性交易及商業性性服務婦女（即被女性主義命名為「女性性工作者」、「娼妓」、「妓女」等的那一群體）的理論／觀點，女性主義者內部就有許多挑戰與質疑，並且紛爭不斷。在我看來，無論是傳統男性主流的理論／觀點，還是已有的女性主義的理論／觀點，實際上都未能跳出好女人─壞女人這一傳統二元對立的分析框架，不同的只是前者更多在說明女人變壞的主動性甚至天然性，後者更多在申辯女人變壞的被迫性、無奈性和犧牲性，或商業性性服務婦女在性服務中的獲得和自我決定權，表示她們／自己本身並不是壞女人。即使是被認為是最基本女性主義分析的「經濟學的解釋──妓女的供應是就業方面性別歧視的一個後果」[27]這一論述，也只是這種申辯和表示之一。

　　進一步看，好女人─壞女人二元對立的分析框架是道德主義的產物。道德主義的長處是對行為的產生、過程和結果的道德意義和性質等評析，而商業性性交易不僅是先於評析而行，並且，是處於多因素的大背景中及可置於多種視角、交叉視角的關照之中的：道德主義在此只是多種分析工具中的一種。從各種分析工具存在的不可或缺性出

---

27 邱仁宗主編，《愛滋病、性和倫理學》，首都師範大學出版社，1999，第 250 頁。

發，道德主義的分析當然是不可替代的，也當然不是唯一的。事實上，多因素的大背景，已使得道德主義對於商業性性交易行為及行為者的分析處捉襟見肘之中：面對因貧困而走投無路的母親（一個傳統的婦女角色）為了孩子的生活和完成學業（一種傳統的母愛行為）而從事商業性性服務（一種有違傳統道德的行為）這一事實，從要求母親為了子女犧牲自己的傳統道德出發，這個女人應該被認為好女人；從「萬惡淫為首」、「餓死事小、失節事大」的婦女貞操傳統道德出發，這個女人無疑是壞女人。那麼，這個女人究竟是好女人還是壞女人？道德主義的分析由此陷入了窘境。更何況，道德的評析一旦成為道德主義，道德本身就已是意義外溢的了，其評析也就難免處於某種短缺、不適應以及不適用的境況中。

對於商業性性交易，一直以來人們更多或者可以說更習慣詢問的一個問題是：為什麼這些女人要去賣？而我更願意詢問的是：為什麼總是更多的是「男買女賣」——我以為，對於商業性性交易，尤其是商業性性服務婦女的研究應該真正突破道德主義的桎梏，真正改變好女人—壞女人二元對立的哲學立場，以一個新的理論視角進行考察、分析和研究，並建立新理論觀點、理論框架直至理論體系。因此，相對於「這些女人為什麼要去賣」而言，「為什麼總是更多的是男買女賣」當是一個更需要和必須回答的問題。

作為對於此問題的回答，我提出社會性別價值差異論這一觀點，即應該從社會性別價值差異的角度對此進行分析與研究。這其中具有以下幾層含義：

1.　在一個男性主流社會中，社會性別（gender）價值的差異主

要呈現為男高女低的態勢，即男女社會性別的不平等／不公
正定位；

2. 社會性別價值的男高女低，造成具有稀缺性的社會資源配置
中的男優女劣；

3. 社會資源配置中的男優女劣，導致了社會生存和發展能力上
的男強女弱；[28]

4. 社會生存和發展能力上的男強女弱，促進男子社會地位的進
一步上升，並使男尊女卑的結構化；

5. 由於男人是高者、優者、強者、尊者，社會性別關係中的男
主女從也就結構化了；

6. 這一切反過來又強化社會性別價值中男高女低的定位，使之
形成一個自我結構、自我調適、自我生產和再生產的內循環
體系，社會性別的不平等由此成為一種公共產品和公共消費
品；

7. 因此，今天以「男買女賣」為主要性別構成的商業性性交
易，實際上只是公共產品和公共消費品的一種。

　　社會性別價值的男高女低差異，使得婦女就總體而言，只在生物
性別（sex）上具有男子難以擁有和／或掌握的資源，因此，在社會
資源短缺時，婦女只能或必須以這生物性資源換取男子擁有和掌握較

---

28 社會資源配置包括教育機會、健康、收入與消費、經濟參與、政治參與、文化參與、
社會參與、社會保障、福利待遇、公共安全、生態環境等方面。而事實上，社會資源
配置中的男優女劣是一種世界性的態勢。

多的社會性資源，社會也允許男子以自己擁有和掌握的社會性資源去
交換婦女的生物性資源：其運作過程從婦女方面看，為婦女用自己的
生物性資源中的生育和性服務功能滿足男子的需要，從而獲得男子的
社會性資源；從男子方面看，則為以自己的社會性資源滿足婦女的生
存發展需要，從而換取婦女的生育服務和性服務。而婦女的生育與男
子的社會性資源之間進行的交換，大多發生在婚姻中，婦女交換者是
在交換實現後——生育後被命名／稱呼為「母親」者；婦女的性服務
與男子的社會性資源之間進行的交換，有的發生在婚姻中，女性交換
者便是在交換實現後——成婚後被命名／稱呼為「妻子」、「妾」等
者：妻妾有免費向丈夫提供性服務的義務。而當女性的性服務與男性
的社會性資源之間進行的交換，是發生在婚姻之外時，女性交換者便
被命名／稱呼為「娼妓」、「妓女」、「暗娼」、「賣淫婦女」以及
「情人」、「姘頭」等。[29]當然，由於經濟生活是人們生活的基礎和
主要組成部分，社會資源的短缺造成更多婦女經濟收入的不足和經濟
生活的貧困／低品質，[30]婦女在婚姻之外的性服務交換便難免更多是
一種商業性的交易，是一種工薪式的勞作；「娼妓」更多的是「性工
作者」、「商業性性服務者」。

　　概而述之，「社會性別價值差異論」認為：社會價值差異體系導
致男女社會性別存在與發展境況一系列的差異，是商業性性交易出現
和存在的根本性原因。而當這一系列差異導致了男高女低、男優女

---

29 「情人」、「姘頭」中有的是沒有交換的，有的則是有交換關係，甚至就是以交換為
　　出發點和／或目的。此間指的是後者。
30 包括絕對貧困和相對貧困；絕對低品質和相對低品質。

劣、男強女弱、男多女少、男尊女卑、男主女從等一系列的不平等時，商業性性交易中「男買女賣」的性別結構化也是必然的了。

「社會性別價值差異論」並不刻意追究商業性性交易出現和存在的性別道德責任和／或性別群體／個體的道德責任，而更關注社會性別價值定位背景的影響、作用和運作，因此，也更重視社會性別價值體系的改變在控制商業性性交易、改善商業性性服務婦女生存和發展境況中的積極意義。

進一步看，依照道德譴責強烈程度由強至弱的序位排列，商業性性服務婦女可分為：經過成本——效益計算的理智的經濟人、被迫的無奈者、完全被逼迫者。而在「社會性別價值差異論」的分析框架中，這三者均屬於資源短缺的弱勢群體，甚至是社會資源嚴重缺乏的下屬群體。

就完全被逼迫者而言，無論逼迫者是女人（如媽咪）還是男人（如雞頭），被逼迫的女人性別的生物性（sex）都是被作為一種資源，並被運作——以性服務換取其他男人的資源，包括錢財，被逼迫者更多是逼迫者獲利的工具。並且，與其他性服務婦女相比，被逼迫者的個體主體價值更低，所處環境更為不利。

就被迫的無奈者而言，其中大多數人是由於經濟的原因／為了經濟的目的而從事商業性性服務。這是很顯而易見地可以用「社會性別不平等造成的社會資源配置上的男高女低、社會資源配置的不平等導致社會生存和發展能力上的男強女弱」的論點加以解釋：那些社會資源短缺又缺乏較強的或較高適用性賺錢能力的婦女迫於無奈，只能以「自己的身體」為工具來謀生。而對於那些出於「報復」、「自暴自棄」等原因／目的而從事商業性性服務的婦女，也可以用「社會性別

價值不平等論」的框架加以解釋：由於缺乏資源、能力，或處於較低的社會地位，婦女難以用其他方式、手段報復男人，「自己的身體」也就成了最方便和最可利用的武器；而又由於在男女兩性關係中，男人總是處於駕馭者的地位，女人也就總認為——大多數事實也表示，女人的「先從後棄」最能有效給予男人最沉重的打擊。因此，「報復」、「自暴自棄」等成為一些婦女從事商業性性服務的原因／目的，無疑也是社會性別價值不平等的結果。

就經過成本——效益計算的理智的經濟人而言，其中大多數也是出於經濟的原因／目的，而其中少數人則出於追求刺激、新奇之類的原因／目的——她們實際上也是經過計算，覺得在行動中能以最小的成本獲得最大的刺激／新奇。因此，她們也當屬理智的經濟人。由於進入商業性性服務的非被迫性，這一群體遭到更多的道德譴責，爭論行為的可寬容性也更為激烈。而如果跳出道德評判的框架，運用「社會性別價值差異論」的理念，我們就會發現，她們也是處於男高女低社會性別價值造成的資源短缺、能力不足的境況中，處於男尊女卑的陰影中。因為相比較其他方法／手段，從事商業性性服務雖然不是她們唯一能使用的，但是確實是能使她們獲利較多的，她們對於這一方法／手段的使用也就難免了。對此，其與無奈者的不同只在於：無奈者以從事性服務謀生存，而理智的經濟人以從事性服務求發展。對於她們的「褲帶鬆一鬆，能頂十天工」、「褲帶鬆鬆，身心都輕鬆」，我們與其質問她們為什麼要「鬆褲帶」，遠不如質問為什麼她們的「鬆褲帶」能頂「十天工」？為什麼她們的「鬆褲帶」能換來「身心輕鬆」？

進一步看，婦女被作為性工具，婦女的生物性（sex）被作為一

種可用以交換的資源，並不只發生在經濟領域，也不只緣於／為了商業性的原因／目的：儘管經濟原因／目的在排序中始終是第一位，儘管商業性的性服務在比例上始終占據多數，非經濟性的、不以經濟獲利為原因／目的的性交易也是司空見慣的。

這些非商業性的性交易，事實上涉及社會生活的各個層面，其中包括：

政治性性交易：出於政治原因和／或為了政治目的，婦女被要求從事或從事性服務。如，封建社會常見的婢妾相贈；再如，婦女以性服務或性屈從獲得男子的政治資源，實現自己的政治目的；男子以政治權力要求婦女的性服務。如，「文革」中常見的黑五類[31]及其子女以性服務或性屈從來避免政治迫害。

軍事性性交易：出於軍事原因和／或目的，婦女被要求從事或從事性服務。如，婦女的性服務被作為激勵士氣、穩定軍心的方法。如二戰時期日軍中的慰安婦；婦女出於軍事需要，主動或被迫向敵方男子提供性服務，如色情軍事間諜。

行政性性交易：出於行政原因和／或目的，婦女被要求從事或從事性服務。如，婦女以性服務來實現／獲得提升；男子以手中的行政權力脅迫、強迫婦女性提供性服務。

安全性性交易：出於安全原因和／或目的，婦女被要求從事或從事性服務。如，婦女以主動或被迫的性服務來換取男子的保護或男子的不騷擾、不侵犯，以保障自己的安全。

---

31 在文革時，對政治身分為地主、富農、反革命分子、壞分子、右派等五類人的統稱。

　　宗教性性交易：出於宗教原因和／或目的，婦女被要求從事或從事性服務。如，婦女以獻身所獲錢財向神供奉，以示誠心；以向教主的性服務，表示忠心。

　　而這些非商業性的性交易也可在「社會性別價值差異論」的分析框架中獲得解釋：正因為是男人而不是女人居於更高的價值地位，占有更多的社會資源，擁有更強的生存和發展能力，處於主導者的層次，更多被認為是尊者，男人才能以「實力」交換他們所不具備的、婦女的生物性資源，婦女才不得不以建立在生物特徵基礎上的性服務換取更多由男子掌握的社會資源，滿足自己的需求，實現自己的目的──實際上，自從進入女系社會以後，無論何種類型的性交易，只要是男女兩性間的性交易，就更多是女人的性服務和男人的資源間的交易，而不是反之。與非商業性性交易相比，商業性性交易只不過是表現得更為典型，並且更多是一種個體或以個體結成的集團獲利，而較少與國家、官方利益及宗教信仰等相涉，從而遭到更多非議。如果從性交易角度看，任何性交易都是性服務與社會資源之間的交易；如果從社會性別角度進行分析，任何類型的性交易都是社會性別價值不平等的產物：從這一意義上講，性交易類型之間是沒有、也不應該有高低貴賤之分。

　　進一步看，個體／群體價值的差異，實際上並不只存在於社會性別群體間，在更廣闊的社會背景上，我們會看到在階層／階級之間、年齡之間、地域之間、職業之間、民族之間、種族之間、主流和非主流之間等等，都存在著價值定位上的差異，甚至由此導致的不平等定位。由於人除了有性別身分外，還有階層／階級、年齡、地域、職業、民族、種族、性傾向等等身分，因此「社會性別價值差異論」中

的價值定位不平等理念，也可以被借用來對商業性性交易及商業性性服務婦女中的一些觀念和行為進行分析。比如，商業性性服務婦女之間的階層／階級歧視、年齡歧視、地域歧視——就一般而言，來自農村的較來自城市的受歧視；年齡較大的較年齡較輕的受歧視；農民家庭出身的較其他職業家庭出身的受歧視；家庭貧困的較家庭經濟境況較好的受歧視：社會主流的價值定位標準也是這一群體內部進行價值定位的主要標準之一。當然，除此之外，她們還有自己群體特有的標準，如是否患過／患有性病，患過／患有什麼類型的性病等。[32]因此，就商業性性服務婦女這一群體而言，其內部也是有一整套帶有某種嚴格性的等級制度，存在各種利益集團；並且，其中一些地位較高者出於自尊的需求，作為社會將其汙名化、卑下化的反應，會更注重內部等級差異—等級不平等的存在。所以，就這一層面看，普遍的姐妹情誼（sisterhood）在商業性性服務婦女群體中也是不存在的。

除了內部的差異—不平等外，商業性性服務婦女與服務對象間也存在除社會性別價值差異以外的價值地位差異，如階層／階級差異、年齡差異、地域差異、民族差異、種族差異等等。差異可能表現為男高女低，也可能表現為男低女高。就前者而言，性別歧視加上其他歧視，商業性性服務婦女在服務過程中的地位會更為低下，境況會較為惡劣；而就後者而言，商業性性服務婦女會以對服務對象的階層／階級、年齡、地域等等的歧視對抗服務對象的性別歧視及其他歧視，在服務過程中運作自己的能動性，構築自己的能動空間。所以，在對商

---

32 以歧視程度由弱到強排序，一般而言為：非淋菌性尿道炎、淋病、尖銳濕疣、梅毒、愛滋病。

業性性交易及其行為者進行分析時，除了社會性別的框架和方法外，階層（階級）分析、年齡分析、地域分析、職業分析、民族分析、種族分析、家庭背景分析等等的分析框架和方法，也是不可或缺的。

而正是由於社會性別價值差異中的男高女低，造成了以「男買女賣」為主導模式的商業性性交易的存在，一旦差異發生變化，商業性性交易的性別模式當然也會隨之發生變化。社會性別差異變化的一種可能是社會性別價值差異消失，就性別總體而言，形成性別平等的態勢。但由於個體間的社會資源占有的差異是永存的，因此商業性性交易的性別模式便是性別不確定模式──任何性別都可能是「買者」，任何性別都可能是「賣者」。性別在劃分服務者和服務對象的群體時，不再具有決定性意義，決定「買／賣」方的只是作為社會資源占有者的任何性別的個體；另一種可能是社會性別價值差異出現女高男低的傾向，由此形成商業性性交易以「女買男賣」的主導性別模式。事實上，中國大陸的商業性性交易中已出現了不少「女買男賣」的現象，當然，這只是個別零散的現象，就總體而言，中國大陸今天的商業性性交易中「女賣男買」仍是主導性的性別模式。中國大陸目前此種「女買男賣」商業性性交易中，作為性服務消費者的婦女均為「大款」、「大腕」──原本自己就是有錢或／和有勢力人，或被有錢或／和有權勢的男人們包養的「小蜜」、「情婦」，或被有錢有勢的丈夫冷落的妻子──也是居於有錢和／或有勢力者圈子中的人，儘管這錢和／或勢力是透過提供性服務所得，而作為性服務者的男子均為社會地位較低和／或低收入或無收入者。這從反面證明，在商業性性交易的性別模式呈現中，社會性別價值定位的差異格局的重大決定作用。

　　事實上，同性間的商業性性交易也是交易者之間價值定位差異格局的產物：性服務的消費者也是社會地位較高者和／或經濟收入較豐者——社會資源的較多占有者，而性服務者作為社會地位較低者和／或低收入或無收入者——社會資源的短缺者，也是在用性服務的提供換取消費者占有的社會資源。對於同性間商業性性交易的模式，有不少學者更願意用「對異性戀模式的模仿」加以評論，有的索性冠之以「異性戀霸權的影響和作用」，而忽視了其中交易者之間價值不平等格局的存在這一內核。事實上，正是交易者之間價值定位的差異導致了商業性性交易的產生；存在於異性之間的差異，導致了異性間的商業性性交易的產生；存在於同性之間的差異，導致了同性間的商業性性交易的產生。而如果差異也存在於其他性別之間的話，如雙性人與單性人之間，其他性別間出現商業性性交易也是不可避免的。對商業性性交易——實際上可以說是對整個性交易而言，性別只是變化的形式之一，交易者之間的價值差異則是永存的核心。

　　再進一步看，交易，其實就是交易者在需求差異格局內進行稀缺資源的再配置及其過程。可能是物物的交易，可能是錢物的交易，可能是錢權的交易，也可能是錢錢的交易。而當人本身作為一種商品也進入流通領域時，包括體力、智力、生殖力、能力，甚至身體本身在內的人的各要素，也就成為可以進行商品化利用的某種人力資源或人體資源。而在利用過程中，交易便是必須的了：商業性的交易只不過是其中較為常用的一種；商業性的性交易只不過是商業性的交易中的一種。

　　社會資源的不充分性甚至稀缺性，決定了社會資源配置（包括社會財富分配）的差異、差距直至不均等是永恆的，由此，交易也將是

永恆的，所變化的只是交易的主體與對象、類型和模式、方法和手段等等交易的外部存在。因此，對商業性性交易來說，也許更重要的是探尋身體的運作和被運作的過程及其蘊含的意義。

借用渠敬東先生在《缺席與斷裂：失範的社會學研究》一書中對傅柯（Michel Foucault）有關身體與權力關係論述的引用與解釋：

> 在傅柯看來，身體可以直接劃歸在政治領域之內，它受到了各種權力關係的直接控制：權力遮掩、標示、馴化、強迫和控制著身體，並以此方式使身體成為一種生產力。身體的屈從不是透過暴力手段或意識形態獲得的，而是在精心計算和組織的過程中被技術化了；它呈現出權力與身體之間的微妙關係，即不借助武器和恐懼而有效地維持身體秩序。因此，身體的「知識」恰恰不是有關身體機能的科學，體力的控制也不是征服體力的能力：知識和控制本身構成了「身體的政治技術」。這就是權力的「微觀物理學」（micro-physis），它在權力效果和知識指稱之間建立了關聯關係：一方面，權力關係以最微小的方式生產著知識體系，並將此擴大和強化權力效果的機器；另一方面，任何知識都同時預設和構成了權力關係，使權力對身體實施操控。[33]

可以將商業性性交易看作是一個身體運作和被運作的「場」。商業性性交易是經濟的──產生經濟效益，有投入和產出的計算；是政治的──受到各種權力關係的控制，也對各種權力關係進行反操控；

---

33 渠敬東，《缺席與斷裂：有關失範的社會學研究》，上海人民出版社，1999，第 227-228 頁。

也是文化的——體現傳統和時尚，也具有教化和傳承的功能，而一切又是建立在性（sex）與性別（gender）基礎之上，透過具體的身體運作和／或被運作來實現。所以，在觀察和考察人類的生存與發展時，在分析和研究人類社會各種制度的構建、塑型和調適時，在理解和闡釋人類社會的運行時，商業性性交易也可以成為一個「點」——一個觀察和考察點，一個分析和研究點，一個理解和闡釋點。

由於本書主要是考察、分析商業性性交易中女性服務者的生活環境、心理狀態、從業狀況、後果等，並以此為出發點考察和理解整個社會性別機制的運作，以及社會性別價值體系的結構，因此，在最後必須多說幾句的是，直至今天，由於社會性別機制的運作及社會性別價值體系的建構，使得婦女多處於不利境地，婦女從事商業性性服務就往往更具有被迫性和苦難性，以及更具高風險性和高傷害性，這是極不利於婦女的生存與發展的。所以，改善婦女生存與發展的環境，提升婦女生存與發展的能力，為婦女創建更有利的生存與發展條件，當是控制對商業性性交易蔓延中，必須先行的。

後 記

本書的主體部分是2000年左右應某省人民出版社之約而作，成書於2002年左右。作為某套有關中國婦女歷史研究的叢書中的一部，當時與出版社約定，本書是一部有關性服務婦女的學術研究之作。但交稿後，編輯回覆說，為了經濟效益，該社總編要求我改為一般性著作，且書中要以個案敘述（即講故事）為主，且總編為該書取名《夜幕下的太妹》。當時在中國大陸，「夜幕下」之類的文學作品和以講故事為主的「學術評書」類著作出版頗多，而該出版社也打算以改寫後的本書作為當年的一個營利點。只是，這嚴重違背了我作為學者的基本工作原則——研究的學術性、嚴謹性和去庸俗化，以及研究商業性性交易的基本立場——堅決不以商業性性交易者，尤其是處於弱勢的性服務者講述的經歷賣錢，於是對編輯及總編的建議加以嚴拒，並要求出版社遵守原先約定，出版本書。幾番商談後，出版社見不能說服我，便毀約不出版本書。以後的兩年中，與編輯多次交涉亦無果。由於科研工作繁重，我無多餘的時間、精力、經費再與該出版社交涉此事，本書的出版事宜只能不再與該出版社相關。

在以後的十來年中，幾乎每年都有出版社認可本書的學術性和新視角、新觀點，願意出版本書，但由於出版政策的變化，「性」又成為一個敏感點。儘管本書是一部純粹的學術研究著作，但仍難以出版。

　　鑒於近年來一方面是有關商業性性交易的社會輿論和學術研究中，對性服務婦女傳統偏見、誤解仍喧囂不已；另一方面，開設「紅燈區」之類的議論甚囂塵上，很希望其中能有一種新的聲音出現，敝帚自珍，便在巨流出版社的幫助下，在臺灣出版本書。

　　為體現當時我的研究思路和社會—文化背景，此次出版前，我只對個別文字做了修改，校訂了相關資料。而為了呈現近年來我對商業性性交易和性服務婦女議題的新思考，將2009年和2012年發表的兩篇論文作為附錄載入本書，以期較全面和整體地表明我對相關議題的立場和觀點，以及我的相關理念和觀點的變化。

　　巨流出版社在臺灣出版了大量的婦女／性別研究方面的著作，其中許多有很高的學術價值和在華人世界頗有美譽的婦女／性別研究權威性刊物《女學學誌》（臺灣大學婦女研究室編）也由該社出版。

　　十分感謝巨流出版社的幫助！希望作為一種新的聲音，本書能為性別平等和婦女發展，以及社會公平公正做出應有的貢獻。

王金玲

2015年3月12日

參考文獻

[法]Sophia Phoca 著，謝小岑譯，《後女性主義》，臺灣立緒文化事業有限公司，1999。

[法] 皮埃爾 · 勒魯著，王允道譯，《論平等》，商務出版社，1994。

[法] 蜜雪兒 · 福柯著，姬旭計譯，《性史》，青海人民出版社，1999。

[美] 大衛 · 雷 · 格裡芬編，王成兵譯，《後現代精神》，中央編譯出版社，1998。

[美] 加里 · S · 貝克爾著，王業宇、陳琪譯，《人類行為的經濟學分析》，上海三聯書店、上海人民出版社，1995。

[美] 古德著，魏章玲譯，《家庭》，社會科學文獻出版社，1986。

[美] 安德列 · 比埃基爾等著，袁樹仁等譯，《家庭史》，三聯書店，1998。

[美] 波林 · 羅斯洛著，張國清譯，《後現代主義與社會科學》，上海譯文出版社，1998。

[美] 威廉 · 富特 · 懷特著，黃育馥譯，《街角社會——一個義大利人貧民區的社會結構》，商務印書館，1995。

[美] 查理斯 · 霍頓 · 庫利著，包凡一等譯，《人類本性與社會秩序》，華夏出版社，1989。

[美] 約翰 · 奧尼爾著，張旭春譯，《身體形態——現代社會的五種身體》，春風文藝出版社，1999。

[美] 凱特 · 米利特著，宋文偉譯，《身體思想》，春風文藝出版社，1999。

[美] 凱特 · 米利特著，宋文偉譯，《性政治》，江蘇人民出版社，2000。

[美] 凱薩琳 · 巴里著，曉征譯，《被奴役的性》，江蘇人民出版社，2000。

[美] 喬納森 · 卡勒著，陸楊譯，《論解構》，中國社會科學出版社，1998。

[美] 湯瑪斯 · A · 巴斯著，李堯等譯，《再創未來——世界傑出科學家訪談錄》，三聯書店，1997。

[美] 湯瑪斯・拉克馬著,趙萬鵬譯,《身體與性屬——從古希臘到弗洛依德的性製作》,春風文藝出版社,1999。

[美] 賀蕭著,王玉鳳譯,〈上海娼妓:1919-1949〉,《上海通往世界之橋》,上海社科院出版社,1989。

[美] 葛爾・羅賓等著,李銀河譯,《酷兒理論——西方90年代性思想》,時事出版社,2000。

[美] 蓋爾・赫夏特著,任曉晉譯,〈性與現代的交融:20世紀初上海的賣淫現象〉,李小江等主編《性別與中國》,三聯書店,1997。

[英] A・J・M・米爾恩著,夏勇等譯,《人的權利與人的多樣性——人權哲學》,中國大百科全書出版社,1995。

[英] S・肯德里克、P・斯特勞、D・麥克龍編,王辛慧等譯,《解釋過去,瞭解現在——歷史社會學》,上海人民出版社,1999。

[英] 休謨著,關文運譯,鄭之驤校,《人性論》,商務印書館,1983。

[英] 羅素著,靳建國譯,《婚姻革命》,東方出版社,1988。

[德] 西美爾著,劉小楓編,顧仁明譯,《金錢、性別、現代生活風格》,學林出版社,2000。

[德] 利奇德著,杜之等譯,《古希臘風化史》,遼寧教育出版社,2000。

[德] 愛得華・傅克斯著,侯煥閎譯,《歐洲風化史》,遼寧教育出版社,2000。

《辭海》編輯委員會,《辭海》,上海辭書出版社,1995。

中國科學技術協會學會工作部編,《性傳播疾病綜合防治——全國性病防治對策學術研討會論文集》,中國科學技術出版社,1991。

中國婦女社會地位調查課題組,《中國婦女社會地位概觀》,中國婦女出版社,1993。

中華全國婦女聯合會婦女研究所、國家統計局社會與科技統計司編,《中國性別統計資料》(1990-1995),中國統計出版社,1998。

王治河,《撲朔迷離的遊戲——後現代哲學思潮研究》,社會科學文獻出版社,1998。

王金玲,〈世俗化:中國人性觀念的一種轉型〉,《浙江學刊》,1994年第5期。

王金玲,〈學科化視野中的中國女性社會學〉,《浙江學刊》,2000年第1期。

王金玲，〈中國大陸的愛滋病與賣淫婦女：女性主義的視角〉，《中外醫學哲學》，第1卷第4期，荷蘭，Swets & Zeitlinger 出版社，1998。

王金玲，《跳蚤的下代是什麼──家庭環境與青少年成長》，河南人民出版社，1992。

王金玲，《誤入歧途的女人──中國大陸賣淫女透視》，江蘇人民出版社，1998。

王金玲、徐嗣蓀，〈新生賣淫女性構成、身心特徵與行為之緣起──389名新生賣淫女性析〉，《社會學研究》，1993年第2期。

王金玲、高雪玉、蔣明，〈商業性性交易者的性別分析〉，《浙江學刊》，1998年第2期。

王政、杜芳琴主編，《社會性別研究選譯》，三聯書店，1998。

北京市公安局編，《北京市封閉妓院紀實》，北京和平出版社，1988。

石之渝、權湘，《女性主義的政治批判──誰的知識？誰的國家》，正中書局，1995。

列寧，〈杜馬和俄國自由派〉，《列寧全集》第12卷，轉引自單光鼐著《中國娼妓──過去與現在》，法律出版社，1995。

列寧，〈資本主義與婦女勞動〉，《馬恩列斯論婦女》，人民出版社，1978。

朱雲影，《人類性生活史》，正中書局，1942；上海社會科學院出版社，1988。

吳存存，《明清社會性愛風氣》，人民文學出版社，2000。

吳雨、梁立成、王通智，〈民國時代的娼妓〉，《文史精華》編輯部編《近代中國娼妓史料》，河北人民出版社，1998。

吳群英、曹絲雯、董克奇，〈高師開設『性健康教育』副修專業的實踐〉，《性學》，1999年第2期。

李立楨，〈1999，中國打拐紀實〉，《中國婦女報》，1999年11月24日。

李良玉，〈當前妓女問題研究〉，《南京大學學報》（哲社版），1998年第2期。

李銀河，《性的問題》，中國青年出版社，1999。

李銀河主編，《婦女：最漫長的革命──當代西方女性主義理論精選》，三聯書店，1997。

沙蓮香，《社會心理學》，中國人民大學出版社，1987。

邱仁宗，《愛滋病、性和倫理學》，首都師大出版社，1999。

夏林清主編，《日日春——九個公娼的生涯故事》，臺灣工運雜誌社，2000。

孫國群，《舊上海娼妓祕史》，河南人民出版社，1988。

徐君、楊海，《妓女史》，上海文藝出版社，1995。

恩格斯，〈家庭、私有制和國家的起源〉，《馬恩選集》第4卷，人民出版社，
　　1974。

海外中華婦女學會主編，《社會性別與發展譯文集》，內部版，1998。

馬克思，〈1844年經濟學哲學手稿〉，《馬恩全集》第1卷，人民出版社，1972。

高邁，〈中國娼妓制度之歷史研究〉，鮑家麟編著《中國婦女史論叢》，臺灣牧童
　　出版社，1980。

國家統計局人口和社會科技統計司編，《中國社會中的男人和女人：事實和資
　　料，1999》，中國統計出版社，1999。

國家統計局編，《中國統計年鑑（1999）》，中國統計出版社，2000。

國務院新聞辦公室，〈1998年中國人權事業的進展〉，《浙江日報》，1999年4月
　　14日。

張萍，《中國社會病》，燕山出版社，1993。

張萍，《中國社會病理》，日本亞紀書房，1997。

張福清編注，《中國傳統訓誨勸誡輯要：女誡——女性的枷鎖》，中央民族大學
　　出版社，1996。

張樹棟等，《中國婚姻家庭的嬗變》，浙江人民出版社，1990。

盛甯，《人文困惑與反思——西方後現代主義思潮批判》，三聯書店，1997。

許慎，《說文解字》，中華書局，1963。

陳寶瓊等編，《性是牛油和麵包》，進一步媒體公司，2000。

單光鼐，《中國娼妓：過去與現在》，法律出版社，1995。

渠敬東，《缺席與斷裂：有關失範的社會學研究》，上海人民出版社，1999。

項丹平，〈買主首次列入嚴打之列〉，《中國婦女報》，2000年3月21日。

楊春學，《經濟學與社會秩序分析》，上海三聯書店、上海人民出版社，1999。

楊善華主編，《當代西方社會學理論》，北京大學出版社，1999。

楊潔曾、賀宛男編著，《上海娼妓改造史話》，上海三聯書，1988。

董家遵著，卞恩才整理，《中國古代婚姻史研究》，廣東人民出版社，1995。

潘綏銘，《生存與體驗》，中國社會科學出版社，2000。

潘綏銘，《存在與荒謬》，群言出版社，1999。

談大正，《性文化與法》，上海人民出版社，1998。

鮑曉蘭主編，《西方女性主義研究評介》，三聯書店，1995。

羅竹風主編，《漢語大詞典》（縮印本），漢語大辭典出版社，1997。

嚴景耀著，吳楨譯，《中國的犯罪問題與社會變遷的關係》，北京大學出版社，
　　1986。

顧燕翎、鄭至慧主編，《女性主義經典──18 世紀歐洲啟蒙、20 世紀本土反思》，
　　女書文化事業有限公司，1999。

顧燕翎主編，《女性主義理論與流派》，女書文化事業有限公司，1999。

Alison M. Jagger, "Western Feminist Perspectives on Prostitution"，在「愛滋病與賣
　　淫的社會倫理與法律專家研討會」上的發言稿，北京，1996。

An Ferguson, "Prostitution as a Morally Risky Practice"，在「愛滋病和賣淫：社
　　會、倫理和法律問題專家研討會」上的發言稿，北京，1996。

Gail Hershatten, "Dangerous Pleasures—Prostitution and Modernity" in Kamala
　　Kempadoo & Jo Doezema edited "*Global Sex Workers: Rights, Resistance, and
　　Redefinition*," Routledge New York and London.

Laura Kramer, *The Sociology of Gender,* New York: St. Martin Press, 1993.

Margaret L. Andersen & Patricia Hill Collins, *Race, Class and Gender: An Anthology*,
　　Wadsworth Publishing Company, Belmont etc., 1998.

Marjan Wijers & Lin Lap-Chew, *Trafficking in Women Force Labour and Slavery—
　　Like Practices in Marriage Domestic Labour and Prostitution*, Foundation
　　Against Trafficking in Women (STV), Netherland, 1997.

Pamela Abbott and Claire Wallace, *An Introduction of Sociology: Feminist
　　Perspectives*, New York: Routledge, 1993.

Rosemarie Putnam Tong, *Feminist Thought: A More Comprehensive Introduction*,
　　Westview Press, 1998.

Twentieth Century Shanghai, California: University of California Press, 1997.

附錄一　31位敘述者簡介

1. CL，1972年出生，未婚，浙江衢州市人，自述首次從事商業性性服務時間為1990年，1996年5月10日因「賣淫」被處勞教。這是其第三次被捕，第一次是因盜竊，被處有期徒刑一年半；第二次是因麻醉搶劫被捕，三個月後取保候審。

2. DLL，1978年出生，未婚，安徽廣德縣人，自述首次從事商業性性服務時間為1996年，因「賣淫」被處勞教。

3. DXY，1981年出生，未婚，四川銅雞縣人，自述首次從事商業性性服務年齡為14歲，1998年因「賣淫」被處勞教。

4. FHN，1963年出生，已婚，浙江開化縣人，自述首次從事商業性性服務時間為1996年5至6月間，因「賣淫」被處勞教。

5. GJ，1962年出生，已婚，浙江湖州人，自述首次從事商業性性服務時間為1993年，1996年因「介紹賣淫」和「賣淫」被捕，被處勞教三年。這是其第二次被捕，第一次是「販黃」及「賣淫」被捕，被處三年勞教。

6. HHM，1978年出生，浙江永康縣人，未婚，自述首次從事商業性性服務時間為1992年，1997年因「賣淫」被處勞教。這是其第四次因「賣淫」被捕，前三次均被處罰款。

7. HLJ，1974年出生，未婚，浙江嵊州市人，自述首次從事商業性性服務年齡為20歲，1997年因「賣淫」被處勞教。

8. HXZ，1979年出生，未婚，浙江嘉興市人，自述首次從事商業性性服務的年齡為19歲，1996年6月因「賣淫」被處勞教。這是其第二次因「賣淫」被捕，第一次被處罰款。

9. HYB，1977年出生，未婚，浙江慈溪縣人，自述首次從事商業性性服務時間為1995年，因「賣淫」被處勞教。這是其第二次因「賣淫」被捕，第一次被處罰款。

10. JEAY，37歲，彝族，離婚，四川涼山人，後為某媒體工作人員。

11. JMC，1975年出生，未婚，浙江平湖市人，自述首次從事商業性性服務年

齡為20歲，1997年5月因「賣淫」被處勞教。這是其第三次被捕，第一次為「賣淫」，被處以罰款；第二次為「窩藏罪犯」，也被處罰款。

12. JMM，1978年出生，未婚，福建武夷山市人，自述首次從事商業性性服務時間為17歲，1996年因「賣淫」被處勞教。這是其第二次因「賣淫」被捕，第一次被處罰款。

13. JXH，1975年出生，浙江蘭溪縣人，自述首次從事商業性性服務時間為1994年，1997年因「賣淫」被處勞教。

14. 快快，1976年出生，同居，浙江杭州市人，自述首次從事商業性性服務年齡為17歲，1996年12月因「賣淫」被處勞教。

15. LAN，1950年出生，已婚，浙江里安市人，自述首次從事商業性性服務時間為1996年，因「賣淫」被處勞教。此為其第二次因「賣淫」被捕，第一次被處以拘留。

16. LJF，1969年出生，同居，浙江紹興市人，自述首次從事商業性性服務時間為1995年，1996年因「賣淫」被處勞教。這是其第二次因「賣淫」被捕，前一次被處罰款。

17. LM，A，1969年出生，已婚，四川奉節縣人，自述首次從事商業性性服務時間為1997年6月，1997年7月因「賣淫」被處勞教。

18. LM，B，1977年出生，浙江縉雲縣人，自述首次從事商業性性服務年齡為20歲，因「賣淫」被處勞教。

19. LWY，45歲，浙江景寧縣人，佘族，自述首次從事商業性性服務時間為36歲，因「賣淫」被處勞教。

20. LX，1975年出生，未婚，安徽懷遠縣人，自述首次從事商業性性服務時間為1995年，因「賣淫」被處勞教。

21. MSSQ，36歲，彝族，離婚，四川涼山人，後為房地產經營者。

22. PLL，A，1980年出生，未婚，浙江省嘉興市人，自述首次從事商業性性服務時間為1996年，1997年因賣淫被處勞教。

23. PLL，B，1976年出生，未婚，浙江杭州市人，自述首次從事商業性性服務時間為1995年，1996年因「賣淫」被處勞教。這是其第二次因「賣淫」被捕，前一次被處罰款。

24. QLX，1960年出生，已婚，四川內江市人，自述首次從事商業性性服務年齡為20歲，1997年因「賣淫」被處勞教。這是其第三次因「賣淫」而被處勞教。

25. QMNW，29歲，彝族，未婚，四川越西縣人，自述首次從事商業性性服務時間為1991年，後為一民族服飾店店主。

26. SXY，1963年出生，浙江新昌縣人，已婚，自述首次從事商業性性服務時間為1997年，因「賣淫」被處勞教。

27. WHY，1975年出生，未婚，浙江武義縣人，自述首次從事商業性性服務年齡為18歲，1996年5月因「介紹賣淫」被處勞教。

28. WPR，1952年出生，已婚，浙江杭州市人，自述首次從事商業性性服務年齡為32歲，1996年因「賣淫」被處勞教。這是其第二次因「賣淫」被捕，第一次被處罰款。

29. WSH，1974年出生，未婚，浙江嘉興市人，自述首次從事商業性性服務時間為1995年，1996年因「賣淫」被處勞教。

30. WTF，1978年出生，未婚，浙江台州市人，自述首次從事商業性性服務時間為1995年，1996年7月因「賣淫」被處勞教。

31. XJ，1976年出生，未婚，浙江蕭山市人，自述1996年因賭博被捕，後因涉及「賣淫」，被處勞教。這是其第二次被捕，第一次是因「賣淫」被捕，被處罰款。

附錄二 論商業性性交易的階級和性別不平等[1]

本文所稱的「商業性性交易」[2]指的是錢物與性服務、性服務與錢物的交換，即以錢物為收入和支付的基礎，進行性服務的出售和購買。在商業性性交易中，除性服務和性消費這兩大主體外，許多時候／場合中，也會有仲介者（如皮條客、淫媒）或／和管理者（如老鴇、「雞頭」）等第三方參與其中。本文的分析對象為商業性性服務者和消費者，不涉及獲利的第三方。商業性性交易是一種古老的現象，對這一現象的分析也為數眾多，且爭論頗多。而本文則力圖借助結構主義理論，透過階級分析和性別分析的方法，揭示今天商業性性交易內部依然存在的「富買窮賣」主體階級格局，和「男買女賣」主體性別格局，進而證實今天商業性性交易內蘊的階級＋性別的不平等特質，並基於此，提出有關改善中國大陸商業性性交易法律和公共政策的若干建議。

一

從已有的文獻看，對商業性性交易的研究主要是側重商業性性服務和性服務婦女，[3]而學者的種種解釋，大致可歸納為生物學解釋、精神病學或心理學解釋、道德主義解釋、功能主義解釋、存在主義解釋、文化傳遞解釋、經濟學解

---

1 該文原為在「商業性性交易：法律與公共政策專家圓桌會議」（2009，杭州，美國福特基金會資助）上的發言，後經修改，發表於《性別話語與社會行動》（王金玲主編，2013，社會科學文獻出版社）一書。為呈現近年來本人對商業性性交易的新思考，此次修改後，作為附錄編入本書。

2 在日常生活和較多的研究中，「商業性性交易」被稱為「賣淫嫖娼」。對這一詞義的分析可參見王金玲，〈商業性性服務／消費者：一種新的命名〉，《浙江學刊》，2004 年第 4 期。

3 在日常生活和較多的研究中，出售性服務以換取錢物的行為被稱為「賣淫」；出售性服務以換取錢物的婦女則被稱為「賣淫婦女」、「娼妓」、「妓女」、「暗娼」等。對此所做的分析亦可參見王金玲，〈商業性性服務／消費者：一種新的命名〉，《浙江學刊》，2004 年第 4 期。

釋、目標—手段分離解釋、多因素論解釋等等。[4]就專門有關性服務婦女的理論而言，基本上可分為自由主義、馬克思主義、衝突論、女性主義等幾大流派。這些流派的主要觀點不足之處如下：

1. 自由主義理論

自由主義有關性服務的理論有三個要素：「第一，它將賣淫看作是一種契約，其合法性與其他企業契約相等」；「第二，他們認為，性關係屬於『私人』領域，因而在法律管制之外」；「第三，自由主義假定妓女是自願進入交易的」。對這一自由主義理論的批判認為，「賣淫」實際上是使婦女成為性奴隸，「這足以使一個自由派拒絕接受這種出賣」，所以，「認為賣淫契約具有合法性的斷言是過於簡單、過於匆忙了」。而「賣淫這種性行為已經超越了『私人』領域，即使在合法的、一般認為屬於『私人』領域的家庭內，也不是任何性行為都僅僅是『私人』性質的。例如婚內強姦和其他性虐待就不是『私人』的，理應受到法律制裁」。至於性服務婦女因「陷於結構性貧困，無路可走」，且缺乏相應的援助，因而「自願」投入性服務，這種強迫性的「自願」實際上就是強迫的一種形式。[5]

2. 馬克思主義理論

馬克思主義有關性服務理論的核心，是階級分析和對資本主義及私有制的批判。這一理論認為，「賣淫」是以私有制為基礎的，[6]「賣淫是資產階級對無

4　王書奴，《中國娼妓史》，上海三聯書店，1932/1988；單光鼐，《中國娼妓——過去與現在》，法律出版社，1995；邱仁宗主編，《她們在黑暗中——中國大陸若干城市愛滋病與賣淫初步調查》，中國社會科學出版社，2001。

5　邱仁宗主編，《她們在黑暗中——中國大陸若干城市愛滋病與賣淫初步調查》，中國社會科學出版社，2001，第 9-10 頁。

6　恩格斯，〈共產主義原理〉，《馬克思恩格斯選集》第 1 卷，1847；轉引自中華全國婦聯編，《馬克思恩格斯列寧史達林論婦女》，人民出版社，1978，第 224 頁。

產階級的最明顯的直接肉體剝削」。[7]資本主義生產關係把一切變成了商品,也使婦女物化和商品化。因此,只有消滅了私有制,才能徹底消除「賣淫」。而也正是在更廣闊的資本主義社會大背景下分析商業性性交易,馬克思主義有關性服務概念的界線劃定,也更廣泛地將工人階級(包括男女)的工薪勞動和為了獲得經濟資助而建立的婚姻關係(包括男女)均納入「賣淫」之列。這一理論指出了商業性性交易的階級實質,能引導我們更廣泛和深入探討資本主義生產關係對人及人際關係的物化和商品化—異化,但其對商業性性交易的泛化忽視了性服務與其他工薪勞動的天壤之別,以及由此帶來的不同對待,並且弱化了這一理論的針對性。

3. 衝突論

衝突論中有關商業性性交易理論的基點,是具有衝突性的不平等權力關係。這一理論認為,「賣淫活動揭示了社會的權力關係」;並指出,相比之下,更多是婦女向男子提供性服務,而不是反之;「男人(皮條客和嫖客)不斷地以剝削婦女為代價從中獲利,而婦女只有在還擁有年輕、美貌和健康時,她們才具有價值」。此外,大多數婦女是由於處於底層和勞動階層的社會背景,以及缺乏教育,才「使得她們的性能力成為其少量的經濟資源之一」。衝突論者注意到,在懲處商業性性交易者時,員警打擊的主要目標是「性服務婦女」,而不是「男嫖客」。「根據衝突論者的觀點,賣淫是說明兩性間經濟和政治不平等的許多社會例證之一。在婦女獲得平等權利之前,我們只能期待賣淫現象不會進一步惡化。」[8]可見,衝突論較持有性別視角,深刻揭示了以婦女為服務者、男子為消費者的商業性性交易的主體格局內蘊的性別不平等性質。但其對其他類型的商業性性交易,如同性間和以男子為服務者、婦女為消費者的商業性性交易分析的缺位,使得這一理論對有關商業性性交易與社會權力關係關聯這一觀點的證實有所不足。

---

7 恩格斯,〈共產主義原理〉,《馬克思恩格斯選集》第 1 卷,1847;轉引自中華全國婦聯編,《馬克思恩格斯列寧史達林論婦女》,人民出版社,1978,第 664 頁。

8 [美] 文森特・帕裡羅、約翰・史汀森、阿黛思・史汀森著,周兵、單弘、蔡翔譯,《當代社會問題》,1999,華夏出版社,2006,第 125 頁。

4. 女性主義理論

　　女性主義有關商業性性交易的專門理論基本可分為兩大陣營：支持派與反對派。就前者而言，基於自由主義的立場，主張婦女有自由處置自己身體的權力，強調性服務婦女在商業性性交易過程中的主體性；而作為女性主義主流的後者，則強烈批判對商業性性交易的辯護，認為首先，「賣淫是資本主義制度一個不可分割的部分」；其次，「賣淫是一個應該歸罪於男人的問題」，即「男人之所以需要女人將身體作為商品出售，簡短的回答是，賣淫是男人行使他們的性權利、保證男人獲得女人身體的種種方法之一。」其三，與其他性行為一樣，商業性性交易也具有社會文化的性質，不只是自然欲望的一種表現；其四，「賣淫體現了男女間的性別不平等，並強化了這種不平等」；其五，賣淫「是男女間的典型關係，它肯定了男人對女人的支配和權力體制」，因此，「受害者是所有的女人，尤其是妓女本人」。[9]而一個由北美性服務婦女組織起來的性服務婦女草根組織——「竊竊私語」（Women Harmed in Systems of Prostitution Engaged in Revolt，WHISPER）更進一步指出：「所有將婦女的身體作為性交換日用品的行為都是違背人的尊嚴的，所以，也是違背人權的。」「它堅持認為賣淫是一種對婦女施暴的制度，以致於所有的賣淫婦女都是受到攻擊的婦女。」[10]女性主義的理論無疑具有高度的社會性別敏感性，但階級分析的視角顯然有所欠缺，而對商業性性交易的分析也因聚焦於「男買女賣」模式，而忽視了對其他模式的探究。

二

　　「結構」是一個社會學的核心概念。我比較贊同澳大利亞社會學家瑪律科姆・沃特斯有關結構的觀點——結構「指的是在直接感受之下潛藏的各種社會

9　邱仁宗主編，《她們在黑暗中——中國大陸若干城市愛滋病與賣淫初步調查》，中國社會科學出版社，2001，第 13-15 頁。

10 Alison M. Jaggar 著，王金玲譯，〈西方女性主義論賣淫〉，1998，王金玲主編《賦社會以社會性別——社會性別與社會讀書研討班專輯》，內部版，2000，第 542-557 頁。

安排所體現出來的模式。」[11]即，它具有兩層含義：一是有關社會生活各層面中各種社會關係的安排，並呈現出某種結構性的特徵，導致某種結構性後果；二是社會關係中各種資源的分配，包括分配的形式和各社會成員在分配體系中的位置。[12]引入有關「結構」的概念，並視結構為一種模式的結構主義理論的應用，使本文直接面對的一個實質性問題是：在商業性性交易中，誰出售性服務？誰購買性服務？進一步看，自人類社會進入階級社會後，階級身分成為人的最基本屬性之一，而商業性性交易又是以服務者和消費者為主體，因此，本文在此將重點放在探討商業性性服務者和消費者的階級結構和性別結構，即誰買誰賣的階級結構和性別結構——性服務的出售者和消費者不同的階級+性別構成。

考察中國大陸的商業性性交易，我們可以發現，在性服務者和消費者之間始終有一條明晰的貧富貴賤階級分界線——有錢有權勢者買、無錢無權勢者賣，直至今天，依然如此。童戈有關男男性服務買賣雙方調查和王金玲等有關性服務婦女／性消費男子的比較調查，以資料證明了這一點。[13]

根據童戈調查所提供的資料，而編制的比較表如下：

---

11 [澳]瑪律科姆·沃特斯著，楊善華等譯，《現代社會學理論》，1998，華夏出版社，2000，第 13 頁。

12 [美]Allan G. Johnson 著，成令方、林鶴玲、吳嘉苓譯，《見樹又見林：社會學作為一種生活、實踐和承諾》，1997，臺灣群學出版社，2003，第 100-101 頁。

13 就理論層面而言，商業性性交易中的異性性交易和同性性交易，還應包括女買男賣及單性別與雙性別間的異性性交易、女女同性和雙性同性間的性交易。筆者所掌握的文獻中，有若干女買男賣、女女同性性交易和單性別男人與雙性別人間的性交易資料，但不足以形成比較資料。而以「嫖客」、「賣淫婦女」、「娼妓」、「商業性性交易」、「男男性交易」、「MB」為主題詞，透過中國期刊網、中國優秀碩士論文庫、中國博士論文庫的檢索，筆者僅發現一篇基於非關押的性交易買賣雙方比較調查基礎上的研究論文：王金玲等著，〈商業性交易者的性別比較分析〉（筆者為執筆人）。而筆者所掌握的文獻資料中，童戈所著《中國男男性交易狀態調查》一書中有關男男性交易中買方的調查資料，亦為唯一一份有關中國大陸男男性交易買方人口學特徵的資料。由於資料的有限，本文只能以這兩份調查資料為主要依據展開分析。

表一　男男性服務者（專職）和消費者*一般人口學特徵比較表　　　N=人

教育程度		初中以下	初中-高中	高中以上		總計
	服務者	23	45	11		79
	消費者	11	52	20		83

年齡	服務者	20歲以下	20-25歲	25歲以上		總計
		16	47	17		80
	消費者	30歲左右	40歲左右	50歲左右	60歲左右	總計
		20	31	23	9	83

職業**		務農	工人	服務業	商業[2]	企事業單位職員
	服務者（原任職，可多選）	29	42	51	14	0
	消費者（現職）	1	5	0	0	20
		個體經營者	機關工作人員	軍人／員警	文教法律工作者[3]	其他[4]
	服務者（曾任職）	0	0	0	0	0
	消費者（現職）	20	12	11	14	2

[1] 原注：商業行業指做過售貨員、推銷員、業務員，或個體經商。

[2] 包括教師11人，畫家1人，媒體工作者1人，個體律師1人。

[3] 其中，退休高級工程師、無業僑民各1人。

*原注：有關性消費者的情境只是反映情況的媽媽桑（中國大陸對商業性性交易中的女性管理者的一種稱呼，源自日本。其他稱呼還包括媽咪、老鴇等——引者注）對該顧客個人情況的大概瞭解。

**服務者為原職，可多選；消費者為現職。

本表根據童戈《中國男男性交易狀態調查》一書第149-150頁、176-178頁中相關表格的資料統計合併編輯而成。

　　從表一可見，男男商業性性交易的服務者中，受教育程度為初中以下者占29%，中學者占57%，高中以上者占14%，呈中學—小學文化程度類型；年齡為20歲以下者占20%，20-25歲者占59%，25歲以上者占21%，即絕對多數為青年；原職為務農的占21%，工人的占31%，服務業的占38%，商業的占10%，

即基本處於中國大陸職業分層的下層。[14]

男男商業性性交易消費者中，受教育程度為初中以下的占13%，中學的占63%，高中以上的占24%，呈中學—大學文化程度類型；年齡為30歲左右的占24%，40歲左右的占37%，50歲左右的占28%，60歲左右的占11%，即基本為中年人；職業分佈為務農的占1%，工人占6%，職員和個體經營者均占24%，機關工作人員占15%，軍人員警占13%，文教法律工作者占15%，其他（退休、無業）占2%，即基本處於中國大陸職業分層的中上層。

兩者比較可見，在男男商業性性交易群體中，服務者的年齡小於、受教育程度類型和職業階層低於消費者；或者反過來說，消費者的年齡大於、文化程度類型和職業階層高於服務者。

進一步看，與童戈2006年調查時間最近的2005年全國1%人口抽樣調查資料顯示，男性人口受教育程度的構成為：小學及以下占49%，初中占35%，高中占11%，大專及以上占5%；16歲及以上就業人口的年齡的構成為：19歲及以下占4%，20-24歲占8%，25-29歲占10%，30-39歲占29%，40-49歲占24%，50-59歲占18%，60歲及以上占8%。[15]中國社科院於2000-2001年進行的全國階層調查顯示的相關職業分佈的資料為：國家機關與社會管理者（包括行政與事業單位管理者）占2.1%，經理人員占1.6%，私營企業主占1.0%，專業技術人員（包括科教文衛工作者）占4.6%，辦事人員占7.2%，個體工商戶占7.1%，商業服務業人員占11.2%，產業工人占17.5%，農業勞動者占42.9%。[16]

與上述男男商業性性交易群體相關資料相比較可見，就服務者而言，其文化程度高於一般男性人口，青年的比例明顯高於一般男性人口，屬於社會下層

---

14 中國社會科學院社會學所課題組有關中國大陸社會階層的研究，將中國大陸目前的社會階層分為國家與社會管理者、經理人員、私營企業主、專業技術人員、辦事人員、個體工商戶、商業服務業人員、產業工人、農業勞動者、失業半失業者這十大階層。其中，前三者屬社會上層，中間三者屬社會中層，後四者屬社會下層（詳見陸學藝主編，《當代中國社會流動》，社會科學文獻出版社，2004）。

15 國家統計局人口和社會科技統計司編，《中國社會中的男人和女人——事實與資料（2007）》，中國統計出版社，2007，第 86、45 頁。

16 陸學藝主編，《當代中國社會流動》，社會科學文獻出版社，2004，第 13 頁。

的職業人口占比超過總人口平均水準；就性消費者而言，其文化程度顯著高於一般男性人口，中年的比例明顯高於一般男性人口，屬於社會中高層的職業人口占比超過總人口平均水準。這表明，如果說男男商業性性服務／消費者的共有特徵是文化程度較高的話，那麼，其不同之處則在於在性服務者一端，聚集更多曾處於低端職業、屬於社會下層的年輕人；在性消費者一端，聚集更多處於中高端職業，屬於社會中上層的中年人。

　　與童戈所提供的男男商業性性交易買賣雙方的資料不同，王金玲等的論文所提供的是典型的異性商業性性交易——「女賣男買」雙方的資料。據此而編制的比較表如下：

表二　性服務婦女與性消費男子一般人口學特徵　　　　　　　單位：%（N=90）

年齡	女（N=52）	男（N=38）
16-25歲	94.2	25.6
26-45歲	5.8	71.8
未答	0	2.6

職業	女（N=52）	男（N=38）
無業	23.1	2.6
工人	40.4	12.8
個體經營者	23.1	30.7
農民	5.8	2.6
企事業單位負責人	1.9	2.6
企業承包者	0	20.5
機關工作人員	0	15.4
科教文衛工作者	0	2.6
其他	5.8	7.7
未答	0	2.6

受教育程度	女（N=52）	男（N=39）
文盲半文盲	1.9	0
小學	7.7	2.6
初中	65.4	18.0
高中（中專）	21.2	38.5
大專及以上	3.9	41

個人收入	女（N=52）	男（N=39）
無收入	13.4	2.6
2,000元下	17.3	0
2,001-4,000元	30.8	12.8
4,001-8,000元	11.5	5.1
8,001-10,000元	3.9	15.4
10,000元及以上	19.2	64.1
未答	3.9	0

家庭年收入	女（N=52）	男（N=39）
2,000元下	7.8	0
2,001-4,000元	21.2	2.6
4,001-8,000元	21.2	7.7
8,001-16,000元	13.5	10.3
16,001-20,000元	7.7	20.5
20,000元及以上	17.3	51.3
未答	11.4	7.7

資料來源：王金玲等，〈商業性性交易的性別比較分析〉，《浙江學刊》，1998年第2期。具體調查方法等詳見原文。

　　表二顯示，性服務婦女和性消費男子相比，首先，前者基本為青少年，後者大多為中青年。兩者在年齡上有顯著性差異，表現為性消費男子的年齡大於性服務婦女。

　　第二，所占比例位於前三位的職業，前者為工人、無業者和個體經營者、農民，並構成職業的基本面；後者為個體經營者、企業承包者、機關工作人員，並構成職業的絕對多數。兩者在職業分佈上有顯著性差異，表現為性消費男子的職業地位和在業率均明顯高於性服務婦女。

　　第三，性服務婦女中，初中和高中（中專）受教育程度者構成壓倒多數，受教育程度呈初中—高中類型；性消費男子中大專及以上和高中（中專）受教育程度者構成壓倒多數，受教育程度呈大學—高中類型。兩者在受教育程度上呈顯著性差異，表現為性消費男子的受教育程度大大高於性服務婦女。

　　第四，性消費男子中擁有中高收入者占絕對多數，性服務婦女中不僅絕大多數為低收入者，且無收入者的比例較大地高於性消費男子。兩者在個人年均收入上呈顯著性差異，表現為性消費男子的收入大大高於性服務婦女。

　　第五，性消費男子中擁有中高收入家庭者占絕對多數，性服務婦女中不僅絕大多數為低收入家庭，且貧困家庭也占到一定比例。兩者在家庭年均收入上呈顯著性差異，表現為性消費男子的家庭收入大大高於性服務婦女。

　　兩者比較可見，在「女賣男買」模式的性交易群體中，性服務婦女和性消費男子的基本特徵表現為年齡上的「男中女青」，職業地位、受教育程度、個人收入和家庭收入上的「男高女低」。

　　進一步看，與該調查時間最近的2000年全國第五次人口普查資料顯示，16歲及以上勞動就業人口的年齡構成，女性為：16-24歲占17%，25-49歲占67%；男性為16-24歲占15%，25-49歲占65%；從在業率看，女性為78%，男性為87.7%。[17]與「女賣男買」性交易群體總體比較，作為一種「勞動就業人口」，性服務婦女的年齡構成明顯低於一般就業婦女人口，在業率低於一般女性人口；而性消費男子中，青年人的構成和總體在業率明顯高於一般男性人口。中國社會科學院社會學所課題組的中國社會階層調查資料與上述性服務婦女／性消費男子的職業分佈相比較則表明，性服務婦女在中低端職業中所占的比例超過總人口平均水準，性消費男子在高中端職業中所占的比例超過總人口平均水準。這表明，在「女賣男買」商業性性交易的性服務者一端，聚集更多文化程度較低、職業地位較低的青少年女性人口；在性消費者一端，聚集更多文化程度較高、職業地位較高的中青年男性人口。

　　表二資料，是基於對前往一家省級性病防治中心檢查、診治性病的非在押的性服務婦女和性消費男子自願參與的調查。而劉新會等於1997年對武漢婦教所中性服務婦女的抽樣調查資料中，顯示被調查者（N=57）及所述性消費男子的特徵：被調查者中年齡為16-18歲者占22.8%，19-24歲者占28.1%，25-29歲者占19.3%，30-34歲者占15.8%，35-46歲者占14.0%；受教育程度為文盲半文盲占12.8%，小學者占36.4%，初中者占38.2%，高中（中專）者占12.6%；職業為工人的占15.0%，服務業員工的占29.0%，農民占22.0%，個體經營者占7.0%，失業下崗無業者占22.0%，其他占5.0%；被調查者所述的性消費男子年

---

17 國家統計局人口和社會科技統計司編，《中國社會中的男人和女人——事實與資料（2004）》，中國統計出版社，2004，第38、36頁。

齡以20-40歲為多，業務員和老闆占82.0%，62.0%是有錢或較有錢者，[18]以及夏國美等人於2004年對上海兩個收容教育所（分別收容教育男、女商業性性交易[19]）的整群抽樣問卷調查（其中，回收男性對象有效問卷250份，女性對象有效問卷760份）顯示，被調查者中，年齡在25歲及以下的，男性中占13.7%，女性中占39.6%；26-35歲的，男性中占41.0%，女性中占47.9%；36-45歲的，男性中占29.5%，女性中占12.4%；46歲及以上的，男性中占16.1%，女性中占5.0%。受教育程度，文盲半文盲的，男性中占10.4%，女性中占27.1%；小學的，男性中占13.7%，女性中占30.3%；初中的，男性中占42.2%，女性中占34.1%；高中中專的，男性中占24.1%，女性中占8.1%；大專以上的，男性中占42.2%，女性中占0.4%。性服務婦女中進城務工者占85.1%；被調查女性所述的性消費男子職業為私營企業的占27.4%，個體商人的占20.8%，工人的占12.4%，農民工的占9.8%，國企幹部的占5.6%，司機的占4.8%，政府官員的占2.9%，大學生的占2.0%，採供銷人員的占1.2%，餘者為境外人員，[20]則可以加以佐證。

　　表一顯示的是有關男男同性商業性性交易者的調查資料，表二所顯示的是有關「女賣男買」異性商業性性交易的調查資料，兩者的調查對象一為同性性交易主體，一為異性性交易主體，卻都呈現出同樣的階級存在——買方較賣方的人生經驗更多，知識積累更厚，經濟收入更豐，社會地位更高；同樣的階級結構——貧窮者賣富貴者買、地位低者賣地位高者買、處於社會劣勢者賣處於社會優勢者買。這明確表示在商業性性交易中，階級結構作為一種主體性結構的真實存在和存在的真實。

　　當然這兩份調查均為小型、非抽樣調查，難以推論總體，但這兩份研究結果至少揭示了被林林總總的「賣淫婦女研究」、「男同性戀研究」、「賣淫嫖

18 劉新會等，〈賣淫社會動力學探討〉，邱仁宗主編《她們在黑暗中——中國大陸若干城市愛滋病與賣淫初步調查》，中國社會科學出版社，2001，第70-95頁。

19 夏國美、楊秀石，〈商業性性交易者愛滋病認知、態度與行為調查〉，《社會》，2005年第5期。

20 夏國美、楊秀石，〈商業性性交易者愛滋病認知、態度與行為調查〉，《社會》，2005年第5期。

娼研究」所描繪的單一性特徵，及由此推論的總體特徵所掩蓋的商業性性交易中的階級存在、階級結構，以及這一階級結構的主體性存在和蘊含的階級不平等性，進而直指有關商業性性交易研究中的階級盲點。

　　大多數社會學家認為，「階級是一群有著相似的經濟狀況、在社會互動中產生了相似生活方式、保持著排外的界限、具有共同的社會意識的這樣一種特殊群體。」[21]著名美國社會學家E・D・賴特在與其同事共著的一篇關於美國階級結構的論文中進一步提出，「階級不能被簡單地定義為職業分類，而是一種控制、資本、決策、他人工作和自己工作的社會關係。」[22]可以說，階級不僅是不同的社會集團，也是不同社會集團之間的某種社會關係。中國社會科學院社會學所「當代社會階層結構課題組」認為，在當代中國社會，組織（權力）資源、經濟資源和文化資源「這三種資源的擁有狀況是各社會群體及其成員在階層結構中的位置以及個人的綜合社會經濟地位的標誌」，「決定著人們的綜合性經濟社會地位」，而人們在社會（關係）結構中所處的不同位置，也反過來決定了他們是否擁有某種資源或擁有多少這樣的資源。[23]互通有無是商品交易的本質，包括被商品化了的服務。從社會學角度看，一旦商品交易過程和結果出現了某種固態化或固態化的態勢，比如作為買方和賣方的人群基本特徵的某種固化，其內蘊的社會意義就值得深究了，商業性性交易亦不例外。

　　從可作為當代中國經濟社會地位標誌的三大資源：權力（組織）資源、經濟資源、文化資源出發，本文對所收集到的上述兩組資料的分析，在一定程度上揭示了商業性性交易中的買方和賣方具有的三大基本階級特徵：首先，在商

---

21 李強，《當代中國社會分層與流動》，中國經濟出版社，1993，第 8 頁。

22 E. O. 賴特等，〈美國階級結構〉，1982，李路路、孫志祥主編《透視不平等——國外社會階層理論》，社會科學文獻出版社，2002，第 4-20 頁。

23 該研究認為，組織（權力）資源主要指依據國家政權組織和執政黨組織系統而擁有的支配社會資源的能力；經濟資源主要指生產資料的所有權、經營權和使用權；文化資源是指社會以證書或資格加以認可的知識和技能的擁有，也就是通常所說的學歷文憑（陸學藝主編，《當代中國社會流動》，社會科學文獻出版社，2004，第 2 頁）。本文以職業和年齡衡量權力資源的擁有和擁有程度，以經濟收入衡量經濟資源的擁有和擁有程度，以受教育程度衡量文化資源的擁有和擁有程度，並依此得出結論。

業性性服務者和性消費者中，大多表現為性消費者擁有較多、性服務者則擁有較少權力資源、經濟資源和文化資源的基本態勢；其次，在一般男性人群中，大多表現為擁有較多權力資源、經濟資源者成為男男性交易中的消費者，反之則成為男男性交易中的服務者的基本態勢；其三，在一般男女人群中，大多表現為擁有較多權力資源、經濟資源、文化資源的男子，是男女異性性交易中的消費者，擁有較少權力資源、經濟資源、文化資源的婦女，則是男女異性性交易中的服務者的基本態勢。鑑於男女異性性交易和男男同性性交易構成了商業性性交易中的絕對多數，這兩份調查所呈現的富買窮賣、強買弱賣、優勢地位者買劣勢地位者賣這一商業性性交易的基本態勢，也為研究者進一步探討和推論商業性性交易的基本階級格局，打開了一扇新的窗戶。

將視野進一步打開。商業性性交易的主體類型是單性別男女之間的異性性交易；而單性別男女之間的異性性交易又以「女賣男買」為最基本的性別格局。因此，上述相關資料也在一定程度上揭示了商業性性交易具有以下兩大主體性特徵：第一，性消費男子較多處於「富有」、「強者」、「高地位者」的位置，性服務婦女則較多處於「窮者」、「弱者」、「低地位者」的位置；第二，就總體而言，由於較男子在權力資源、經濟資源、文化資源的配置和擁有上處於劣勢，因此，婦女更多作為服務者──賣方進入性交易，而男子則更多作為消費者──買方進入性交易。

在階級社會中，相對於窮人和無權勢者，富人／有權勢者更多作為權力主體，在公共資源和社會財富的配置、公共政策的決定和公私領域的行動中發揮主導作用；更多被認為是權利主體，經濟、政治、社會、文化、家庭等權利獲得了更多實現和保障；更多居於較高地位，生存和發展的重要性也得到了更多重視。而這一階級差異在性別層面的投射就是在男權／男性主流社會中，相對於婦女，男人更多作為權力主體和權利主體居於高位、占據優勢、獲得厚利、享受服務，擁有決定權和控制權。於是，作為整個社會「富高窮低」、「富強窮弱」、「有權勢者富無權勢者窮」、「富優窮劣」、「富尊窮卑」的階級不平等及「男高女低」、「男富女窮」、「男強女弱」、「男尊女卑」的性別不平等的結果，在商業性性交易中，「窮女人／弱女人賣、富男人／強男人買」也就成為定局。而也正是由於較男男同性之間，男女異性之間各種社會資源配

置的男優女劣的差異更強、男多女少的差距更大，男強女弱的差別更顯著，所以更多是婦女而不是男子可以或需要以非法、不體面、高風險的性服務謀生謀利謀發展，而不是反之；更多的是婦女而不是男子被迫或不得不以非法、不體面、高風險的性服務謀生謀利謀發展，而不是反之。較男男性服務者的雙重社會弱勢／劣勢地位（權力資源和經濟資源的弱勢和劣勢），「男買女賣」性交易中的性服務婦女，則更多處於三重社會弱勢／劣勢地位之中（權力資源、經濟資源和文化資源的弱勢和劣勢）。因此，不能不說，今天的商業性性交易仍是建立在階級不平等基礎上，也是階級不平等和性別不平等的產物——它的本質是階級不平等，而「男買女賣」的主體格局則是階級不平等在性別上的表現。

　　著名社會學家吉登斯說：「我們將要得出的最有說服力的一般性結論是，賣淫表達了——並且在某種程度上也有助於維持——男人把女人當成了為其性目的而『使用』的對象的這種趨勢。在特定的關係中，賣淫表達了男人和女人之間權力的不平等。當然，許多其他因素也在起著作用……但這些因素只是與賣淫發生的範圍有關，而與其總體性質無關。」[24]這一論述所針對的顯然只是男女異性性交易，而借用這一論述的精髓，並擴展到整個商業性性交易，本文得出的一般性結論如下：商業性性交易表達了——並且在某種程度上也有助於維持——階級地位較高者把階級地位較低者當成了其性目的而「使用」的對象的這種趨勢。在特定的關係中，商業性性交易表現了階級之間權力和權利的不平等，其他因素只是與商業性性交易發生的範圍、途徑、形式、類型等等有關，與其階級不平等性這一總體性質無關。

三

　　而作為階級不平等在性別上的投射，商業性性交易呈現為男女異性性交易之「男買女賣」的總體格局。任何具有公平正義性的法律、公共政策和社會行

---

24 安東尼·吉登斯著，趙旭東等譯，《社會學》，北京大學出版社，2001/2003，第172頁。

動的最終目標是消除基於不平等的剝削和壓迫，包括基於性別不平等的性別剝
削和壓迫，以及基於階級不平等的階級剝削和壓迫。由此出發可見，由於今天
的商業性性交易具有階級不平等和性別不平等的特質，任何形式的「開放或部
分開放商業性性交易」，包括「建立紅燈區」之類的「特區」都不能改變其不
平等的特質，所能實現的最大成效只能是給作為性消費者的有錢有權有勢者，
尤其是有錢有權有勢的男人脫罪，而不是使作為性服務者的窮人和弱者，尤其
是貧窮／弱勢的性服務婦女獲得「解放」和「自由」的權利。若加以實施，無
疑不僅將進一步加劇商業性性交易中的階級不平等和性別不平等，並且會進一
步強化和合理化公私領域中的階級不平等和性別不平等，使窮人、弱者和婦
女，尤其是貧窮／弱勢婦女處於更為不利的境地。

　　針對商業性性交易的不平等特質，我認為，中國大陸有關商業性性交易的
法律和公共政策的制訂和修正，應該遵循以下三大原則：公正原則、平等原則
和多樣性原則。

　　所謂公正原則，包括形式公正──相同類型獲得和給予相同對待，不同類
型獲得和給予不同對待；以及內容公正──相同需求獲得和給予相同對待，不
同需求獲得和給予不同對待。

　　所謂平等原則，指的是不分性別、階級、年齡、民族、職業、性傾向等，
任何人都有權享有與其生存和發展需要相適應的資源，並在任何情況下都不受
他人支配和控制。[25]

　　所謂多樣性原則，指建立在身分多樣性基礎上的人的權利的多樣性，而任
何一種人權都必須受到應有的重視。[26]

　　由此出發，改善窮人／弱者，尤其是窮／弱女人的生存環境，促進窮人／
弱者，尤其是窮／弱女人的發展，進而使之擁有良好的生存條件、廣闊的選擇
空間、充足的自由─知情選擇能力，進而能有機會和能力進行多樣化的生活選
擇，當是更有利於和益於全體窮人／弱者，包括作為性服務者的窮人／弱者，

25 皮埃爾・勒魯著，王元道譯，《論平等》，商務印書館，1994。

26 A・J・M・米爾恩著，夏勇、張志銘譯，《人的權利與人的多樣性──人權哲學》，
　　1986，中國大百科全書出版社，1995。

尤其是窮／弱女人，更有利於從源頭遏制商業性性交易的蔓延，這是一。

　　針對當今中國大陸商業性性交易的階級—性別特徵，充分認識到大多數性服務者，尤其是性服務婦女從事性服務的被迫無奈、在性服務過程中所受到的傷害，進而改變視性服務婦女為「首惡者」的觀念，在打擊商業性性交易中，除了繼續保持對第三方獲利者（如皮條客、老鴇）和強迫、組織他人從事性服務者的高壓態勢外，將重罰性服務者、輕罰消費者的模式轉變為「重罰性消費者，輕罰或不罰性服務者」，從而在更有針對性地打擊商業性性交易的同時，提高執法的公正性，這是二。

　　性服務者，尤其是性服務婦女大多處於高風險環境中，易受到侵害和傷害，而由於缺乏其他適宜的技術和能力，他／她們中的不少人也難以離開這一行業。因此，在打擊商業性性交易的同時，也應將改善性服務者，尤其是性服務婦女生存環境，減少性服務對他／她們的傷害；改善願意退出性服務者，尤其是性服務婦女的發展條件和謀生能力，使之有能力和機會重建生活，這是三。

　　總之，中國大陸目前應更注重將公安、司法層面進行的「打擊商業性性交易」轉變為「反對商業性性交易」；更注重在社會層面，以「預防—打擊—幫助／救助—生活重建」為四大重要組成部分，建構一種全新的法律—政策理念和執行體系，從而更有效減少和遏制商業性性交易。

參考文獻

A・J・M・米爾恩著，夏勇、張志銘譯，《人的權利與人的多樣性——人權哲學》，1986，中國大百科全書出版社，1995。

Alison M. Jaggar 著，王金玲譯，〈西方女性主義論賣淫〉，1998，王金玲主編《賦社會以社會性別——社會性別與社會讀書研討班專輯》，2000，內部版。

王金玲，〈商業性性服務／消費者：一種新的命名〉，《浙江學刊》，2004 年第 4 期。

王金玲、高雪玉、蔣明，〈商業性性交易者的比較分析〉，《浙江學刊》，1998 年第 2 期。

王書奴，《中國娼妓史》，上海三聯書店，1932/1988。

皮埃爾・勒魯著，王元道譯，《論平等》，商務印書館，1994。

邱仁宗主編，《她們在黑暗中——中國大陸若干城市愛滋病與賣淫初步調查》，中國社會科學出版社，2001。

陸學藝主編，《當代中國社會流動》，社會科學文獻出版社，2004。

單光鼐，《中國娼妓——過去與現在》，法律出版社，1995。

童戈，《中國男男性交易狀況調查》，北京紀安德諮詢中心，2007，內部版。

附錄三　認識一個撿拾和安放自尊的私人空間[1]——對性服務婦女服務選擇的一種理解

> 在這過程中，最大的滿足是自尊心的滿足。因為我在以前這些男朋友這裡，都很顛倒的，沒什麼自尊可言。就是很遷就他們，他們要怎麼樣就怎麼樣，他要我辦的事，我一定要想辦法辦到，就是這樣的。在客人這裡就不同了，客人有求於我，我就是很高傲的，我要怎麼樣就怎麼樣。總覺得自己……反正他有求於我，我肯定高他一等……基本上就是我擺平他們的。
>
> ——快快[2]

　　1998年7月，在某省婦女勞動教養學校進行當初沒想到會歷時十年（1998-2008）的「社會——心理——醫學新模式賦權性服務婦女」[3]項目的個案訪談[4]中，我聽到了被訪者快快這段話，心中大吃一驚。因為這完全超出了我們一直認為的「性服務婦女在性服務過程中喪失尊嚴」的常識，也與眾多的研究中有

---

1 本文獲2011年中國社會學會年會論文一等獎，後發表於《婦女研究論叢》2012年第4期，並被權威性的學術論文轉載刊物《中國人民大學複印資料》之〈婦女研究〉全文轉載。為實現近年來本人對相關議題的思考，對個別文字略為修改作為附錄編入全書。
2 個案受訪者。她告訴我，她出生時，父母希望她一生快樂，所以給她取了「快快」這一小名，她希望使用她的訪談資料時，用「快快」之名標示姓名。
3 對於以性服務交換錢物的婦女，常見的稱呼有：「娼妓」、「妓女」、「暗娼」、「賣淫婦女」等。我認為這些稱呼是一種道德批判先行、具有性別雙重標準的稱呼，也是性別不平等的表現和結果。由此，我以「性服務婦女」這一名稱對這一人群進行重新命名。拙作〈商業性性服務／消費者：一種新的命名〉一文（載《浙江學刊》，2004年第4期）對此有較深入的分析。
4 本文所用的訪談資料基本來自於該專案。該訪談在1998年7月進行，被訪者以年齡、職業、婚否、受教育程度、家庭背景等指標分為不同類型，其為因從事性服務而被送教養、願意接受訪談者，計41人；訪談者均先後為浙江省社會科學院婦女與家庭研究中心研究人員。

關性服務如何自輕自賤的論斷相違背。

我並不懷疑這段話的真實性，因為這段話的邏輯過程在整個被訪者的敘述中很完整，更何況，「喪失尊嚴」是一種主流用語，在勞教中的性服務婦女大多習慣用這一詞表明自己的悔過自新，快快不會故意以反社會的表述來加大自己被懲罰的風險。那麼，如何在被普遍認為是「喪失尊嚴」、「自輕自賤」的性服務過程中，快快會認為自己最大的滿足是自尊心的滿足，她在性服務過程中收穫了自尊？她又是如何在這一過程中獲得自尊、滿足自尊心？而事實上，被訪者中論及在性服務過程中的自尊或得到自尊者，幾乎占總人數的1/4，這進一步提示我這一個案並非孤案，有可能是具有某種常見程度性的常見現象。

快快以其個體化的自我敘述，在常識和學術研究論斷的華麗皮袍上劃開了一條大大的裂縫，由此，性服務婦女的自身經驗透過自身敘述進入了有關商業性性交易的論述之中，他者的視角和他者的話語被暫時擱置於一旁。而基於「自尊」一詞內蘊的高尚、神聖、道德之意義，處在常識和原有研究論斷與事實和新的可能性的夾擊中，我陷入了學術焦慮之中。這一焦慮直到遇到維特根斯坦，才逐漸減緩。開始認識到也許可以由此展開一種新知識的認知之路。維特根斯坦在《哲學研究》一書中提出：

> 「當哲學家使用一個詞——『知識』、『存在』、『對象』、『我』、『命題』、『名稱』——並且試圖把握事物的本質時，我們必須經常這樣問問自己：這些詞在作為它們的發源地的語言中是否真的這樣使用？——我們要把詞從它們的形而上學用法帶回到它們的日常用法上來。」

> 「如果『語言』、『經驗』、『世界』這些詞有一種用法，那麼這種用法一定像『桌子』、『燈』、『門』那些詞的用法那樣平凡。」

> 「私人體驗最關鍵的一點，其實並不是每個人都有他自己的樣本，而是沒有人知道別人是否也有這個樣本或者其他東西。這樣一來，就可能作出這樣一個儘管無法證實的假設：一部分人對紅色有一種感覺，另外一部分人有另一種感覺。」

「清晰的表達能導致理解，而理解恰恰在於我們『看出聯繫』。」

「只要我能夠把我的目光絕對清晰地對準這個事物，把它置於焦點之上，我就必定能夠把握事物的本質。」[5]

借助維特根斯坦對於語言的哲學研究的真知灼見，我梳理出對「自尊」一詞的新理解：

1. 在日常生活中，「自尊」只是一種對「自我尊重」的肯定性表述，並未被形而上學地賦予德性的意義；
2. 對於作為一種主觀心理感受的「自尊」，每個人的私人體驗不盡相同，並且更重要的是沒有人事先就知道別人的「自尊」私人體驗，甚至即使知道了也無法理解。因此，人與人之間對於自尊的擁有和滿足、實踐和實現、知曉和理解的私人體驗有較大差異。
3. 「自尊」的私人體驗也是一種真實的存在和存在的現實。因此，它與其他真實的存在和存在的真實之間有著一種必然聯繫。我們對於自尊的私人體驗的理解與否和理解程度，取決於我們是否能看出其中的聯繫和能在多大程度看出其中的聯繫。
4. 只要我們能夠將我們的目光絕對準確和清晰地對準「自尊的私人體驗」，把它置於分析的焦點，那麼，我們就必定能夠把握包括性服務婦女的自尊在內的自尊的私人體驗這一事物的材質。

根據對自尊的這一新理解，我們不得不解答以下三個問題：

第一，是否在主流和公共場域之外，存在著一個撿拾和安放自尊的私人空間，進而有了自尊的私人體驗？維特根斯坦在《哲學研究》一書中，論及詞語的意義時有一段引用語：「某種紅色的東西可能被毀滅，但紅色是不可能毀滅

5　維特根斯坦著，塗紀亮譯，《哲學研究》，河北教育出版社，1989/ 2003，第33-132頁。

的，這就是為什麼『紅色』一詞獨立於紅色東西存在或不存在的道理。」[6]我十分認同這一觀點，將之推論至「自尊」，即：自尊本身是不可能毀滅的，只可能失去了持有者。因此，失落或被剝奪了自尊的人，是可以也能夠重拾自尊並加以安放——擁有具有個人、私人特質的自尊體驗。那麼，在職業、教育、婚姻、家庭等主流和公共場域之外，對於處於社會邊緣和底層者，如性服務婦女來說，是否還有一個撿拾和安放自尊的私人空間？

第二，如果有，那麼，他們又是如何實踐和實現？有沒有某種行動策略？其結果又是如何？「自尊」是一種日常生活的私人體驗，對邊緣和底層者，如性服務婦女，邊緣和底層生活也是一種日常生活的私人體驗，這兩種私人體驗之間是如何被打通，使邊緣和底層者在被常識認為是無自尊或／和反自尊的生活中，撿拾和安放自己的自尊？

第三，一種關於自尊的私人性空間的社會研究能否成立，其意義何在，尤其是對於處於社會邊緣和底層者來說？邊緣和底層者的自尊以私人體驗的形式，掏空了「自尊」原被賦予的德性的意義，使之回歸平凡；破壞了「自尊」原被賦予的社會範式，使之成為一種私人體驗；挑戰了「自尊」原被賦予的空間類型，使之具有了特有的空間的張力。由此，怎樣才能理解這一超出原有知識範疇的「自尊」，發掘個人敘述所具有的社會指涉（social signifing）的意義，使之從經驗上升為知識，進而進入知識傳承體系？

要解答以上三個問題，詮釋學的方法當是一種有用的分析方法。而作為邊緣／底層人群中的「底邊人群」，[7]性服務婦女對性服務地點、時間、對象、方法等的選擇和針對性服務對象的對待，在為我們打開認知和理解「自尊」的私人體驗之窗的同時，也成為適宜的分析對象。

---

6 維特根斯坦著，塗紀亮譯，《哲學研究》，河北教育出版社，1989/2003，第41頁。

7 借用喬健教授有關「底邊階級／社會」的概念。在喬健教授的概念中，「底邊階級」指的是處於社會底層及邊緣的群體，他們所屬的社會便是「底邊社會」。底邊階級是傳統中國社會的一部分，而且是構成整個中國傳統社會階級體系的一種重要基礎。不瞭解他們，便不能瞭解傳統中國社會的全貌、不同階級間的互動，以及整個社會的運作機制。http://www.ncp.com.tw/product_show.php?sid=1189062753。

一、為什麼要以詮釋學為分析方法

「文本（text）的詮釋起源於希臘的教育系統，但是詮釋方法的發展與初步形成要等到宗教改革時期對於教會壟斷聖經解釋的攻擊。」[8]在歷經幾個世紀的發展中，作為一種理解和解釋的學科，至今詮釋學發生了由特殊詮釋學到普遍詮釋學、由方法論詮釋學向本體論詮釋學、由作為本體論哲學的詮釋學向作為實踐哲學的詮釋學的三次大轉向，至少具有／已被賦予了六種性質：（1）作為聖經注釋理論；（2）作為語文學方法論；（3）作為理解和解釋科學或藝術；（4）作為人文科學普遍方法論；（5）作為此在和存在理解現象學；（6）作為實踐哲學。[9]由此出發，詮釋學首先是一種語言的轉換，具有某種語言仲介作用，而當語言的轉換是基於理解和解釋之上時，詮釋學也就首先是一種話語（discourse）的轉換，具有某種話語仲介的作用，從而成為伽達默爾所說的「一切思想的使節」（Nuntius für alles Gedachte）。[10]

人生活於自己的生活世界中，並劃定了自己的生活疆域，搭建起自己的生活邊界。於是，詮釋學得以作為「一切思想的使者」穿行於不同的生活世界中，去瞭解、理解、解釋和實踐。恰如海德格爾所說：「理解是這樣一種能在之存在，這種能在從不缺乏作為尚未現成的東西，而是作為本質上從不是現成

8　畢恒達，〈生活經驗研究的反省：詮釋學的觀點〉，《本土心理學研究》，1995 年第 4 期。

9　洪漢鼎，〈編者引言：何謂詮釋學？〉，洪漢鼎編《理解與解釋：詮釋學經典文選》，東方出版社，2001，第 1-27 頁。原注：R・E・帕爾默（Palmer）在其《詮釋學：狄爾泰、海德格爾和伽達默爾的解釋理論》（美國西北大學版，1982）中提出詮釋學的六種界定：1. 聖經注釋理論；2. 一般文獻學方法論；3. 一切語言理解的科學；4. 人文科學的方法論基礎；5. 存在和存在理解的現象學；6. 重新恢復和破壞偶像的解釋系統（中文讀者可參考嚴平的《走向解釋學的真理》附錄）。我在這裡提出的關於詮釋學的六種性質規定，與帕爾默的差別，主要在於最後一種規定。帕氏主要根據保羅・利科爾的觀點，而我主要依據伽達默爾的觀點，我認為作為實踐哲學的詮釋學應當說是二十世紀詮釋學的最高發展。

10 伽達默爾，《真理與方法》，臺灣時報出版公司，1995，第 2 卷，轉引自洪漢鼎，〈編者引言：何謂詮釋學？〉，洪漢鼎編《理解與解釋：詮釋學經典文選》，東方出版社，2001，第 1-27 頁。

的東西而隨著此在之在生存意義上去『存在』。此在的存在方式是：它對這樣去存在或那樣去存在總有所理解或無所理解，此在作為這種理解是『知道』它於何處隨它本身一道存在，也就是說，隨它的能在一道存在。……只因為此在理解著就是它的此，它才能夠迷失自己和認錯自己。……從而此在在它的能在中委託給了在它的種種可能性中重又發現自身的那種可能性。」[11]就任何人而言，「能知」之存在使之能基於「不知」之存在，通過詮釋，穿越「無知」，達到「知」之彼岸——瞭解、理解生活在不同世界的人們，研究者亦如此。所不同的只是研究者會進一步借助／應用相關的理論，對他者的生活／生活中的他者作進一步的解釋，最終形成自己的學術概念或觀點。這便是本研究選擇以詮釋學為研究方法的理由。

「理解」是詮釋學的一個關鍵性的概念。在本研究中，「理解」包含了兩個層面：一是對自己「能知」和「此知」的瞭解、核對總和批判，一是對研究對象「能在」和「此在」的知曉、感知和瞭解。「理解的行動總是牽涉了將理解對象的陌生性加以克服，並將之轉化成為熟悉的事物。」「文本與詮釋者有其傳統與視域。……在視域的流動中，我們意識到視域的存在。但是我們如何理解他人的視域呢？我們已經知道，跳脫自己的立足點以進入他人的視域是不可能的，因為我們的存有是植基於我們的處境與視域之中。」即「所有人的理解都植基於特定的歷史與文化之中，沒有外在歷史與語言的阿基米德點。」因此，理解實際上是「借著視域的融合（fusion of horizons）來達成」。而也正是在「詮釋者與文本的互動過程中，第三個語言形成了，而他們的視域也得到融合與轉化，變得更為豐富。」[12]也就是說，正是透過與性服務婦女視域的融合和轉換，本研究才得以理解性服務婦女在性服務過程中自尊、自尊體驗、自尊空間的「能在」和「此在」，進而能夠探究一種自尊的私人空間存在的可能性，以及如果存在的話，性服務婦女所進行的個體和私人性構建的策略。

---

11 海德格爾著，陳嘉映、王慶節譯，〈理解和解釋〉，1927，洪漢鼎編《理解與解釋：詮釋學經典文選》，東方出版社，2001。

12 畢恒達，〈詮釋學與質性研究〉，胡幼慧主編《質性研究：理論、方法及本土女性研究實例》，臺灣巨流圖書公司，1996。

二、是否有一個撿拾和安放自尊的私人性質空間？

自尊的本質是自我認同，自我認同的基礎是自為的實踐和實現──個人的自主意識和自由意志的踐行與達致，而對於自為的實踐／實現與否和程度，自我決定權和自我選擇空間為一大決定性因素。由此，一直被視為、事實上也是更多受控於他人／社會的性服務婦女在性服務過程中的行為選擇，就在分析是否有一個撿拾和安放自尊的私人空間中，具有了典型的意義：要回答是否在主流和公共場域之外，有一個撿拾和安放自尊的私人性質的空間，可以以最遭否定的性服務婦女在性服務過程中的自我決定權／自我選擇空間為切入點。

所謂性服務婦女在性服務過程中的自我決定權／自我選擇空間，指的是性服務婦女在從事性服務中的自願性和自主性的實踐和實現──基於個人意願和主體性，對服務對象、時間、地點、方法、報酬、後續行動等原則的確定和實施（自主權），以及確定和實施的程度（自主空間）。對於性服務婦女的性服務行為，人們有很多想像，並在想像之上搭建了諸多的共識。如，「給錢就行」、「晝伏夜出」、「燈紅酒綠」等等。然而事實上，性服務婦女的「工作場景」是超出主流、正統、中產階級思維的想像力，任何不站在當事人立場的描述、敘述和分析難免會有誤解、偏頗和盲點。而性服務婦女的「工作場景」之所以會超出常識，一個最主要的原因，是在於性服務婦女對於性服務行為原則的確定和實施是十分個體化和差異化的，並與底邊生活相伴隨，具有「底邊人群」的特徵。

1. 對服務對象的選擇原則之一

WHY：我跟社會上的老闆這些人關係不太好的。我看不慣他們，他們有點錢就很了不得的，我最不喜歡跟這些年紀大的人相處，因為他們都是這樣一些人，我不喜歡跟他們打交道的。

WTF：一般跟我接觸的人，都是27、28歲到32、33歲，也就是35歲以下，25歲以上這段年齡。在這段年齡我跟他們接觸的，我覺得他們這段年

齡經濟上也比較有錢，比較成熟，有素質，修養這方面比較好，一般看上去應該說一個很成功的男人。像這些流氓一樣的小男孩，我覺得一起逛逛公園、逛逛街是沒關係的，真的叫我跟他們玩啊，我覺得沒必要，他們要錢沒錢，是不是？

PLL，B：我一般是這樣的，看看這個人還順眼，比較舒服一點，乾淨點的，如果骯兮兮的，……我最討厭那種農民企業家，感覺上就給人很不舒服的。

　　從中可見，性服務婦女的選擇性服務對象的原則之一是個人及其家庭所處的社會地位。如，絕大多數性服務婦女對來自農村的客人，尤其是自稱或被疑為「農民企業家」的暴發者反感，不願向其提供服務，或在性服務中盡可能地「偷工減料」。這實際上是階級／階層偏見與對抗的一種反映。

2. 對性服務對象的選擇原則之二

HXZ：年紀太大的話，我不喜歡的啦，年紀太小的，我也不喜歡。為什麼？太大嘛，我怕有病，心肌梗塞，我聽了很多這種謠言，年紀太小的嘛，到時候純粹是為了錢，感情根本談不上的啦。年紀太小的，沒什麼錢的。

HLJ：客人大多是採購員、廠長什麼的，我喜歡熟客，好像認識了，講話嘛，好像也很隨便的，那不搭界的，有時候，熟客的話，他錢多一點給你們，那有的時候，我也不問他們拿錢，這樣子。

DXY：像我們在桑拿浴室是這樣的：反正一出去的話，肯定是有錢的才跟他們出去，像現在玩玩的哪裡有很多有錢的，實在有錢的，一個月兩、三個，也就算是最好的。帶出去肯定是錢比較多一些。

WSH：反正有職業的人，我一般就不玩的，反正一般的女孩子就有職業

什麼也玩的，那我不玩的。我心裡就這樣想的，像他們，就是工資，有多少的。那我這樣想，他如果就是靠外快，也沒有多少的。撈也撈不到多少的，我就是這樣想的。如果你給他拿一點錢，肯定很心痛的，是吧？我這樣想的，好像沒意思的。那我一般玩，就是喜歡做生意的。

從中可見，性服務婦女選擇性服務對象的原則之二是：個人的心理偏好。如，有的人傾向接待中年人，認為他們有安全感，有溫情；有的人傾向接待年輕人，認為他們有激情，會玩；有的人願意被包養，認為這樣省心省力，收入可靠，安全係數大，有的寧願做「散戶」，認為這樣獨立自由，沒有做「第三者」的內疚。這種心理偏好大多可在對其社會化過程（包括緊張性事件）的追溯中找到根源，即這實際上也是個體不同的社會化過程的結果之一。

3. 對性服務對象的選擇原則之三

服務收入不低於五百元的LJF：地點都是客人安排的，一般都在賓館裡。

每次服務收入在二百到三百元的HXZ：我一般把客人領回自己家裡，安全一點，到賓館裡很少的。

每次服務收入在一百元左右，最低為五十元的LWY：我租了一間房子，在舞廳找到了客人就帶他到那裡來玩；除了到自己家外，有時男的也帶我到他家去。其他地方也去過的。我們LS外面有一條甌江，到那個江邊上，有灘的，草泥地上。

從中可見，性服務婦女選擇性服務對象的原則之三是：個人在本群體階層結構中的位置。在性服務婦女內部，也是分為不同的層次的，[13]而相對於每個

---

13 如，一位被訪者告訴我們，在她所在的城市，性服務婦女就分為「國家隊」（以境外人士為主要服務對象）；「省隊」；「市隊」；「區／縣隊」（分別以外省、外市、外縣來該市經商、旅遊、出差、途徑者等為主要服務對象）；「街道辦事處」（基本以低收入者、無業失業者為服務對象，並且，與前四者的服務地點基本或大多為賓館、旅社、出租房、舞廳／歌廳等室內，每次服務收入在二百到八百元不同，這一層次的服務地點不少為公園、路邊樹叢等室外，每次服務的收入為二十到一百元，故被稱為「街道辦事處」）。

層次，每一位元性服務婦女不僅都有自己的定位，也依此層次，給本群體中的其他人定位。就一般而言，每一層次的人都有屬於自己這一層次的、相對固定檔次的服務對象、地點及價格。如「國家隊」的通常不會到小客棧為過路的長途汽車司機提供服務，即使客人高額付費；「街道辦事處」也不太會接「老外」到賓館去「辦事」：[14]這不完全是事關「搶生意」，因為中國大陸的商業性性交易群體目前尚未進入嚴格劃分勢力範圍，形成嚴密的團夥領地，不得搶占別人地盤的黑社會階段；這更多是由於對於居於較高層次的前者來說，這屬於自我定位及其由這一定位產生並反過來支撐這一定位的自尊──她不願「掉價」，事實上，她也不能「掉價」。一旦她「掉價」並讓他人知曉，她的內心就會接受「掉價」，她的「隊友」們也會以此譏笑嘲諷她並在客人中傳播，自我排斥和他人排斥會使之在原層次上難以為續，進而下滑至下一層次，這無疑是較高層次者的大忌。而對於居於較低層次的後者來說，且不說她是否能接到「老外」，更主要的是「老外」、「賓館」作為一種符號，不僅顯示著豪華、享樂、有錢、舒適，也指向陌生，以及由陌生產生的危險感。如果說，小客棧中的長途汽車司機對於「國家隊」來說也意味著陌生，但「屈尊」的姿態能使「國家隊」的心理危險感大大弱化的話，那麼，「賓館」中的「老外」對於「街道辦事處」來說則是一種「攀上」，自卑心理加重了由陌生產生的危險感。因此，「街道辦事處」們一般不去「勾引」「老外」，對於「老外」的「勾引」大多也或心有所甘或心有所憾地婉拒──她們不敢逾越自己的位置。從階級／階層分析的視角看，這一根據個人在本群體階層結構中的位置進行服務對象的定位，實際上是性服務婦女基於群體外的階級／階層的分層和定位之上的群體內部的階級／階層再分層和再定位：在階級／階層社會中，商業性性交易不可避免地亦是一種階級／階層的生產機制，它進行了並繼續進行著階級／階層的再生產。

---

14 在 1980 年代初，商業性性交易在中國大陸「死灰復燃」時，「買方」和「賣方」均處於無序狀態，大多是具有隨遇性的「引買」、「引賣」，較少有某種層次的劃定和規定。至 1980 年代中期，「買賣」雙方開始逐漸層序化，至 1980 年代末、1990 年代初，性服務婦女與服務對象間實現某種層序化分層。

4. 對性服務對象的選擇原則之四

LWY：這個事情也要看人的，……實在是很蠻的，我也不會跟他去的，怕的，一般看上去很誠實的樣子，才會跟他去的。

JXH：一般喜歡在哪裡？喜歡到自己住處，賓館要查房，有危險。

CL：出臺一般都到賓館裡幹這種事，一般是媽咪介紹的賓館，或者是媽咪給我們安排好的。嫖客選擇的，我們不去的，因為這樣很容易出事的，媽咪很有主見的，她給選擇的地方一般不會出事的。她在那裡是一路通的，特別是那裡的保安，她都搞定的，她只要一個電話過去就行了。

JMC：反正我都是白天的，晚上我自己不要去的。不要去做這個事情，因為怕派出所的人會跟蹤來。

WHY：我帶出去的時候很少的，我從來沒有陪過夜，因為我跟不熟悉的人在一起的話，是睡不著的，即使他們出得再高一點，我都不喜歡的。

快快：客人中，香港人、臺灣人是有的。這種華僑是很多，但是，外國人有是有，但是我不接客，我就陪他們唱歌什麼的。我怕愛滋病的。

WTF：我一般，我如果跟這些客人上床的話，那我都會拿避孕套給他們的。不願意的話，我就不做嘛，一般他們都是錢先給我的。如果生客的話，他也不會，不過有時熟客的話，我對他印象如果好一點的話，那他說不用，那我也沒有關係。

WSH：那我上次碰到過一次嘛，那他說要什麼動作。什麼東西呀，那我就是小費扔給他，扔回給他。我說不玩了，我就走了。那後來他把我拉回來，他就說算了，算了，那就是……我看到這種東西，我好像覺得很厭惡一樣的。

　　從中可見，性服務婦女選擇性服務對象的原則之四是：個人對於安全的把握。這一安全不僅是指不被逮捕，還包括避免性病愛滋病的感染、防止服務對象的性虐待或難以接受的「變態」行為，以及獲得理想的收入。當然，對於什麼是變態行為，什麼是「理想」的收入，各人也有各人的界定。

5. 對性服務對象的選擇原則之五

> LWY：最少的是五十塊，記得有一次是二百元。一般這些男的也知道的，他看到心裡不滿意，就會加一點。一般都是給你五十這樣子。他如果給三十，看到我不滿意，他就會添點，湊你半張這樣子。就這樣的，有的人不湊半張會湊整張，有些人湊八十這樣子來的。

> GL：固定的，給幾千幾千的也有的。一般的話，都是八百到一千元，一般檔次很低的我不玩的，一般都是比較有錢的。

> DXY：一次就算一次的錢，一個晚上就算一個晚上的錢，不跟他講幾次那個。我說要麼都價格高一點，我做的兩個是一千塊，她們做五、六個才一千塊，這樣我是不幹的。

> LX：我有兩種定位，一種是偶爾在一起，完事馬上就走的話，我就少一點，但不能少於五百元；要是過夜的話，最少不會少於八百元。如果說客人不出這個價錢的話，也可以轉身就走的。但如果說我看這人很好的話，或許會降一點。但是，我最低就在這個層次了。對於熟客，我們並不是說只拿他一點，像我們現在的房子、電器都是他們買的。房子也是他們租的。我們找一個地方，他們出錢。曾經我也有過一件事情，他給我租了一年的房錢，幾千塊錢，我一個人住。但是，我另外還有一套房子，我就把這套重新租掉，租給別人，然後，我就說你這房子不好，另外找了一套，但他來的時候，我還是讓他另外開賓館。……所以，我們腦筋也要想一想，怎麼處理這樣的事情，怎麼才能賺得到錢。

快快：到深圳去，就是想找找有沒有老闆包的機會。但很多機會我都放棄了，因為價格不是很高啦。有一次過去麼，這個老闆出一萬二千塊，而且有個房子，三室一廳的房子，房子給你弄好的。我說這麼低的，我就不願意了。他說你這個人這麼笨，他說給你一萬二千塊錢的是個底價，他說另外東西我可以給你買，我就是，我不肯。

從中可見，性服務婦女選擇性服務對象的原則之五是：個人對於經濟收入的需求。這是人們常常論及並遭到更多抨擊的一種原則。儘管作為一種商業行為，性服務對於利潤的追求原本是應有之義，人們對這一商業行為本身有著更多的道德評判難免有不公正之嫌，並且，事實上，性服務婦女在從事性服務時，首先考慮的往往並不是收入而是安全問題——只有在確保或自信確保安全的前提下，她們才會「做生意」：生存狀況的危機四伏使她們較之常人更明白一個淺顯的真理——留得青山在，不怕沒柴燒。

6. 對性服務對象的選擇原則之六

DXY：我做是一次性的，我是不喜歡下次來找我的。因為覺得，第二次見面，看到，臉上都不好意思。生客反正都這樣，大家都不認識的。

WTF：當時我們都有自己的房間，我們都住在賓館裡、酒店裡的，也很少出臺。後來認識這些客人多了，也不願意上班了，三天兩天兩頭串臺。他們有時打我手機，打我傳呼，今天晚上哪裡熟客很多，生意很好，我馬上就到那家酒店，就這樣的。沒有長期待在一個地方，就是串臺子的。

HXZ：我的定價一次最低不低於五百元，他們說這麼貴的？有這麼貴，最起碼陪我一夜。那我就說，市面上這種價格你應該知道的呢，你也是這種玩玩的人。如果你不給到，我也要翻臉的。

WHY：我最不喜歡的女人就是不管多少錢她都會去做，而且做的方式都很噁心，就是換花樣、口交什麼的。這種女人我店裡有過一個，她長得很

漂亮，但智力不太好的，她賺錢養男人的，她男朋友叫她做這事的，每天晚上一回去，她就把錢交給他。她生意好的話，一個晚上接七、八個。這種女孩子我也不喜歡的。她回來以後，我就不要她了。我就諷刺她，你跟你老公到深圳去。其實，我是不會諷刺任何一個做這事的女孩子的，因為我曾經也這樣過，我也從來沒說過看不起做「雞」的。她用這種方式去做「雞」，覺得太噁心了，所以不喜歡跟她在一起，好像跟她同吃一個碗的飯都有一點噁心。

從中可見，性服務婦女選擇性服務對象的原則之六是：性服務所在地一般的「服務規則」或／和所在同行群體的行事標準。這一規則和標準包括價格的確定與浮動、地點的選定、對象的選擇等，也包括服務的方式。

也許是多此一舉，但為防止誤解又不得不說明的是，性服務婦女在實施上述六大原則時，有時是較為單一的，有時是較為綜合的；有時是主次分明的，有時是主次難分的；有時是有前後次序的，有時是前後不分較為雜亂的。而無論如何，性服務婦女就是在性服務過程中堅守著這樣或那樣的原則。

三、在私人次空間中實踐和實現自尊的策略

性服務婦女在性服務過程中，營造了一個可以撿拾和安放自己自尊的私人空間，在這一空間中，她們又是如何實踐和實現自尊，或者更具體地說，她們在性服務過程中透過／運用什麼策略實踐和實現自己的尊嚴？

在主流社會，年齡、容貌、健康、出身家庭等等是個人自尊達致的先賦條件，教育、職業、婚姻等等是自尊達致的後賦條件。而性服務婦女中的絕大多數原本處於社會的底層，[15]所從事的性服務使之處於汙名之中，她們所在的亦

---

15 諸多調查表明，絕大多數性服務婦女來自社會階層中的底層，包括出身於底層和處在底層：其地區身分以農村人為主，職業身分以服務員、農民、失業者、無業者為主。對性服務婦女的這一人口學特徵，筆者在〈新生賣淫婦女的構成、特徵及行為緣起〉（與徐嗣蓀合作，《社會學研究》，1993 年第 2 期）和〈商業性性交易者的性別比較分析〉（與高雪玉、蔣明合作，《浙江學刊》，1998 年第 3 期）兩文中也有詳細的分析。

是不同於主流文化的次文化圈，因此主流社會獲得自尊的手段與方法，對於性服務婦女的適用性較低。

　　進一步看，性服務婦女在性服務過程中自尊的撿拾和安放，是必須以性消費男子的存在為前提的。以性服務婦女的性服務原則之一：個人對於經濟的需求為例，個人對於經濟收入的需求可以追溯到當事人個人或／和家庭在社會中的經濟地位，如，多數絕對貧困者、相對貧困者就是來自貧困山區／農村，或城鎮中的貧困家庭，但除了這一初始化的貧富差距外，性服務婦女個人的經濟收入更主要是由其「工具化」身分被男人認可、接受的程度所決定。這一「工具化」主要是「性工具化」（不僅是性交工具，包括作為性觀賞、性遊戲、情感慰藉的工具），也包括「家務勞動工具化」（即被包養者提供全套服務中的保姆、廚娘之類的家政服務）──被男人認可、接受程度越大，男人支付的服務費用越多，性服務婦女也就收入越多，在性服務提供中的經濟迫切性越低。排除了性消費男子這個「他者」，性服務婦女在性服務過程中的自尊行動無法實踐，自尊體驗無法實現，自尊的私人空間也無法營建。正是在這個意義上可以說，性服務婦女在性服務過程中營建的自尊空間也是一個次空間：它並沒有自身獨立的空間，只有在他者存在之時和浪跡之地，它才能夠存在和得以存在──它才顯現自己的「能在」和「此在」。也正是由此，性服務婦女撿拾和安放自尊的行為從客體性的反抗進入到主體性的對抗，不再是一個工具──客體（性服務婦女）對使用者──主體（性消費男子）的剝削行為的一種反對式的抗爭，而是成為兩個主體（作為性服務婦女的自我和作為性消費男子的自我）之間的一種實力抗爭式的對抗。恰如著名的女性主義政治學家莎倫·馬庫斯在〈戰鬥的身體，戰鬥的文字：強姦防範的一種理論與政治〉一文中的名言：「要建設一個我們不再會有恐懼的社會，我們首先必須把強姦嚇得魂飛魄散」，[16]這些性服務婦女在性服務過程中建設了一個自己不再被歧視、擁有自尊的私人空間，任何進入這一空間的性消費男子，在進入之初就會遭到貶低與矮化，不再是自尊的主體。性服務婦女對於性服務原則的確定和實施，表現出

---

16 莎倫·馬庫斯著，朱榮傑譯，〈戰鬥的身體，戰鬥的文字：強姦防範的一種理論與政治〉，
　王逢振主編《性別政治》，天津社會科學院出版社，2001。

她們在這一服務中的主體性和能動性──自尊空間的「此在」和「能在」是對商業性性交易中男子+階級霸權的主體性抗爭。

只是，這一自尊空間的建立和抗爭行為的實施，又是以性消費男子對於性服務婦女的工具化身分的認可和接受、將性服務婦女工具化為前提條件。這似乎是一種悖論，而性服務婦女又是透過何種實用性策略消解了這一悖論，進而成功營建自己的自尊空間？

1. 分離策略

> LJF：我這個人雖然是在社會上混的，但如果碰到要求口交的男人，我還是要翻臉的。我覺得他不尊重我，我要不高興的。雖然在你們看起來，我們是在賣淫，給別人當玩物，其實我腦子裡不是這樣想的。他不尊重我的話，我拿起包就走的，我不會像有些人那樣，既然出來了，就要賺點錢回去什麼的，不會強求自己去幹自己不願意幹的事情。

> PLL，A：客人要求其他姿勢，那我不高興，我說，你要那個的話，我不高興的，煩也煩死的，快一點好嘛，還有什麼這個姿勢、那個姿勢的，那我說，那你去找別的女孩子好了。

> WTF：那我看到這個男的不順眼的話，我有時候就好像，就希望他快點了事。好像是說我跟你是沒有感情的，和你是做交易的，我只要你的錢，你也只是要得到你的性欲的滿足。那我就拼命地催，希望他快點走掉，就是很討厭他。有時也很討厭這種生活，但我就覺得被生活所逼一樣，覺得沒辦法的，我就這樣想的，我就希望他快點下去。

> CL：只要你能夠放得開手，我可以，但如果你很小氣的話，那對不起，我不願意幹的。我交換意識是很強的，如果說你今天只能給我三百塊，叫我陪一夜是不可能的。我一次最起碼五百至八百，而我的價錢真正算是高的。

就總體而言，性服務婦女的自我工具化／被工具化和主體性抗爭是同時存在的，但在個體之間，存在著較大的差異性：有的更具自我工具化／被工具化的傾向，有的更具抗爭性傾向；就性服務婦女個體而言，或多或少都具有這兩種傾向。但在具體的性服務過程中，這兩種傾向並非是同時共地存在的：有時／有的場合會具自我工具化的傾向、更多地接受被工具化，有時／有的場合更具抗爭傾向。用她們的話來說，個體間的差異就是：「他們（指性消費男子）玩的是別人，而我是玩他們」；時間／場合的差異性就是：「該低三下四的時候就低三下四，該搭架子的時候就搭架子。」

性服務婦女的這一策略可稱之為「分離策略」，其中包括將自己與本群體中的他人分離和場景分離兩大類型。通過這一分離，這些性服務婦女或劃出了自己與「自輕自賤」的「別的」性服務婦女之間的疆界，或劃出了自己「自尊自重」之時／之地與「自輕自賤」之時／之地的疆界，使這一自尊空間具有了自有和私人的特質。

2. 非工具化的策略

> PLL，A：我沒有感到他們看不起我，我也從不說錢，都是他們自己放的，算算上次放的錢差不多了，他們就會問是不是要付電話費、電費什麼的，就拿我的包，放個幾千塊錢進去。

> WTF：他們都對我很關心，我年紀小嘛，他們把我當妹妹一樣，到時候就會來問問我，身體好不好啦，心情好不好啦，什麼的。不是每次來都要發生性關係的，發生性關係這種事情不多的。

> LJF：我實際上不是跟那些賣淫的一樣，很低檔的，給你幾百塊錢就行了。我一般跟的人就像是情人一樣的關係。

> WPR：我不像賣淫婦女租一間房子，我一般都是為了散散心，交交朋友，既然他們有這個要求，我也就順其自然。在這個過程中，最大的樂趣是身心愉快，很放鬆，除此之外，還能得到錢。起先，不做這種事情，不

自豪的，那時整天為家忙，燒飯工作，後來賣淫後，打扮一下出去，有時三、四個男的圍牢，為了我吵架、打架的也有，我想想很開心的。這時，我覺得很浪漫，有點驕傲，有點自身價值。

　　一般認為，商業性性交易就是錢物與性服務／性服務與錢物的交換；而在這一交換中，作為以性服務交換錢物的一方，性服務婦女被認為是性消費男子的性工具和某種賺錢工具，而這也正是最遭社會譴責之處。但從訪談資料可見，一些性服務婦女將自己與性消費男子的關係或整體或部分浪漫化為一種愛情／情感關係，在這一關係中，雙方的感情被認為是最主要的，性服務與錢財則被置於次要乃至無關緊要的位置。這一浪漫化的建構消解了性服務婦女最遭社會詬病的「工具性」，將冷冰冰的商業性的交換轉變為溫情脈脈的情人間的交往、兄妹關係，將赤裸裸的性服務──錢物的交換行為轉變為兩性之間柔意綿綿的關愛和慰藉，性服務過程由此不再是工具被運用的過程，性服務婦女由此成為性消費男子的情人及關愛和慰藉的對象。

　　性服務婦女的這一策略可稱之為「工具的非工具化」策略，其中包括自己不再是性服務的工具和不再是賺錢的工具。通過這一「工具的非工具化」策略，這些性服務婦女將自己從某種工具的定位中解放出來，擺脫了作為工具的自卑和自鄙，性服務過程或整體或部分地成為一個體驗自尊的空間，其在主流社會丟失和流浪的自尊在此得以撿拾和安放。

3. 服務對象工具化策略

> DLL：我跟客人之間並不是一種交易，我只想去傷害他，我只想去傷害他們每一個人。……我覺得我這個人真的很會演戲，要得到一個男人的喜歡很容易的。……然後，我再把他甩掉，我就很開心，我就是為了報復男人才去做的，玩他們，用他們的錢玩他們。

> JMC：碰到我心情不好是時，我要罵他們，我不要跟他們，就是他們來找

我，我要給他們罵走的。反正我就是感覺到心裡很煩的，我就是要罵人。

WSH：怎樣多拿小費？就騙他嘛，騙他說，想和你晚上玩什麼的，……說等會出去和你吃夜宵。吃夜宵肯定是陪他的了，實際上是騙他的，等到夜宵吃了一半就溜掉了。還就是有的時候小費先拿到手，那等到下班了嘛，就跟老闆說身體有點不舒服，就走掉了。叫他自己回去，就這樣的。客人不會不再來，越是這樣，他越會來的。你好像鉤子一樣的鉤牢他嘛，你就是好像走掉了，說我身體不舒服，你要來就是過兩天再來啊。就這樣說的嘛，那意思好像是女孩的事情，就是見紅的意思，就是說身體不舒服。

XJ：當我走上社會賺錢，我就腦子裡想牢這個目的。我對男的從來沒有感情，而且我是必須賺錢，不可能對他們有感情。……我這個想法就是無非為了賺錢，好像說舒服不舒服，你玩為了舒服怎樣，我從來沒想過。我只是和這個客人做好一次生意，我錢一拿到手，我就必須馬上就走的，我也不和他談任何事的。

QLX：丈夫，他一下就沒有了，然後就自己睡覺。……那時我感到很痛苦，想，為什麼？……以前他們說過性生活很滿足的，我說我從來沒有一次嘗到過，他（性消費男子——引者注）說你在上面試試看，我在上面很舒服，跟丈夫從來沒有過的。

JEAY：掌握到這些規律後，我一般會有目的地接觸從政男人，因為他們只有權沒有錢，所以跟他們更主要是彼此相互利用式的接觸。比如，有一個相好三年之久的當官的，他很有實權，我就去找他辦表弟調動的事。[17]

　　在進入性服務之前，不少性服務婦女已把自己的服務行為設定為實現自己某種目的、滿足自己某種需求的方法或途徑。所以，在性服務過程中，儘管性

---

17 該訪談由本項目組成員、時為四川社會科學院副研究員的馬林英女士在四川進行。

消費男子力圖將她作為服務的工具，但她卻盡可能地利用性消費男子去實現自己的目的、滿足自己的需求。由此，在更大程度上，她成為性交易的主體，而性消費男子則轉化成為她的工具，為服務對象的服務轉化成為服務者的自我服務和目標達致，這一轉化甚至延伸到了性服務過程之外，如事後的索要金錢和利用資源。

性服務婦女的這一策略可稱之為「服務對象的工具化」策略，其中包括將性消費男子工具化為報復的工具、出氣的工具、性工具、賺錢的工具、利益實現的工具等等。通過這一「服務對象的工具化」策略，這些性服務婦女實踐著並實現了對那些原本以強者、尊者、優勢者身分出現的性消費男子的操控，使之弱化、卑化和劣勢化，最後在相當程度上成為被性服務婦女掌控於手中的工具乃至玩弄於手中的玩具。而也正是在這一掌控和玩弄中，性服務婦女體驗到了前所未有的自尊──一種非當事的在場者難以體驗到的一種私人體驗，在自卑的自我中生長出自尊的自我，在男人面前的自卑、自弱、自鄙、自賤等等開始成為過去，一個自尊的新空間誕生了。

著名女性主義哲學家愛麗森·賈格爾（Alison M. Jaggar）在論及西方後現代妓權主義時，曾提出兩個概念：「親性後現代女性主義」（Pro-sex Postmodern Feminists）和「反性價值觀」（Anti-sexual Values）。其中，前者將「賣淫婦女視為有力量的性主體」，將「賣淫視為是一種提供有滋養的、賦予生命力的性服務」，是婦女以性為基礎的抗爭；後者則認為性服務婦女並不是為自己的性需求而從事性服務，而只是把性服務作為一種抗爭的手段。[18] 借鑒這兩個概念，本研究所訪談的性服務婦女基於自尊的抗爭也可以分為「親性抗爭」（如QLX）和「反性抗爭」（如DLL、JMC、WSH、XJ、JEAY）兩大類，並以將性服務作為抗爭手段的「反性抗爭」為多數。而正由於這些性服務婦女或是將性服務作為一種抗爭手段，或是將性服務作為滿足自己性需求的主體性活動，作為服務對象的男子只是工具或玩具，性消費男子的滿足，無論是性滿足還是情感滿足溢出性服務婦女的視界，以他人為對象的為顧客服務最終

---

18 愛麗森·賈格爾著，王金玲譯，〈西方女性主義論賣淫〉，王金玲主編《賦社會以社會性別──「社會性別與社會學讀書研討班」專輯》，2000，內部版。

轉變成為以自己為對象的自我服務──性服務婦女成為性服務的主體，並透過性服務實現了以自我為中心的自尊體驗。

四、認識一種自尊的私人體驗和私人空間

讓我們再回到日常生活的「自尊」。在日常生活中，自尊的含義只是「自我尊重」，這是一個十分私人化和個體化的命名。但一旦脫離日常生活，上升到意識形態，被類型化為上層建築的一大構件，它便與較高的社會美譽度有較多關聯，被賦予了德性的意義，成為「高貴」的伴隨物。於是，更多居於／屬於底邊社會，從事被高度汙名化的性服務勞動的性服務婦女，不僅難以在主流社會中與他人共用自尊，也難以在自尊的公共空間中落腳，在被輕賤化／卑劣化的過程中，她們的自尊或丟失了，或浪跡天涯。

只是性服務婦女畢竟是人，即使是作為從事著被認為是高度失尊、無尊的性服務的「經濟人」，其最本質的要素依然是「人」，人之所以作為人的自尊，無疑也是性服務婦女希望獲得和擁有的。居於／屬於底邊社會使得她們難以透過具有較高美譽度的公共途徑，如升學、就業、提職、婚配等獲得／擁有與「貴」相伴的、具有德性意義的「自尊」時，「自尊」便回歸了它的原始意義／本義，由意識形態回落到日常生活，成為性服務婦女一種私人體驗和個體體驗──「自我尊重」。而也正是因為這一「自我尊重」只是一種自我體驗而非他人認同／社會認同，性服務婦女得以／能夠在被社會／他人高度輕賤化／汙名化的性服務中，心安理得地、理直氣壯地撿拾起在公共空間丟失的自尊，公然聲稱自己在性服務中獲得了自尊──在性服務中營造屬於自己的自尊空間，享受屬於自己的自尊體驗。恰如她們自己所說：

JMM：我覺得跟他們（性消費男子──引者注）在一起，我沒有什麼好顧及的，就是好像害怕什麼的。但我談戀愛的時候，我就覺得很害怕失去這個那個的。但是我覺得跟他們在一起，失去他們我無所謂。我就是這麼個想法。

WHY：背地裡都罵他們牲畜，他們走了，就說牲畜走了。接待客人的時候，就把他們當作豬什麼的。

WTF：後來在我自己犯罪的道路當中，男人很少讓我看到順眼的，讓我看到有好感的。我覺得你們男人在外面、在社會上是有頭有臉的，但是在我覺得，你跟我在一起的時候，你至少好像是要聽我的，而且你要給我錢，而且要聽我的。我覺得你這個男人不是男人啦，根本就不配做男人。在女人面前還不是像一條狗一樣，我覺得。我就這樣想的。

快快：那些男人，我覺得他們，太可憐了。他們很虛偽，反正這些男人沒得到你的時候，就求死求活，跪在地下啊，哪怕是哭啊，笑啊，反正想盡辦法，都會來的。像狗一樣，我覺得，真的。外面麼，看上去冠冕堂皇的，都穿著西裝怎麼樣，說起來還有的是經理啊，有的是什麼當官的。哦，想想他們在床上這些，真的……基本上就是我擺平他們的。

談論日常生活意義上的「自尊」，「自尊」就只能是──也必須是一種個人對於自己是否尊重自己的判斷和評價。它是如此高度私人化的，或者說是具有如此高度的私人性，乃至任何他人不是站在當事人立場上的評判都有可能是對「自尊」的曲解乃至褻瀆，就如同我們這個社會中的大多數人，曾認為並繼續認為性服務婦女就是「失去尊嚴」、「沒有尊嚴」的婦女，性服務婦女的性服務過程必定是「失尊」、「無尊」的過程，沒有認識到或全然不理解有的性服務婦女其實是有強烈自尊感的婦女，有的性服務婦女就是在性服務過程中獲得了自尊、強化了自尊。性服務婦女在性服務過程中營建了一個自尊的私人空間，體驗屬於自己的「自我尊重」，這無疑是一種真實的存在和存在的真實，意即：

1. 這是人之所以作為人的一種自尊。這一自尊甚至可以說是與生俱來的。
2. 這是一種職業的自尊。這一自尊可以追溯到性服務婦女是唯一職業婦女的古代。

3. 這是處於婦女性別群體中的下層／底層者的一種自尊以及抗爭。在此，階級／階層的對抗打碎了「姐妹情誼」之類的女性主義的一種神話。

4. 這是作為劣勢性別群體的整個婦女群體的自尊以及抗爭。在此，作為進行性別壓迫和剝削的優勢性別群體——男子，遭受到婦女針對男子的挑戰和反擊。

5. 這是階級／階層的自尊以及挑戰、反擊和擠壓。這一階級／階層除了個體自身所屬的外，也包含家庭的階級／階層歸屬。

　　由此，我們或許可以說，至少對某一性服務婦女而言，性服務也內蘊著某種自尊的生產和再生產機制。

　　性服務婦女的這一自尊空間所具有如此高度的私人性和個體性，使得我不得不以「次空間」加以命名：有別於主流認同、可以共用共有的公共自尊空間——「主空間」，是遭主流排斥、十分個性化的私人自尊空間：「次空間」。借助於德勒茲和所塔里在《卡夫卡——邁向一種次文學》一書中對次文學特點的界定，[19]作為性服務婦女的這一自尊「次空間」至少具有以下特徵：第一，這一次空間並非建構於主流社會之外，而是由少數社群／個體在主流社會中營建起來的；第二，主流、公共自尊空間與社會認同相關，是意識形態的組成部分，而這一次空間則基於個人的私人感受，只接受和安放具有主體性的自我尊重體驗；第三，這個次空間也會在一定程度上凝集成集體空間，從而具有某種集體價值。只是這一集體只是存在於主流社會，並不屬於這一或那一主流；第四，相對於主流自尊空間而言，這一次空間是一個他者的空間。作為兩兩相對的他者，沒有主空間就沒有次空間，它在他者之地是生存，在他者之地流浪，在無價值之中顯現自己的價值，「他者化」就是它的存在意義；第五，這一次空間只屬於個人和私人，只屬於隱蔽／非公開和自我，一旦它成為公共體驗，它就消融為公共空間——主空間而不復存在；第六，這一次空間並非無中生

---

19 Deleuze Guattar，1986，第 16-18 頁，轉引自潘毅，〈開創一種抗爭的次文體：工廠裡一位女工的尖叫、夢魘與叛離〉，《社會學研究》，1999 年第 5 期。

有，它誕生於個人的經歷和經驗，並以一種鮮活的生命力在主空間內部實施著抗爭和革命。

從將「自尊」視為一種個人的、私人的、自我的心理體驗出發，認識到日常生活中自尊次空間的存在，一種關於自尊的私人體驗和私人空間由此得以作為一種社會現象呈現在我們面前，具有了社會議題的涵義，生長起社會研究對象的理論價值：對於自尊的研究將不再僅僅是一種意識形態的研究，而落地成為對日常生活的探討，深化為對個人的非公共／非公開的自我心理的探索。這對於重新認識和理解原本更受忽視和被曲解的沉默者（如底邊人群）和沉默的聲音（如邊緣人群的話語），當是更為有利的。

進一步看，當「自尊」重新被認知為日常生活中「自我尊重」的一種私人體驗時，對於上流社會中尊貴者們的某些越軌乃至違法犯罪行為，也就有了基於當事人立場的新解釋。以屢見不鮮的官員性消費為例。當這些官員只有在性消費而不是官場的權力運作中才能獲得自我尊重的私人體驗（如，雄風猶在、寶刀不老之類）時，性消費作為他們營建的自尊私人空間的重要性難免大大提升，而主流社會自尊公共空間的重要性則降低了。可見，有關自尊的私人體驗和私人空間的研究，是可以推廣至所有個體和整個社會的：只要個人具有公共性和私人性這雙重屬性，個人的自尊就必然具有公共體驗／公共空間和私人性體驗／私人性空間這雙向維度；只要社會具有集體性和個人性這雙重意義，自尊的公共空間中必然內含自尊的個人空間，個人的自尊空間必然在社會的自尊空間中凝集和實施自己的張力。

德國哲學家弗裡德里希・阿斯特認為：「一切行動都有從其自己本質而來的它的方式和方法；每一生命行動都有它自己的原則……當我們從我們自己的精神世界和物理世界進入一個陌生世界，……這些原則將成為最迫切需要的。如果我們自己能構造這些原則，那麼我們將──雖然只是逐漸地和困難地──領悟陌生現象，理解陌生精神的世界和推測它們的深層意義。」[20]以對性服務婦女性服務原則的確定和實施為切入點，本研究在對自尊的私人空間和私人體

---

20 弗裡德里希・阿斯特著，洪漢鼎譯，〈詮釋學〉，1808，洪漢鼎主編《理解與解釋：詮釋學經典文選》，東方出版社，2001，第 1 頁。

驗的探究中，所遵循的一大基本原則就是當事人立場。即，透過換位思考、開放心理疆界，在研究者和研究對象原本隔離的兩個心理空間之間搭建一座對話的橋樑，並努力以當事人的思路來感知、瞭解和理解當事人的理念，進而在一個陌生的世界中，提出盡量接近當事人生活世界和生活原則的解釋。而這一原則對於非主流人群（如邊緣、底邊人群）、非主流行為（如違法犯罪）、非主流化生存（如底邊生存狀態）等溢出主流社會而存在的非主流社會現象的研究，當具有較大的適用性和闡釋力。[21]

當然也恰如弗裡德里希·阿斯特先生進一步指出的：「一般來說，如果沒有任何精神性東西的原創統一和等同，沒有所有對象在精神內在的原始統一，那麼，所有對陌生世界和『其他』世界的理解和領悟完全是不可能的。」[22]借用弗裡德里希·阿斯特先生這段解釋處於現代社會中的人們如何理解古代精神的論斷，對作為「他者」的我們若要理解和領悟一個陌生的世界——如，他人有關自尊的心理空間或「他人」的世界——如，他人對於「自尊」的私人體驗，也必須要有與研究對象在精神上的內在原始統一，而研究者與研究對象這一精神上的內在原始統一，又需是「精神性東西的原創統一和等同」。

於是，詮釋學作為一種認識和理解陌生世界／他人世界方法的終極關懷，成為本研究最後的一個關注點。人類社會是一個以人類的生命存在為前提條件的社會，人類社會的存在與發展建立在生命個體的相互理解和信任的基礎之上，而生命個體之間的相互理解和信任，又必須／不得不以表達（包括語言表達和非語言表達）為唯一途徑。「表達與被表達者的關係變成了另一個人的生命表現的多樣性與作為這種多樣性之基礎的內部關係兩者之間的關係。而這種關係又使我們去考慮不斷變化的環境。因此，在這裡存在著一個從個別生命表現到生命關係總體的歸納推理。」「生命存在於體驗表達的本質中」，「表達

---

21 在對被拐賣／拐騙婦女——底邊生存人群之一進行的研究中，我運用了這一原則，從而提出有關被拐賣／拐騙流出的新觀點，以及有關「打拐」轉型為「反拐」的對策建議。詳見王金玲，〈地方性行為、當事人立場與公共政策指向〉，《浙江學刊》，2009年第4期。

22 弗裡德里希·阿斯特洪著，漢鼎譯，〈詮釋學〉，1808，洪漢鼎主編《理解與解釋：詮釋學經典文選》，東方出版社，2001，第2頁。

將生命從意識照不到的深處提升出來」，透過表達，「在知識和行為的邊緣處，產生了這樣一個領域：在這個領域中，生命似乎在一個觀察、反省和理論無法進入的深處袒露自身。」[23]對生命的尊重和理解是人類的一種原始精神，正是這一原始精神將研究者作為他者和性服務婦女作為自我的「自尊」這一生命—生活體驗和生命—生活表達聯結在一起，形成了認識論上的「內在原始統一」，使有關認識一個撿拾和安放自尊的私人空間成為可能。而也正是從這一原始精神出發對他人生命—生活及其表現／表達的尊重和理解，使研究者能夠突破自身「此在」和「此知」的疆界，被研究對象的心理空間接納，進入性服務婦女「自尊」的「此在」和「此知」之中，進行有關自尊私人體驗和私人空間的「能在」和「能知」實踐。

透過對他人生命—生活及其表現／表達的尊重和理解，研究者掙脫了「他者」的桎梏，跨越了主流思維的局限，以當事人的眼睛，認識了一個底邊人群用於撿拾和安放自尊的次空間，領悟到一種底邊人群有關自尊的私人體驗。從此，任何他人對於當事人「自尊」的評判或多或少都具有強權的含義，而當事人將成為自己自尊與否或多少的裁判。

---

23 威爾海姆・狄爾泰著，李超傑譯，〈對他人及其生命表現的理解〉，1910，洪漢鼎主編《理解與解釋：詮釋學經典文選》，東方出版社，2001，第93-109頁。

參考文獻

D‧簡‧克蘭迪寧、F‧邁克爾‧康納利著，張園譯，《敘事研究：質的研究中的經驗和故事》，北京大學出版社，2000/2008。

洪漢鼎編，《理解與解釋—詮釋學經典文選》，東方出版社，2001。

胡幼慧主編，《質性研究——理論、方法及本土女性研究實例》，臺灣巨流圖書公司，1996。

海德格爾著，陳嘉映、王慶節譯，〈理解和解釋〉，1927，洪漢鼎編《理解與解釋：詮釋學經典文選》，東方出版社，2001。

畢恒達，〈生活經驗研究的反省：詮釋學的觀點〉，《本土心理學研究》，1995 年第 4 期。

畢恒達，〈詮釋學與質性研究〉，胡幼慧主編《質性研究：理論、方法及本土女性研究實例》，臺灣巨流圖書公司，1996。

莎倫‧馬庫斯著，朱榮傑譯，〈戰鬥的身體，戰鬥的文字：強姦防範的一種理論與政治〉，王逢振主編《性別政治》，天津社會科學院出版社，2001。

陳向明，《質的研究方法與社會科學研究》，教育科學出版社，2000。

愛麗森‧賈格爾著，王金玲譯，〈西方女性主義論賣淫〉，王金玲主編《賦社會以社會性別——「社會性別與社會學讀書研討班」專輯》，2000，內部版。

維特根斯坦著，塗紀亮譯，《哲學研究》，河北教育出版社，1989/2003。

邁克爾‧瑪律凱著，李永梅譯，《詞語與世界——社會學分析形式的探索》，商務印書館，1985/2008。